몬테소리 영아전담 어린이집 교육 프로그램의 이론과 실제

조성자 저

창지사

머리말

현재 유아교육기관에서 활용하는 프로그램들은 유아교육기관의 설립목적과 그에 준하는 운영철학에 근거하여 프로그램을 적용하고 있다. 2007년은 몬테소리가 이탈리아 로마의 산 로렌조(San Lorenzo) 지역에 어린이집을 개원한지 100년(1907-2007)이 되는 해였다. 세계 각국에서 세계 시민으로서 어린이의 권리와 세계 어린이들의 어머니인 몬테소리의 교육적 업적을 기리기 위해서 100주년 기념행사를 학문적 관점, 역사적 관점에서 접근하여 개최하였다(Opera Nazionale Montessori, 1907). 물론 우리나라에서도 『몬테소리 교육의 어제 오늘 그리고 내일』이라는 제목으로 대구 가톨릭대학교에서 한국 몬테소리인들이 모여서 처음으로 성대한 국제 학술 발표회를 개최했었고 몬테소리 학문의 정체성을 드러내는 결과를 가져왔다(몬테소리 교육 100주년 기념 국제 세미나, 2007).

우리나라에 몬테소리교육이 도입된지는 40년의 역사가 흘러갔다. 독일 노틀담 수녀들이 처음으로 한국 어린이들을 위해서 몬테소리 방법을 도입하여 부분적으로 적용하기 시작한 것이 한국 몬테소리 역사에 씨앗을 옮겨 심은 것이다. 우리나라에서는 몬테소리 프로그램이 유치원을 대상으로 보급되었지만 외국에서는 영아에서 노인 치료 프로그램에 이르기까지 다양한 방법으로 적용되고 있다(조성자 역, 2002). 이러한 측면에서 몬테소리 영아전담 어린이집 프로그램이 이미 다른 영아 프로그램과 마찬가지로 영아교육에 일반화되어 정착한지도 오랜 시간이 흘러갔다. 현재도 세계 각국에서는 영유아교육 프로그램에서 초등 프로그램, 노인 치매치료 프로그램, 특수 장애자 프로그램으로 한 영역에서 다양한 학문적 이론과 현장을 위한 실기를 연구하여 적용하고 있다.

우리나라에서 유아와 아동을 대상으로 연구한 이론서와 활동 프로그램이 몬테소리 영역에서 다양하게 연구되고 있는 것에 비해서 상대적으로 몬테소리 영아전담 프로그램에 대한 이론서와 실기에 대한 연구가 아직 일반화되지 못한 상

이 저서는 2010년도 대구가톨릭대학교 교내 연구비 지원에 의한 것임.

황에서, 어린이집에서 몬테소리 영아전담 프로그램을 다각적으로 도입하고 있는 실정이다. 그럼에도 불구하고 영아전담 어린이집에서 사실적이든 현실적이든 간에 몬테소리 프로그램으로 운영되고 있는 어린이집이 차츰차츰 증가되는 추세이지만 그에 상응하는 확실한 이론적 배경과 실제에 대한 연구가 부족하다는 저자의 생각에 조금이나마 도움이 될 수 있는 방법을 모색하다가 책을 집필하기로 결정하였다.

몬테소리는 이미 1923년에 출판된 『교육학적 인간학(Antroplogia pedagogia)과 어린이 발견(Ia scoperta del bambino)』에 근거하여 신생아들의 내적 세계와 움직임과 표현을 이해하고, 인식하고, 관찰할 것을 모든 양육자들에게 권고하였다(Cevenini C., 2007). 양육자들 특히 영아전담 어린이집 교사들은 영아들의 사소한 표현을 조심스럽게 관찰하고, 탐색하는 일은 물론 출생과 더불어 그들의 생명력을 움직이는 모든 기능을 정확하게 관찰하여야 한다. 왜냐하면 신생아들은 출생과 더불어 즉시 생물학적인 진화를 시작하면서 정상화의 길을 탐색하는 중요한 시기에 도움을 필요로 하는 무능력한 존재이기 때문이다(Cevenini C., 2007).

이러한 생물학적 현상을 관찰한 결과를 가지고 몬테소리는 어린이집에서 관심을 가지고 연구하기 시작하였으며 얼마 안 되는 단기간 내에 전 세계에서 몬테소리 어린이집은 특별한 브랜드처럼 어디에서나 볼 수 있도록 확산되어 운영될 수 있었다.

영아전담 어린이집에서 살아서 움직이고 있는 한 인간의 완전한 생물학적 정신 현상과 육체적 현상을 관찰하여 그들이 필요로 하는 환경과 욕구를 충족시킬 수 있는 방법을 과학적으로 제공하려고 노력한 것이 바로 『몬테소리 영아전담 어린이집 교육 프로그램의 이론과 실제』이다. 본 서는 모두 4부로 구성되었다.

1부에서는 인간생명을 돕는 어린이교육으로써 몬테소리의 이론을 다루고 있다. 몬테소리에 대해서 많은 지식을 가지고 있지 않은 일반 사람들이 몬테소리 교육학 또는 몬테소리 교육이 무엇이냐고 묻는다면 저자는 두 가지로 답할 수 있다. 하나는 생명을 돕는 교육이고, 다른 하나는 과학적 교육학이라는 것이다. 1907년 어린이집을 개원하여 처음으로 시작한 것은 어린이들을 관찰한 것이다.

거듭된 관찰로 인해서 그들의 내면에 숨겨져 있는 보물을 발견하여 가르치는 것이 아니라 생명이 건강하게 정상적으로 진화할 수 있도록, 인간화 · 육화의 모습으로 진화할 수 있도록 돕고, 지도하고, 안내해 주어야 한다고 하였다.

2부에서는 몬테소리 이론에 근거한 발달 이론을 서술하려고 한다. 영아기의 발달특성, 언어발달, 사회성 발달, 정서발달, 정신발달의 다른 요소들에 대해서 서술하고 영아들의 발현적 학습놀이 이론에 대해서 서술하려고 한다.

또 뇌 과학의 생물학적 접근, 뇌 이론과 몬테소리 교육학과의 관계를 살펴보았는데, 요즈음 유아교육현장에서 많은 교사와 운영자들이 관심을 가지고 있는 뇌 과학과 몬테소리 교육철학과의 관계에 대해서도 알아 볼 것이다. 저자도 좀 미안한 생각이 드는 것은 몬테소리의 여러 저서에는 뇌 기능에 대해서 언급하고 있음에도 불구하고 한 번도 거론한 적이 없었다. 아마도 진심으로 말한다면 의학영역이기 때문에 많은 부담감을 가지고 있었던 것 같다. 몬테소리가 처음으로 학문을 접한 것은 인문과학이 아니라 자연과학, 즉 의학이다. 그래서인지 그녀의 모든 학문에는 자연과학의 영역인 실증적 학문의 특성을 포함하고 있는데, 몬테소리 교육학을 실증교육학 또는 실증심리학이라고 부르는 이유가 여기에 있다.

3부에서는 영아전담 프로그램에서 중요한 위치를 차지하는 영양관리와 안전관리, 운영관리에 대해서 살펴볼 것이다. 영아전담 어린이집은 영아들의 의식주에 대한 완전한 해결과 이와 관련된 기본적인 습관과 식생활에 필요한 예의범절에 대해서도 언급할 것이다.

영아전담 어린이집에서 인적 환경으로 중요한 사람들은 누구이고, 물리적 환경으로써 공간구성과 발현적 학습놀이를 위한 환경구성과 교구교재들에 대해서도 살펴볼 것이며, 몬테소리 영아전담 어린이집에서의 영역별 활동도 언급할 것이다. 일반적으로 생각하기에 몬테소리 교실하면 항상 교구를 떠올린다. 그러나 특히 영아전담 어린이집에서는 교구와 영아, 자신과 또래 친구와의 관계, 교사, 영아와 타문화와의 관계, 자연과의 관계, 대화를 통해서 영아들에게 자신들의 정체성을 확실하게 드러내면서 영아들의 세계, 문화를 확장하는 방법을 본 서에서 탐색하려고 노력하였다.

4부에서는 어린이집의 환경 및 심리운동과 감각발달을 돕는 교구들에 대해서 살펴볼 것이며, 8그룹으로 구분하여 실제 활동에 참여하는 방법도 제공할 것이다.

항상 어떠한 작업을 마치면 부족함과 연구능력의 한계를 스스로 자책하게 된다. 여러 가지 부족한 점에도 불구하고 아무런 조건 없이 출판을 허락해 주신 김기섭 사장님에게 감사드린다. 그리고 항상 작업할 때 옆에서 용기를 준 모든 지인들, 대학원 선생님들, 학생들, 학과 조교 선생님에게 진심으로 감사하며 저서를 위해서 여러 가지 조언과 현장 촬영을 허락해 준 이탈리아 몬테소리 협회(Opera Nazionale Montessori) 연구원들에게 감사드린다.

대구 가톨릭대학교 사회과학부
아동학과 조성자 교수

차 례

제1부 몬테소리의 인간생명을 돕는 어린이교육

CONTENTS

제4부 영아전담 어린이집의 환경 및 이론과 실제

제1부

몬테소리의 인간생명을 돕는 어린이교육

몬테소리는 나의 교육학은 과학적이고 실증적 학문에 근거한 "생명을 돕는 교육"으로부터 출발한다고 단호하게 말한다(조성자 역, 2001). 인간과 동물 사이에서 생명에 대한 정의를 다르게 하는 것은 인간생명의 잉태는 단지 육체적인 접촉만이 아니라 사랑을 전제로 한 생명이기 때문이다. 이렇게 특별한 관계에서 잉태된 순간부터 태교를 시작한다. 태교는 어떠한 상황에서 임신이 되었는지, 다시 말하자면 가장 사랑하는 사람과 가장 사랑하는 상황에서 임신이 되었는지, 아니면 원치 않은 임신이 되었는지, 아니면 병중에 또는 약물, 알코올 중독 중에 임신이 되었는지 등은 태아에게 많은 영향력을 미친다는 것이다(조성자 역, 2001). 태교의 중요성은 과거에도 인식하였지만 인류문화학적 관점과 관습에 따라, 그 나라의 문화에 따라 차이가 있고 각자 전통적인 방법으로 실시하고 있다. 우리나라에서도 이미 오래 전부터 태교를 실시하였지만 과거에는 학문적이고 과학적으로 체계화하지 못했다. 그러나 현재는 유아교육 범주에서 태교의 중요성을 강조하고 있다.

몬테소리의 영아전담 프로그램 범주는 인간생명이 잉태되는 순간부터 만 3세 영아들까지 확산되는 어린이집 교육 프로그램이라고 할 수 있다. 그렇다면 모든 영아들을 담당하고 있는 교육자들은 새로 태어난 어린 생명을 어떻게 도울 수 있을까? 세상에 갓 태어난 경이로운 존재를 어떻게 받아들일까? 영아들을 위한 환경구성은 어떻게 할까? 영아들에게 가장 중요한 사람은 누구일까?에 대한 질문에 답을 줄 수 있어야 한다. 이러한 질문에 답을 주기 위해서 제1부에서는 인간생명을 돕는 어린이교육에 대한 의미를 살펴보기로 한다.

MONTESSORI

1장

몬테소리의 인간 존재의 의미와 출산의 의미

Ⅰ. 인간 존재와 출산의 의미

인간 존재는 누구와 무엇을 어떠한 관계로부터인가 하는 존재론적 의미와 관계가 형성되는 순간에 자아와 타–존재에 대한 의미를 가진다. 처음 인간 존재로서 부모와의 새로운 관계가 형성된다. 작은 생명은 어머니의 태내에서 해방되어 처음으로 인간관계를 형성하고 인간 존재의 정상적인 역할을 발달시킨다. 또한 인간 존재는 생물학적인 자연의 영역으로만 제한하지 않고 본능적으로 창조적 작업에 참여할 사명감이 주어진다. 이러한 사명감을 통해서 현실을 변화시켜 "관계"를 형성해 간다(Scocchera A., 2002). 네뷸러, 흡수정신, 호르메, 생명력, 므네메와 같은 본능적 요소와 경험되어진 것에 의해 창조와 재창조 작업을 거듭하면서 모든 것과 모든 사람과의 관계를 통해서 인간화로 발달하고 진화한다(Scocchera A., 2002).

인간 존재는 스스로 객관화하고, 정체성을 찾아가고, 변별 능력을 발달시키면서 나와 소우주의 울타리 안에서 부모와의 관계, 타-존재와의 관계를 자기만의 영역인 나의 역사, 가정의 역사, 문화의 역사, 세계 역사의 관계 속으로 끌어들인다. 이러한 관계 형성의 기원은 영유아기의 적극적인 "활동"에 근거한다. 몬테소리는 이러한 활동을 운동의 영성(Lo spirito del movimento)이라고 말한다(Scocchera A., 2002). 그녀는 1931년 5월 7일 국제학술대회에 참석한 세계 각국의 몬테소리 연구자와 교사들에게 "운동의 영성"이라는 주제로 환영사의 인사말을 대신하였다.

어린이들은 스스로 현실과 환경에 적응시키는 능력을 학습하여 자기 환경을 변화시키고 환경에 적응한다. 어린이들은 자기 환경을 극복하고 적응하는 능력이 발달할수록 주변 환경에 있는 모든 것들과 상호작용하고 통합하여 자기 존재의 의미, 즉 정체성을 더 확실하게 강화한다. 삶의 주체자로서 나, 확실한 존재자로서 정체성에 대한 개념을 가진다.

몬테소리가 말하는 어린이들의 운동 영성은 정신적 현상의 다양한 활동력(Élan Vital)과 영성적 에너지로 나약한 인간 존재가 자기를 변화시킴과 동시에 현실을 변화시키고, 인간화로 변화시키는 본능적이고 정신적인 활동을 의미한다. 즉, 삶의 에너지이다(Scocchera A., 2002). 몬테소리가 교사, 어린이, 교구를 교육방법으로 도입한 것은 이 세 가지 요소가 환경 속에서 상호작용함으로써 상호관계로 전환되기 때문이다. 모든 것, 모든 사람들과의 관계, 생태학적 관계에서 인간 존재는 역동적(力動的)으로 인간화(人間化)과정 중심으로 이끌어 가려는 것이다.

몬테소리의 인간 존재 의미는 교사들의 끊임없는 관찰, 기록화 작업, 평가, 재평가하여 관찰되어진 사실을 분석하여 어린이와 함께하는 과학적 방법에 적용하여 자율적이고 독립적인 인간상을 창조하는 교육학적 인간학의 기초를 의미하는 것이다.

자기 환경에 적응할 수 있는 내적 질서를 창조하면서 인간 존재로서 진심으로 환영하기 전에는 오랫동안 태내에서 모든 생존에 필요한 것을 준비하는 것이 바로 **"지상의 어머니"**라고 말한다(조성자 외, 2001). 예를 들어, 생명발달을 완성하였다 할지라도 어머니의 자궁에서 오랫동안 준비한 자연적인 습관과 자연의 질서에 의해서 행동한다. 이 순간부터 임산부는 태아가 발달하는 내부 환경을 보호하고 태아는 새로운 환경에 적응할 준비를 시작하여야 하기 때문에 부모들의 문화적인 영역 속에서 공생하는 것이다.

어머니들은 자기의 가슴 속에서 발달하고 있는 생명체를 방해하지 않고 보호하기 위해서 안전하고 건강한 생활을 하면서 유독성 약품과 저해 음식물을 멀리하고 흡연, 기호식품, 알코올, 마약 등을 금지하도록 노력하여야 할 것이다.

탄생의 시점에서 새로 탄생할 생명을 위해 환경을 완전하게 준비하고 새롭고 조직적으로 준비한다. 또한 곧 탄생할 태아를 위해서 가정을 가장 안전하고 편안한 환경으로 준비한다.

모든 것, 즉 신생아의 위생과 리듬에 대해 전문인이나 경험 있는 사람들의 과학적이고 경험적인 충고를 받아들여 신생아에게 적절하고 안전한 눈높이로 측정할 수 있는 준비가 이루어져야 한다. 어머니들은 새로운 자식을 위해서 여러 가지 준비와 다양한 지식, 출산 전 교육과 정보 책자들을 통하여 많은 실제적인 지식을 받아들이고 경험자들로부터 신생아들에게 필요한 모든 것을 임신기간 동안 즐거운 마음으로 준비한다. 이러한 현상을 문화적인 것 외에 영적인 요소들이라고 말한다(Scocchera A., 2002).

결과적으로 영아에게서 나타나게 될 기본적인 욕구에 대한 존중감은 가장 조화로운 행동으로 미래의 새로운 부모에게 부여되는 많은 일들이 결코 피곤하지 않다. 이러한 일을 통해서 즐거움을 만끽하고 삶에 의미를 가진다.

출산 준비과정을 거친 새로운 육아방법은 어린이집에서 신생아의 무한한 가능성이 정상적으로 자유롭게 발달할 수 있도록 하며 자기 자신을 준비하는 미약한 존재인 신생아를 위해서 심리학적이고 생물학적으로 가장 완전한 도움이 이루어지도록 노력하여야 한다. 몬테소리는 어머니와 신생아의 관계를 다음과 같이 언급하였다(조성자 외, 2001).

> "어머니와 자식의 관계는 의무감이 부여되고 강요되는 순간부터 형성된다. 현대 어머니들은 자식의 육체적인 생활을 완벽하게 보호할 준비를 이미 마련하고 있다. 어머니는 사명감을 통해서 새로운 책임감을 받아들이고 새로운 생각과 준비 그리고 새로운 연구를 통해 생명을 돕는 보호자로서의 마음을 개방하고 있다. 개방적인 자세는 새로운 생명체의 진화를 돕는 과정을 시작하여 완성을 향한 여정에 돌입하는 순간이라고 할 수 있다. 가장 훌륭한 어머니가 되기 위해서 과거와 다름없이 요즘 여성들은 자식들의 보육에 직접 참여하였고, 어머니들은 자식을 위해서 새로운 생명을 보호하고 예술을 배우는 영아를 위해 학교에 등록한다. 이러한 문화적이고 개방된 열린 자세가 여성들에게 열성적이고 모성적인 사명감을 완벽하게 수행할 수 있는 기회를 제공하여 더 이상 생명만을 창조하는 창조자가 아니라 자녀의 인격적인 존엄성과 열린 마음과 눈으로 모성애적 교류에 시선을 돌리게 되었다. 그리고 더 중요한 것은 새로운 인류애의 정신과 육체를 보호하고 신생아들의 행동표현을 조심스럽게 관찰하여 다음 세대의 보호자에게 시선을 전향하는 것 또한 중요한 일이다.
>
> (1915년 몬테소리의 런던 강연회 연설문 중에서)

어머니는 새로운 세상에 온 생명을 적극적으로 지지해 주고 보호해 주어야 한다는 사실을 깨달을 필요가 있다. 새로운 생명을 돕고 있다는 것은 그들을 진심으로 환영하고, 이해하고 공존하는 삶의 동반자로서 진심으로 노력하는 것을 의미한다. 신생아 가까이에 있는 모든 교육자와 어머니들은 교육적인 방향이 생명을 돕는 자세로 향하도록 노력해야 한다. 자신이 즐거운 마음으로 희생하면서 새로운 생명의 요구에 일치하려는 자세, 미성숙한 존재가 필요로 하는 모든 것에 진심으로 응답하고 노력해야 한다. 새로운 생명체를 이해하고 그들을 지속적으로 보호해 주고 그들의 능력을 존중해 주고 신생아를 위해서 할 수 있는 일에 대해 자랑스럽고 영광스럽게 생각하면서 지도하는 것이 바로 생명을 돕는 성인이 중요하게 해야 할 일이다.

Ⅱ. 인간생명의 탄생으로써 출산에 대한 의미

몬테소리는 태아기에서 출생 직후인 초기 영아기까지를 경험의 연속선이라고 말한다. 출산과 더불어 어머니와 태아는 서로 다른 존재로서 삶을 살아가지만 동일한 사람으로서 경험의 연속선상에서 공존한다(조성자 외, 2001). 어머니와의 분리를 체험하는 신생아들의 생물학적인 변화에 대해서 살펴보면 다음과 같다.

1. 새로운 탄생을 위한 생물학적 준비

신생아는 이미 태아기 때 생존에 필요한 신경계통과 감각기관들의 대부분이 아주 정교하게 발달한다. 태아는 10개월이 되면 어머니와 분리된다는 사실을 생물학적으로 느끼기 때문에 세상에 나오기 전에 세상에 적응하기 위해 스스로 완벽하게 준비한다. 물론 어머니와 아버지는 자기 자식의 출산을 위해 정신적 · 물질적인 준비를 즐거운 마음으로 한다. 어머니의 자궁에서 위생학적, 심리학적 그리고 생물학적으로 가장 안정된 생활을 한 태아는 10개월이 되면 생물학적 변화(두뇌의 크기)로 인해서 더 이상 태내 생존이 불가능하다는 것을 인지한다. 이때부터 태아는 다음과 같은 준비를 한다(조성자 외, 2001).

첫째, 외부 세계의 세균과 바이러스에 저항하기 위해 필요한 항체를 준비한다. 태아는 외부 세계에 비위생적인 여러 가지 병균들이 있다는 것을 알기 때문에 이에 대비한 항체들을 분비하지 않고 체내에 보존한다. 다량의 항체를 보존한 태아는 출산과 더불어 환경에 적응하면서 세균 감염을 막기 위해서 저장된 항체의 도움을 받는다.

둘째, 모유에는 적혈구를 생성할 때 필요한 철분이 부족하기 때문에 태아는 체내에 철분을 다량으로 보유한다. 철분은 혈액 속의 적혈구를 생성하는 데 반드시 필요한 요소다.

셋째, 태아는 안전한 출산을 위해서 대략 8개월부터 출산하기에 가장 안전한 형태인 어머니의 자궁방향으로 머리를 회전한다. 왜냐하면 태아의 신체부분에서 머리가 가장 크기 때문에 머리만 자궁 밖으로 안전하게 나오면 출산의 위험을 피할 수 있다. 태아가 8개월에서 출산일까지 많이 움직이는 이유는 출산하기에 편리한 방향으로 머리를 회전하여야 하기 때문이다.

넷째, 태아는 태내의 기온과 많은 차이가 있는 외부 기온에 적응하기 위해서 출산 전 피하조직에 다량의 지방을 축적한다.

태아는 출산 후 체내 지방분을 많이 가지고 있을수록 외부의 추위와 더위에 견딜 수 있는 저항력을 가지게 된다. 그러므로 태아는 피하에 많은 지방을 출산 전에 저장한다.

다섯째, 태아는 어머니에게 출산 시기를 알리기 위해서 출산 시기가 되면 빠른 속도로 움직여 산모가 느끼도록 운동을 하며 신호를 보낸다.

태아가 심하게 움직이기 때문에 산모는 양수가 조금씩 나오는 것을 느낄 수 있고, 이러한 현상은 출산이 임박했음을 직관한다. 태아는 스스로 외부 세계에 정상적으로 나가고 적응할 수 있는 능력을 생물학적으로 완벽하게 준비한다.

여섯째, 태아학을 연구하는 학자들의 연구결과 태아의 수면시간은 산모의 수면시간과 거의 동일시한다고 말한다.

산모가 낮과 밤의 시간을 규칙적으로 생활하면 신생아도 거의 같은 리듬을 따른다. 그러므로 태아기 때 어머니들은 자연적이고 규칙적인 생활 리듬을 따르는 것이 중요하다.

현대 의학이나 심리학자들은 태아와 신생아들의 생물학적, 심리학적 그리고 인지적 활동과 기능에 대해서 신비함을 느낀다. 반면 출산을 준비하는 어머니들은 준비는 정신적, 심리적, 그리고 물리적으로 많은 과제를 부여받게 된다.

인간이 가장 사랑하는 자식을 창조한다는 것은 신비가 아닐 수 없다. 그것도 가장 사랑하는 사람과 함께 새 생명을 창조하기 때문이다. 어머니들은 새 생명인 자식과 더불어 가장 안전하고 편리한 방법으로 살아가야 하기 때문에 부모로서의 준비된 태도는 필수적이다. 어머니는 신생아를 도울 수 있는 능력, 즉 부모로서 자녀를 양육할 수 있는 능력을 의미한다. 출생과 더불어 신생아는 누군가의 도움이 절대적으로 필요하기 때문에 부모는 신생아가 생의 첫 여행을 문제없이 지속할 수 있도록 도와주어야 한다. 즉, 첫날부터 적응에 필요한 도움을 줄 수 있는 보육을 위한 준비자가 되는 것이다.

2. 신생아를 위한 새로운 환경에 대한 배려

어머니는 신생아의 모든 욕구를 인적 환경과 물리적 환경을 통해서 충족시킬 수 있어야 한다. 신생아에게 필요한 것은 모유만이 아니라 완전한 사랑으로 생명을 보호하는 것이다. 신생아에게는 태내와 태내 밖 환경의 차이가 있을 뿐 어머니에게 주어지는 의무와 역할에 있어서 변함이 없다. 외부 세계는 보육을 하는 데 더 많은 장애물이 있다. 그러므로 어머니는 진정으로 신생아의 보호자가 되어야 한다. 모유와 분유의 영양 함유량을 비교해 보면 다음과 같다(조성자 외, 2002).

영양분 종류	모유	분유
단백질	11g.	33g
유당	71g	48g
지방질	42g	37g
무기염	2.4g	7g
철	0.5mmg	0.5g
열량	700Kal.	670Kal.

영양분	분유	초유
단백질	13g	90g
지방	40g	0g
탄수화물	68g	5~10g
무기질	0g	0g

초유와 모유를 비교해 보면 영양분의 함유량이 다른 것을 알 수 있다. 출생 후 태아가 모유를 수유할 때와 분유를 수유할 때 영양분의 차이점이 있다.

몬테소리는 모유가 함유하고 있는 영양분은 분유에 비해서 건강에 필요한 단백질과 같은 기초 영양분이 비교할 수 없을 만큼 다량 함유되어 있고, 신생아에게 특별히 많은 양이 필요하지 않은 지방과 탄수화물은 모유에 비해 분유가 더 많이 함유하고 있음을 알 수 있다. 정서적인 측면에서도 신생아에게 모유를 권장하는 것은 이미 우리들이 알고 있는 사실이다.

갓 태어난 신생아들은 생리적 기능으로 호흡, 맥박, 체온, 수면, 수유, 배설에 관한 기능을 스스로 시작한다. 감각적인 기능으로는 시각, 청각, 촉각, 미각, 후각이 이미 태내에서 발달하였다. 또한 반사작용으로는 근원 반사, 빨기 반사, 모로 반사, 바빈스키 반사, 수영 반사, 파악 반사 운동이 일어난다. 이러한 생리적 기능, 감각기능, 반사작용을 신생아들은 자기 몸을 장난감 삼아 움직이면서 자기들의 기본적인 욕구를 충족시킨다.

신생아들의 생득적인 욕구는 출생과 더불어 인간화의 진화를 위해서 자기를 에워싸고 있는 모든 환경으로부터 요구한다(조성자 역, 1991). 이러한 요구는 신생아를 환경에 적응할 수 있도록 돕고 조화롭고 균형적인 발달을 진행하도록 자극하기 위한 것이라 할 수 있다. 우선적으로 우리들이 신생아를 배려할 수 있는 환경은 어떤 조건을 요구하는지를 생각해야 한다.

첫째, 신생아들은 어머니의 태내와 같이 조용하고 안정된 장소에서 보호받아야 한다. 출생 전까지 신생아는 산모의 가장 안전한 양수 속에서 모든 소음과 진동 그리고 충격으로부터 완전한 보호를 받았기 때문에 그와 같은 보호는 어머니와 공생관계를 가지면서 새로운 환경에 적응하는 방법을 익힌다.

신생아는 환경의 장애요인으로 인해서 기능할 수 없지만 자동적으로 통제할 수 있고 스스로 창조할 수 있는 위대한 능력을 가졌다. 어머니는 신생아를 위해서 무엇인가 의무감을 실천해야 하며 신생아는 보호를 받아야 할 권리를 가진다. 신생아는 경험이 풍부한 손으로 양육되어질 권리가 있다고 말한다(조성자 역, 1991). 경험이 많은 손이라는 것은 갓 태어난 신생아를 다루는 방법이 세련되고 완전한 방법으로 접근할 수 있는 준비가 된 어머니의 손을 의미한다. 예를 들면, 간호사가 환자를 간호하기 전에 환자를 다루는 기술이나 의학적 지식을 가져야 하는 것과 같은 의미이다.

신생아는 우리와 다른 언어를 가지고 있다. 신생아의 울음은 자기표현이고, 눈물은 언어이고, 비명은 호흡을 정상적으로 하기 위한 필수조건이다(조성자 역, 2000). 양육자들은 신생아 울음의 의미를 정확하게 판단하여 생리적 조건의 요구를 관찰하여야 한다. 신생아의 주변에 있는 인적 환경들은 아주 중요한 사람인 동시에 훌륭한 교육자이다.

신생아는 급속히 변화하는 과정에 있다는 것을 인식하여야 한다. 탄생과 더불어 신생아는 환경적응을 위해 엄격하게 보호되어야 한다. 몬테소리는 신생아를 성모님이 구유에 누워 있는 발가벗은 아기 예수처럼 귀한 존재로 찬양하고 포옹하여야 한다고 말한다(조성자 역, 2000).

신생아는 온도를 극복할 만한 능력을 가지고 있지 않다. 때문에 옷으로만 체온을 유지하는 것이 아니라 환경으로부터 체온을 보호하여야 한다. 옷은 단지 외부로 빼앗기는 열을 방지하는 기능만 할 뿐이다. 이러한 현상은 짐승들이 새끼를 잉태하면 온 몸으로 새끼를 감싸는 것과 같은 현상이다.

신생아는 환경적응에 경험이 없기 때문에 가장 현대적인 임상방법에 의해서 과학적으로 보육되어야 하며 가정에서는 임상적인 경험을 계속 축적해 나아가야 한다. 어머니 태내에서와 같은 훌륭한 환경은 자외선이 풍부하면서도 직사광선이 들지 않는 곳, 분위기가 온화하고 조용한 곳, 소음이 덜 들리는 곳, 수술실에서와 같이 온도가 적절한 곳이면 된다(조성자 역, 1995).

신생아들이 사용하는 물건들은 천연소재로 된 가벼운 물건, 자연적 소재인 천연섬유이어야 한다. 신생아가 움직이는 데 옷의 무게 때문에 장애요인이 되어서는 안 된다. 가볍고 부드러운 천으로 출생 전과 같은 환경을 유지하여야 한다.

신생아를 돕는 사람들은 조심스러운 자세와 주의를 필요로 한다. 신생아들은 몸이 유연하기 때문에 몸의 균형을 흐트러뜨리는 자세, 하늘 높이 쳐드는 자세는 호흡장애를 초래할 수 있다. 그러므로 조심스럽고 유연하게 움직임을 도와주어야 한다. 신생아는 무기력한 존재이기 때문에 절대적 안전을 필요로 한다. 인간 존재에 대한 존중감을 가지고 귀한 손님처럼 환대하고 존중하는 자세로 신생아를 다루어야 한다.

몬테소리는 양육자는 신생아를 다룰 때 제대에서 신부가 기도를 드리는 자세로 마음으로 존중하고, 경건한 마음으로 대하고, 이 세상에서 가장 귀중한 보물을 다루듯이 보호해야 한다고 했다(조성자 역, 1995). 이러한 이론들은 몬테소리의 인간존중 사상에 근거하여 신생아와 양육자들 사이에 기본적인 신뢰감을 요구한다. 임신기간 동안 태아들은 생물학적인 경험과 신경계 발달로 인해서 가장 완벽한 잠재능력을 가진 인간 존재로 진화를 시작한다. 신생아들은 미완성된 인간으로서 자기 발달을 위해서는 가장 기본적인 욕구를 충족시켜야 한다.

첫째, 신생아는 어머니와 직접적인 애정으로 접촉하려는 욕구를 가진다. 서로 다른 삶을 살아가지만 공존의 의미로써 제2의 탄생 시기를 맞이하는 것이다. 신생아와의 접촉으로 다음과 같은 중요한 사건들을 발견할 수 있다.

- 어머니와 태아의 첫 번째 만남은 인간으로서 처음 맺는 관계 형성이 이루어지면서 서로의 관계를 세계로 확대한다.
- 어머니와 태아의 접촉으로 인해서 어머니는 태아기에 관계되는 다양한 문제점들을 발견한다.
- 탄생한 새로운 생명체를 자녀로 받아들이면서 부모-자녀의 완전한 관계를 맺는다.
- 이 시기에 모유와 영양분을 받아먹기 위해서 특별한 접촉이 이루어진다.
- 후에 지속적이고 인간적인 대화를 하기 위해 모델인 어머니와 훈련을 한다.
- 부모와의 접촉으로 인해서 평생 동안 자신에 대한 신뢰를 가진다.

어머니와의 새롭고 애정적인 접촉은 신생아의 출산에 대한 공포감을 약화시킬 수 있다. 신생아는 어머니와 아버지로부터 사랑받을 권리가 있다. 신생아는 부모들의 위대한 사랑 없이는 정상적인 생존이 불가능하다. 자녀를 위해 부모들이 양육할 권리, 준비된 환경 속에서 흡수할 수 있는 사랑의 권리, 또래집단과 사랑을 나눌 수 있는 권리는 대단히 중요하고, 이러한 요소들은 성장한 다음 인격 형성에 기초가 된다. 신생아는 이미 태내에서 몸 운동, 보는 것, 우는 것, 미소 짓는 것을 발달시켰기 때문에 후에 모든 태내 활동들을 대화의 도구로 활용한다.

둘째, 신생아들은 자기들의 생물학적 리듬에 의해서 활동하려는 욕구를 가지고 있다.

신생아들의 생물학적 리듬을 존중하며 어머니들은 신생아의 신체적 리듬을 항상 관찰하여야 한다. 깨어 있는지, 수면 중에 있는지, 배가 고픈지, 아픈지, 방안의 신선한 공기는 충분한지, 수면을 위한 조건은 적절한지를 관찰하여 그들의 생리적인 리듬을 존중하고 협조해 주어야 한다. 신생아들의 생물학적 리듬은 시간적 개념에 구애받지 않고 자기들의 생물학적 리듬에 적응하기 때문에 어머니의 시간표에 신생아를 맞출 것이 아니라 신생아의 생물학적 시간표에 따라서 어머니는 준비된 하루하루를 보내야 한다.

셋째, 신생아는 자유롭게 움직이려는 욕구를 가진다.

신생아는 강한 집중력과 세심함을 가지고 있기 때문에 움직이는 데 불필요한 장애물은 정신적인 발달을 저해한다. 신생아는 이미 어머니의 태내에서 움직이고 활동하는 것이 습관이 되었기 때문에 출산 후에도 태내활동을 반복하고 움직인다. 신생아를 위한 침대, 옷, 공간은 움직이는 데 불편함이 없도록 제공되어야 한다.

넷째, 신생아들은 모든 감각운동을 발달시키고 확산시키려는 욕구를 가지고 있다.

신생아들은 이미 태내에서 모든 감각기관이 발달되었기 때문에 외부에서 들리는 소리, 음악, 운동, 손놀림 등을 흥미롭게 진행한다. 그리고 자기 환경에서 움직이는 물체, 꽃, 나무들을 보고 즐거워하며 밖에서 들어오는 빛을 통해 시각을 발달시킨다. 그러므로 침대에 칸막이가 장치되어 있는 것은 움직임과 빛이 들어오는 것을 방해한다.

다섯째, 신생아들은 반복적인 행동을 하려는 욕구가 있다.

신생아는 자기 목적을 위해서 스스로 움직임을 반복적으로 진행하려는 생리적 욕구를 가진다. 모유를 먹기 위해 조용히 있으면서 손을 움직이고, 사람의 접촉을 위해서 기다리는 행동을 반복한다. 위에서 언급하고 있는 신생아들의 욕구는 기본적인 것들이다.

3. 임신기간 동안 어머니와 태아의 관계

남미의 교육자인 파울로 프레이리(Paul Freire)는 인간이 된다는 것은 모든 것, 즉 모든 자연과 모든 사람들과의 관계 맺음을 의미하는데, 이는 타인과 세계와의 관계를 의미하며, 자기 세계에 대한 객관적인 현실, 독립적인 개인, 지식을 의미한다고 말한다. 자유로운 인간은 세계로부터 해방될 수 있고, 열린 세계에 존재함으로써 타 존재와 관계를 맺어가는 관계적 존재로서 세계 속에서 세계와 더불어 살아간다는 것이다(채광석 역, 1978).

프레이리의 말대로 인간은 관계 맺음에서 인간화를 시작하는 것이다. 신생아는 탄생과 동시에 부모와 처음 만나서 새로운 인간관계를 형성하면서 세계 또는 대우주와 관계를 맺고 자신을 창조해 간다(Scocchera A., 2002).

성숙한 남 · 여의 사랑에 의해서 잉태된 한 생명체가 어머니의 자궁 속에서 자라는 기간은 280일이다. 임신은 인간 역사가 시작되는 순간이라고 할 수 있다. 몬테소리는 생명이 잉태되는 순간부터 교육적 환경을 필요로 한다고 말한다. 태아는 임신 3개월 이전에 뇌 기능발달과 육체적인 발달을 완성해 간다. 임신기간 동안 산모와 태아의 숙명적인 관계에 대해서 살펴본다.

첫째, 어머니와 태아의 관계는 생물학적 관계이다(Fresco G. H., 2005).

태내에서 태아에게 미치는 영향으로는 어머니의 연령과 출산 횟수, 영양상태, 약물상태, 질병, 기호성 식품, 정서상태를 들 수 있다.

어머니의 연령과 출산 횟수는 태아의 안전상태에 영향을 미친다는 연구결과가 있다. 임신에 최적기는 23~30세까지로 일반화하지만 이러한 규정은 생물학적인 것만을 고려한 상태이고, 모든 여성의 문화, 생물학적 조건을 고려하면 예외가 될 수 있다. 현대 사회에서는 여성들의 결혼 연령이 늦어지는 사회적 경향 때문에 출산에 대한 사회적 문제가 제기되기도 한다.

의학적으로 35세가 넘으면 노산이라는 이유로 위험성을 경고한다. 노산일 경우에는 자연유산, 임신중독증, 난산, 미숙아 출산, 다운증후군의 출산 비율이 높다는 것이다. 실제적으로 임신은 어머니와 태아의 공존적 삶을 의미한다.

둘째, 어머니는 태아를 가장 완전한 환경에서의 발달을 돕기 위해 완전한 수용적 관계를 가져야 한다.

태아는 수용적 관계에서 함께 즐기는 즐거움의 상태를 유지하면서 어머니와 기본적인 신뢰감을 형성한다. 몬테소리는 태아기에 이러한 신뢰감이 형성되는 상호작용을 할 때 발달과정에 긍정적인 영향력을 준다고 말한다(Fresco G. H., 2005). 어머니와 태아의 수용적 관계에서 감각적인 경험과 감정적인 의미들은 다음 단계에서 기억에 저장 가능한 정신적인 요소들로 변화되어질 수 있다. 이러한 과정을 몬테소리는 학습과정이라고 말한다.

셋째, 어머니와 태아의 관계가 부정적일 때 기생상태가 나타난다고 말한다(조성자 외, 2002).

이것은 어머니가 임신기간 동안 무관심한 태도, 원치 않은 임신으로 인해서 자기 상태에 만족하지 못하는 태도, 정신적으로 불안한 상태를 지속하는 태도는 태아에게 불신감을 형성하게 된다. 어머니의 이러한 태도의 결과로 태아는 감각적으로 받아들이거나 지각한 인상을 통합할 수 없으므로 기억을 만들어내지 못한다. 어머니의 기생상태로 인해서 태아는 무기력해지고 태내에서 병리적인 현상을 일으킬 수 있다.

산모의 부정적인 정서상태는 태아가 빠르게 움직이도록 자극하고, 출생 이후에도 신생아가 자주 흥분하고, 정서적으로 불안감을 느끼고, 역동적으로 활동한다는 레스터 존다그(Lester Sontag)의 연구결과가 있다. 존다그는 30년 동안 태아기 활동을 연구하여 태아 심리학의 기초를 마련하였다.

넷째, 어머니와 태아의 관계는 정신적이고 신체적인 모든 기능을 중재하는 역할을 한다.

어머니와 태아 사이를 가장 적절한 방법으로 중재하기 위해서는 산모의 생활이 정상적일 때 가능하다. 태아의 모든 것을 조절하고 정상적인 발달의 모델이 바로 산모이다. 태아는 혼자서 모든 것을 수용하고 변화시킬 수 없는 상황이기 때문에 산모는 태아를 전적으로 돕는 생물학적 · 정신적 지원자 역할을 해야 한다(Fresco G. H., 2005).

다섯째, 어머니와 태아의 교육적 관계가 지속된다.

부모의 역할은 수정이 되는 순간부터 교육적 관계와 애정적인 관계가 시작되고 출산 후에도 지속된다. 이러한 관계는 자녀가 성장하여 성인이 될 때까지 지속된다. 그러므로 태교의 중요성을 강조한다.

여섯째, 어머니의 영양상태는 태아에게 많은 영향력을 미친다. 임산부의 하루 영양 섭취량은 300~500cal로 증가시켜야 한다. 태아의 뼈를 형성하기 위한 칼슘, 혈액 속에서 적혈구를 형성하는 철분, 단백질, 비타민은 태아에게 필요한 영양분이다. 태내에서 영양공급이 부족할 경우에 태아에게 많은 장애 요인을 야기할 수 있다.

4. 임신기간 동안 아버지와 태아의 관계

임신기간 동안과 출산과정에서 아버지의 역할은 삶을 보호하고 책임감을 가지는 가족에 대한 울타리 역할을 하며 신생아기와 영아기 동안은 아버지의 역할이 다양한 측면에서 요구된다. 임신기간 동안 아버지의 역할은 다음과 같다.

첫째, 임신기간 동안 아버지는 산모에게 최대한의 애정적 지지를 보내야 한다.

아버지의 애정적 지지는 어머니와 태아를 안정적인 관계로 이끌어 주며 태아의 출생 전 안정적 생활과 정상적인 발달에 영향을 미친다(조성자 역, 2000). 태아는 태내에서 제3의 목소리를 듣고 변별하면서 다른 사람의 존재를 인식하며 탄생 이전 사람과의 관계를 시작할 수 있는 능력을 발달시켜야 한다.

둘째, 태아는 아버지의 애정적 지지를 통해서 가족 분위기를 긍정적으로 발전시킨다.

어머니의 태내에서 태아는 확실한 사랑의 감정을 경험함으로써 정신적으로 건강한 생활을 지속하고 정상적인 발달을 지속한다.

셋째, 임신기간 동안 새로 태어날 자식에 대한 모든 준비를 위한 토론에서 적극적인 역할을 해야 한다.

신생아를 위한 가구, 옷, 수유방법, 수면시간, 환경을 준비하는 과정에서 아버지의 실제적인 역할과 존재 자체는 준비과정의 효율성을 높이는 역할을 한다. 부모로서 새로운 아이디어와 제안들은 가정에서 지속적으로 토론하면서 부모가 되기 위한 준비와 기회를 제공하는 역할을 한다.

넷째, 새로 태어난 자녀의 미래를 생각하는 것은 부모의 교육적 역할을 자각하고 시작하는 것이다. 아버지는 자녀의 미래를 설계하는 데 도움을 주고 지지해 줌으로써 자신감을 가지게 되고 사회에서 자기의 역할에 대한 개념을 강화시킨다.

다섯째, 출산과정에서 아버지의 역할로서 출산의 고통과 기쁨을 공유하고 후에도 이러한 역할을 지속해야 한다.

과거에는 출산의 역할과 고통은 오로지 여성에게만 부여하는 것이 대부분의 출산 문화였지만 의학의 발달로 인해서 수술실의 위생을 완전히 해결할 수 있기 때문에 분만의 고통을 덜고 공유하기 위해서 아버지의 분만실 출입을 허락하기도 하며 또한 분만의 방법도 다양해졌다.

아버지가 출산에 직접 참여하여 도와주는 방법에 긍정적인 영향을 주는 것은 산고를 적게 느끼고, 약물의 양을 줄일 수 있고, 산모가 정서적 안정감을 느끼고 편안함을 느낀다는 연구보고가 있다(Ferraris A. O., et al., 2001). 아버지가 출산과정에 참여함으로써 출산의 방법을 변화시키고 신생아를 산모 혼자서 양육하고 보호할 수 없다는 것을 각인시켰다.

여섯째, 아버지는 공생을 보호하는 울타리 역할을 해야 한다.

출산이 생물학적 입장에서 존재론적 입장으로 변화하면서 공존을 위한 보호울타리 역할을 하여야 한다. 출산 후에 병원에서 집으로 돌아왔을 때 아버지는 산모와 신생아를 보살피며 산모의 대리자가 아닌 지지자로서의 역할, 아버지를 위한 산후 휴가의 적절한 활용, 애정적 지지자로서 함께 생활하는 가정생활의 시작은 공생의 울타리 역할의 기본적인 요소들이다(Ferraris A. O., et al., 2001).

"아버지와 어머니로부터 접촉할 수 있는 충분한 촉각적 자극은 가장 훌륭한 인간관계에 많은 도움을 줄 수 있다"라고 몽테뉴는 말했다(조성자 외, 2002).

일곱째, 아버지는 자율성과 독립심을 돕는 역할을 하여야 한다.

신생아의 목욕시키기, 옷 갈아입히기, 기분전환을 위해서 함께 산책하기, 함께 놀아주기, 수유해 주기는 신생아의 중요한 시기에 접촉을 통해서 신생아는 아버지의 행동모델에 익숙해진다. 이러한 상호작용은 신생아가 혼자서 움직일 수 있는 경험과 자신감을 부여함으로써 자율적 · 독립적으로 활동할 수 있도록 돕는다.

아버지는 자녀가 자신의 환경에서 활동을 확장시키고, 외부 세계와 접촉하고, 자기 목적, 목표를 달성하기 위해 움직임을 스스로 자동 조절할 수 있는 능력을 발달시킴으로써 자율성, 독립성이 발달된다.

이러한 문화적 조건으로 인해 출산과정에서 아버지의 지지와 역할이 많이 요구되며 세계적으로도 아버지의 참여가 증가되고 긍정적인 반응을 보이기도 한다(조성자 외, 2002).

아버지는 자녀의 미래와 물질적이고 심리적인 행복을 위해서 자녀교육에 대한 책임감과 의무감을 느낀다. 몬테소리는 영유아를 교육하는 모든 교육자들과 부모들이 인간 존재에 대한 심오한 이해 없이는 교육이 불가능하다는 것에 동의한다.

III. 영적 태아기와 인간생명

몬테소리는 인간발달에서 영적 태아기의 의미와 생명을 돕는 교육으로써 인간생명에 대한 의미를 발달과정에서 중요시한다.

1. 영적 태아로서 인간생명

몬테소리는 태아가 시작하는 첫 단계를 자연의 아들을 시작하는 단계라고 한다(Opera Nazionale Montessori, 2004). 그녀의 태아 존중사상은 바로 이러한 학문적이고 객관적인 진리로 태아의 출산 전 단계에서 인간 존재로 향하는 심오한 인간존중 사상과 연결되어 탄생할 수 있었다. 태아기에 어머니의 의식과 생각이 전달되고 어머니의 행동으로부터 정보를 받아들이는 것이 분명한 원리라고 증명되었기 때문에 이미 태내에서 생명을 돕는 교육은 시작된 것이다(조성자 역, 2002).

살아 있는 생명체인 태아는 무엇보다도 산모에게 건강한 환경과 자기들을 진심으로 환영해 줄 것을 요구하고, 자기들의 생물학적 프로그램 안에서 고유한 개체 발생학을 자극하는 것에 복종하면서 발달한다. 또한 발달의 섬세하고 경이로운 주기와 아주 신기하고 특별한 개체 발생학적 기능들을 완성해 나가는 단계에서 생명을 발달시킨다.

몬테소리는 태아가 조숙한 단계일지라도, 모든 생명은 정신적 생명체임을 지지한다. 태아는 출생 전에 태내에서 산모의 보호를 받아야 하는 반응적이고 활동적인 존재이다. 태아가 모든 관심과 모든 보호를 요구하고 있기 때문에 산모는 태내의 환경을 적극적으로 지지해 주어야 한다는 생물학적 지식이 젊은 임산부들 사이에 학문적 문화로 확산되어가고 있는 것은 긍정적인 측면이다. 예를 들면, 산모 자신이 태아발달에 부정적 영향을 미치는 모든 요소들을 스스로 제한하고 가능한 한 가장 안정되고 조용하게 그리고 규칙적으로 태아교육에 전력을 다한다. 불필요하고 불리한 조건들은 사랑하는 자식과 자신을 위해서 스스로 거부한다. 태아를 돕는 현대 의학적인 기술과 다양한 이론들이 태아의 생명을 돕는 데 기여하고 있다.

몬테소리는 태아는 개체 발생학적인 영적 존재라고 말한다. 태아는 단지 생물학적 유기체만으로 발달을 현실화해야 할 것이 아니라 사랑, 생각, 독립적, 자율적인 한 개인의 육화로서 현실화되도록 협조하여야 한다(Opera Nazionale Montessori, 2004). 이러한 사고는 인간은 단지 생물학적 존재만이 아니라 정신적, 영적 존재의 의미를 가진다.

인간은 태아기를 출생 전과 출생 후인 두 가지 영적 태아기로 구분한다. 출생 전은 생물학적 관점으로부터 형성되는 시기이고, 출생 후는 생물학적 관점에서 출발하면서 동시에 **"순수하게 인격을 형성"**하는 사회적-영적 시기이다(Montessori M., 1991).

출산과 동시에 신생아는 인간의 특성을 극복하기 위해 위대한 심리적 작업을 이중적으로 시작한다. 하나는 지능의 측면에서 언어와 운동을 통하여 종의 정체성과 본질을 흡수하는 작업을 수행하고, 다른 하나는 개인적으로 발생학적 또는 유전적 창조의 질과 특수성이나 독자성에 의한 고유한 개인적 실체를 정교하게 완성하는 작업이다(조성자 역, 1994).

이러한 두 가지 작업을 통해서 인간과 동물의 출생 전 태아기와 출생 후 태아기가 구분된다. 그렇기 때문에 인간 존재의 시작부터 생명체가 형성되며 영적 태아기라고 부른다. 영적 태아기는 생물학적 프로그램과 심리적 프로그램을 동시에 진행하는 특성을 가진다.

몬테소리는 육체적 태아기와 영적 태아기에 대한 이원론적인 원리를 거부하며 태아의 육안에 영이 감금되어 있는 일원론적 원리를 따른다. 그녀는 일원론적 원리를 다음과 같이 확실하게 언급한다.

"과거에는 어린이들은 정신적 기능을 가지고 태어나지 못한다고 생각하였지만 반대로 오늘날에는 생명이 시작하는 태내에서 이미 뇌가 활동한다는 뇌 과학 연구 발달로 인해서 태아가 정신적 생활을 한다는 것이 증명되었다. 신생아의 근본적인 특징은 지능과 이성이 있으며 지적 특성으로 인해서 자기들이 원하는 행동을 지시하고 방향을 잡아가는 본능을 발달시킨다. 신생아들의 정신활동을 통해서 자기들만의 방법으로 대화를 시작한다. 이것은 그들에게 이미 창조적 능력과 인간으로 적응해 가는 여러 가지 선험적 기능들이 잠재해 있다는 것을 알 수 있다(조성자 역, 2002)."

영적 존재인 신생아는 준비된 환경과 준비된 사람이 있으면 모든 것을 스스로 극복하고, 이러한 극복을 위해서 스스로 많은 노력을 하는 동시에 즐거움을 만끽한다.

2. 영아들의 자유로운 활동

이미 알려진 것처럼 몬테소리 교육에서의 자유개념은 과학적 교육학은 기본적인 철학이다. 왜냐하면 영아들에게 가능한 한 자발적으로 자기 본성을 표현하도록 허락하여 육체적 발달과 생물학적 특성을 자유롭게 표현하는 활동을 관찰한 다음 경험되어진 사실을 근거로 교수방법의 초석을 만들었기 때문이다(Leccese M. L., 1968). 어린이집 교실에서 자유라는 것은 실제적으로 무엇과, 어떻게 연결되는가에 관심을 갖고 어린이집에서 영아들의 활동과 자유개념의 관계를 살펴본다.

1) 몬테소리에게 자유개념은 어떻게 "자유를 고려할 것인가"가 아니라 "어떻게 하면 자유로워질까"이다.

영아들이 자유로워지는 것은 **"준비된 환경"**에서 자유선택이 가능할 때 이루어진다. 즉, 자유는 자발적으로 외적 자극에 의해서 활동을 실행하는 특성을 포함한다. 몬테소리는 영아들이 자유로워지는 것은 **"준비된 환경"**에서만 가능하다고 말한다. 즉, 자유는 자발적으로 외적 자극에 의해서 활동을 실행하는 특성을 포함한다. 자유는 두 가지 측면을 요구한다. 하나는 영아들을 **"자유롭게 놓아두세요."**라는 것과 다른 하나는 **"영아들을 자유롭게 만드십시오."**이다. 특별히 자유롭게 놓아두라는 교육적 활동은 인간 성숙과 발달을 단계적으로 창조하는 목적에 도구적인 기능을 한다. 영아들을 자유롭게 만든다는 것은 자연법칙에 의해서 자유롭게 되도록 교사-환경-영아의 공동작업이 필요하다(Leccese M. L., 1968). 전자와 후자는 서로 떨어진 독립적 개념이 아니라 서로 긴밀하게 연결된 개념으로 자유롭게 놓아두어야만 자유로워질 수 있기 때문이다. 몬테소리의 자유개념은 어린이들이 움직이고 활동할 수 있는 자유를 의미한다.

2) 유아들의 심리적인 측면에서 자유는 영아들의 감정, 지능, 성격 특성을 개인적으로 발달시키는 데 필요한 최대한의 능력을 위한 유일한 방법이 된다.

영아들은 이러한 심리적인 안정을 통해서 교사들과 친구들 사이에 평화로움을 유지하고 성장하도록 돕는 데 안정적으로 가능성을 부여한다(Leccese M. L., 1968). 심리적인 안정감으로 영아들은 해방 또는 자유화된다. 순수한 해방은 영아들의 영성적이고, 조직적이고, 조화로운 발달을 가로막는 다양한 장애물로부터 억압된 생활을 해방시키는 것이다. 자유는 교육적 행위로 피할 수 없는 행동의 조건이고, 현실화할 수 있는 가치로써만 이해되는 것은 아니다. 몬테소리의 자유개념은 심리적 측면이든 생리적 측면이든 발달에 유익하게 적응할 수 있는 조건으로써 생물학적인 조건이 포함되어야 한다.

3) 자유개념은 영아들의 인격발달과 관계된다.

영아들의 충분한 인격발달을 위해서는 단계적이고 독립적인 인간으로 변화하는 과정에서 자신으로부터의 해방, 환경으로부터의 해방 없이는 불가능하다. 우리들이 항상 언급하는 어린이들은 자신으로부터, 환경으로부터, 장애물로부터, 사람들로부터, 즉 ...로부터 해방되어 자유로워져야만 한다. 여기에서 의미하는 자유는 무엇일까? 바로 여기에서 자유는 ...로부터 행방되어 독립적인 방법으로 활동하도록 영아들에게 가능한 환경을 제공해 주는 활동으로부터의 해방을 의미한다. 무엇이든 혼자서 행동하는 자체는 완전한 독립이 아니라 개인이 무엇과 연결되고 그것으로부터 독립될 때 해방과 독립의 가치를 스스로 느낀다. 영아들에게 자유는 자동차의 기름과 같이 움직이도록 만드는 역할을 한다.

4) 자유개념과 독립개념은 서로 일치되는 개념이다.

몬테소리는 독립심을 위한 독립을 요구하지 않는다. 독립심은 어떤 정적인 것, 피곤한 작업을 통해서 극복되는 순간적인 자유가 아니라 자동–완성과 자기능력의 극복으로 지속적으로 극복하고 획득되는 행동결과이다(조성자 역, 1996).

다양한 훈련을 반복하고, 혼자서 작업하고, 혼자서 움직이는 영아들은 모든 측면에서 자기 활동을 완성하고 기뻐하면서 자기의 의지력을 강화하는 학습을 진행한다(Leccese L. S., 1950). 영아들은 자기 몸을 장난감 삼아 혼자서 움직인다. 영아들에게 독립심은 무엇이든 혼자서 할 수 있을 때 가능한 것이다. **"나 혼자서 할 수 있도록 나를 도와 주세요."**라는 의미는 영아가 독립을 선언하는 것이다.

5) 자유개념은 규칙의 여러 가지 형태로부터 규칙화된 자유다.

영아들의 발달단계에 의하면 생물학적, 심리적, 사회적, 도덕적 법칙에 의해서 활동한다. 자유는 영아들이 생활에 순종하는 것을 증명해 주는데, 순종의 의미는 자연법칙에 따르는 것이다. 자유는 창조적 활동을 잉태하도록 돕고, 질서를 원하는 인간의 책임감이라고 할 수 있으며 자연법칙은 훈련에 의해서 평가되고, 자유는 거의 증명된 훈련이다. 몬테소리는 영아들은 자기 자신을 지배할 때 훈련되어지는 것을 관찰하였다. 자유와 독립심 그리고 훈련은 영아들의 개인적인 활동을 요구한다. 영아들의 내적 생활의 자연적인 욕구에 상응하는 것, 자유로운 작업으로써 활동을 원한다.

6) 자유개념은 훈련과 관계된다.

만약에 훈련이 순수하게 외적인 상태에 의해서 인격을 형성한다면 지속적으로 인격이 형성되지 않을 수 있다. 왜냐하면 외적 자극이 항상 지속적으로 일어나는 것이 아니기 때문이다. 훈련을 통해서 습관된 다양한 능력에 관심을 집중해서 자신 속으로 몰입시키는 어린이가 자발적인 작업에서 활동을 통해 창조되어지는 행동이 훈련이다. 그래서 훈련은 단지 외적인 요인에 의해서 행해지는 것이 아니라 어린이들의 인격을 창조하는 의지적인 행동능력과 자기 노력을 구체화하는 것이다(조성자 역, 1995). 훈련은 자신에게 목적을 가지는 것이 아니라 하나의 통로이고, 덕의 개념을 극복하는 기능 속에서 이루어진다.

7) 자유개념은 복종의 의미를 가진다.

복종은 영아들이 자유작업을 통해서 내적인 균형과 힘에 근거한 영성적인 지배자로부터 탄생한다. 복종은 외부 세계에 적응하기 위한 가장 훌륭한 도움을 창조한다. 모든 생명체는 자신들의 위대한 힘을 요구하면서 환경적 특성에 적응한다. 특별한 능력으로 생물학적인 기능들을 완성하고 주변 환경으로부터 결정적인 요구에 굴복하도록 개인에게 허락하는 것이다. 이러한 동적인 요구들은 순간순간 환경을 에워싸고 있는 모든 것으로부터 요구된다.

이러한 동적인 힘은 행동 안에 있을 수 있다. 그러나 행동이 일어나도록 만드는 단계에 있을지라도 행위를 자극하는 운동이 필요하다. 외적인 행동의 필요성에 의해서 자극되는 것은 불가능하기 때문이다. 예를 들면, 정원사가 무리하게 가꾸는 기술이 식물을 건강하게 기르지 못한다는 것을 잘 알고 있다. 무엇보다도 식물이 필요로 하는 것을 알아야 한다. 복종하는 데 힘이 되기 위해서 훌륭한 내적 균형을 유지하여야 한다. 자연적으로 건강한 유기체는 혼자서 주변 환경에 적응할 수 있고, 자기 마음에서 작용하는 순수하고 강한 영성에 복종하게 될 것이며 환경에 적응하게 된다.

영아들은 자기들의 자연법칙을 따르면서 균형 있게 발달할 수 있는 가능성을 부여 받는다. 영아가 혼자서 할 수 있다는 것은 독립적으로 자연법칙에 스스로 복종한다는 의미이고, 자연법칙을 따른다는 것이다.

3. 인간생명의 발달

현대 과학은 인간생명의 잉태가 이루어지는 세포분열에 대한 이론을 볼프(Kasper Friedrich Wolff)의 연구에 의해서 모든 기능을 과학적으로 증명해 주고 있다(조성자 역, 1991).

몬테소리는 의사로서 자연과학의 영역과 유아교육을 접목시키려는 노력이 『어린이 정신, 어린이 발견, 어린이 신비』의 저서에서 나타난다. 예를 들면, 세상에서 가장 신비스럽고 가장 아름다운 인간의 육체는 어떻게 형성되었을까? 언어를 구사할 수 있는 기능과 인간의 뇌, 유기체 기능은 어떻게 형성되었을까?(조성자 역, 1994). 이러한 질문을 하면서 인간발달의 생물학적 기능을 연구하였고 의사였던 그녀가 인간생명의 잉태를 의학적으로 상세하게 설명한 것은 자연스러운 일이다.

태내의 환경은 출산 후에 신생아가 맞이하는 환경과는 전혀 다르지만 태내도 이미 교육적 환경이기 때문에 태아학도 연구의 대상이 되었다. 몬테소리 이론에서 태아학이 그리 낯설지 않은 이유는 이미 그녀의 저서 『어린이 정신』에서 태아학에 대한 이론을 연구 · 발표하였기 때문이다. 몬테소리는 인간생명의 신비에 대한 이론을 교육학적인 측면, 생물학적인 측면, 심리학적인 측면과 뇌 이론과 관계를 가지면서 자세하게 설명하였다(조성자 역, 1994).

태아학이 중요한 이유는 유기체의 발달을 유전적 요인, 문화적 특성, 종의 특성, 생물학적 · 생태학적 · 병리학적 측면으로, 광의적인 측면에서 사회 인류학적 측면과 생물학적 측면을 총체적이고 통합적으로 연구하여야 하기 때문이다(조성자 역, 1994). 몬테소리는 태내 발달단계를 세포의 분열단계에서 인간생명의 발달을 배종기, 배아기, 태아기로 구분한다.

1) 배종기

인간생명의 발달에서 가장 경이롭고 신비로운 것은 모든 동물, 포유동물 그리고 인간은 시각적으로 볼 수 없는 아주 미세한 세포 하나로부터 시작한다는 것이다. 마치 흰 종이에 펜으로 점 하나를 찍어 놓은 것보다 작아서 시각적으로 볼 수 없고 단지 현미경으로만 볼 수 있는 작은 세포 속에서 인간생명의 모든 기능을 포함하고 있는 것이다. 이 작은 세포는 성장하면서 분리되어 발달한다. 인간의 성을 결정하는 염색체는 48개이고, 유전 인자인 세포는 4,000여 개의 미립자를 보유하고 있다. 일반적으로 유전 인자는 생식개념을 포함한다. 예를 들면, 얼굴의 모습, 머리 색상, 피부 색상 등이다(조성자 역, 1994).

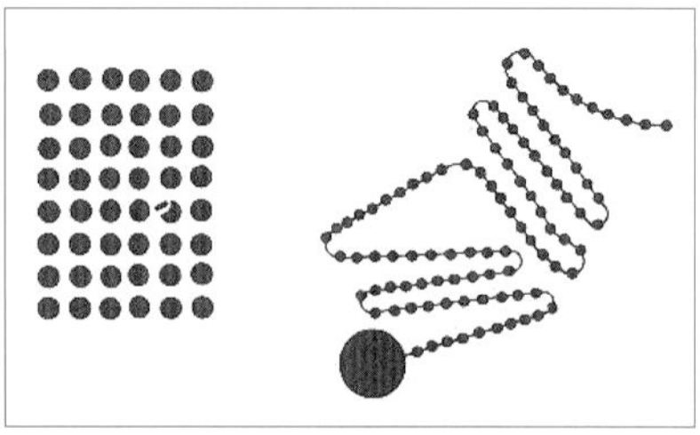

48개의 유전 인자와 100개의 세포를 그림으로 보면 왼쪽과 같다.

몬테소리보다 훨씬 이전에 Wolff의 생식 이론을 연구하였고 처음으로 세포 분열 과정을 현미경으로 증명하였다(조성자 역, 1994). 즉, 배종기는 사랑하는 남 · 여의 정자와 난자가 결합한 다음 수정난이 자궁벽에 착상하여 2주까지의 기간을 의미한다. 수정란은 즉시 2개로 분열되고, 다시 4개로 분열되고, 다시 8개, 16개로... 분열된다. 분열된 다음 일주일이 지나면 100~150개의 세포로 분열된다. 몬테소리는 이러한 세포분열 상태를 자세하게 그림으로 설명하였다(조성자 역, 1994).

수정한 다음 3~4일이 지나면 세포는 분열하여 둥근 공 모양의 배반포로 변하여 현미경으로 볼 수 있게 되었다.

세포의 종류는 간세포, 신경세포, 근육세포, 피 또는 혈청세포, 뼈세포, 세포군 등이 있다.

2) 배아기

배아기는 수정난이 착상한 후부터 3~4주에서 8주까지를 의미한다. 수정란이 모체의 자궁벽에 착상하여 모체와 공생의 관계를 맺는다. 배아기는 빠른 속도로 발달하여 내세포 덩어리는 외배엽, 중배엽, 내배엽으로 분리된다. 내세포 덩어리들의 기능을 보면 다음과 같이 나타난다(조성자 역, 1994; 정옥분, 2002).

내세포의 종류	내세포의 기능
외배엽	피부의 표피, 손톱, 발톱, 머리카락, 신경계 감각이 발달
중배엽	피부의 진피, 근육, 골격, 순환계, 배설기관으로 발달
내배엽	소화기관, 간, 췌장, 침샘, 호흡기 계통으로 발달

배아기 동안 내세포의 발달로 인해서 4주부터는 생명체로서 가장 중요한 기관들이 발달한다.

배아기의 발달단계	신체발달기관
3~4주	심장박동, 뇌, 신경조직, 입, 팔, 눈, 다리의 흔적이 발달, 소화기관
5주	눈, 팔, 다리의 흔적에서 모양으로 발달
6주	치아, 귀
7주	구개, 외부 성기, 촉각이 발달
8주	입, 눈, 귀가 분명하게 분화, 팔, 다리, 손발이 분명하게 발달, 후각이 발달

이 시기는 신체의 기본적인 기관이 형성되는 중요한 시기이다. 배아기는 아직 불안정한 시기이며 유산의 위험이 있기 때문에 산모의 특별한 주의가 필요하다. 이 시기는 탯줄이 발달하여 태아를 자궁벽의 태반과 연결시켜 어머니와 모든 기능을 교류한다. 그러므로 탯줄은 태아의 생명과도 같은 역할을 한다. 또한 모체의 혈액 속에 있는 영양분이 태반을 통해서 태아에게 전달될 수 있기 때문에 약물, 자극성 식품, 유해식품이나 병균들을 조심하여야 한다(조성자 외, 2000). 어머니와 태아를 연결하는 탯줄은 출산과 더불어 어머니로부터 분리되어 독립적인 삶을 시작하게 된다.

배아기는 모체의 신체가 태아에게 적응하는 시기이므로 신체적 변화를 가져온다. 소위 임신기간 동안 입덧을 하는 현상도 바로 이 시기에 민감하게 일어나는 현상이다.

3) 태아기

태아기는 8주에서 출생 전까지의 시기를 의미한다. 태아기는 청각, 시각, 미각, 촉각, 후각과 같은 모든 감각기관들이 발달하기 때문에 환경과 지속적 관계를 가지는 시기이다. 또한 어머니와 함께 혈액순환을 유지하는 심장이 발달하며 태아는 어머니와 함께 산소와 음식을 공급받으면서 삶을 유지한다.

태아기는 어머니와의 공존을 통해서 어머니, 주위 사람들과 침묵의 통교가 가능하기 때문에 아버지와의 대화를 들려주고, 노래를 들려주고, 책을 읽어주고, 음악을 들려주면서 외부 환경과의 관계를 형성하는 시기다. 현대 의학기술은 어머니의 뱃속에서 태아가 활동하는 모든 것을 증명하여 30주 동안 잠을 자고, 깨어 있고, 꿈꾸고 있는 것을 증명하였다(조성자 외, 2000). 태아기의 발달단계와 기관을 살펴보면 다음과 같다.

태아기의 발달단계	신체발달기관
9 주	인간의 뇌가 형성, 미각이 발달
10주	완전한 태아로 발달, 촉각자극에 대해서 반응, 소음을 들음, 음악 소리에 의해서 태아가 움직임
11~12주	인간 형태의 모습을 보이고 사지가 움직이기 시작, 태아의 성별이 가능
13~16주	어머니가 태동을 느낌, 어머니가 태아의 움직임을 자세하게 느낌
20주	태아의 움직임이 활발

4. 태아기의 감각기관 발달

태아는 살아 있는 생명체로서 지속적으로 모체와 상호관계를 가지면서 스스로 활동하기 때문에 태아 자체는 이미 한 생명으로서 인간 존재를 의미하는 것이다. 전 세계적으로 태아 살리기 운동을 통해서 낙태를 살인행위로 간주하는 것은 바로 이러한 이유 때문이다. 낙태금지 운동을 우리나라 종교단체는 생명운동 차원에서 전개하고 있다. 태아기 동안 뇌가 급속도로 발달하고 모든 감각기관들은 정교하게 발달한다. 현대 의학은 태아기 때 모든 감각기관의 기능이 완전하게 발달한다는 사실을 증명하였다. 감각기관들이 태내에서 발달하는 것을 살펴보면 다음과 같다(조성자 외, 2000).

1) 촉각

태아의 피부는 감각기관에서 가장 중요한 역할을 한다. 촉각발달은 임신기간의 7~8주 사이에 완전하게 발달한다. 촉각은 모든 기관에 전달역할을 하는 동시에 통합적으로 관계를 형성하는 감각기관이다. 태아는 촉각을 통해서 모든 정보를 뇌 기관에 전달하여 반응을 일으키는 역할을 한다. 촉각은 일생동안 만족스럽게 작용하면서 항상 움직임과 운동을 통해 접촉을 시도한다.

예를 들어, 임산부가 배를 눌러 태아에게 자극을 주면 촉각에 의해서 즉시 태아가 반응하는 것을 느낄 수 있다. 외부의 정보를 받아들여 반응하면서 태아기의 정서적인 애착을 형성하는 데 한 몫을 담당하는 역할을 한다(조성자 외 2000).

2) 후각

임신 2개월이 지나면 후각이 발달한다. 산모가 섭취한 영양분은 모두 탯줄을 통해서 공급되며 유입된 물질들은 태아의 후각에 대한 기억을 발달시키는 역할을 한다.

몬테소리는 태내에서 발달한 후각은 후에 이유식을 하는 동안 음식물 섭취를 용이하게 한다고 말한다. 태아는 후각을 통해서 완전하지는 않지만 자기에게 불필요한 물질을 거부하는 반응을 보이기도 한다.

3) 미각

미각은 임신 3개월에 발달한다. 태아는 태내에 유입된 단맛과 신맛의 차이점을 느끼고 움직이도록 하고, 삼키도록 만들고, 찌푸리도록 만든다. 양수에서 어머니가 먹는 음식의 맛을 약간씩 음미할 수 있도록 발달한다.

태아기 때 어머니의 음식 섭취에 따라서 태아의 후각이 발달한다는 이야기도 있다. 예를 들면, 마늘을 즐겨먹는 어머니는 태아가 후에 마늘에 대한 거부반응을 일이키지 않는다거나 카레를 즐겨먹는 어머니는 태아가 후에 카레의 맛을 쉽게 수용했다는 보고도 있다(조성자 외, 2000).

4) 청각

임신 2~5개월 사이에 청각구조가 발달한다. 예를 들면, 태아가 폭음이나 괴음을 들었을 때 태아의 심장박동이 빠르게 움직이는 것은 청각이 발달했다는 의미이다. 청각은 산모의 내부와 외부에서 발생하는 모든 자극이 전달되므로 듣고 반응하는 것이다.

특히 태아가 낮 시간 동안 듣는 외부의 모든 소리들은 대단히 중요한 역할을 한다. 아버지의 목소리, 음악 소리, 자연의 바람소리, 빗소리, 약한 소리와 강한 소리 등은 태아의 청각발달과 밀접한 관계를 가진다.

예를 들어, 공항 근처에 살았던 산모의 아기가 태어난 후에 신생아는 조그마한 소음에도 몹시 예민한 반응을 보였다는 일본의 연구결과를 주목할 수 있다(조성자 외, 2002).

태교를 위해서 임신기간 동안 특히 어머니의 목소리로 노래를 불러주는 것은 태아에게 안정감을 주고 편안하게 하는 데 도움을 준다는 연구결과도 있다. 태교음악을 들려주면 소리를 받아들이는 것은 귀뿐만이 아니라 몸 전체를 움직이도록 자극하기 때문에 소리 진동이 에너지를 주고 신경조직을 균형적이고 조화롭게 도와준다. 청각발달은 물론 태아의 정서적 안정감에도 많은 도움을 준다고 말한다. 태아에게 노래를 들려주고 심리적 소리(Psicofonia)를 들려주는 것은 태아에게 정서적 안정감을 주고, 태아의 몸과 뇌를 마사지해 주는 것과 같은 효과를 준다(조성자 외, 2002).

산모가 노래를 부르게 되면 횡경막 흉부와 골반의 모든 근육을 강화시키는 역할을 하기 때문에 분만 시에 근육에 자극을 자유롭게 받을 수 있는 장점을 가진다(조성자 외, 2002).

5) 시각

시각은 임신 4개월이 지나면 발달한다. 어머니의 자궁은 우리들이 생각하는 것처럼 어두운 것이 아니다. 산모의 생활양식, 계절의 날씨, 밤과 낮의 밝기에 따라서 다르기 때문에 태아는 밝고 어두움에 대한 경험을 태내에서 하므로 태아는 밝고 어두움에 따라서 자극을 받는다는 의견도 있다.

5. 영아들을 위한 어머니의 태도

몬테소리는 부모교육에 대해서 다음과 같은 말을 한다.

"물론 인류애가 모든 사람들을 위해서 정의와 자유를 추종하게 된다면 영아교육이라는 해결할 수 없는 중요한 문제가 잔존하게 될 것이다. 해결되지 않은 중요한 문제는 항상 더 어렵게 될 것이고, 교육자와 부모들 사이에서 하나의 큰 두려움과 걱정으로 표류하게 될 것이다. 다른 한편으로는 항상 완전함과 지속적인 연구를 요구하게 될 것이다(Ferrati A. S., 2000)."

Wolf는 생애에서 가장 중요한 시기는 대학생 시기가 아니라 바로 6세 이전인 유아기이고 그보다 더 중요한 시기는 0~3세의 영아기로서 전기와 후기로 구분하여 전기의 중요성을 강조한다(Wolf A. D., 1978). 부모들은 영아들을 위해서 기본적으로 다음과 같은 사항들을 조심하여야 한다.

첫째, 신생아기에서 영아기까지는 가능한 한 어머니, 아버지와의 신체적 접촉으로 신뢰감, 편안함, 안정감을 감각적으로 느낀다. 영아를 따뜻한 마음으로 껴안는 것은 영아에게 진실한 사랑을 전달하는 것이다.

둘째, 영아들은 자기를 에워싸고 있는 모든 사물과 환경을 그대로 흡수하고, 깨어 있는 동안은 주변 사람들과 함께 생활하면서 행동을 모방하고, 말하는 것을 듣고, 모든 것을 흡수한다. 몬테소리의 흡수정신에서 영아들은 특히 자기 주변에 있는 모든 것을 있는 그대로 흡수하여 무의식 세계에 저장했다가 발달과정에서 의식세계로 떠올린다(Wolf A. D., 1978).

셋째, 영아들은 자기들에게 다정스럽게 이야기하는 사람들의 입모양을 주시한다.

영아들은 말하는 사람의 입모양을 통해서 차츰차츰 자기에게 어떤 의미를 부여하는지 이해하게 되며 말하는 단어들을 완전한 언어로 습득하기 쉽도록 만들어 특별하게 감수성을 일깨워 준다. 부모들은 영아들이 이해하지 못할지라도 정확한 언어와 정확한 발음 그리고 똑바로 쳐다보면서 대화하는 방법을 선택하여야 한다(Wolf A. D., 1978).

넷째, 영아들의 정신적, 육체적인 발달은 몸 전체의 움직임과 운동을 통해서 진행된다.

부모들은 영아들을 자유로운 상황과 공간에서 자유롭게 활동할 수 있도록 넓은 공간을 제공하여야 한다. 창조적 시기로써 영아기는 미숙한 생명체 속에서 위대한 창조적 계획(Bauplan) 또는 건설 계획을 가지고 태어난 한 "인간 존재"이다(조성자 역, 1994; Fresco, G. H., 2004). 그러면서도 의문점을 가졌던 것은 인간은 다른 동물에 비해서 오랜 유아기를 거치지만 자유의지, 지능, 기억 등 모든 잠재적 능력을 본능적으로 가지고 태어난다. 탄생 시기는 미완성된 존재로서 유일하게 자기를 표현할 수 있는 능력은 울음뿐이이나 신생아는 울음을 통해서 자기의 모든 희 · 노 · 애 · 락을 표현한다.

몬테소리는 이러한 이유에서 신생아가 인간화의 모습으로 진화하는 과정에서 자발적인 창조개념을 강조한다. 몬테소리는 창조적 개념을 다음과 같이 설명한다.

첫째, 인간은 세상에 태어날 때 "작은 창조주"로서 탄생한다(조성자 역, 1994).

생물학적으로 세포는 가장 정교하고 독자적이면서 특이한 생존법칙에 의해서 생명체를 이끌어간다. 세포는 가장 급속하게 분열되며 정해진 발달법칙에 따라서 발달한다(조성자 역, 2004). 계속적인 세포분열은 진화과정에 의해서 복잡한 신경조직, 뇌 조직, 기관들을 형성한다.

인간에게 절대적으로 필요한 기관이며 제일 먼저 생성되는 것은 심장과 심장에 관계되는 기관들이다. 세포는 질서 있게 각자 자기의 세포조직인 뇌세포, 신경세포, 피부를 감싸는 세포들의 기능을 정확하게 유지하기 위해서 자기 위치를 확실히 하면서 기능을 완성해 간다. 세포분열로 시작한 한 생명체는 스스로 창조적 힘을 가지기 위한 기관을 형성하고 발달시킨다.

둘째, 인간은 태어날 때 본능적으로 창조적 계획을 가지고 태어난다(조성자 역, 2004).

신생아는 태아기를 거치는 동안 발달에 필요한 모든 기본적인 기능을 발달시키기 위한 창조적인 힘을 가지고 태어난다. 몬테소리에 의하면 인간의 창조적 힘은 인간의 생물학적 능력만이 아니라 신의 창조적 능력을 모방하는 영적 태아로서의 육체 안에 있는 영적 힘과 능력을 의미한다. 영적 존재는 정신적 존재를 의미한다(Loschi T., 1991).

셋째, 영아는 언어만을 발달시키는 것이 아니라 언어를 발달시킬 수 있는 모든 기관과 정신까지도 발달시킨다.

영아들은 자기들의 내적 기능들을 발달시키기 위해서 육체적인 운동, 움직임, 감각기관에 관계되는 기능들을 섬세하게 발달시킨다. 영아들의 관심을 이끌어내어 활동을 활발하게 할 수 있는 특별한 창조적 능력을 발달시키는 데 객관적으로 기여하는 것은 영아를 에워싸고 있는 환경과 교사 그리고 교구들이다. 이들은 영아의 감수성을 발달시키고 자극시키면서 생활 자체를 즐겁고 기쁘게 이끌어 주기 때문이다(조성자 역, 1994).

실제적으로 어머니는 영아에게 처음으로 도움을 주는 사람이고, 최초의 협력자이다.

신생아기부터 1세까지는 무능력하지만 자동-통제 기능이 이미 발달했기 때문에 주변의 환경과 사람들이 중요한 최초의 교육자가 된다. 영아들을 위한 모성적 보호와 모유가 필요하고, 출산에 대한 공포심을 없애주고 신뢰감을 주기 위해서 항상 옆에서 상호작용하는 것이 좋다. 영아를 사랑으로 포옹하고 육체적 접촉, 애정 전달을 통해서 신뢰감을 형성한다. 어머니들이 옷을 갈아입히고, 목욕을 시키는 것은 가장 이상적인 접촉방법이다. 영아들은 신체적 접촉을 통해서 세계와 자신 그리고 타인을 인식하면서 상호작용을 한다. 영아기 때 모유를 권장하는 것은 수유를 통해서 영아와 어머니 사이에 정신적이고 육체적인 친밀한 관계가 형성되기 때문이다. 영아는 애정적 관계가 형성되면 환경에서 자기 욕구에 만족스러운 방법으로 응답하며 안정감을 가진다(조성자 역, 2000).

6. 영아들을 위한 아버지의 태도

임신기간 아버지와 어머니가 태어날 자식에 대한 교육적인 문제와 일상적인 문제를 서로 이야기하는 것은 출산 준비과정에서 가장 가치 있고 유익한 시간을 함께 보내는 것이다. 그러므로 과거에 출산 준비를 어머니의 역할로만 강조되던 시기와는 다르게 현대는 자녀양육에 있어서 아버지의 역할과 기능을 강조하고 있다(Ferraris A. O., 2001).

분명한 것은 인간은 태어나면 아버지의 존재가 필요하다는 사실이다. 아버지의 실존은 자식을 위해서 자녀에게 무엇을 봉사할까, 부성의 욕구는 무엇일까, 가정에서 아버지의 역할을 무엇인가, 자식을 위한 아버지의 총체적인 역할은 무엇인가, 성장하는 자식에 대해서 아버지의 역할은 무엇을 알아야 할까 등에 대한 질문에 답을 주어야 한다(조성자 역, 2000).

영아를 위한 아버지의 존재 의미는 현대 사회가 사회문화의 변화를 거치면서 가정의 구조적 변화와 기능적 변화로 어머니의 역할과 아버지의 역할이 분명하게 양분화된다. 아버지의 존재는 이미 임신이 되는 순간인 생의 첫 시기부터 시작된다. 임신기간 동안 어머니의 생물학적, 애정적 지지는 태아기와 신생아기, 영아기의 환경을 만족스럽게 만들고 태아의 안전에 중요한 역할을 한다. 영아들에게 아버지 존재의 의미를 살펴보기로 한다.

첫째, 아버지는 사랑하는 자식을 인식하고, 접촉함으로써 아버지의 존재를 강화시킨다. 아버지는 임신기간부터 태아를 인식하려고 노력하고 사람의 목소리를 들을 수 있는 능력을 가진 태아와 접촉함으로써 아버지의 존재를 확인시킨다. 즉, 부성적 존재의 의미를 각인시키는 것이다.

둘째, 아버지는 자식의 삶 전체에 동참함으로써 아버지의 존재를 각인시킨다. 아버지는 자녀의 삶 일부분, 일정기간만 참여하는 것이 아니라 삶 전체에 공존 내지는 동참하는 것이다. 임신, 출산 준비, 출산과정에 공동참여하는 것은 아버지로서 가장 가치 있고, 유익한 시간을 나누는 것이다. 아버지의 존재 자체로 영아들은 자기들의 잠재능력을 안정되게 발달시킨다.

셋째, 영아들은 부성과 모성에 대한 사물과 사람을 예민하게 인식하는 민감기 동안 가장 접촉이 많은 어머니와 아버지의 존재를 확인한다.

출산과 더불어 완전히 다른 환경 속에서 안정감을 느끼는 것은 어머니와 아버지의 존재로부터 시작되고 삶에서 특별한 최초의 시간과 첫 만남이 안정의 첫 민감기라고 몬타나로(Montanaro)는 말한다. 이러한 민감기가 효과적으로 진행되기 위해서 부성적인 접촉이 중요하다. 또한 신생아는 아버지와의 접촉을 통해서 발달과정에서 일어나는 여러 종류의 민감기를 보내게 된다.

넷째, 영아들의 정서적이고 사회적인 발달과 성장을 위해서 부성적 역할을 강조한다.

다섯째, 아버지와 어머니는 인간이 가지는 최초의 인간 공동체의 든든한 울타리로써 아버지의 존재를 확인시킨다.

두 사람의 존재는 신생아가 발달할 수 있는 가능성의 출발점에서 기본적인 인간 사회의 구성원임을 의미한다. 최초의 공동체에서 많은 경험을 하고 보살핌을 받으면서 서로가 만족스럽고 신뢰할 수 있는 가족 공동체의 경험을 통해서 건강한 발달을 시작한다. 신생아는 아버지와의 관계에서 경험하는 개인적이고 사회적인 행동양식을 흡수하여 인간 사회의 기본인 가정의 사회적 역할을 형성한다.

새로 태어난 아기와 어머니, 아버지 세 사람의 관계는 가정의 결속력을 강화하는 반면 외부 세계와 보호장벽을 만들어간다. 아버지는 자녀를 위한 새로운 가정생활 전체에 참여하여 아버지로서 새로운 경험을 하게 된다. 가정생활에 동참하는 아버지에 대한 역할이 주어진다.

영아를 위한 아버지의 역할은 가정 공동체 속에서 매 순간 순간 주어지고, 이러한 역할에 대한 책임감은 자신의 행복, 삶의 의미, 가족 구성원에 대한 지지자로서 울타리를 강화하는 버팀목이 된다. 적어도 이 시기에 영아들을 위해서 토요일과 일요일만이라도 모든 시간을 함께 보내야 할 필요성을 가져야 한다(Fresco G. H., 2004).

몬테소리는 아버지와 자녀의 관계에서 다음과 같이 말한다.

영아들을 진심으로 환영하고 있다는 것을 확인시키기 위해서 아버지의 일상생활에 참여할 수 있도록 자연스럽게 끌어들여야 한다. 영아들을 작업으로 끌어들이는 것이 어려울 수도 있지만 자연스럽게 일상생활 속에서 아버지의 역할을 인식하도록 참여시키는 것이다. 아버지의 일상생활 속으로 영아들을 자연스럽게 끌어들이면서 서로 상호관계를 유지할 수 있는 방법과 작업 속에서 아버지의 역할을 살펴보면 가정에서 자연스럽게 할 수 있는 일상적인 작업들이다.

4살 된 세희의 식구들은 직장에 다니는 아버지, 엄마, 세희의 누나인 수지 그리고 모든 식구들의 사랑을 받는 복실이라는 애완용 개와 함께 산다. 아침마다 세희는 출근하는 아빠를 도우려고 무척 노력한다. 세희는 매일 아침 아빠가 출근할 때 구두 닦는 것을 도와주는데, 세희는 아빠의 다른 한쪽 구두를 닦는다. 세희는 아빠를 위해서 구둣솔과 구두약 그리고 구둣주걱을 가져다주기도 하고, 아빠의 구두끈을 묶어주기도 하고 먼지를 닦아주기도 한다.

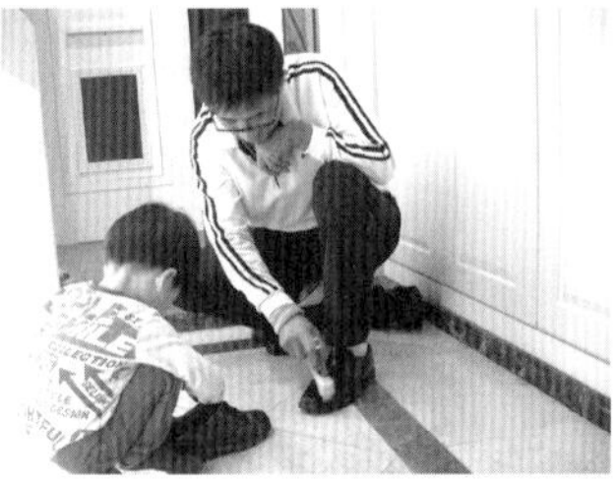

세희는 아빠 방 책상 위에 있는 만년필을 가지고 와서 아빠의 셔츠 주머니 속에 넣어준다. 아빠는 너무너무 행복해 한다. 사랑스런 내 아들!이라고 칭찬한다. 세희도 아빠의 칭찬으로 온종일 기분이 좋고 신난다.

아빠가 사무실에 간 다음 세희는 자기 옷을 혼자서 입으려고 애쓰지만 결과적으로 혼자서 입을 수 없기 때문에 엄마의 도움과 손길을 청해야만 한다. 엄마는 천

천히 혼자서 입어보라고 말씀하셨다. 세희도 그렇게 하는 것이 옳다고 생각했다.

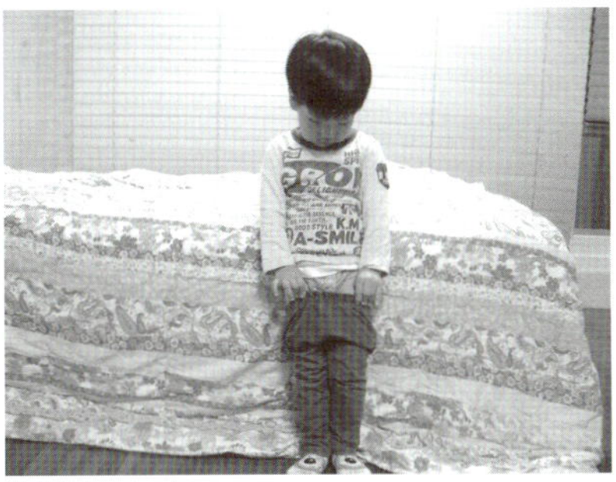

세희는 아빠가 사무실에 안 나가고 집에서 식구들과 쉬는 주말을 무척 좋아한다. 세희는 아빠와 온종일 함께 있는 것을 무척 행복해 한다.

일요일 아침 세희는 아빠를 따라서 산책을 나간다.

세희는 아빠와 즐겁게 얘기도 하며 아침 운동도 한다.

아빠와 세희는 아침 식사를 준비하기 위해서 계란을 준비한다. 아빠는 세희에게 계란을 간단하게 깨뜨리는 방법을 알려준다.

아빠는 세희에게 깨어진 계란을 그릇에 넣는 것을 가르쳐 주셨다. 세희는 포크로 계란을 휘저었다.

세희는 계란 요리를 하기 위해서 싱크대를 정리한다. 싱크대 아래에 넣어두었던 프라이팬을 꺼낸다.

아빠는 토스트기에 빵을 넣고 세희는 작동 스위치를 아래로 내린다. 방금 꺼낸 토스트가 뜨거워서 세희는 입으로 "후 후"하고 불었다. 세희는 아직 뜨거운 것을 만지는 데 익숙하지 않기 때문이다.

그런 다음 세희는 토스트 위에 버터를 바르고 토스트를 예쁜 그릇에 담아 식탁으로 가져왔다.

모든 가족이 즐거운 마음으로 아침 식사를 할 수 있었다. 엄마와 누나는 나와 아빠를 칭찬해 주었다. 아빠를 돕는 일은 훌륭한 일이라고 말했다.

사랑스런 복실이도 아침을 먹고 싶어하는 듯하여 현관에 있는 복실이 집 앞에 밥을 주었다. 복실이도 배가 고프면 우리들을 종종 따라 다닌다.

아빠는 밖에 작업대를 만들어 놓고 시간이 있을 때마다 일하시고 그 옆에 세희를 위한 작은 놀이 작업대를 만들어 주셨다. 세희는 아빠가 일하는 작업장에서 작은 일들을 도왔다. 아빠에게 망치를 가져다주었다. 아빠는 고맙다고 세희의 머리를 쓰다듬어 주었다.

세희와 아빠는 함께 작업하는 것을 무척 좋아한다. 아빠는 세희에게 망치질하는 방법을 알려주었다. 세희는 작은 망치로 못 박는 것을 처음으로 시도해 보았다. 앞으로 몬테소리 어린이집에서 일상영역 시간에 자주 할 것이라고 말씀하셨다. 일상영역이 무엇인지는 몰라도 기다려진다.

아빠와 세희는 작업을 마친 다음 망치를 원래 제자리에 갖다 놓았다. 작업을 마친 다음 아빠는 바닥을 깨끗이 쓸고, 세희는 쓰레받기를 잡아 주었다.

토요일에 아빠와 세희는 즐거운 마음으로 함께 집안 일을 하면서 엄마를 돕는다. 복실이도 이리 뛰고 저리 뛰고 야단이다. 아빠와 엄마를 돕는 것은 나 자신을 돕는 것이라고 아빠는 말씀하셨다. 사람들은 항상 서로 돕고 살아갈 때 모두가 즐겁다고 말씀하셨다.

이처럼 아빠와 세희가 함께 작업할 때 두 사람은 평생 동안 부모-자녀 그리고 자녀-타인의 관계에 기초가 되는 아주 중요한 결속력과 인간관계 그리고 자연스러운 사회화 과정을 훈련하고 경험한다. 세희가 태어난 이래로 아빠와 다정한 눈 맞춤, 웃음, 사랑스런 포옹, 위험한 물건을 다루는 조심성, 공동 협력할 수 있다는 자신감으로 아빠와 함께 무엇이든 할 수 있는 경험을 하게 된다. 아버지의 역할을 자녀에게 자연스럽게 확인시키는 것이다.

일상적인 생활에 자연스럽게 세희를 초대함으로써 아빠의 행동을 모방하고자 최선을 다해 노력하는 세희에게 아빠는 지속적으로 부성적 행동패턴의 모델이 된다.

아빠는 자기 역할을 확실하게 보여주었고, 세희는 아빠의 역할을 지지해 주는 동반자가 되었다. 이러한 경험을 통해서 세희는 가정에서 아버지의 역할을 확실하게 인식하게 되고 아버지의 사랑과 필요성을 재확인하게 된다.

몬테소리는 임신이 되는 순간부터 새로운 생명체에게 아버지의 존재를 확인시키는 것은 단지 생물학적인 것만이 아니라 직접적인 관계를 통해서 새로운 생명체를 가정 구성원으로 끌어들이는 것이 중요하다고 하였다. 영아기에 아버지의 역할과 어머니의 역할 그리고 영아의 존재는 하나의 가정 공동체를 형성하는데 중요한 요소이다. 자녀가 탄생한다는 것은 부부 사이에도 중요한 의미를 가지게 되고, 부모됨을 확인시켜 가정을 이루게 된다.

Ⅳ. 영아들의 정상화 과정에 필요한 기본적인 욕구들

인간의 기본적인 욕구에 대한 연구가 여러 학자들에 의해서 활발하게 이루어지고 있다. 몬테소리는 인간 존재가 무능력한 상태로 탄생하였지만 그들이 가지고 태어난 무한한 잠재능력을 정상화, 인간화, 육화로 발전시키면서 인간은 끊임없는 진화하는 과정에서 일탈됨이 없이 민감기를 정상화로 진화하도록 생명을 돕는 교육을 주장했다.

이러한 의미에서 인간이 정상화로 진화하기 위해서 필요한 여러 가지 요소들은 신생아기, 영아기, 유아기, 아동기를 거치면서 기본적인 욕구를 발달단계마다 충족시켜야 한다고 몬테소리는 주장한다. 어린이들의 정상화는 모든 교육적인 측면에서 잘못된 행동을 수정해 주고 교육해 주는 교사에게 복종하는 어린이를 의미하는 것이 아니라 자연법칙에 순종하도록 만드는 것을 의미한다. 즉, 어린이들은 자연법칙을 따르도록 하는 것이다(조성자 역, 2001). 자연법칙으로 되돌아가는 것을 정상화라고 말하는데, 자연법칙을 따르기 위해서 영아들은 자기들의 기본적인 욕구들을 충족시켜야 한다. 영아들의 정상화 과정에서 필요한 기본적인 욕구를 살펴보면 다음과 같다(Furtrell K., 1998).

1. 운동에 대한 욕구

인간은 생명체가 형성되면 운동을 시작한다. 태아가 움직인다는 것은 태아가 운동을 하고 있다는 것인데, 운동은 인격 형성의 모든 열쇠가 된다. 몬테소리는 운동을 영성의 일부분으로 보았다(Scocchera A., 2002). 왜냐하면 인간은 운동 없이는 정신의 발달도, 성숙도 시킬 수 없기 때문이다. 즉, 운동을 하나의 물질적이고 정신적인 요소로써 고려한다. 눈에 보이는 유기체의 움직임은 운동을 통해서 보이지 않는 정신과 영성을 발달시킨다. 영아들의 사회적 환경은 움직이면서 무엇인가를 창조적으로 생산하도록 촉구한다. 앉아 있는 영아보다 서서 움직이는 영아가 더 많은 것을 창조한다. 그래서 영아들은 정신적인 창조를 위해서 운동의 중요성을 강조한다. 인간의 모든 기관들은 운동을 통해서 자기 기능을 강화하고 정상화 과정에 진입하도록 힘을 촉진한다. 운동은 생물학적으로 혈액순환, 소화기능, 호흡을 통해서 정상적으로 기능하도록 촉구한 다음 영아들의 정신세계에 만족감을 준다(조성자 역, 1991).

영아들은 개인적인 노력과 훈련을 통해서 운동을 시도하려는 욕구를 가진다. 운동은 본능적인 창조작업과 연결된다. 운동은 정신적인 측면이나 육체적인 측면 모두를 관장하면서 기본적인 욕구를 충족시킨다. 운동의 한 종류인 스포츠는 육체적인 건강만을 돕는 것이 아니라 군중들에게 열광적인 기쁨을 주고 윤리성까지 영향력을 미친다. 가족 구성원들 사이에 결속력, 지방과 지방 간의 결속력, 국가와 국가 사이의 결속력, 세계와 세계의 결속력, 국가 간의 분쟁을 해결하는 완충제 역할을 하는 강한 힘을 내포하고 있다.

영아들은 걷는 운동을 통해서 처음으로 정복자로서 만족감, 용기, 자신감, 내가 스스로 걸을 수 있다는 것은 자기 정체성에 대한 확신, 시공간 개념을 발달시킨다. 몬테소리는 영아들이 창조적 에너지를 기능적으로 완성하고 구체화하는 것이 운동이라고 말한다. 그래서 그녀는 운동은 "나"의 표현이라고 말한다. 영아들은 자연적인 운동 욕구를 충족시키기 위해서 신체기관을 모두 활용하여 발달시킨다. 몬테소리는 운동을 즐기는 사람은 풍요로운 영성을 지니고 영혼이 깨끗하다고 말한다(조성자 역, 1991).

루드비히는 영아들은 끊임없이 작업을 통해서 자기가 필요한 환경과 교구를 조직화하면서 희열을 느끼고 욕구를 충족시키는 것은 모든 소우주 속에서 "나"의 정체성을 찾아가는 작업이라고 한다(Ludwig, H., et al., 2004).

2. 독립심과 자유에 대한 욕구

몬테소리는 영아들을 위해서 처음 교육을 시작할 때부터 독립적이고 자율적인 인간으로 성장하도록 지도하는 것이 교육 목적이라고 했다(조성자 역, 1995).

영아들은 작업과정에서 스스로 독립적이고 자유롭게 활동하려는 욕구를 가지고 있다. 이러한 욕구에 방해 받았을 때 영아들은 이탈 행동을 보이며 작업에 대한 흥미와 관심에 변화가 일어난다. 즉, 흥미를 잃어간다. 인간은 창조적인 활동과 독립적인 활동 없이는 자유로워질 수 없기 때문이다. 몬테소리의 과학적 교육학은 자유에 근거한 교육방법으로써 영아들에게 자유를 극복하도록 협조하고 중재하는 것은 물론 영아들의 자발적인 표현을 제한하는 어떠한 상황과 어떠한 관계에서도 영아를 해방시키는 것이 교육 목적인 동시에 방법이라고 말한다(Trabalzini P., 2003).

그녀의 자유개념은 단지 "자발적 주의"가 아니라 어린이가 자기 인격을 발전시키고 자유선택을 연습하는 특성으로 작업의 조직화로 이해된다. 그래서 자유는 바로 활동, 창의성, 작업성, 계획성에 근거한다(Trabalzini P., 2003).

교사들의 교육적 개입은 영아 초기부터 영아들에게 독립심을 발달시킬 수 있는 준비된 환경 속에서 자유로워지도록 지도를 시도하여야 한다. 영아들은 이유식을 통해서 독립적 욕구를 최초로 충족시킨다. 어머니의 젖가슴으로부터 독립된 것이다. 누구로부터 독립되어지고, 무엇으로부터 독립되어 살아갈 자유가 주어진다. 이러한 현상은 영아들이 최초로 혼자 스스로 살아갈 수 있는 잠재적 능력의 부여다. 영아들은 아직도 누구로부터 종속되어 있지만 차츰 발달단계를 거치면서 혼자서 옷을 입고 벗는 것, 자기 몸을 관리하는 것, 혼자서 걷는 것, 뛰는 것, 계단을 오르고 내려오는 것, 땅에 떨어진 물건을 혼자서 집어 올리는 것, 혼자서 숟가락을 잡는 것, 혼자서 먹는 것 등 혼자서 자기 욕구를 충족시키고 해방되고 독립되는 방법을 스스로 터득한다. 영아들은 이러한 작은 일을 통해서 독립심을 연습하고 훈련하면서 독립적이고 자유로운 인간으로 살아가는 첫 단계에 도달한다.

영아들은 자유에 대한 욕구를 통해서 자기들의 능력을 발달시키고, 자신을 극복하고, 자신의 능력을 자유롭게 활용하도록 돕는다. 몬테소리는 영아들의 자유에 대해서 언급할 때 그들은 단지 자신을 포기하고 목적 없이 활동을 전개하는 것이 아니라 생명의 정상적인 발달을 저해하는 장애물로부터 해방되어 자기 활동을 "자유로워지도록 또는 자유화"로 만들어가는 개념으로 이해하여야 한다고 말한다(조성자 역, 1995). 그렇다면 교사들은 영아들에게서 자유를 방해하는 장애물을 제거하여 영아를 해방시키는 것이 교사의 역할이다.

영아를 둘러싸고 있는 환경의 물질적 · 정신적 장애물들은 그들의 자유에 대한 내적 욕구를 만족시키 데 장애요인이 된다. 몬테소리가 말하는 환경의 의미는 영아가 교구를 자유롭게 선택하고, 자기가 원하는 교구를 자유롭게 활용할 수 있는 모든 교구와 사물 이외에 우주환경, 자연환경을 포함한다(조성자 역, 1995). 영아들이 자유로운 활동과 내적 욕구가 활동을 통해서 일치되어야 한다.

교사들은 영아들의 자유에 대한 욕구를 충족시키기 위해서 자기들이 원하는 작업을 선택할 수 있도록 환경을 준비해 주고, 길을 열어주고, 관심을 가지고 작업 목적을 성취할 수 있도록 협조해 주며 활동하는 작업실에서 자유로운 활동이 가능하도록 적절한 환경을 제공해 주어야 한다. 다시 말하자면 자기들이 원하는 일상적인 실제 생활에 필요한 일과 활동을 할 수 있도록 모든 물리적, 인적 환경을 제공함으로써 자유로워지고 싶은 욕구를 충족시켜 주어야 한다.

자유에 대한 욕구를 충족시키는 것은 항상 자유로운 활동을 통해서 영아들의 육체적 · 정신적 활동을 해방시키는 것이다. 영아들은 생명력 있는 활동과 사회적 활동(소그룹, 대그룹 활동)을 통해서 개인적인 활동을 평화롭게, 기쁘게, 자유롭게 해방시키면서 그들의 내면세계를 확장시킨다.

영아들은 성장, 자기 자신의 완성, 자기가 활동하는 과정에서 나타나는 모든 장애물을 극복하는 것, 자신을 움직이도록 하는 활동적인 모든 힘들을 호르메(Horme)의 기능이라고 부른다. 호르메의 기능은 기능적으로 독립하려는 에너지를 가지고 있다. 어린이들은 호르메의 힘에 의해서 정상적으로 성장할 수 있는 가능성을 가지고 있다. 활동에 장애물이 없으면 즐겁고 행복하게 움직인다. 탄생 자체는 어머니와 연결된 탯줄에서 어머니의 기능으로부터 해방되면서 자기의 정신적 본질을 형성하고, 세계와 관계를 맺고, 세계를 극복하면서 독립적인 삶을 시작하는 첫 걸음을 시작하는 것이라고 말한다. 그래서 어린이들은 작업을 통해서 독립한다(Lochi T., 1991).

3. 질서에 대한 욕구

영아들은 내부 세계의 질서에서 장애물을 발견하면 즉시 이탈된 행동이나 비정상적인 행동을 표출한다. 특히 영아들은 본능적이고 감각적으로 질서를 선호한다. 영아들은 외적 질서와 내적 질서를 강화하면서 질서의 민감기를 강화하고 사회적 관계에서 규칙이 있다는 것, 양보해야 된다는 것, 친구를 배려해야 된다는 것, 서로 나눔을 체험한다. 영아기에 모든 행동이 혼돈상태에 처할지라도 외적 환경에서 질서에 대한 요구를 확실하게 표현한다(조성자 역, 1991). 외적 질서에 대한 확실한 표현은 민감기와 관계를 가진다. 모든 민감기는 나타났다가 사라지고 또 다른 새로운 민감기가 나타난다. 새로운 민감기가 나타날 때마다 영아들은 새로운 질서를 만든다. 새로운 질서에 대한 민감기를 질서의 욕구라고 할 수 있다(Lochi T., 1991).

몬테소리는 자기표현을 완전하게 하지 못하는 1살 된 영아가 손님이 자기 책상 위에 우산을 올려놓는 순간 울어대는 것을 관찰하였다. 손님은 영아가 우산을 원하는 줄 알고 영아 가까이에 우산을 주었는 데 더 심하게 울었다. 그러자 어머니가 우산을 책상에서 내려놓자 금방 울음을 그치는 것이었다. 몬테소리는 영아가 가지고 있는 책상과 우산의 위치, 즉 질서에 관한 민감기임을 알았다(Lochi T., 1991). 이렇듯 질서에 대한 욕구는 영아기 초기부터 강하게 나타난다. 영아는 동화책을 읽어줄 때 한 장이라도 더 넘기면 원 상태에서 다시 읽어주기를 원한다. 즉, 질서의 개념이다. 2살 된 영아들도 이미 질서의 개념을 가진다. 물건을 제 위치에 놓고 질서를 유지하려고 한다. 영아들에게 무질서는 작업을 중단하고, 관심의 집중화 현상을 해체하고, 작업을 혼란스럽게 만든다. 반면 영아들에게 질서는 작업에 대한 지속성, 집중화, 교구의 위치에 대한 기억, 환경에 대한 관찰력, 놀이와 사회적 활동에 대한 규칙, 교구와 사물에 대한 관심 등을 강화하면서 질서를 사랑하게 된다.

영아기에 나타나는 질서의 개념은 환경 속에서 상호작용에 관심과 주의를 하게 되는 외적 질서와 자기 상태와 운동에 의해서 움직이도록 자극하는 내적 감각 또는 내적 상황이라고 말할 수 있는 내적 질서가 있다(Lochi T., 1991).

영아들은 외적 질서, 예를 들면, 어머니가 영아에게 처음 목욕을 시킨 후 항상 손부터 닦아주었는데 어느 날 갑자기 부모가 발부터 닦아주면 씻기 싫어하는 반응을 보인다. 이러한 현상은 영아의 질서개념을 이탈하였기 때문에 내면의 세계가 혼란스러워진 것이다. 외적 질서의 혼란으로 내적 상황에 혼란이 온 것으로 자연스럽게 내적 질서가 이탈되었다. 영아는 외적 · 내적 질서를 다시 찾기 위해서 많은 노력을 하고 새로운 방법과 습관을 탐색한다.

4. 훈련에 대한 욕구

영아들은 창조적 능력을 가지고 태어났고, 이를 발달시키기 위해서 많은 작업을 반복적으로 훈련한다. 영아들은 자신의 능력을 통제하고 지배하는 능력과 독립심을 성취하고 그 다음 단계로 의지를 발달시킨다. 영아들은 자유의지를 발달시키기 위해서 본능적으로 자기 훈련을 시작한다. 자기 훈련은 자유의지를 활용하여 환경 속에서 자기가 원하는 사물과 교구를 선택하여 작업을 계속한다.

훈련은 쉴 사이 없이 이것에서 다른 것으로 진행하고 성인들이 요구하는 것을 모두 따르면서 무능하고, 불확실하고, 복잡하고, 혼란스러운 상황에 머무르지 않고 질서화하는 활동을 계속한다. 훈련은 행동하고, 행하려는 의지, 욕구를 참아야 하는 아픔이 아니다. 훈련은 질서 있는 방법으로 자기 자신의 모든 것으로 활동에 적응하려는 개인의 특성이다. 어린이들은 지능의 단계적인 발달로써 일상생활에서 독립적이고 활동적인 훈련을 극복하면서 자기 자신으로부터 작업하려는 욕구를 가진다(Opera Nazionale Montessori, 2002).

일반적으로 자기 자신을 지배할 수 있고, 조절할 수 있는 사람은 훈련된 사람이라고 일컫는다. 훈련된 사람은 생명법칙에 의해서 자신을 자유롭게 운동할 수 있는 어린이들이다. 의도적이고 강압적인 강요에 의해서가 아니라 "순수한 교육적 목적"으로 자기가 하고자 하는 작업과 관심 있는 분야를 반복적으로 훈련하여 목적에 도달할 수 있다. 영아들은 원하는 활동을 위해서 끊임없이 정지하는 것 대신에 움직이면서 반복적인 훈련을 한다(Opera Nazionale Montessori, 2002).

영아들에게 움직임 자체는 생명인 동시에, 생명을 자극하는 것은 반복적인 훈련이 된다. 영아들은 훈련으로 인해서 습관이 형성되고 개인적인 특성, 즉 자기만의 특성이 형성된다. 영아들에게 훈련의 욕구가 충족되면 교육적 양식과 행동이 형성된다. 영아들의 활동을 억제하는 것은 그들의 생명호흡을 억제하는 것과 같다.

영아들의 자발적인 훈련 현상은 그들을 복종적인 태도로 발전하도록 협조하고 영아들로 하여금 "일시적인 위험"에 빠지지 않도록 조절하고 자신의 의지에 의해서 성취감에 도달하는 결과를 가져온다. 영아들의 복종적 자세는 정신적 훈련의 한 방법이다. 복종의 필수적인 조건은 내적 균형을 유지하는 것이다.

V. 몬테소리의 이론에 근거한 영아기의 민감기 이론

1. 영아기의 민감기 이론

몬테소리는 "어린이의 정신이란 계절이 지난 과일이 아니다."라고 말한다. 그들의 정신은 항상 계절에 맞는 맛있는 과일과 같이 여러 가지 기능들이 그때그때 생성되고 필요 없을 때 사라진다. 과일이 익으면 떨어지듯이 새로운 정신 기능들이 나타난다. 어린이의 정신은 정신생활의 질서를 적절한 시기에 완성하도록 수행하고, 유기체는 모든 것 안에서 적절한 시기에 순환할 수 있는 본능적 기능을 가지고 있다. 유아기에는 자기만의 시간표, 자기만의 달력, 자기만의 프로그램, 자기만의 자연적 시간을 가지고 있다. 바로 생물학적 시간개념, 프로그램, 달력 속에서 민감기가 형성된다(Opera Nazionale Montessori, 2004).

몬테소리는 민감기란 영아들이 표현의 가능성을 가지기 전에 정신적인 창조 안에서 나타나는 현상이라고 말한다(Lochi T.,1991). 몬테소리의 민감기는 세 가지 특성이 있다.

첫째, 영아들은 민감기 동안 지능을 형성한다. 영아들은 에워싸인 환경에서 자신에게 감동을 주는 개별적이고 특별한 것들을 선택하고, 어려운 인과적인 관계에 관심을 갖고 몰입한다. 몬테소리는 이러한 현상을 "외향적 지능"이라고 하였다. 영아들은 외향적인 지능을 통해서 내적 창조작업을 하면서 내적 지능을 구축한다.

둘째, 민감기는 의식적으로 조직화된 공동체에 대한 욕구를 발전시킨다. 몬테소리는 이 시기를 "사회적 영아기"라고 부른다. 사회적 영아기의 경험은 공동체에서 소속감과 사회적인 관계에 대한 인상을 남긴다. 이때 영아들은 조직에 편입하고 적응하는 능력을 갖게 된다.

셋째, 민감기는 감정에 대한 문화화와 관습적인 가치를 형성한다. 영아들은 자신의 도덕적인 자세와 자신의 욕구를 민감기 활동에 나타나는 특별한 활동으로 해소한다. 영아들을 위한 민감기는 위와 같이 세 가지 근거가 현상학적으로 나타난다. 이 시기에 영아들은 특별히 감수성에 민감하며, 자신을 발견하고, 자신의 욕구를 자유롭게 표현할 수 있다. 인격 형성에 기초가 되는 이성과 감정의 균형적인 조화를 민감기에 학습하게 된다.

이 시기에 어린이집과 몬테소리 교육자의 측면에서 민감기를 자극하여 활성화하는 것이 필요하다. 영아들에게 발달되어 가는 과정에서 일어나는 사실적 행동에 초점을 맞춘다. 성숙한 미래를 기대하는 것이 아니라 성숙한 미래설계를 위해 필요한 모든 기관을 정확하게 기능화할 것을 기대하는 것이다. 오늘날 영아들이 만족스럽게 작업에 임한다면 내일도 정상적인 발달을 성공적으로 이끌어 갈 것으로 기대한다.

이 시기에 교사의 개입은 영아가 활동을 구체화할 수 있는 능력을 가지고 있다는 사실을 알고 있으면서 영아들 내면에 숨겨져 있는 신비를 발견하여 모든 활동에 유익한 도움을 주고 표상활동을 최대한으로 이끌어내야 할 것이다. 영아들의 민감기를 생성해 내는 정신발달은 인간 영육의 중요한 한 부분일 뿐이다. 영아기의 정신은 감각과 운동 활동에서 나타나는데, 정신은 생명을 사랑하고, 생명을 흡수하고, 생명을 인식하고, 생명을 탐색하기 위해서 자기 주변 환경에서 길을 만드는 것이다. 민감기는 정신에 나타나는 생명에 관계된 실제들이 활발하게 움직이는 운동형태이며 이 운동형태는 영아기의 감수성과 밀접하게 관계되어 있다(Lochi T.,1991).

시각적으로 볼 수 없고, 잘 알려지지 않은 감수성은 어린이의 심리적 활동을 지배하고 선도한다. 영아들의 발달과정에서 감수성은 그들의 유기체 기능을 예민하게 만들어 외부로 표현되도록 만드는 민감기를 형성한다. 그러므로 민감기는 유기체 기능, 감수성, 영아들의 활동과 연결된다. 몬테소리는 다음과 같이 말한다.

"물론 심리적으로 언급하면 신생아는 발생학적으로 아무런 흔적도 없는 세포 안에서 처음 형성되었던 것처럼 아무것도 창조되지 않은 순수한 존재다. 신생아는 스스로 작업을 시작한다. 심리적인 범위에서 물질적으로 축적하는 활동을 흡수정신이라고 부르는 위대한 업적이다. 심리적 범위 안에서 유기체는 감수성에 폭 싸여서 모든 기능을 창조하고 있다. 영아들은 감수성의 관점에서 모든 기능을 계속해서 생산한다. 반대로 성인들은 감수성과 비슷한 어떤 것도 이미지화하지 못한다. 영아들은 목적 없이 즐겁게 작업하지만 성인들은 자신 속에서 창조할 수 있는 것은 자기들의 의지적 활동에 의존한다. 그래서 성인은 민감기가 없다.

이러한 감수성으로부터 정신은 발달하지 않지만 정신적인 유기체 기관은 발달한다. 물론 이 범위 안에서 모든 기관들은 서로가 독립적으로 발달한다. 조절능력의 여러 형태, 다리를 직선으로 설 수 있게 유지하는 것, 시·공간 안에서 방향 감각, 거리를 측정하는 능력과 언어가 정확해진다. 이러한 각자의 기능들은 관심을 집중시켜 독립적으로 발달하도록 협력하고, 감수성은 행동에 관련되어 정확하게 개인에게 안내한다. 감수성의 어떠한 것도 발달의 내적 시기를 걱정하지 않는다. 감수성 자체는 심리적 유기체의 창조를 보호하는 데 충분한 시간을 요구한다(Lochi T.,1991)."

감수성이란 유아기 동안 매일 똑같이 일어나는 것이 아니라, 나이, 성별, 환경, 생물학적 조건, 물리학적 조건, 약간의 유전적 이외에 다양한 요인과 관계가 있다. 특히 현대 사회에서는 뇌 과학의 연구로 인해서 뇌에서 감수성과 관계되는 부분을 정확하게 증명하고 있다. 감수성은 결정적으로 유기체가 특수화되었고 자기가 원하는 완전한 형태의 필요조건들을 창조하고 있는 가장 경이로운 생물학적 관점을 가진다.

어린이들은 가장 예민한 감수성인 생물학적 기능을 극복했다는 흥분과 기쁨으로 자기 고유한 활동을 지배하는 자세를 나타낸다. 어떻게, 언제 생물학적 관점을 만들어갈까, 만들어가는 방법을 나름대로 터득하면서 자기들의 구조를 가장 훌륭하게 조직화한다. 몬테소리인들이 모든 생명체의 생물학적 발달 관점에서 일반적으로 이해하고 있는 "폭발적 시기"는 민감기의 결정적인 정점을 도달한 정신 기능을 표출하는 것이다(조성자 역, 1994).

영아들은 언제 할 수 있는지, 언제 지속해야 하는지, 언제 말을 해야 하는지 그리고 언제 혼자서 할 수 있는지(나 혼자 할 수 있도록 나를 도와주세요)를 알게 된다. 생명발달을 시작하는 단계에서 자기를 구성하고 창조하는 폭발적인 힘을 만드는 자연의 지도자라는 것을 정확하게 보여주는 집중화 현상, 질서감, 독립심, 작업, 언어, 운동과 같은 민감기가 거의 3세 이전으로 집중된다. 몬테소리 교사들은 다양한 민감기가 언제, 어떠한 현상으로 나타나는가를 인지하는 것이 중요한 과제로 부과된다(Opera Nazionale Montessori, 2004). 몬테소리 교사들은 민감기에 나타나는 현상을 관찰하고 섬세하게 주시하여야 한다. 민감기에 특별히 나타나는 심리적 현상인 관심과 욕구를 만족스럽게 연습하기 위해서 환경에서 활동이 계속될 때까지 직접적이고 완전한 도움을 영아들에게 제공하여야 한다. 다양한 활동 형태에 어린이를 끌어들이는 이러한 민감기를 몬테소리는 본능적인 특징과 특별한 영성적 모습이 교차하고 있는 상태라고 말한다(Opera Nazionale Montessori, 2004).

몬테소리가 발견한 어린이들의 민감기는 성인들의 본성과 다른 그들만의 본성을 가졌다. 영아들은 아주 느린 리듬을 가지고 있다. 영아들은 목적을 성취하기 위해 편리하게 사용하는 시간은 목적을 추구하기 위해서 사용하거나 직접적인 목적을 위해서 사용하지 않는다. 영아들의 내적 욕구를 재창조하고, 분석하고, 활동을 반복하고, 연습하는 고유한 힘과 에너지인 내적 욕구는 민감기를 통해서 복종하기 때문에 자기의 활동을 구성하고 재구성하고 파괴하는 일을 지속적으로 행한다. 그래서 성인의 눈에는 어린이가 이해할 수 없는 목적을 가지고 느린 속도로 의기소침해 하면서 작업하는 것으로 보여진다.

한 예로 영아가 작은 물통에 물을 다른 그릇에 옮기는 활동이나 몬테소리가 어린이집에서 직접 관찰했던 한 어린이가 꼭지 원기둥을 지루함 없이 30번 이상으로 넣다 꺼내는 활동을 자기 방법으로 반복하는 것을 무엇 때문에, 어떻게, 왜 할까 라고 생각한다.

성인들은 다른 시간, 목적, 서로 다른 정신의 형태, 각자의 리듬을 가지고 있기 때문에 영아에 관계된 이러한 행동을 같은 척도로 측정할 수 없고 조화를 이룰 수 없다. 그래서 성인들은 항상 서두르고, 어린이들의 작업을 대신해 주면서 그들의 민감기 활동을 방해한다. 성인들이 영아들의 활동을 억제하고 부정하면서 장애와 불필요한 도움으로 대신하는 것은 어린이들을 존중해서가 아니다. 이러한 상황에서 어른들은 생체리듬과 요구에 협조하여 자기들이 원하는 시간에 씻고, 옷을 입고 벗는 것, 잠자는 것, 먹는 것과 같은 일상생활에서 종종 일어나는 영아들의 정상적인 민감기에 관심을 가져야 한다.

몬테소리 교사들은 어린이가 "자유롭게 선택"하는 모든 방법을 영아들의 리듬과 시간에 따라서 활동하도록 지도하여야 한다. 영아는 느린 속도로 작업을 하는 것은 그들이 발달시켜야 하는 정신생활로부터 나타나는 목적을 위해서이다. 교사들은 영아들의 활동적인 리듬과 더불어 조화로운 균형을 허락하고 인내하는 노력이 필요하다. 교사들은 영아들이 단지 느린 속도로 움직이는 것만이 아니라는 것을 알고 천천히 움직이는 영아와 함께 호흡하기 위해 인내심을 가지고 그들의 생활을 준비하기 위한 너그러움과 그들의 생체리듬에 의한 활동에 습관을 들이고, 느린 리듬으로 영아와 함께 움직여야 한다(Opera Nazionale Montessori, 2004).

만약에 모든 교사가 자기의 본성과 전혀 다른 영아를 인내심으로 극복한다면 자기와 다른 방법으로 행동하는 영아들에게서 발전하고 있는 정신적인 사실들을 인식하고 관찰하는 중요한 관심을 자신 안에서 자극받게 될 것이다. 몬테소리는 무엇보다도 교사의 관찰할 수 있는 능력은 이러한 정신상태의 결과라고 말한다(조성자 역, 1994).

몬테소리의 민감기 이론은 인간의 발달 가능성이 내포하고 있는 발달계획이나 창조계획과 관계된다. 영아들은 민감기에 일어나는 발달과업을 수행하는 데 장애 요인이 발생하면 일탈 행동이 일어나거나 관심과 흥미를 분산시킨다(조성자 역, 1994).

영아기에 자유로운 공간에서 신체적 운동발달은 대단히 중요하다. 운동은 신체 기능을 연습하는 수단이다. 영아들을 에워싸고 있는 환경에서 운동을 통해 사회적 관계가 형성된다.

2. 민감기의 종류

몬테소리 영아전담 어린이집에서 민감기에 대한 관찰을 통해서 교사는 자기가 돌보는 영아의 발달단계가 어느 시기에 도달했는지 그리고 발달단계에 맞는 발달과업을 어떻게 지도할 수 있는지를 인지하는 것이 중요하다. 몬테소리 교실에서 영아들의 발달과정 중에 일어나는 민감기에 대해서 살펴보면 다음과 같다.

1) 운동에 대한 민감기 : 0~4세

영아들에게서 우연히 나타나는 운동, 즉 움켜잡고(파악 반사), 만지고, 걷고, 뛰고, 균형을 유지하는 것은 학습이다. 영아들은 몸을 조절하고 사물을 직관하고 조정하는 운동을 통해서 학습한다(Seldin T., 2007). 운동은 이미 어머니의 태내에서 발달된다고 말할 수 있는데, 영아는 본능적인 운동과 더불어 아주 신속하게 변화하고 발달한다. 우리들은 만족스럽고 행복한 모습으로 모든 발달에 반응을 보일 수 있는 시간을 허락하여야 한다.

운동을 단지 신체적인 측면만 고려할 것이 아니라 지적 발달과의 관계도 고려하여야 한다. 영아기 운동은 단순한 신체적 움직임만이 아니라 뇌 발달, 신경조직의 일부분인 근육발달을 통해서 건강한 육체를 유지하면서 뇌의 모든 부분을 기능하도록 만드는 자극을 전달한다. 그러므로 운동의 궁극적인 목적은 호흡이나 영양분을 제공하는 것이 아니라 우주적 세계와의 조화, 정신적인 조화, 모든 생명을 적절하게 사용하도록 돕는다(조성자 역, 1991).

운동은 몸의 균형을 유지하고, 공간 속에서 신체를 조절하면서 몸의 방향을 조절하는 운동중추 역할을 담당하는 소뇌 발달이 영아기에 이루어진다. 그러므로 영아들에게 교구와 자연환경 그리고 사물을 통해서 반복적인 연습을 하도록 환경을 마련해 주어 중요한 운동기술을 습득하도록 배려하여야 한다. 영아들에게 운동기술은 자신이 스스로 창조하여야 하고, 환경에서 실제적인 경험을 통해서 완성하여야 하는 과제가 주어진다. 영아들은 운동을 스스로 창조하고 스스로 완성하는데, 이러한 과정을 몬테소리는 작업의 일부분으로 본다(조성자 역, 1991).

몬테소리는 어린이집에서 영아들이 운동과 개인적인 작업을 연결하는 것을 관찰하였다. 영아의 개인적인 작업은 개인의 정신력에 대한 표현이므로 영아들에게 정신적인 생활 자체가 존재한다는 것을 확신하였다. 그들의 자유로움 속에서 이루어지는 운동은 발달의 시금석이 되고 건강한 인격을 형성하는 데 중요한 역할을 한다. 영아들에게 운동은 정신적인 생활이다(조성자 역, 1991).

특히 0~1세 사이에 일어나는 운동은 인간에게 주어진 모든 근육들을 적절하게 사용함으로써 교육적 효과를 이끌어낸다. 인간에게 주어진 수많은 근육들을 우리들이 완전하게 총체적으로 사용하는 것이 아니라 필요로 하는 근육들만 운동에 의해서 사용하기 때문에 교육적인 차원에서 영아기 초기에 모든 근육을 발달할 수 있도록 운동을 활성화하는 것이 교사와 부모들의 과제이다. 몬테소리는 작업, 운동, 움직임은 인간의 생명력을 강화하는 총체적 목적으로 교육적 목적, 사회적 목적, 관계적 목적을 완성해 가는 원동력이라고 언급한다(조성자 역, 1991).

몬테소리 교실에서 영아들에게 운동의 민감기를 위한 기본적인 운동활동으로는 문을 열고 닫기, 의자에 앉기와 서기, 물건 잡기, 주전자 잡기, 걸레 짜기와 접기 등이다.

2) 언어에 대한 민감기 : 18개월~3세

언어의 민감기를 이해하기 위해서는 몬테소리의 언어발달 이론에 주목하여야 한다. 몬테소리는 언어를 사회생활의 기초로써 사람과 사람 사이의 관계, 인간이 문화를 교류하는 수단, 타인을 이해하는 필연적 수단, 다른 공동체와 분리되는 수단으로 정의한다(조성자 역, 1994).

영아들은 말하는 사람들 가운데 살아가고 있기 때문에 자연스럽게 자기 모국어를 말하게 된다. 언어발달에 관심을 가지고 있던 몬테소리는 영아들에게 언어는 가르침이 아니라 발달과정에서 말하는 언어를 흡수하여 자발적 · 자연적 · 창조적으로 습득해 가는 것을 관찰하였다. 그러므로 모든 영아들은 언어를 배우는 데 어려움을 갖지 않으며 이를 언어의 정신적 메카니즘으로 이해한다(조성자 역, 1994).

몬테소리는 언어발달을 위한 정신적인 메카니즘으로써 운동기관, 중추신경, 감각기관의 중요성을 강조한다. 특히 언어발달에 관계된 특별한 두 가지 중추신경이 있는데, 하나는 듣는 것을 받아들이는 청각언어 중추이고 다른 하나는 말하는 것 또는 대화의 원동력이 되는 언어를 만들어내기 위한 운동중추이다. 듣는 것은 청각만이 아니라 말하는 형태를 시각으로 보는 것도 중요하며 다른 것은 언어를 말하기 위한 입, 목, 코와 같은 기관들이다. 이 두 가지 중추신경은 생물학적 관점과 심리학적 관점이 서로 분리되어 발달한다. 청각 중추신경은 언어가 아주 깊숙한 무의식 속에서 발달하는 신비스러운 심리적인 중추에 관계된 문제이고 반대로 운동중추 활동은 말하는 언어로 나타난다(조성자 역, 1994). 영아들은 말하는 언어를 통해서, 즉 운동중추 활동을 통해서 느린 속도로 언어가 발달하기 시작한다. 언어는 뇌 발달 이론과 밀접한 관계를 가지는데, 이는 대뇌피질의 하나인 측두엽이 신체의 모든 감각을 관장하면서 기억과 청각기능에 관여한다. 청각 정보처리의 중요한 요소로써 대뇌반구의 언어영역을 협조하는 언어의 변별능력과 번역을 담당하므로 이 부위에 장애가 있거나 손상을 입으면 듣는 말을 이해할 수 없으므로 언어발달 장애를 초래한다.

몬테소리는 언어가 이성적인 논리에 의해서 발달하는 것이 아니라 자연적인 메카니즘에 의해서 발달한다는 논리성을 가지고 있기 때문에 그녀의 언어발달 이론은 우선적으로 사물을 중요시하고, 둘째로 사물 속성에 대한 이해, 셋째로 사물의 내면에서 사물에 대한 속성을 지시하는 지식을 통해서 표현되는 것이 언어라고 말한다(조성자 역, 1994).

중요한 것은 언어의 민감기를 지나쳐 버리면 회복이 어려워진다. 예를 들면,

일본과 중국 성인들은 "r"과 "p"의 알파벳에 대한 발음이 어렵기 때문에 거의 불가능하다. 그러나 중국이나 일본의 영아들이 영어권 환경에서 자라면 언어의 민감기를 지나쳐 버리지 않았기 때문에 아무런 문제가 없지만 성인은 언어의 민감기를 지나쳐서 어렵고 불가능한 것이다.

3) 감각에 대한 민감기 : 2~5세

민감기는 종류에 따라서 출산과 더불어 시작하지만 영아들은 2세 때부터 감각적인 경험으로부터 매력을 느낀다. 예를 들면, 후각, 청각, 촉각, 미각에 대단히 민감하다. 색상, 형태, 크기와 넓이, 길고 짧음, 높고 낮음에 대한 감각훈련은 몬테소리 교실에서 교구를 통해서 가능한 활동들이다. 영아들이 크기, 형태, 색상, 혹은 다른 물리적인 특성에 따라서 교구와 사물을 선택하는 것은 영아들을 논리적으로 선택하도록 만들고 관심을 돕도록 지도하는 최고의 활동이다. 감각적 민감기에 영아들에게 서로 다른 형태와 크기 그리고 색상의 사물을 제공하는 것은 감각훈련을 돕는 것이다.

감각훈련을 통해서 영아들을 관찰하는 실제 생활을 직접 준비하도록 만드는 것이 목적이다(Biericher H., et al., 1999). 오감각을 자극하여 원래의 기능을 섬세하게 발달시키는 것이다.

2~5세의 영아들에게 분홍탑, 나무로 된 퍼즐, 짝 맞추기 카드, 여러 가지 단추를 활용하여 형태, 크기, 넓이, 모양을 비교하고 맞추는 작업은 영아들의 감각훈련에 도움을 준다.

몬테소리는 오감각 활용 이외에 영아기에 무게를 측정할 때 근육이 동시에 참여하는 중량감각과 몸의 전체 균형을 유지하는 근육감각 운동의 중요성을 강조한다. 영아들의 작업활동을 통해서 감각을 활성화하여 학습과 지능발달을 정상화하는 것이 감각교육의 목적이다. 감각적 민감기는 2~6세에 가장 민감하다. 몬테소리 교육에서 변별 능력과 분리능력을 중요시하는 이유는 모든 감각기관을 자극하여 정확하게 감각을 발달시키고 나아가서 영아에게 관찰과 탐색 활동을 강화하여 실제 생활을 독립적으로 수행할 수 있도록 돕는 것이다(Biericher H., et al., 1999).

감각은 외부 환경과 영아들 내면 세계의 중간에 위치하면서 모든 자료들을 뇌로 전달하는 역할을 한다. 감각을 인간이 외부 세계를 내부 세계로 끌어들이는 "포착기관"이라고 말한다(조성자 역, 1995). 인간은 외부의 상을 전부 머릿속으로 받아들이지 못하고 일부만 받아들인다. 이러한 측면에서 감각교육은 주변이나 사회적 환경 속에 있는 "다양한 사물"에 의해서 학습된다. 감각적 민감기는 "사물을 감각적으로 탐색하고 보는" 시각이 발달한 시기이다. 감각적 민감기를 훌륭하게 돕기 위해서 다양하게 받아들인 모든 사물을 보관할 정리된 창고나 정리된 도서관을 만들어 주고, 모든 사물을 큰 자루에 구겨 넣는 것이 아니라 넓은 교실에 정리정돈할 수 있도록 돕는 것이다(조성자 역, 2001). 몬테소리는 감각적 민감기를 위한 감각교구는 세 가지 속성을 가진다고 말한다. 하나는 서로 같은 사물에 관한 동일성, 두 번째는 교구의 처음과 마지막이 어떻게 다른가에 대한 차이점, 세 번째는 서로 다른 사물들을 어떤 순서로 배열할까?라는 단계로 구분된다(조성자 역, 1995). 몬테소리는 감각교구란 지식의 영역으로 들어가는 문을 열 수 있는 열쇠라고 말했다. 그러므로 영아들에게 이러한 열쇠를 주는 것은 중요하다.

4) 사물에 대한 민감기 : 1~4세

손과 눈의 협응능력은 항상 정확성을 발달시킨다. 영아들은 아주 작은 물건과 사물을 가지고 놀이하는 것을 즐거워한다. 교사들은 영아들에게 작은 사물을 그들 주변에 놓아둠으로써 사물을 자유롭게 선택할 수 있게 한다(Seldin T., 2007).

영아들에게 사물은 인지발달의 기초가 된다. 지식은 사물(재료), 경험, 선험적 지식을 통해서 형성된다. 예를 들면, 영아가 "자동차"를 인식하기 위해서는 감각을 활용하여 실제로 보고, 만져서 자동차를 정확하게 지각하면 가장 정확한 지식이 된다. 자동차 없이 설명만으로 자동차를 인식한다 할지라도 영아기에는 착각이나 혼란을 초래할 수 있으므로 실제 사물을 직관하고 인식하는 것이 가장 중요하다(Seldin T., 2007).

영아기에는 사물에 대한 탐색활동이 민감하게 일어나는 시기이므로 주변에 있는 사물을 보고, 만지고, 냄새 맡고, 조작해 봄으로써 사물에 대한 속성을 정확하게 인지하는 데 도움을 줄 수 있다.

5) 질서에 대한 민감기 : 18개월~3세

유아기에 일어나는 민감기는 언어, 감각 민감기와 함께 질서와 운동 민감기를 중요시한다. 가장 신기하고 가장 중요한 민감기 중에 하나는 0~1세 이전에 이미 나타나는 현상으로 영아가 질서에 가장 민감하다. 영아들이 본능적으로 무질서할지라도 외적 질서를 통해서 내적 질서를 특별히 좋아하는 특성이 나타난다. 1~2.5세의 영아들로부터 자기 환경에서 질서를 요구하는 행동이 나타난다. 자기 물건이 무질서하면 울고, 괴로워하고, 짜증을 낸다. 영아들의 질서에 대한 사랑은 인격발달의 중요한 요소가 된다(Lochi T., 1991).

질서의 민감기는 3세에 정점을 이룬다. 시 · 공간에 상관없이 사물의 질서에 열정적이다. 모든 사물은 자기 위치와 장소가 있다. 이 시기의 영아들은 반복하는 것, 규칙화하는 것, 정리하는 것과 같은 습관을 들이는 것은 질서를 학습하는 초석이 된다.

몬테소리 교실에서 질서와 청결을 유지하는 것은 영아들의 자동훈련과 독립심 그리고 자율성을 촉진시켜 주는 원동력이 되기 때문이다. 모든 물건이 제자리에 있을 때 영아들은 작업하려는 욕구가 발생한다.

어린이집에서 정리정돈을 위한 작은 상자는 영아 혼자서 자기가 사용한 물건과 장난감을 정리하는 데 이상적이다. 영아들이 있는 환경에 정리정돈을 위한 바구니, 옷걸이, 연필통을 놓아두면 아무런 어려움 없이 스스로 질서의 민감기를 자연스럽게 학습할 수 있다. 영아들은 신호등 앞에서 파란 불을 기다리고 있지만 어른들이 신호등을 무시하고 성급히 간다. 영아들은 어디에서든지 자기에게 인식된 규칙이나 질서를 좋아한다.

6) 음악에 대한 민감기 : 2~6세

몬테소리 교실에서 영아기에 학습을 지지해 주는 것은 대부분 감각적 활동을 통해서 이루어진다. 모든 감각적 훈련은 인지발달을 위한 훈련으로써 반복적인 훈련을 통해서 극복된다. 영아들이 자연스럽게 악기를 만지면서 감각에 자극을 주고 소리를 익히면서 청각기능이 발달되면 음악교육을 시작하는 첫 단계에 돌입하는 것이다(Isernarda di N., 2002). 영아들은 음악적 놀이에 관심을 가진다. 단순한 소리에 즐거워하고 자기가 만들어내는 다양한 소리를 인식하는 것이 바로 음악적 요소와 관계된다.

오늘날 영아들에게 음악이 일상적인 생활의 역할을 한다면 영아들은 멜로디, 리듬, 음성의 발달을 위해서 자연스럽게 관심을 가지게 될 것이다. 영아들에게 한두 가지의 단순한 악기를 제공하는 것은 청각과 손 운동발달을 적극적으로 도울 수 있는 방법이 된다.

7) 대소변 가리기에 대한 민감기 : 18개월~3세

점차적으로 영아들의 뇌 조직은 왕성하게 발달하여 통합하는 기능이 발달하면서 영아들은 장과 방광을 조절하고 통제하는 기능이 완성된다. 즉, 항문 근육을 스스로 조절하고 통제할 수 있는 능력이 발달하는 동시에 대소변 가리기가 시작된다(조성자 역, 2000c).

대소변 가리기는 독립적으로 자기 통제능력이 발달함으로써 자연적으로 나타나는 현상이다. 대소변 가리기는 독립심과 자율성을 요구하는 현상이기도 하다. 교사들은 영아들이 대소변을 가리는 동안 영아들에게 충분한 시간을 제공할 것, 영아들이 독립적으로 대소변을 가릴 수 있는 욕실 환경을 준비해 줄 것, 예를 들면, 방의 온도, 유아용 변기의 적절한 온도, 유아용 세면기, 휴지, 실수를 했을 때 여유 있게 갈아입을 수 있는 속옷, 대소변을 가린 다음에 씻고, 옷을 입고, 물 내리는 것을 정확하게 알려주어야 한다. 이러한 모든 사항들을 교사가 영아들의 리듬에 맞추어 인내심을 가지고 지도해 주어야 한다. 집에서는 유아용이 따로 준비되어 있지 않으면 디딤판을 준비하여 영아의 높이에 맞도록 제공한다.

8) 예절과 친절함에 대한 민감기 : 2~6세

영아들이 성인으로부터 가장 많은 영향을 받는 시기는 3~6세까지이다. 이 시기의 영아들은 교육된 행동과 기본적인 예절을 모방하는 시기다. 영아들은 후에 이러한 행동들을 자기들의 인격으로 승화시킨다. 이 시기의 교사들은 무엇이든 영아들을 통해서 어른들과 친구들에게서 각자의 인격이 존중받고 있다고 행동으로 보이는 것이 중요하다. 몬테소리 교육실에서 타인에 대한 배려, 예절, 친절함에 대한 훈련은 일상활동 영역에서 중요한 위치에 있다.

9) 쓰기에 대한 민감기 : 3세 반에서~4세 반

몬테소리는 영아들의 쓰기가 읽기를 통해서 이루어진다는 것을 발견하였다. 영아들은 연필로 종이에 수와 글자 쓰는 것을 시도한다. 이 시기의 영아들은 종이와 땅바닥 그리고 마룻바닥에 낙서하는 것을 즐거워한다.

10) 읽기에 대한 민감기 : 3~5세

이 시기의 영아들은 상징적인 것과 소리를 통해서 자연에 관한 관심을 표현한다. 자기들이 관심 있는 그림을 통해서 감정을 표현한 다음 말로 표현하는 것이 아주 빨리 발달한다. 언어의 폭발적 시기다.

11) 공간-지각에 대한 민감기 : 4~6세

영아들은 단계적으로 공간적 관계를 파악하고 이해하기 시작한다. 이 시기의 영아들은 퍼즐을 가지고 조립하는 것을 즐거워한다. 퍼즐을 통해서 공간의 위치, 넓이, 크기를 감각적으로 정확하게 지각한다. 영아들은 공간개념이 발달하면 자기가 원하는 방향으로 가고, 그 방향의 위치를 인지하게 된다. 예를 들면, 자기가 가져다 놓았거나 감추어 놓은 물건의 위치를 정확하게 알아낸다.

12) 수에 대한 민감기 : 4~6세

몬테소리는 어린이들이 자발적으로 비교하고, 변별하고, 정리정돈하고, 계산하고, 측정하는 것이 바로 총체적인 수학적 개념으로써 "심리적 수학"이라고 말한다(Montessori M., 1971). 어린이들에게 수학을 통해서 논리적 사고와 논리적 구조에 대한 학습을 교구와 함께 제시한다.

영아들에게 양의 개념과 수에 대한 민감기는 전 생애를 통해 논리적 사고를 발달시키는 기초가 된다. 몬테소리는 수에 대한 정확한 개념을 영아들에게 제공하기 위한 다양한 방법을 개발하였다. 어린이들이 행동하면서 수학적 구조를 습득하도록 돕는 것이다. 지능발달을 돕는 것은 내적 구조가 발달되어 질서를 유지하여야 하지만 이는 행동이 없이는 불가능하다. 몬테소리는 수 교구를 통해서 영아들의 수에 대한 민감기를 극복하도록 돕는데, 수의 민감기를 통해서 수학적 개념이 발달한다.

13) 청각에 대한 민감기 : 18개월~4세

청각은 이미 태내에서 발달하였기 때문에 신생아가 가장 예민하게 반응하는 것이 주변의 소리이다. 신생아들은 잠을 자면서도 약한 소리에도 반응하여 놀라서 울기도 한다. 소리를 듣고 변별하고, 반응하는 것은 3~4세에 가장 민감하다.

14) 일상생활에 대한 민감기 : 0~6세

일상생활의 민감기는 어린이들의 인격 형성과 더불어 삶을 살아가는 과정을 학습하는 기본 습관이다. 영아들이 온종일 일어나는 모든 생활에 규칙, 질서, 안정감, 편안함, 자기 관리, 타인을 배려하는 활동이 민감하게 일어나는 시기이다. 영아들의 일상생활에 대한 민감기는 2~4세가 정점을 이루면서 6세까지 지속된다. 영아들은 일상생활에 대한 민감기를 통해서 일생동안 살아갈 기본적인 가정문화, 어린이집 문화, 자기 나라의 문화를 습득하고 나아가서 세계 문화인 다중문화의 틀을 마련하게 된다. 영아들은 일상생활 속에서 자기의 정체성, 세계와의 관계, 친구들과의 공동체 경험 등, 삶의 기본적인 것을 경험하게 되는데, 모든 사람과 사물의 관계 형성에 기본적인 것을 학습하게 된다.

민감기의 종류	1 2 3 4 5 6
운동의 민감기	→ 0~1세
언어의 민감기	→ 18개월~3세
작은 사물에 민감기	→ 1~4세
질서의 민감기	→ 2~4세
언어의 민감기	→ 18개월~3세
음악의 민감기	→ 2~6세
대소변 가리기 민감기	→ 18개월~3세
예절에 대한 민감기	→ 2~6세
감각의 민감기	→ 2~6세
쓰기의 민감기	→ 3~4세
읽기의 민감기	→ 3~5세
공간관계의 민감기	→ 4~6세
수학의 민감기	→ 4~6세

출처 : 조성자(2007a).

민감기는 영아들의 인격을 형성하는 데 에너지 역할을 한다. 민감기에 의한 에너지는 모든 관계 형성을 적극적으로 돕고, 실천하는 힘, 조직하고 계획하는 힘, 순서를 정하는 힘, 통제하는 힘, 계획적으로 행동하는 힘을 촉진시킨다. 에너지는 영아들을 정상화 과정으로 이끌어가는 내적 요인이 된다.

2장

몬테소리 교육학에서 관찰과 기록화의 중요성

몬테소리 교실에서 영아들을 관찰하는 것은 교사들의 작업 중에 가장 중요한 위치를 차지한다. 실제적으로 몬테소리가 어린이집에서 영아들을 관찰하고 기록하는 작업은 그녀의 저서 『교육학적 인간학, 어린이 발견, 과학적 교육학, 초등학교에 적용한 자동교육』에서 자세히 서술하고 있다. 이러한 교육방법은 근대적인 연구방법론인 질적 연구의 기초를 마련했다고 말할 수 있다. 왜냐하면 어린이로부터 일어나는 행동양식을 인간학적, 생물학적, 심리학적, 현상학적 관점에서 관찰하여 기록화한 것을 교육방법에 적용했기 때문이고 이를 과학적 교육학이라고 언급하였다. 몬테소리는 교사들이 관찰한 것과 영아들이 경험한 것을 근거로 교수방법과 환경구성에 적용하였다(Montessori M., 1910).

- 영아들이 표출하는 행동의 원인은 어떤 자극에 의해서 나타날까?
- 영아들의 행동을 관찰하는 데 필요한 학문적 근거는 무엇일까?
- 영아들을 관찰하기 위해서 우리들을 어떤 것, 무엇을 관찰할 수 있는가?
- 관찰할 수 있는 능력과 도구를 가지고 있는가?
- 관찰하려고 하는 자세를 가지고 있는가?
- 왜 관찰하여야 하는가?

이러한 질문, 의문점, 능력을 고려하면서 관찰의 중요성을 인식하여야 한다(Barron M., 1985).

그러면 우선 몬테소리 교실에서 영아들을 위한 관찰 목적, 내용, 방법에 대해서 간단히 알아본다.

I. 몬테소리 교육학에서 관찰의 중요성

1. 영아들을 위한 관찰 목적

몬테소리 교실에서 영아들을 위한 관찰은 교실에서 실제적으로 이루어지는 모든 교육영역과 동일하게 중요한 위치를 차지한다. 우리들이 이미 알고 있듯이 몬테소리 교사 양성과정에서도 관찰이 한 영역을 차지한다. 관찰 목적을 살펴보면 다음과 같다.

1) 관찰을 통해서 영아 개개인의 특성과 행동양식을 이해하여 정상화 길에서의 일탈 행동을 방지한다.

몬테소리는 영아들의 육체적 · 정신적 특성을 교사가 알고 있지 않다면 무엇에, 어디에 근거해서 교육할 것인가?라고 반문한다(Montessori M., 1910). 관찰 목적을 위해서 개인 신상 명세서를 작성할 것을 요구하며 개인의 관찰을 위해서는 영아의 행동 현상이 관찰 대상이다.

2) 물리적 환경 · 공간은 영아들의 육체적 · 정신적 발달단계에 맞도록 디자인하기 위해서 필요하다.

관찰을 통해서 교사는 영아들의 눈높이에 맞는 준비된 환경을 제공하여야 하고 영아들의 자유작업과 자유활동에 필요한 요소를 위해서 공간 디자인이 이루어져야 하기 때문에 영아들의 행동 하나하나를 관찰하여야 한다.

3) 관찰은 영아들을 여러 측면에서 연구할 수 있는 방법을 제공한다.

영아들을 생물학적 측면, 심리적 측면, 사회적 측면, 도덕적 측면을 관찰하여 모든 활동의 원인과 특성을 알 수 있다. 이러한 원인과 특성들은 영아들을 실제적으로 교육하는 데 많은 영향력을 미친다.

4) 관찰은 목적이 분명하여야 한다.

왜, 무엇을 관찰하여야 하는가에 답을 주어야 한다. 교사는 영아를 관찰하는 목적이 분명하여야 한다. 분명한 목적을 가지고 관찰한다면 교사가 원하는 것을 정확하게 관찰할 수 있다.

5) 관찰 목적은 교사의 교육적 사명감과 일치한다.

영아와 관계된 모든 인적-환경에 정보를 객관적으로 제공할 수 있는 기회를 얻는다. 영아, 학부모, 동료 교사, 원장, 원 운영과 관계된 사람들, 보육기관에 종사하는 사람들에게 실증적인 재료를 가지고 정보를 교환할 수 있고 정확한 교수방법을 제시할 수 있다.

6) 관찰을 통해서 지금 교사가 관찰하고 있는 현상에 대한 옳고 그름을 판단할 수 있도록 한다.

- 지금 나는 영아를 정확하게 보고 있는가?
- 지금 정확하게 보고 있다면 누구의 측면에서 보는가?,
- 영아 또는 단순히 교사 입장에서 보는가?

관찰을 위한 관찰, 영아교육의 질적 발전을 위한 관찰... 이러한 사항들을 스스로 판단할 수 있도록 만든다.

7) 관찰은 영아들에 대한 객관적 지식과 과학적 지식을 얻는 데 목적이 있다.

교사들은 영아들을 관찰하고, 영아들은 자기 환경 속에 있는 모든 것들을 관찰하면서 경험으로 스스로 객관적이고, 과학적인 지식을 공유할 수 있다. 관찰은 또 다른 지식을 얻기 위한 방법과 수단이다.

8) 관찰 목적은 학습 목적과 연관된다.

관찰은 누가, 무엇을, 언제, 어디서, 어떻게 라는 요인들이 관찰 목적이라면 자연스럽게 목적 요인들은 학습 목적에 반영된다.

2. 영아들을 위한 관찰내용

몬테소리 교실에서 무엇을, 어떠한 것을, 관찰하여야 하는가? 이러한 요인들은 관찰내용에서 다루어져야 할 것이다.

1) 관찰내용은 교사들이 영아들에게서 무엇을 볼 것인가?에서 출발한다.

물론 영아 자체가 아니라 영아들의 자연적인 행동–현상을 관찰하여야 한다. 무엇을 관찰한다는 것은 교사의 관찰능력과 마음의 자세 그리고 관찰도구가 동반될 때 과학적인 관찰 효과를 제시할 수 있다.

2) 관찰내용을 위해서는 관찰을 위한 도구를 필요로 한다.

관찰도구 중에 가장 중요한 것은 교사 자신의 능력이다. 관찰도구, 기록도구, 분석도구, 평가도구, 계획을 위한 도구, 현장 적용을 위한 장소, 관찰내용을 발표할 교실 내지 연구단체가 필요하다.

교사는 항상 관찰내용을 이야기하거나 발표하여 인적 환경에 관계된 사람들과 지식과 문제점을 공유하여야 한다. 관찰은 쉬울 수도 있고 어려울 수도 있지만 중요한 것은 교사가 원하는 것을 정확하게 관찰하여 학습과정에 적용시키는 것이다.

3) 관찰하는 과정에서 초점을 맞추는 관점이 관찰내용이 된다.

영아들의 활동, 교구, 교실의 모든 영역에 초점을 맞추어야 한다. 교사는 왜 그 영역에 초점을 맞추고 있는지 분명한 이유가 있어야 한다. 관찰 초점은 교사가 관찰하고자 하는 내용이 되며 관찰 초점으로 교사는 영아들의 특성과 행동양식을 인식하게 되고 그들의 행동을 신뢰하고 존중하게 된다.

4) 지금 교사가 관찰, 분석, 기록, 계획하는 것은 모두 관찰내용이 된다.

영아들 각자를 관찰, 기록, 계획, 분석한 것들은 원장과 부모들에게 전달하거나 이야기하여 학습내용과 학습과정에 적용하고 참고하여야 한다.

3. 영아들을 위한 관찰방법

1) 관찰방법은 관찰도구에 의존하여야 한다.

몬테소리 교실에서 가장 중요한 관찰도구는 물론 교사이다. 즉, 객관적이며 신뢰도가 보장되고 학문적으로 검증되어야 한다.

- 교사는 관찰한 내용들이 얼마나 객관적일까?
- 관찰을 위해서 교사 자신은 얼마나 준비하였는가?

베론은 영아들 교육을 위한 진정한 준비는 자신을 연구하고 정확하게 인식하는 것이라고 말한다(한국 몬테소리교육 총연합회, 2007).

2) 관찰방법이 다양하면 다양할수록 목적을 성취할 수 있다.

관찰방법이 다양할수록 다양한 결과를 초래한다. 그러므로 관찰방법의 횟수, 관찰 계획을 교사는 조직적으로 생각하고 관찰 초점을 항상 생각하여야 한다.

3) 관찰방법은 영아들을 있는 그대로, 하고 있는 그대로 관찰하여야 한다.

관찰은 인위적인 것이 아니라 자연현상이다. 교사가 관찰과정에서 보는 것과 보지 못하는 것이 있다. 보는 것을 항상 어떻게 보는가?는 대단히 중요한 방법이 된다.

4) 귀납적으로 추론하여야 한다.

귀납적 방법은 항상 구체적인 사실에 근거하여 보편적이고 일반적인 원리를 이끌어 내어 목적에 도달하는 방법이다. 몬테소리 교실에서 질서감, 자유작업 시간에 일어나는 규칙과 갈등, 영아들 사이에 갈등문제 해결, 문제의 진술과 진단을 위해서 귀납적으로 추론하는 것은 관찰에서 중요하다.

5) 교사는 관찰을 위해서 객관적인 시각이 중요하다.

지금 관찰하기를 원하는 초점, 무엇을, 어떤 것을, 왜 하여야 하는지를 정확하게 자신이 인식하고 있어야 한다. 무엇보다도 관찰 목적이 뚜렷해야만이 관찰 목적을 달성할 수 있다.

6) 관찰한 사항을 정확하게 기록화하는 방법이 필요하다.

기록을 상세하게 할수록 정보를 자세하고 정확하게 나눌 수 있다. 관찰내용을 정확하게 기록화하지 않으면 관찰의 의미를 상실할 수 있다.

4. 몬테소리의 영아 관찰을 위한 학문적 근거

몬테소리는 영아를 관찰할 때 대상이 어린이 자체가 아니라 영아들의 자연적이고 본능적인 **행동 현상**에 주목하였다(Montessori M., 1910).

첫째, 관찰을 위한 학문적 근거는 인간학적 관점에 근거한다.

영아들을 관찰할 때 어느 한 부분을 관찰하는 것이 아니라 영아의 본능에 관계 되는 인간학적인 요소들에 관심을 가지기 위해서는 인간의 정신적인 특성과 신체적 기능에 관계되는 생물학적 현상, 행동 특성에 관계되는 행동 현상, 심리학적 현상에 관찰의 초점이 맞추어져야 한다(Montessori M., 1973). 인간학은 개념화한 인간 형태의 특징을 고착시키는 사회적이고 생물학적인 질서의 집단적인 현상을 연구하는 실존적 예술, 역사, 언어를 의미한다. 그러므로 인간학을 특징 짓는 것은 인간이라는 대상이 아니라 오히려 "인간을 연구하는 방법"이다. 즉, 관찰방법이다.

둘째, 관찰의 학문적 근거는 영아들의 자연적인 행동 현상과 특성에 근거한다(Montessori M., 1910).

몬테소리의 인간학에 대한 이해는 과학적 교육학의 한 방법으로써 어린이들의 자연적인 행동 현상을 연구하는 학문이고 인간의 특성을 연구하는 학문이다. 하지만 인간학의 대상은 인간 자체가 아니라 인간의 행동이 실증적-현상학적으로 나타나는 사실, 실제를 연구하는 방법론으로써 현상학적 범주에 속하는 학문이다(Montessori M., 1910). 영아들의 생활을 역사적이고, 체계적으로 이해하려는 정신과학은 그들의 삶과 행동 내용을 자신의 직접적인 경험과 경험되어진 것을 이해하고 분석하는 것이다.

셋째, 관찰의 학문적 근거는 실증적 교수방법론에 근거한다.

몬테소리는 영아들을 관찰할 때 자기와 환경과의 관계, 친구들과의 관계, 교사와 관계, 세계와의 관계에서 나타나는 표현양식을 관찰한다(Montessori M., 1910).

영아들을 위한 관찰 목적은 그들에게 가장 적절한 물리적 환경 · 공간을 계획하여 제공하기 위해서, 교구를 영아들의 요구에 적절하게 준비해 주기 위해서, 교구를 활용하는 방법이 영아들에게 흥미롭게 하기 위해서, 교구를 통해서 정상화되어 가도록 돕기 위해서 그들이 원하는 것이 무엇인가를 교사 자신이 정확히 알아야 한다,

인간학 이론에 근거한 어린이 연구는 자연과학의 한 학문영역으로 진화 이론

에 근거하여 육체의 형태를 연구하고, 인체를 측정하고, 검사교수법을 개발하여 측정교수법을 실증적인 방법론으로 접근하여 인간의 실존-현상을 연구하는 학문이라고 말할 수 있다(Montessori M., 1910).

넷째, 관찰의 학문적 근거는 특히 현상학적 이론과 분석을 근거로 한다.

몬테소리 이후 19세기 후반기부터 인간을 살아 있는 한 인격체로 취급하기 시작하면서 실증적이고 현상학적으로 인간학에 대한 연구가 활발해졌다. 인간은 말하는 동물이고 사회적 동물이기 때문에 개인 환경과 행동 반응에 나타나는 현상과 더불어 연구하기 시작했다(Montessori M., 1910). 인간 삶이 지닌 의미와 가치 그리고 목적으로 구체적인 삶을 기술하고, 인간 삶의 문제를 전체적인 해석을 통해서 삶 속에서 체험하고 있는 것들을 연구하여 영아들이 일상적인 생활에 적극적으로 활용하도록 돕는 것이다. 본질을 직관하여 대상을 "나타난 그대로" 또는 "지향하는 그대로"의 현상을 파악하여 기술하고 분석한다. 교사는 어린이들이 표출하는 자연 현상을 관찰하려는 자세와 능력을 가지고 관찰자로서 자기 위치를 이해하여야 한다(Barron M., 2007).

다섯째, 관찰은 교육-심리학에 근거하여야 한다.

몬테소리 교사들과 개혁교육학자 그리고 몬테소리 교육을 따르는 모든 사람들이 직관한 영아의 관찰에 실제적으로 아주 중요한 의미는 이탈리아의 교육-심리학 연구에 기원을 둔 것이다. 교육-심리학의 근거는 그 시대를 지배하였던 전통적인 관념론자들이 언급하는 장황한 웅변술로부터 해방되었고 몬테소리는 어린이 연구는 실증적인 방법만이 그들의 자연스러운 활동을 정확하게 이해할 수 있지만 항상 교육-심리학, 즉 영아들의 발달을 고려할 때가 확실한 관찰이 된다고 말한다(Barron M., 2007).

실제적으로 최근 20년 동안 이탈리아 대부분의 학자들 가운데 몬테소리 철학을 지지하는 레디 산떼 디 폴(Di pol R. S.)은 몬테소리인들이 제안하는 관찰의 중요성을 강조하는 연구가 중에 한 학자이다. 레디 산떼 디 폴은 몬테소리에 대해서 다음과 같이 서술하고 있다

"몬테소리는 관찰에 아주 중요한 기여를 했다. 관찰방법은 실증-학문의 실제를 시작하려는 몬테소리 교사들과 전문직은 물론 일반적인 연구자와 탐구가들

이 수용하기에 가능한 교육-심리학을 근거로 현상학에 근거한 방법이기 때문이다(Di Pol R. S., 1983).”

여섯째, 관찰의 학문적 근거는 관찰자의 도덕적인 태도를 중요시한다.

관찰을 처음 시작할 때 관찰자는 순수한 마음으로 영아들의 내면 세계에서 나타나는 새로운 사실에 도덕 지향적인 관계를 중요시하여야 한다. 몬테소리가 1898년 토리노(Torino)에서 개최된 첫 번째 이탈리아 교육학회에서 도덕교육을 어떻게 부여할 것인가?를 발표하였다. 3,000명이 넘는 교육자들이 참석하여 학회를 성공적으로 마쳤으며 “과학”이라는 이름과 과학이 도덕에 근거할 때 교육적 가치로 인정할 수 있다는 교육학의 새로운 패러다임을 제시하였다(Di Pol R. S., 1983). 어린이들을 교육하기 위해서 우선적으로 교사는 피교육자들의 신체적, 심리적 성향과 환경을 필히 알아야 하는 동시에 모든 행동들이 도덕적 규칙과 질서에 준하는가를 판단하여야 한다. 몬테소리는 순수 교육학을 적용하여 가르치는 것을 의미하는 것이 아니라 인간학적 교수법을(Il metodica antropologica) 적용하는 것이 진정한 교육방법이라고 주장하였으며, 이는 자기 스승인 세르죠(Sergi) 교수로부터 영향을 받았다(Di Pol R. S., 1983). 어린이를 직접 알지 못하면 교육할 수 없다는 것을 알고 있었기 때문에 생물학적 관점을(Scienze biologiche) 중요시하였다. 어린이와 관련된 모든 것을 연구하여 개인의 진화과정과 개인의 기원에 대한 다양한 원인과 결과(Effetto di case molteplici)를 유추해 내는 것이다.

일곱째, 관찰 학문의 근거는 다양한 학문과 관계되어 있다.

몬테소리는 교육학적 인간학, 실증적 학문, 생물학, 심리학, 사회학과 함께 폭넓게 연구하여야 함을 강조하면서 그 당시만 해도 잘 알려지지 않은 De Giovani로부터 임상형태학을 도입(Morfologia Clinica)하여 자연과학과 접목하면서 어린이를 관찰하였다(Di Pol R. S., 1983).

이러한 학문적 배경을 근거로 몬테소리의 관찰방법은 영아전담 어린이집과 유치원 그리고 다른 초등교육기관에서 영아들의 활동과 관찰을 위해서 교육자들과 심리학자들의 생각과 방법을 교류하여 연구의 측정도구로써 인체측정을 위한 관찰법, 즉 교사가 영아 행동을 직접 관찰하는 것이다(Catarsi E., 2005).

몬테소리는 교사들이 영아들을 관찰하기 위해서 자신이 관찰을 위한 도덕적인 자세로 어떠한 도구를 가지고 있는가?를 반성하여야 한다고 말한다. 관찰을 위한 마음의 준비, 관찰하고, 기록하고, 분석하고, 계획하고, 부모나 동료교사 그리고 원장에게 전달할 수 있는 도구를 가지고 있는지? 이러한 도구가 준비되어 있지 않다면 어떤 것을 가지고 무엇을 관찰할 수 있을까?라고 반문한다.

여덟째, 관찰의 학문적 근거는 영아 자체이다.

몬테소리가 교육학적 인간학에서 언급하듯이, 기존에 실시하였던 체크리스트와 도구를 사용한 연구방법의 변화로 인해서 영아들의 연구를 자연적인 조건에서 연구할 필요성을 객관적으로 인식했다. 현재 인위적인 상황으로부터 관찰한 연구결과는 부정적인 결과를 초래하였고 특별히 영아들을 위한 연구는 현상학적, 생태학적 가치의 중요성과 문제점을 강조한다.

여러 연구방법들 사이에 기계화된 측정도구가 아닌 영아를 하나의 인체 측정도구로 삼은 실증적이고 자연적인 관찰방법 도입의 첫 번째는 유아학교에서 어린이집까지 어린이를 위한 교육과 새로운 사회적 교육기관의 태동기에 질적이고 학문적인 방법으로 인정한 과학적 방법이 세계에 알려지기 시작하였다. 결과적으로 관찰방법은 어린이들에 대한 연구결과를 객관적으로 판단할 수 있는 연구방법으로 모든 몬테소리 유아교육기관에 소개되어 활용되고 있다.

아홉째, 관찰은 개혁교육학에 근거한다.

1970년까지 이탈리아의 심리학자인 트리슈찌(Trisciuzzi Leonard)가 강조한 것처럼, 교육자들에게 방법과 목적으로써 교육적 사고를 자극하고 심리학적 문제들을 발췌해 내는 방법을 몬테소리 방법으로 전환하여 개혁교육학적인 측면에서 유아의 행동 현상을 관찰하고 묘사하기 시작하였다. 몬테소리 관찰방법은 이탈리아에서 어린이들을 위한 관심과 심리적 특성들에 대해서 시민사회가 처음으로 경제적이고 사회적인 발달이 성장하기 시작하였던 바로 동시대에 하나의 신선한 질적 연구방법으로 확산되었다(Trabalzini P., 2003).

열 번째, 관찰방법은 영아들의 인격 형성과 존엄성을 중심으로 새로운 학문에 접근하는 역할을 했다.

영아들의 인격 형성과 존엄성을 돕는 교육으로 정확한 역사적 방법에서 부터 시작한 것은 무엇보다도 영아들이 어떠한 방법으로 자기들의 본성을 발달시키는가를 관찰하는 과정에서 연구방법을 발견한 것이다. 관찰방법은 영아의 행동, 인격, 존엄성, 정신작동과 발달을 자연적인 환경에서 자발적으로 일어나는 사회적 행동과 본성을 창조하는 작업과정을 통해서 일어나는 행동 현상을 관찰하여 그들의 생활을 지도하고, 환경을 개선하고 유익하게 활용하도록 돕는 것이다(Trisciuzzi L., 1999).

열한 번째, 관찰은 부모교육의 관계에 근거한다.

1970~1980년의 마지막 과정에서 나타나는 특별한 몬테소리 연구방법에 관심 있는 부모들은 영아들의 발달을 위해서 학문적인 관심을 가지고 자녀들과 진실한 대화, 새로운 관계 형성, 유아교육의 적극적인 참여, 부모-교사의 새로운 시각에서 관계 형성을 엄격하게 보호하였다. 물론 관찰방법은 지난 수 년 동안 다른 연구방법들이 다양한 측면에서 여러 학자들에 의해서 긍정적 · 부정적 효과를 거두었지만 몬테소리는 거의 한 세기 동안 지속되는 만족할만한 성과를 거두면서 지금도 세계 각국에서 그녀의 교육방법은 국경을 초월하여 전 세계적으로 확산되고 보급되었다. 현상학적 관찰에 의한 질적 연구가 작업 중에 표출되는 현상적 사실에 근거하여 유아발달을 연구하는 연구가들은 실증적인 연구방법을 선호하게 되었다(Trisciuzzi L., 1999).

5. 몬테소리와 영아 관찰

1) 영아 발달과 관찰

몬테소리는 영아를 관찰할 때 정확하게 인간학적인 측면에서 현상학적 결과에 근거하여 이해한 다음 실시해야 한다고 말한다. 몬테소리의 영아 개념은 다음과 같다.

"영아는 약한 존재도 가난한 존재도 아니다. 인간 본능적인 관점에서 어린이는 문명화와 인류의 어버이고, 교육의 관점에서 우리들의 스승이다. 이러한 개념은 영아들을 필요 이상으로 과도하게 예찬하는 것이 아니라 그들만이 소유하고 있는 위대한 진리를 예찬하는 것이다(Opera Nazionale Montessori, 2004)."

몬테소리는 영아를 한 인격체로 보면서 그들이 인간화 과정으로 발달되는 순간마다 교육적 개입의 필요함을 강조했다. 그러나 영아들을 교육하기 위해서 교사는 예리한 천리안을 갖고 정확하게 관찰하는 것이 가장 중요한 교육방법이다. 교사는 영아들의 발달과정에서 일어나는 사실을 관찰할 때 다음과 같은 사항을 고려하여야 한다.

첫째, 교사는 갓 태어난 신생아는 무능력한 존재이지만 생의 설계도를 가지고 있다는 사실에서 출발하여야 한다.

출생 전에는 영적 존재로서, 출생 후에는 창조적 능력, 잠재능력을 가지고 태어난 의미 있는 사회적 영적 존재로서 그들의 정체성을 인식하여야 한다. 카타르시(Catarsi)는 이탈리아에서 몬테소리의 영아들을 위한 과학적 교육학의 기여에 많은 사람들이 관심을 가지지 않는다면 영아 교육의 특허품과 같은 관찰에 근거한 과학적 교육학의 진의(眞意)를 이해하지 못함은 물론 실제적 상황을 이해하지 못했을 것이다 라고 말한다(Catarsi E., 2005).

둘째, 교사가 관찰을 위해서 필요한 것은 영아들의 개인 이력서와 같은 생활 기록부에 근거한다.

특별한 도구를 가지고 관찰하는 방법이 아니라 영아들의 신비와 비밀을 벗길 수 있는 교육학적 인간학에 근거한 방법으로 "사실적 현상"만을 관찰하는 방법이다. 몬테소리의 인간학에 대한 개념은 모든 실증적 학문으로 정의된다. 실증적인 사실을 기록화한 개인 생활 기록부는 영아들의 발달과 발달과업에 중요한 정보를 제공해 준다.

몬테소리의 연구방법에 관심을 가지고 있는 이탈리아의 학자인 마리아 라우라 비기(M. L. Vighi) 이외에 1980년대 몬테소리 방법에 대한 서술은 정확하게 규칙적인 관찰에 근거한다. 치밀한 관찰방법으로 영아들의 발달을 정상화 또는 질서화로 이끄는 몬테소리의 사고에 근거한 새로운 연구방법의 기준을 발견하려는 노력이 진행되고 있다(Vighi M. L., 1984). 최근 프랑코 캄비(Franco Cambi), 쟈꼬모 치베스(Giacomo Cives)와 같은 몬테소리 연구가들이 연구방법을 보충하기 위해서 방법의 기본적인 요소들을 구성하는 영아들의 자발적인 표현을 관찰할 수 있는 정확하게 훈련된 교사의 역할을 강조하였다(Cambi F., 2004).

셋째, 교사는 영아의 관찰을 위해서 발달단계에서 나타나는 현상에 주목하여야 한다.

영아들의 자연적인 활동-현상인 자발적인 표현을 관찰하기 위한 방법과 과학적 교육학 연구 사이에 과학적인 방법으로 전형적인 영아 행동-현상에서 나타나는 개인의 특성을 정확하게 인식하고, 영아 자체를 존중하고, 그들의 내면 세계에 담고 있는 창조적인 능력 자체에 시선을 돌려야 한다.

이탈리아의 마르끼지아노(Marchigiano)는 바로 **"존재하고 있는 실제를 연구하는 것이 심리학의 본질이고, 관찰 결과를 교육에 적응하는 것이 교육학"**이라고 언급하면서 실증-학문의 본질에 대한 의미를 분명하게 정의하였다. 다른 몬테소리 연구가인 마제티(Mazetti)에 의하면 **"교육학은 지속적이고 신중하게 교육활동에 참여하는 어린이들을 관찰하는 것으로써 이해된다. 그래서 심리학처럼 도식화하지 않지만 개별화한다. 관념론적으로 중요하게 숙고하지 않지만 발달단계에 맞는 생명을 돕는 협조자의 방법"**이라고 말한다(Mazzetti R., 1971).

넷째, 관찰은 영아들의 실내 활동과 실외 활동에서 일어나는 현상을 관찰하여야 한다.

방법론적 추론은 영아들의 행동은 작업실에서만 관찰되어지는 것이 아니라 오히려 실외 놀이시간인 자연적인 환경 안에서 자유롭게 표현하고 행동하는 동안에 관찰할 수 있다. 즉, 실내와 실외 활동을 모두 관찰하여야 한다(Pesci F., 1989).

다섯째, 직접적인 관찰방법은 발달단계를 고려한다.

다른 방법과 차이점인 몬테소리의 직접 관찰방법의 개념은 분명한 발달단계를 고려하면서 영아들의 행동을 통합적으로 관찰하고 육체적 발달의 객관적 현상학적 재료를 분석하는 방법을 도입한다. 몬테소리의 지지자인 로베르토 마제티(Roberto Mazzetti)는 몬테소리의 연구방법을 다음과 같이 언급하였다.

"교육을 통해서 영성을 육화하는 것은 영성과 개인을 분리하지 않고 영아의 특성을 증명함을 의미한다. 영아 개인과 관련된 평균점수를 과대 평가하는 것을 의미하는 것이 아니라 영아들의 영적 발달과 심리적 발달을 증명하고 이해를 강요하며 질문하고 발견하는 것, 정신적 반응을 측정하여 영아들의 교육적 근거를

제시하며 인격화 과정을 현실화하는 것이다. 다른 결론으로 측정 가치의 범위는 무엇보다도 질병과 건강과 육체적 발달에 관계되는 총체적 과정으로부터 구성된다. 환경과 유기체 사이에 근본적으로 사회적 요소들이 개입된다 할지라도 영아 자신의 영성과 애정적인 생활에서 사회적이고 경제적인 상황의 반영과 영아 가정의 사회적 · 경제적 상황을 분석하여 보충하고 고려한다. 후에 모든 것을 증명하고 측정하여 사실을 증명한 연구결과를 교육에 적용하여 문제점을 해결하는 것이다(Mazzetti R., 1971).”

몬테소리의 교육학적 관점은 이탈리아에서 실증적인 방법으로 더 많이 연구되어야 하고, 발달하여 교육학이 생물학, 의학과 같은 다른 학문처럼 실증적인 방법을 일반화하는 것이 중요하다. 몬테소리는 무엇보다도 우선적으로 **관찰되어야 하는 것과 그 결과를 교수방법에 적용하여 교육되는 것**을 발달단계에 맞도록 실증교육-심리학과 연관지어서 어린이의 교육 목적에 과학적 교육방법을 적용하여 교육을 성공적으로 이끌어 갈 것을 희망하였다.

여섯째, 관찰은 영아들의 발달단계에 따른 개인적인 프로필을 실증적으로 제작하는 것이다.

심리학이나 인간학처럼 어린이 교육을 위해서 실증적 사실들을 관찰하고, 분석하고, 기록화하고, 정렬화하여 치료단계까지 이끌어가야 한다. 몬테소리는 인간학에 근거한 영아 관찰방법만이 인격을 하나하나 벗기어 실체를 볼 수 있는 최선의 방법이라고 확신한다(Montessori M., 1910). 그녀는 **“인간학이란 모든 실증적 학문이 정의하는 것처럼 현상학적으로 존재하는 바로 그것을 관찰하는 것”**으로 정확하게 정의한다(Montessori M., 1910).

교사와 교육자들의 관찰한 결과를 수집하여 기록하고, 희망을 가지고 새로운 시도를 할 때 중요한 학습 자료가 된다. 영아들의 개인적인 영성을 존중하면서 관찰할 때 가르치는 사람으로서 성공할 것이고, 교사가 관찰한 모든 영아의 개인적인 관찰내용을 기록한 카드는 영아들의 개인 이력서(Carta Biografia)와 같은 생활 기록부이며 영아들이 발달해 가는 동안 개인 프로필로 변한다(Dompe E., et al., 2004).

2) 몬테소리의 관찰과 교육학적 인간학

몬테소리가 의과대학을 졸업하고 로마 시내에 있는 성 요셉 병원의 소아정신과에서 근무하면서 동시에 처음으로 자기 모교에서 『인간학』을 강의하게 되었다. 그때 강의한 내용을 모아서 후에 『교육학적 인간학(Antropologia pedagogica)』이라는 제목으로 출판하였다. 이 저서에서는 전통적인 인간학의 개념을 넘어서 인간학을 현상학적이고, 실증적이고, 과학적인 측면에서 새롭게 조명하였다(Montessori M., 1910). 이 저서는 다른 저서와 다르게 현대어로 번역된 것이 거의 없다. 물론 한국어로도 번역되지 않았다. 이 저서에서는 관찰이 왜 교육학적 인간학에 근거해야 되는가를 정확하게 증명하고 있다. 교육학적 인간학에 근거한 관찰의 중요성을 다음과 같이 요약할 수 있다.

첫째, 실증적이고 현상학적인 관찰방법을 몬테소리 교실에 도입하는 것이다(Montessori M., 1910).

몬테소리는 기회가 있을 때마다 실증학문의 역할과 현실적으로 학교에서 실증학문을 소극적으로 지지하는 것은 교사들이 공교육 과정에서 관찰방법이 교실에서 일반화되지 않았기 때문에 이해 부족이 근본적인 원인 중에 하나라고 강하게 비판하였다(Catarsi E., 2005). 교육학적 인간학에 근거한 관찰은 우선적으로 분석에서 치료까지의 방법으로 지속되는 것 이외에 영아들의 행동에서 발생하는 **"사실적 객관성"**을 수집하면서 그들의 자발적인 활동에서 표출되는 것을 정확하게 인지하여 기록하고 관찰하는 것이 가장 중요하다(Catarsi E., 2005). 이러한 근거에서 과학교육적 방법의 필요성을 더 강조하면서 몬테소리는 교육학적 인간학 연구에 일생을 헌신하였다.

둘째, 영아들을 위한 모든 관찰은 개인의 자연적 활동에 근거한 인체 측정에서 출발하여야 한다.

관찰 대상인 어린이는 한 개인이기 때문에 관찰 대상은 특별히 개인을 측정하는 도구로 활용되어진다. 관찰을 위해서 영아 개인의 행동 특성과 유전적 요인에 관한 측정이 실제적으로 이루어져야 한다는 새로운 방법으로 제시된 것이 인체 측정이다. 몬테소리는 관찰을 위한 자료 수집에 있어서 실증적 방법에 의한 관찰과 인간 표적(Antroscopo)이라는 두 가지 방법을 사용하였다. 특히 측정에 있어서 인체 측정을 관찰도구로 사용하고 인식할 것을 요구하고, 관찰은 영아 자신을 측정도구로 고려할 것을 요구한다(Trabalzini P., 2003). 이것은 실제 현상을 객관적으로 수집하는 능력을 훈련하기 위해서 영아들의 고유한 인격을 하나하나 양파를 벗기듯 숨겨진 보물을 찾아내는 것이다.

셋째, 영아들 자체가 과학적 교육학과 직접 연결된다.

영아 교육을 위한 가장 훌륭한 학문적 방법으로 취급할 수 있는 것은 사실적 현상에 대한 변함없는 정확한 관찰방법이다(Montessori M., 1910). 교사들은 교육학적 인간학에 대한 학문적 지식을 근거로 영아들이 자연스럽게 표현하는 것을 기다리면서 본능을 벗기어 수집한 자료와 함께 학습 목표를 설정하고 달성할 수 있어야 한다. 인간학에 근거한 영아들에 대한 관찰만이 실제적으로 행동 변화와 환경구성 변화를 할 수 있다고 확신한다. 인간학에 근거한 영아들에 대한 관찰은 귀납적으로 추론할 수 있는 중요한 역할을 한다(Trabalzini P., 2003).

실증적인 학문 연구로 생각과 행동을 하나하나 벗기는 과정에서 영아들은 창조적으로 활동한다. 교사들은 어린이들의 작업 중에 창의적인 활동을 순간순간 관찰하면서 자료를 수집하고, 기록화하는 역할이 주어진다. 교사들에게 객관적이고, 정밀하고, 정확하게 자료를 수집할 수 있는 능력의 필요성이 요구된다(Montessori M., 1910).

교육학적 인간학에 근거해서 관찰하는 것과 기록하는 것을 통해서 영아들을 정상화 과정으로 이끌어 주는 것이 교육학적 인간학의 목적이다. 몬테소리 방법에 대한 관심은 **실증적 교육학**에 대한 논쟁의 범주에서 가장 중심적인 요소가 된다. 몬테소리와 마찬가지로 대부분의 실증주의 연구가들은 어린이들을 위한 모든 교육적 개입을 미리 준비하고 질서화해 실제적으로 만지고, 보고, 느껴야 한다는 설득력에 근거하여 교수방법을 발전시키려 노력한다. 오감각을 활용하고 실제적으로 실험하여 모든 학습의 목적과 중요성을 끝내도록 노력한다(Montessori M., 1910).

넷째, 교육학적 인간학에 근거한 관찰을 위해 "새로운 지식, 새로운 방법, 새로운 교수법, 새로운 인식"을 필요로 한다.

몬테소리와 같은 실증주의 학자들은 영아들이 물리적 · 인적 환경과의 상호작용하는 것을 중요시한다.

몬테소리 교육학을 연구하는 사람들은 그녀의 업적과 이론에서 적지 않은 어려움이 도사리고 있다는 것을 실감한다. 가장 큰 이유 중에 하나는 학문적으로 체계화된 이론이라기보다는 실제적인 경험 중심으로 증명하고, 서술하고, 의미를 제한적으로 부여하는 방법론이면서도 상상력, 효과성, 실험을 통한 변화, 개혁의 도입을 원하는 실증적 방법론이기 때문이라고 할 수 있다(Trabalzini P., 2003).

몬테소리의 방법은 영아들이 자유로워진 상황에서 다양한 활동을 독립적이고 자율적인 고유한 특성을 담고 있는 실증적인 방법론으로써 어린이들에게 잠재해 있는 모든 가능성을 발견하도록 돕고 질서 있게 새로운 재창조적 작업을 현실화하기 위한 자유작업을 원하고 있다(Fornaca F., 1993).

다섯째, 교육학적 인간학에 근거한 관찰방법은 개혁교육학과 연결된다.

과학적 교육학은 관찰방법과 학습방법에 대한 개혁을 중심으로 연구방법에 대한 어린이들의 작업 원리에 적응하여 그들에게 나타나는 실제적인 현상에 만족감을 가졌다. 몬테소리가 더 중요하게 생각한 것은 관찰이나 실험하는 사람들은 피 관찰자의 문화에 대한 선입견 역할을 하는 모든 요인들을 순간순간에 모두 벗겨낼 것을 권고한다(Montessori M., 1910). 교사들이 실증-교육학으로 시도하기 원한다면 실증적이고 현상학적인 연구방법과 인간학에 대한 지식이 선행되어야 한다. 예를 들면, 관찰자들은 유아 심리에 대한 독자적인 사고에서 출발할 것이 아니라 순수한 유아 심리에 근거하여 영아들의 자발적인 표현, 자연 속에서 활동하는 행동 관찰을 이끌어내기 위해서 영아들이 완전히 자유로워지기에 성공했을 때 관찰에 필요한 모든 자료들을 영아 스스로가 관찰자에게 제공해 준다는 사실에서 시작하여야 한다. 영아들은 자기 활동으로부터 만족스럽게 자유로워지면 자기 본능을 완전히 드러낸다(Montessori M., 1909). 몬테소리 연구가들은 다음과 같이 서술한다.

"실증학문은 실제적으로 관찰에 의해서 새로운 발견으로 발전한다. 지금까지 실증학문에 응용하고 적용하였던 것은 일반적인 영아들의 환경 변화를 시도한

공헌과 가치가 있을 것이고, 오랜 시간 같은 방법을 수용하게 될 것이다. 몬테소리 교사들은 실증학문의 관습에 따라서 새로운 세대를 준비하여야 한다. 실증방법의 준비는 교사들의 발전을 위한 교육작업을 분명하게 지속하는 데 피할 수 없는 방법으로써 몬테소리 교실에서 어린이들을 정상화로 진화하는 활동에 절대적으로 필요한 방법임을 강조하는 것이다(Montessori M., 1909).”

여섯째, 교육학적 인간학은 인식론과 인식학에 근거하여 실증적 방법을 도입시켰다.

몬테소리는 지식이 어떻게 형성되는가에 관심을 가졌다. 그렇기 때문에 몬테소리가 새로운 학문적 개념에 동의하는 것은 사물과 경험에 당연한 공간을 부여하면서 특별히 인식론과 인식학 사이에 서로 연결되어 있기도 하고 서로 교차되어 있기도 하지만 무엇보다도 상징적이고 사물에서 구조화된 교구로 전이되는 필요성에서는 사고와 경험되어진 사실을 조직화하여 촉진할 것을 특별히 강요하면서 학습하고, 알아가고, 감각으로 느끼는 교육과 연결되는 방법이다(Fornaca R., 1989).

일곱째, 몬테소리의 새로운 과학적 교육학의 원천은 교육학적 인간학이다.

몬테소리 연구방법의 특징은 자기 이력서와 같은 생활 기록부(Carte biografiche)를 위한 기본적인 기술(Predisposizione)과 관찰을 통해서 영아들의 욕구를 충족시킬 수 있는 연구 자료와 교육 자료를 만드는 것이다. 영아들의 반응과 행동의 특별한 연구는 실험 심리학의 실증적 자료와 통합되어야만 한다. 특별한 교육학적 인간학을 위해서 심리적인 특성이 검증되어야 한다. 교사는 영아들을 교육현장으로 안내하는 예술가로서 실제적인 규범에 따라 인간학적인 방향으로 이끌어주었다. 특별히 현대적인 감각을 가진 교사는 관찰과 분석에 근거한 실증 심리학과 인간본성에 근거한 인간학적인 자세의 필요성을 강조한다(Montessori M., 1910).

여덟째, 과학적 교육학은 영아들이 우주적 사명감을 완성하는 현장인 생태계와 직접 연결된다.

몬테소리인들과 교사들에게 현재 요구되는 것은 영아들의 관찰에서 우리 모두에게 긴급하게 요청되고 있는 생태학적 가치의 의미를 부여한다. 우리 세대에 건강한 생태계를 유지하기 위한 노력과 필요성에 대한 이해가 필요하다. 우주의 건강한 생태와 생태 복원을 위해서 영아들의 의식을 현실적으로 이해시키기는 모든 것과 모든 관계로써 우주전체를 영아의 환경으로 간주하고, 우주교육과 평화교육을 생태교육과 통합하였다. 몬테소리는 이러한 관점에 대해서 다음과 같이 서술하고 있다.

"임상교육학은 연구의 중요성을 위해서 연구의 주체를 어떤 다른 것과도 비교할 수 없는 영아 자신이 된다. 임상교육학은 정상적이거나 비정상적인 것, 모든 사회적 계층, 모든 인간적인 특성을 관찰하여 수집하고, 교육을 의무화하는 것에 근거하여야 한다. 의무교육은 가장 중요한 성장과정에서 표현되는 현상을 통해서 이루어진다. 이러한 성장 범위 안에서 진실하게 인류의 문화가 생태학적으로 확장되어야 한다. 유일하게 교사의 업무인 의학적인 업무는 문명과 종(種)을 완성하는 행위 그리고 생태학적인 인간 위생(igiene umana)을 발아시키 위한 노력이 필요할 것이다(Montessori M., 1910)."

실제적으로 영아들의 관찰 결과에서 추론된 자료들은 인격을 변화하도록 촉진하기 위해서 완전한 경험적 근거에 귀를 기울이는 몬테소리인들의 교육적인 개입으로 활용된다.

3) 관찰과 과학적 교육학의 방법

몬테소리는 영아들의 발달 행위와 특성을 가치화할 목적으로 그들의 주관적 인식에 대한 필요성을 중요하게 강조한다.

첫째, 관찰을 위한 과학적 교육학은 **영아들의 개인 이력서**와 같은 생활 기록부를 필요로 한다.

개인의 생활 기록부로써 영아의 개인 이력서는 새로운 학문인 과학적 교육학의 기초를 설계도로 사용하는 기본적인 자료다. 개인의 생활 기록부는 영아들의 연구 자료와 부모교육을 위해서 대단히 중요하고 유익한 자료가 된다. 영아는 생명체의 발아를 시작하는 작은 인간이지만 자기들만의 특수성을 지닌 인간의 어버이고 스승이다. 교육학적 인간학에 대한 사고는 처음 지적장애아를 연구하는 사명감에서 시작하였으나 후에는 비장애아를 이해하는 초석을 마련하는 계기가 되었다.

교사는 인간생명이 새롭게 발아할 때마다 새로운 현상을 하나하나 관찰하고 기록화하여 인생 설계도를 만들어야 한다(Montessori M., 1910). 추상적인 개념이 아니라 구체적인 현상을 기술하여야 한다.

둘째, 과학적 교육학은 인쇄된 책이 아니라 관찰된 자연의 책을 필요로 한다.

대부분의 교사들은 모든 영아들의 개인적인 특수성을 인식하려는 노력을 소홀이 하면서 인쇄된 책으로만 가르침을 대신하려는 경향이 있는데, 이러한 의미는 관찰을 왜곡하는 것이다. 그래서 몬테소리는 교사들에게 **"교사는 인쇄된 책을 가지고 교실에 들어갈 것이 아니라 자연의 책을 가지고 교실에 들어가라."**고 충고한다(Montessori M., 1973).

영아들에게 완전한 감동과 귀감을 주는 것은 추상적인 개념으로 교육하려는 교사가 아니라 과학적인 방법으로 그들을 관찰하여 개인의 특성에 숨겨져 있는 보물을 하나하나 발견하고 그들의 욕구를 교사의 능력으로 채워주고 개발해 주는 과학적 교사가 감동을 준다.

셋째, 과학적 교육학은 추상적이고 인위적인 것이 아니라 구체적이고 통합적인 실증학문과의 관계성을 중요시한다.

교사는 영아들의 인격을 추상적이 아닌 구체적으로 지도하는 방법을 제공 하고 일상적인 활동을 자유롭게 할 수 있도록 준비해 주어야 한다. 주변에 있는 모든 인적 환경과 물리적 환경 속에서 어린이들이 사물을 자유롭게 탐색할 수 있어야 한다. 영아가 탐색할 수 있는 통합적이고 총체적인 환경은 어린이집 전체 영역을 의미한다. 교사는 이러한 환경을 위해서 진정한 몬테소리 교사로서 사명감과 역할들을 단계적으로 육화하여야 한다. 과학적 교육학의 가장 핵심적인 이론은 영아들의 개인적인 예민성과 자발적인 표현이 발전되도록 허락할 수 있는 영아를 위한 공동체가 되어야 한다(Leccese M. L., 1968).

넷째, 과학적 교육학은 교사의 손과 영아의 손이 공동으로 작업한다.

영아의 손만 중요한 것이 아니라 교사의 손도 중요하다. 영아와 관계된 모든 사람들은 손과 지능으로 사회적인 관계를 형성하고, 환경을 변화시키고, 풍요로움을 만들어간다. 영아를 위한 정책자들과 행정을 이끌어가는 실천가들은 어떤 때는 영아들을 방해하고 어떤 때는 도움을 주면서 공생의 관계를 맺으며 더불어 공동의 목적을 성취하는 목적을 가진다. 영유아교육기관에서는 동일한 목적으로 같은 의자에 교사-영아, 영아-영아들과 손을 잡고 앉아있는데, 손을 잡는 공동의 목적은 "영아를 위한 훌륭한 교육"을 공동으로 이루어 내기 위해서다(Leccese M. L., 1968).

다섯째, 과학적 교육학은 생활 기록부를 통해서 공동의 역사적 이력서를 만들어 기술한 내용에 근거하여 교육한다.

영아교육을 위해 같은 의자에 앉아 있는 구성원들의 공동 목적은 영아들의 개인적인 특성과 개별적인 관계로써 공동의식을 가지는 "역사적 이력서"를 실제적으로 만들어가는 것이다. 영아들을 돌보는 모든 사람들은 객관적으로 관찰하고, 연구하고, 분석하고, 정상화로 행동을 변화시키고, 탐색하고, 목적을 설계하는 과학적 방법에 근거하여 서술된 역사적 이력서는 과학적으로 관찰한 생활 기록부를 정확하게 기술하여 영아의 생명을 돕는 교육이 되어야 한다(Catarsi E., 1993).

몬테소리의 과학적 교육학은 교사의 손으로 만들어진 관찰도구로써 개인 이력서와 역사 이력서를 통해서 전문직으로서 교사의 정체성을 들어낸다. 소위 말해서 교사의 손으로 만들어진 형식적인 도구인 이 두 가지 이력서를 교수방법에 최대한 활용하는 것이다. 과학적 교육학의 목적은 개인 이력서에 기록된 결과들을 어린이집 모든 구성원들은 부모와 함께 교수방법 자료로 활용한다. 교사들은 기록 결과를 서로 이야기하고, 증명하고, 문제의 원인들을 조사하도록 귀를 기울이고 개인 이력서를 통해서 영아들의 특성을 자세하게 인식하게 된다. 교사에게는 새로운 전문직에 대한 정체성과 새로운 문화의식이 부여된다.

몬테소리 교실에서 영아들의 개인 생활 기록부는 심리적인 관찰과 생물학적 관찰을 중요시하여야 한다. 실증주의 연구가들이 이력서를 정확하게 서술하는 것처럼 생활 기록부는 개인 이력서와 같은 역할을 하므로 조상들의 영성적인 관점과 육체적인 관점에 대한 것을 인식할 수 있다. 교사들은 개인 이력서를 통해서 영아 각자의 정신상태, 실증적인 것, 육체적 자료들을 알 수 있다. 교사들은 영아들과 생활하면서 하루의 일과를 기억하여 생활 기록부에 모든 정보를 기록

한다. 교사들은 관찰을 위한 구체적인 방법, 영아들의 특징적 상태, 개별화 지도는 과학적 교육학의 기본적인 원리로써 교육학적 인간학이라는 새로운 학문을 완성하여 사용했다.

여섯째, 과학적 교육학은 교사로서 전문직을 수행할 때 정확한 이해를 할 수 있다.

몬테소리는 전문직으로서 교사에게 관찰할 수 있는 권리와 교육할 수 있는 중요한 역할을 위임하였다. 교사로서 전문직을 수행하기 위해서는 전문직을 즐길 수 있는 교사, 동시 다발적인 지식보다는 행동 현상을 정확하게 관찰하여 증명할 수 있는 교사, 영아와 다른 교사를 배려할 수 있는 교사, 자기가 할 수 있는 일을 하는 교사, 자기의 장점을 최대한 활용하는 교사, 자기 학문을 창의적으로 응용할 수 있는 교사이다. 전문직은 자기 분야에서 전문적 지식을 자유롭게 활용하는 것을 의미한다. 교사는 학문적 지식에서 자유로워져야 하며 자유는 지식과 앎으로부터의 해방을 말한다.

일곱째, 과학적 교육학은 생태학적 개념을 중요시한다.

몬테소리의 교육학을 위한 개혁의 중요성은 과학과 실증적 사실에 근거한 교육방법이다. 몬테소리는 생물학적 생태학을 교육학적 생태학으로 변화시켜 영아교육 현장으로 끌어들이는 데 기여하였다. 오늘날 우리들이 유아교육 영역에서 생태학적 관찰로 정의하고 있는 것은 미래교육을 예견한 대단한 직관력이다.

몬테소리는 과학적 교육학을 새롭게 구성하기 위해서 지금까지 연구된 교육학과는 다른 방법으로 개혁을 시도했다. 어린이집의 변화와 개혁은 우선적으로 새로운 교사와 준비된 교사로서 개혁이 필요할 것이다. 만약 몬테소리 교실에서 경험을 시작하고, 관찰자로서 교사를 준비시켰다면 교실에서 교사들이 실험하고 관찰할 수 있는 능력을 교사교육에서 중요시하는 것에 동의할 것이다(Catarsi E., 1993).

여덟째, 교사의 관찰능력을 중요시한다.

몬테소리는 교사들의 관찰능력은 영아들의 관찰에 대한 기본적인 것 중 하나로써 자연적인 현상에 대한 관찰과 분석 그리고 치료에 관심을 가져야 한다고 하였다. 몬테소리 교실에서는 교사들에게 가르치는 것보다 관찰하는 "인내심"

을 더 중요하게 요구한다. 교사들의 인내심은 자기가 관찰하기를 원하는 영아들의 행동에 존중감과 조심스러운 학문적 호기심에 관심을 가지고 관찰 대상, 관찰할 위치를 정확하게 이해할 필요가 있다.

아홉째, 과학적 교육학은 영아들의 내면 세계를 자유롭게 표출하도록 돕는 것이다.

과학적 교육학이 근본적으로 가장 중요한 점은 영아들이 개인적이고 자발적으로 내면의 세계를 자유롭게 표현할 수 있도록 허락하여 그들이 자유로워지도록 만드는 것이다. 다시 말하자면 자유로워진 상태에서 활동하는 영아를 관찰하는 것이다. 관찰방법은 영아들의 자발적인 표현이 근본적인 조건으로 자유가 근거로 주어질 때만 정확한 관찰이 이루어질 수 있다.

열 번째, 과학적 교육학은 교육 현장에 관계된 모든 사람과 모든 사물을 존중하는 것에서 시작된다.

몬테소리 교실에서 관찰은 영아들의 개성을 존중하면서 그들의 현재 활동에서 재창조 작업을 지속할 수 있도록 가치화하고 개인의 특성을 인식하는 것이다. 지금 영아들의 생활은 추상적이고, 개인적인 생활이며 현실적으로 생물학적 표현만 한다. 단지 살아 있는 개인일 뿐이다. 생명을 정상적으로 기능하도록 돕고 있을 때 영아들의 발달하는 몸과 자유로운 정신을 보게 된다. 과학적 교육학을 위한 관찰능력을 강조하면 결론적으로 자동교육의 원리에 접근한다(Montessori M., 1909).

열한 번째, 과학적 교육학은 실증심리학과 실증교육학에 대한 기본적인 지식이 필요하다.

전문직으로서 몬테소리 교사가 실험적인 반응과 자연적인 현상을 관찰하는 능력은 영아들의 정신생활을 발전시키고 인간의 발생학적 심리연구를 위해서 교실을 학문적인 실험실로 바꾸고, 행동으로 학교 자체를 변화시킬 수 있다. 학교를 완전한 과학적 방법으로 개혁하여 새로운 방법으로 준비하고, 가장 훌륭한 방법으로 영아들을 준비시키는 것은 개혁한 환경과 개혁한 학문을 위한 자료를 준비하는 것이다(Montessori M., 1973).

새로운 교사의 개념은 새로운 자세를 강조하고 말 대신에 침묵을 배워야 하고 가르치는 것 대신에 관찰하여야 한다. 영아들을 자랑스럽게 존중하면서 겸손의 옷으로 갈아입어야 한다(Montessori M., 1973).

몬테소리 교사로서 특별히 전문직을 인정하는 것 중에 하나는 환경을 준비하고, 교구사용의 정확성, 영아와 상호작용, 영아발달에 대한 지식, 관찰능력을 도덕적이고 객관적으로 해석하고, 객관적인 교사의 판단으로 영아들을 관찰하는 것이다.

Ⅱ. 관찰을 위한 도구와 기록화의 중요성

1. 몬테소리 교육학에서 관찰의 중요성

1) 성인들의 관찰기록 : 부모와 타인 양육자들

몬테소리 영아전담 어린이집에서 부모와 타인 양육자들의 역할에 대한 중요성의 인식은 다시 언급할 필요가 없다. 영아들은 아직 정확하게 자기 의사를 표현할 수 없기 때문에 영아들에게 일어난 모든 정보들을 서로 교환하기 위해서 교사들은 다른 보육자들의 인적관계를 관찰하여 기록하여야 한다. 성인들을 관찰할 때 반드시 고려할 사항은 다음과 같다

(1) 표현방법, 대화방법, 언어표현 방법 관찰

말하는 모습은 언어를 표현하는 것만 아니라 다양한 표현방법으로 몸 전체를 활용하는 것을 의미한다. 성인들이 어떤 방법으로 대화하고, 표현하고, 다양한 언어로 표현하는지를 자세하게 관찰할 수 있어야 한다.

(2) 성인들의 몸짓, 행동에 대한 한계점, 행동 변화에 대한 관찰

몸짓으로 행동을 표현하는 한계점이 어디까지이고, 어떤 형태로 행동변화가 일어나는가?

(3) 성인들의 심리적 형태와 행동 관찰

신경질적인 행동, 불안감, 불만족감, 불편함, 반대로 안정감, 조용히 기다림,

평화로운 자세, 안심시키기, 일정한 리듬을 유지하고 있는가, 안정적으로 행동하는가 이다.

(4) 성인의 연령과 성별

나이 [　　] 남 [　　] 여 [　　]

(5) 성인들의 관계

부모 [　　] 할머니 [　　] 할아버지 [　　]
이모 [　　] 고모 [　　] 영아를 돌보는 아줌마 [　　]
베이비 시터 [　　]

2) 영아들의 관찰

교실에서 누구든지 영아들의 행동과 작업 현상을 관찰하고, 관찰한 내용들이 그대로 영아들을 위한 환경구성과 교수방법에 적용되어야 한다(Ferrati A. M., 2005).

(1) 영아들의 개인 기록

나이 : [　　]세
성별 : 남 [　　] 여 [　　]
원에 입원 기간 : ○○년 ○○월 ○○일
입원 년 차 : [　　]년

(2) 교사와 함께 있을 때 영아들의 위치에 대한 관찰

위치 : ______________
상황 : 어디에 있는지 : ______________
교사의 팔에 안기어 있는지 : ______________
교실 바닥에 있는지 : ______________
아무도 보이지 않는 곳에 있는지 : ______________
숨어서 구석에 있는지 : ______________

(3) 영아들의 심리적 상황 관찰

표정 ______________

정서 상태 ______________

적극적으로 활동하는지 ______________

소극적으로 활동하는지 ______________

갈등을 느끼는지 ______________

애정을 요구하는지 ______________

안기는 것을 좋아하는지 ______________

교사가 없으면 불안해 하는지 ______________

(4) 영아들의 행동 관찰

활동편

활동적이다 : 예 ☐ 아니요 ☐

운동량 : 많다 ☐ 적다 ☐ 보통이다 ☐

움직임의 량 : 많다 ☐ 적다 ☐ 보통이다 ☐

몸짓을 많이 취하는지 : 예 ☐ 아니요 ☐

의사소통 표현을 많이 사용하는지 : 예 ☐ 아니요 ☐

정서적으로 불안한지 : 예 ☐ 아니요 ☐

자주 짜증을 내는지 : 예 ☐ 아니요 ☐

명랑한지 : 예 ☐ 아니요 ☐

친구들과 자연스럽게 상호작용하는지 : 예 ☐ 아니요 ☐

다른 친구들과 상호작용을 긍정적으로 하는지

: 예 ☐ 아니요 ☐

독립적이고 자율적으로 활동을 하는지 : 예 ☐ 아니요 ☐

휴식을 적절하게 취하는지 : 예 ☐ 아니요 ☐

수면을 충분히 취하는지 : 예 ☐ 아니요 ☐

(5) 교사 앞에서 영아들의 자유선택 활동 관찰

작업하는 상태

교사와 상관없이 열심히 한다 : 예 ☐ 아니요 ☐

교사가 없으면 무질서해진다 : 예 ☐ 아니요 ☐

교사-영아 상호작용이 긍정적 · 부정적으로 일어나는지

: 긍정적 ☐ 부정적 ☐

교사-영아의 상호관계가 잘 이루어지는지 : 예 ☐ 아니요 ☐

영아들이 교사를 좋아하고 신뢰하는지 : 예 ☐ 아니요 ☐

교사의 행동에 영아들이 지지를 보내는지 : 예 ☐ 아니요 ☐

(6) 원의 현관에서 영아가 부모와 헤어질 때 상황 기록표

출입구에 들어오는 순간 영아의 상태 :

즐거운 마음으로 들어온다 ☐

엄마의 품에 안기어 공포감을 느낀다 ☐

집으로 다시 가기를 원한다 ☐

어머니와 헤어질 때 상황 :

기분이 좋다 ☐ 불안해 한다 ☐ 헤어지지 않으려 한다 ☐

아침에 어머니로부터 교사에게 인수하는 상황

정상적이다 ☐ 불안해 한다 ☐

절대로 떨어지려 하지 않는다 : 예 ☐ 아니요 ☐

귀가할 때의 상황 :

엄마를 보고 울어버린다 ☐ 미소 지면서 손을 흔든다 ☐

즐겁게 간다 ☐ 집에 가기 싫어한다 ☐

현관에서 헤어질 때 지속되는 시간 :

즉시 헤어진다 ☐ 잠시 후 헤어진다 ☐

시간이 걸린다 ☐ 헤어지지 않으려고 한다 ☐

(7) 영아가 어린이집에 도착한 후 반응

심하게 우는 상태 : 지속적이다 ☐ 잠시 후 그친다 ☐
자연스럽게 헤어진다 : 예 ☐ 아니다 ☐
전혀 흥분하지 않는다 : 예 ☐ 아니다 ☐
도저히 엄마가 혼자 갈 수 없다 : 예 ☐ 아니다 ☐
교사에게 자연스럽게 안긴다 : 예 ☐ 아니다 ☐
잠시 엄마와 있다가 교사에게 안긴다 : 예 ☐ 아니다 ☐
보호자가 며칠 동안 영아와 함께 원에 있으면서 자연스럽게 헤어진다
: 예 ☐ 아니다 ☐

3) 환경에 대한 관찰

교사는 하루를 시작하는 순간부터 환경을 관찰하여야 한다. 모든 환경은 영아가 중심이 되어 영아를 위한 환경, 영아에게 필요한 환경, 영아의 욕구를 충족시킬 수 있는 환경이 되어야 한다(Ferrati A. M., 2005).

(1) 영아가 향하고 있는 곳 혹은 어디를 향하려고 하는가?

친구를 향하여 : 예 ☐ 아니다 ☐
교구와 물건을 향하여 : 예 ☐ 아니다 ☐
교사를 향하여 : 예 ☐ 아니다 ☐
자기가 원하는 활동 공간을 향해서 : 예 ☐ 아니다 ☐

(2) 영아들이 공간을 활용할 수 있는 능력이 있는가?

공간 안에서 사물과 교구를 탐색할 수 있는 능력이 있는가?
: 예 ☐ 아니요 ☐
공간 안에서 자기가 원하는 교구교재를 가지고 활동할 수 있는 능력이 있는가?
: 예 ☐ 아니요 ☐
공간 안에서 자기가 원하는 물건을 지시하고 가리킬 수 있는 능력
: 예 ☐ 아니요 ☐

(3) 교실 안에서 놀이와 활동을 선택하는 방법과 시간

방법 ______________

시간 ______________

(4) 놀이와 활동이 지속되는 시간

분 ______________ 시간 ______________

(5) 작업의 질: 혼란스러움에서 집중화 현상이 나타나기 까지

잠시 후 __________ 30분 후 __________ 한 시간 후 ____________

(6) 두 명이나 소집단에서 일어나는 작업의 형태

적극적이다 ☐

소극적이다 ☐

혼자서 기다리다가 참여한다 ☐

(7) 활동과정에서 일어나는 언어적 관계

언어적 표현을 자주한다 : 예 ☐ 아니요 ☐

(8) 영아들의 스타일

혼자 있기를 좋아하는 형 : 예 ☐ 아니요 ☐

사교적인 형 : 예 ☐ 아니요 ☐

동일한 연령에서 리더형 : 예 ☐ 아니요 ☐

교사에게 의지하는 형 : 예 ☐ 아니요 ☐

4) 어린이집에서 작업-관찰

어린이집에서 영아들을 관찰하는 것은 작업에 대한 개인적인 프로필 내지 개인적인 묘사를 작성하기 위한 지침들이다. 영아들이 자기 작업을 실제화하는 과정과 활동 선택에서 일어나는 현상과 행동을 관찰하는 것이다. 어린이집에서 영아들의 작업을 관찰할 때 다음과 같은 상황들을 주의하여야 한다.

(1) 영아들이 일상생활 활동에서 교구를 자주 변경하는지 관찰한다.

자주 변경한다 ☐ 한 작업을 마친 다음에 변경한다 ☐
변경하지 않고 지속한다 ☐ 좋아하는 작업은 온종일 한다 ☐

(2) 쓰고, 듣는 것처럼 한 가지 감각 사용을 요구하는지 관찰한다.

단순한 감각활동을 한다 ☐
두 종류의 작업을 동시에 하려고 한다 ☐
한 가지 작업을 완성한 다음 다시 다른 작업을 시작한다 ☐

(3) 특별히 좋아하고 단순한 활동을 하는지 관찰한다.

선호하는 작업을 한다 ☐ 다양한 작업을 한다 ☐
단순한 작업만 한다 ☐

(4) 영아들은 작업 선택에서 단조로운 작업, 특별히 자기가 선호하는 사물, 교구, 활동을 우선적으로 선택하는가를 관찰한다.

단조로운 작업 선택 ☐ 특별히 선호하는 사물 ☐
특별히 선호하는 교구 ☐ 특별히 선호하는 활동 ☐

(5) 영아들은 충분한 시간을 가지고 작업과 활동을 실행하는지 관찰한다.

여유 있게 시간을 가지고 작업한다 ☐ 작업을 서두른다 ☐
작업시간이 불충분하다 ☐ 충분한 여유를 가진다 ☐

(6) 영아들의 작업이 심리적으로 긴장상태에서 이루어지는지 관찰한다.

작업 도중 몹시 긴장한다 ☐ 긴장하지 않는다 ☐
즐겁게 한다 ☐ 상황에 따라서 긴장 정도가 다르다 ☐

(7) 활동과정에서 영아들이 표현하는 관심의 집중화 현상, 참여, 관심 있는 행동에서 관찰할 만큼 집중하고, 전념하고, 몰두하는지 관찰한다.

집중현상이 강하게 나타난다 : 예 ☐ 아니요 ☐
적극적으로 참여한다 : 예 ☐ 아니요 ☐

관심 있는 작업과 사물에 적극적이다 : 예 ☐ 아니요 ☐

(8) 이미 시작했고 선택한 작업을 포기하거나 혹은 방해받지 않고 자기 욕구에 반응하고, 환경에 참여하고 적응할 수 있는 영아들의 능력을 관찰한다.

작업을 포기한다 : 예 ☐ 아니요 ☐
자기 욕구에 반응한다 : 예 ☐ 아니요 ☐
환경에 적극적으로 적응한다 : 예 ☐ 아니요 ☐

(9) 영아들의 개인적인 활동과 소그룹 활동 어린이들의 선택을 관찰한다.

개인 활동을 선택할 때 ☐
소그룹 활동을 선택할 때 ☐

(10) 두 명의 영아가 활동할 때 한 영아의 역할을 관찰한다.

지배자가 되는 역할을 한다 : 그렇다 ☐ 아니다 ☐
동등한 위치에서 역할을 한다 : 그렇다 ☐ 아니다 ☐
강자의 역할을 한다 : 그렇다 ☐ 아니다 ☐
도와주는 역할을 한다 : 그렇다 ☐ 아니다 ☐
리더의 역할을 한다 : 그렇다 ☐ 아니다 ☐

(11) 다른 친구들과의 대화를 관찰한다. 표현을 단계마다 조심성 있게 관찰한다.

특별히 말을 사용하는지? : 예 ☐ 아니요 ☐
특별히 몸짓을 하는지? : 예 ☐ 아니요 ☐
혼자서 흥분하고 명령적으로 대화를 이끌어가는지 : 예 ☐ 아니요 ☐

(12) 활동하도록 연습을 준비하고 영아들의 변화와 활동상황을 관찰한다.

적극적으로 준비한다 : 예 ☐ 아니요 ☐
충동적이다 : 예 ☐ 아니요 ☐
준비를 중단한다 : 예 ☐ 아니요 ☐
활동을 시도한다 : 적극적이다 ☐ 적극적이지 않다 ☐

실망하지 않도록 준비한다 : 실망한다 ☐ 실망하지 않는다 ☐

운동을 지속하고 많이 한다(펄쩍 펄쩍 뛰는 것, 놀잇감을 사용하여 운동하는 상황) : 자주 한다 ☐ 가끔 한다 ☐

연습을 원하는지 : 자주 한다 ☐ 가끔 한다 ☐

활동을 거절하는 상태 : 자주 한다 ☐ 가끔 한다 ☐

(13) 어떠한 작업을 마주친 다음 만족스러움과 불만족스러움에 대해 반응하는 것을 관찰하여야 한다.

만족스러워한다 ☐ 불만스러워한다 ☐

(14) 활동과정에서 성인들 앞에서 영아의 상태를 관찰한다.

질문에 몸짓으로 자기를 부르는 표시에 어떻게 개입하는지?

혹은 명쾌하게 대답하는지 : 예 ☐ 아니요 ☐

진심으로 반응하기 : 예 ☐ 아니요 ☐

도움을 청하는 표정 : 예 ☐ 아니요 ☐

대신해 주기를 원하는 표정 : 예 ☐ 아니요 ☐

거부하려는 태도 : 예 ☐ 아니요 ☐

(15) 영아들이 요구하고 질문하는 것을 표현하는 것

심리적으로 함축하는 것을 관찰할 것 :

초조함, 불안감, 조용함, 기다림, 인내심, 흥분하는 것

---

(16) 교사들이 대답하는 방법을 관찰할 것

몸짓 : 예 ☐ 아니요 ☐

언어로 응답할 것인가 아니면 몸 전체로 응답하는가

: 예 ☐ 아니요 ☐

(17) 활동을 한 다음에 영아들의 요구와 행동을 관찰할 것

무엇인가를 요구한다 : 예 ☐ 아니요 ☐

행동 변화 : 다양하게 변화한다 : 예 ☐ 아니요 ☐

다음 활동을 하려고 생각한다 : 예 ☐ 아니요 ☐

활동을 중지한다 : 예 ☐ 아니요 ☐

변화가 없다 : 예 ☐ 아니요 ☐

영아들의 작업과정에 일어나는 모든 상황들을 관찰하여 교사와 부모는 학습 자료로 활용하고 영아들에 대한 인식과 지식을 넓혀가고 그들을 위한 환경을 개선할 수 있다. 몬테소리 교육에서 중요한 것은 교육자들이 얼마나 정확하게 영아를 볼 수 있는 천리안을 가지고 있는가에 달려 있다(Franco F., 2005).

5) 몬테소리 교실에서 개인 관찰 기록표

몬테소리 영아전담 어린이집에서 영아들을 관찰할 때 개인에 대한 전반적인 정보를 알기 위해서 개인 신상명세서와 같은 개인 관찰 기록표를 작성하여야 한다. 관찰의 범주는 영아에 관해서, 부모에 대해서, 조부모에 대해서, 어린이집에서 영아들의 심리적인 관찰에 필요한 활동, 관계를 정확하게 관찰하여야 한다(Ferrati A.M., 2005).

(1) 영아에 관한 관찰

1 영아에 관한 기록표

영아의 이름 : ________________

주소 : ________________

생년월일(나이) : ________________

성별 : 남 ☐ 여 ☐

2 부모님들의 이름 :

아버지 ☐ 어머니 ☐

주소 : ________________

생년월일(나이) : ________________

성별 : 남 [ ] 여 [ ]

직업 : 아버지 ____________, 어머니 : ____________

3 형제들의 이름 :

주소 : ____________

생년월일(나이) : ____________

성별 : 남 [ ] 여 [ ]

나이 : ____________

형제 수 : ____________

4 조부모님들의 이름

할아버지 ____________, 할머니 ____________

주소 : ____________

생년월일(나이) : ____________

성별 : 남 [ ] 여 [ ]

직업 : ____________

5 집에서 함께 동거하는 사람 수 [ ]명

6 영아들의 발달 상황표

부모로부터 받은 정보 : ____________

생년월일 : ____________

영아들의 특징 : ____________

성장과 운동발달 상태 : ____________

언어발달 : ____________

질병 : ____________

우연한 외상 : ____________

놀이 형태 : ____________

(2) 어린이집에서 심리적 관찰에 관한 지도

활동편

1 작업에 안정적으로 적응하는 것

즉시 적응한다 ☐

오전 중에 적응한다 ☐

좀 늦게 적응한다 ☐

2 교구로 선택하는 작업

감각교구 ☐

일상교구 ☐

언어교구 ☐

수 교구 ☐

생물교구 ☐

우주교구 ☐

동물교구 ☐

예술교구 ☐

3 자유로운 선택활동 :

4 활동 중에 영아들의 태도

진지하다 ☐

느리다 ☐

심각하다 ☐

집중한다 ☐

산만하다 ☐

방해한다 ☐

질서 있다 ☐

무질서하다 ☐

기타 ☐

5 부주의 혹은 경솔함

자연적으로 일어나는 경솔함 ☐

외적인 자극과 변화의 원인으로 ☐

자주 일어난다 ☐

종종 일어난다 ☐

만약에 외부로부터 경솔함이 주어진다면 ☐

같은 작업을 반복할 때 : 예 ☐ 아니요 ☐

새로운 작업을 시작할 때 : 예 ☐ 아니요 ☐

기타 ☐

6 질서에 관한 관찰 : 만약에 작업에서 무질서함을 보였다면

원치 않은 작업이라서 ☐

흥분해서 ☐

관심이 없어서 ☐

화나서 ☐

무능력해서 ☐

기타 ☐

7 만약에 작업 중에 질서가 나타난다면 : 자기가 좋아하는 작업이라서

조용해서 ☐

즐거워서 ☐

관심이 있어서 ☐

호기심이 많아서 ☐

노력해서 ☐

공동협력해서 ☐

만족스러워서 ☐

기타 ☐

8 친구와의 상호작용에 관한 관찰 : 작업과 놀이과정에서 친구를 향해 나타내는 것

대단히 유익하기 때문에 ☐

조금밖에 유익하지 않았기 때문에 ☐
무관심해서 ☐
두려움 때문에 ☐
복종적 관계 ☐
경쟁적 관계 ☐
기타 ☐

9 교사를 향해서 나타내는 것
상호협력적 관계 ☐
반항적인 관계 ☐
종속적인 관계 ☐
불복종적인 관계 ☐
애정적 관계 ☐
존경하는 관계 ☐
자율적 관계 ☐
무관심한 태도 ☐
의존적인 자세 ☐
기타 ☐

(3) 어린이에 대한 부모들의 판단

어머니의 서술 ______________________________

아버지의 서술 ______________________________

1 부모들의 교육적 태도

	어머니	아버지
권위적	☐	☐
엄격함	☐	☐
부드러움	☐	☐
신뢰함	☐	☐
너그러움	☐	☐

용감함	☐	☐
지지형	☐	☐
유능함	☐	☐
애정적임	☐	☐

2 부모에 대한 어린이들의 자세

	어머니에 대한 자세	아버지에 대한 자세
대단히 애정적임	☐	☐
약간 애정적임	☐	☐
엄격함	☐	☐
순종적임	☐	☐
순종하지 않음	☐	☐
존경함	☐	☐
무례함	☐	☐
소심함	☐	☐
두려워함	☐	☐
무관심	☐	☐
자랑스러워함	☐	☐

교사들의 종합적인 평가 ______________________________

6) 영아들의 심리적 관찰지도

1916년 몬테소리가 초등학교 안에서 『자동교육(L'autoeducazione nelle scuole elementari)』이란 저서를 출판하였다. 『나의 실증적 방법의 공헌(Il mio contribuito sperimentale)』에서는 어린이들의 심리학적인 관찰방법에 대해서 서술하고 있다. 어린이들의 심리적인 생활은 조심을 기울이는 특징적인 현상에서 시작된다고 말한다. 3~6세 어린이에 대한 그녀의 실증적 작업은 위생개념이 영아들의 몸을 통해서 보여지는 주의할 점을 분석하여 영아들의 영혼이 필요로 하는 관심을 실제적으로 연구하는 데 기여했음을 강조하였다(Montessori M., 1973). 이러한 의미의 모든 교육적 방법은 근본적인 사실들을 관찰하는 것으로 시작된다. 몬테소리는 교사들이 어린이집에서 관찰과 기록화 작업의 중요성을 다시 언급한다. 교사들은 자기들의 교육적 작업에 필요한 정보를 수집하고 기억을 상기시키기 위한 교사들의 도구로써 영아들의 개인적인 연구를 위한 자료집 또는 영아들이 자기 자신을 소개할 수 있는 기록 카드를 작성하고 관찰과 기록화를 중요시했다. 몬테소리는 심리학적 관찰 기록화 작업에 관한 것, 행동에 관한 것, 복종에 관한 것 세 가지로 구분한다. 즉, 몬테소리 영아전담 어린이집에서 영아들의 심리학적 관찰지도 방법이라고 할 수 있다(Maensono K., 2005).

(1) 작업에 대한 관찰

- 영아가 움직이지 않고 지속적으로 머물면서 작업을 시작할 때를 주목할 것
- 어떤 작업이든 얼마나 많은 시간을 소요하는지?
- 작업을 단순하게 끝내는지 혹은 반복적으로 연습하는지?
- 작업을 실행하는 과정에서 개인적인 특수성은 어떻게 나타나는지?
- 어떤 작업을 같은 날에 지속적으로 실행하고 어떤 작업을 중단하지 않는지?
- 만약에 영아가 자발적으로 힘든 시기를 가진다면?, 며칠간 지속되는지?
- 언제 발전되고 향상되려는 욕구가 나타나는지?
- 영아들의 발전과정에서 어떠한 작업을 선택하는지? 혹은 고집스럽게 작업에 열중하는지?
- 영아가 방해를 받아서 조심성이 없거나 부주의한 상태에서 작업을 다시 했을 때 어떠한 현상이 일어나는지?
- 영아의 관심이 자기 환경에서 혼란스러워지면 불행하게도 갈등을 어떻게 지속하는지?

(2) 영아들의 행동 관찰

- 영아들은 작업과정에서 무질서한가? 질서 있게 작업을 진행하는가?
- 영아들의 무질서한 행동들은 어떤 행동들인지?
- 작업-현상이 발전되는 동안 행동에 변화가 일어나는지?

- 만약에 다음과 같은 상황에서 질서가 정확하게 나타난다면?
  : 기쁨이 부족하거나 위기, 조용한 상태, 애정표현
- 만약이 영아가 다른 친구의 발달을 저해한다면?
  왜 저해할까? 평소에 그 친구와의 관계는 어떠했을까?

(3) 영아들이 복종적 자세에 대한 관찰

- 만약에 자기를 부를 때 영아가 즐겁게 대답하는지?
- 만약에 영아가 지능적으로 노력하여 다른 친구의 작업에 대한 일부분을 자기가 하려고 시작하는지?
- 작업에 복종하는 자세인지?
- 명령에 대해서 복종적인 자세인지?
- 언제 영아가 즐거움과 원하는 것에 복종하는 자세를 나타내는지?
- 영아가 자기의 입장에서 복종하는 자세는 어떤 현상과 관계되는지?
  : 작업의 발달과 함께, 행동의 변화와 함께

위 세 가지 관찰방법은 영아들이 작업과정에서 일어나는 작업 현상, 행동, 복종적 자세에 관한 것이다. 교사는 어린이에 대한 세 가지 관찰을 통해서 좀 더 심리적인 현상을 이해하면서 과학적인 교사로서 발전할 수 있을 것이다.

2. 몬테소리 교실에서 관찰자로서 교사의 역할

첫째, 관찰자로서 교사는 지혜로운 사람의 자세를 가져야 한다.

교구를 자유자재로 제시할 수 있는 사람, 자연을 진실하게 인식하는 사람, 외부 세계에 동요하지 않고 학문과 싸우는 사람, 오랫동안 현미경으로 관찰하여도 싫증을 느끼지 않는 장님과 같은 사람이 학자이다. 스스로 가장 이성적이고, 정확하고, 객관적 관찰이 가능하여야 한다. 기계론적이 아니라 어린이의 "본질"을 현미경으로 관찰하듯 정확하게 관찰할 수 있는 능력이 있어야 한다(조성자 역, 1995).

둘째, 관찰자로서 교사는 영아를 위한 순수한 학자이어야 한다.

학자들은 기계론에서 벗어나 학문적 정신을 소유한 자로서 사고를 통합적으로 수렴할 수 있어야 한다. 교사들은 자연을 사랑하고, 환경을 준비하고, 영아 행동의 자연적 현상을 표현하는 순간을 관찰하면서 항상 주목하여야 한다. 교사는 영아들의 행동과 자연의 관찰자로서 훈련되어야 한다.

셋째, 관찰자로서 교사는 과학적 지식과 문화를 소유하여야 한다.

학문적 정신을 소유한 사람, 자연의 신비를 읽을 줄 아는 사람, 자연 현상에 관심을 가지는 사람, 문화를 소유한 자로서 의무감을 가져야 한다(조성자 역, 1995).

넷째, 관찰자로서 교사는 영아들이 활동을 자유롭게 할 수 있도록 허락하여야 한다.

영아들의 자유로운 활동이 과학적 교육학을 탄생시켰다. 개혁교육학의 본질은 과학에 근거하여야 한다. 과학적 교육학에서 자유의 본질은 정신적이고 조직적인 측면에서 영아들의 균형적이고 조화로운 발달과 대립되는 모든 장애물의 억압된 생활에서 해방되는 개념이다(조성자 역, 1995). 몬테소리는 영아들을 날아다니는 나비를 잡아서 핀으로 벽에 붙여 놓은 것처럼 학교에서 영아들을 의자에 바른 자세로 앉아 있도록 강요하는 것을 개혁교육학적인 측면에서 비판하였다.

다섯째, 관찰자로서 교사는 영아들의 생리학적인 것을 발달단계에 따라서 우선적으로 고려하여야 한다.

영아의 나이, 키, 의자의 높이, 교탁과 영아들의 거리, 책상 높이 등과 같은 물리적 환경은 어린이들의 신체조건에 비례하여야 한다. 영아들은 자기들의 신체적 조건이 안전해야만 자유롭게 활동하고, 환경에서 이루어지는 모든 상호작용에 적극적으로 참여한다.

여섯째, 관찰자로서 교사는 영아들의 아침 영양상태를 정확하게 관찰하여야 한다.

영아들이 원에서 하루 생활의 중요한 부분을 차지하는 것이 영양상태이다. 현대 뇌 과학자들은 밤새 잠든 뇌가 아침을 먹지 않으면 활동은 그대로 잠자는 것처럼 정지한다는 것을 증명하였다. 이는 아침에 영아들이 정상적인 시간에 일어나고, 정상적으로 아침 식사를 하면 모든 활동은 정상적으로 진행되기 때문이다. 아침 식사를 정상적으로 하지 않는 영아들은 대부분의 하루 생활이 짜증스럽게 진행된다.

일곱째, 교사는 관찰자로서 훈련되어야 하고, 학교의 물리적, 인적 환경을 개혁하는 주도자가 되어야 한다.

교사가 경험되어진 것과 관찰자로서 하루를 시작한다면 모든 것을 실증적으로 증명할 수 있고, 관찰결과를 교수방법에 적극적으로 적응할 수 있을 것이다(조성자 역, 1995).

여덟째, 관찰자로서 교사는 관찰만으로 끝나는 것이 아니라 관찰자의 행동을 변화시켜야 한다(조성자 역, 1995).

과학적 교육은 개인을 정상화 과정에 진입하도록 변화시키지 않으면 교육학적 목적을 성취할 수 없다. 새로운 방법이 새로운 교육으로 변화하여 한 개인의 행동에 영향을 미쳐야 한다. 개인은 다양한 훈련을 거쳐서 자기 능력을 개발하려고 노력하고, 잠재적 에너지에 어떤 방법으로든 자각시켜 주는 것이 교사의 역할이다. 처음에 산 로렌죠(San Lorenzo) 어린이집을 예루살렘의 성지로 변화시킨 것처럼 과학적 교육학은 어린이들의 행동 변화에 놀라운 변화를 가져왔다(조성자 역, 1995).

제2부

몬테소리의 발달 이론

영아들을 위한 모든 보육과 교육은 발달 이론에 근거하여 이루어져야 한다. 특히 그녀는 학문을 자연과학으로 시작하였기 때문에 모든 연구에서 생물학적인 근거와 자연스럽게 연결되어 있다. 어린이들을 꾸준하게 연구한 대가들은 생물학에 근거한 유기체 기능을 중요시한다. 제2부에서는 몬테소리 이론에 근거하여 영아들의 발달에서 나타나는 심리운동, 언어발달, 사회성 발달, 정서발달과 발달 특성에 근거한 교육적 의미를 연구할 것이다.

인간은 발달을 진행하면서 또 다른 특성을 나타낸다. 인간에게만 나타나는 정신적 요소들인 일하는 인간, 지혜로운 인간, 종교적 인간, 유희적 인간, 정치적 인간, 공동체적 인간의 특성에 대해서 다루고자 한다.

몬테소리가 놀이라는 용어 대신에 작업이라는 용어를 사용한 것은 영아들은 발현적 학습놀이를 통해서 스스로 창의적으로 운동과 학습을 이끌어 간다고 생각하기 때문이며 발현적 학습놀이 이론에 근거하여 환경과 사물의 상호작용을 통한 물리적 지식을 형성해 가는 과정을 다룬다.

몬테소리 이론에서 뇌 과학에 관한 이론은 이미 『어린이 정신』, 『어린이 신비』, 『어린이 발견』이라는 그녀의 저서에서 언급하고 있듯이 학문영역이 아주 색다른 것은 아니지만 아직 일반적으로 많이 연구되어진 영역은 아니기 때문에 몬테소리 이론과 뇌 과학에 관한 연구를 다루는 것은 의미가 있을 것이다.

MONTESSORI

3장

몬테소리 이론에 근거한 영아발달 이론

몬테소리는 유아기들의 인격 형성을 소홀히 한다면 교육적 의미가 있겠는가?라고 반문한다(조성자 역, 1994).

영아들은 3세 이전에 모든 사물과 우주를 흡수하는 특별한 인류학적 정신 기능을 선천적으로 가지고 태어났으며, 모든 종은 자기들만이 가지고 있는 특성이 있다. 개는 개의 특성, 새는 새의 특성이 있다. 인간도 역시 인간만의 특성을 가지고 있는데, 그것이 바로 지혜, 즉 이성일 것이다. 몬테소리는 이러한 이성, 즉 인간의 특성을 이루는 한 무리를 Nebula라고 부른다(조성자 역, 1991). 그녀는 인간과 동물의 차이점, 영적 태아, 흡수정신, 인간의 적응력, 세계와의 접촉을 통하여 우주와의 전 관계를 맺는 것은 바로 인간만의 Nebule의 특성 때문이라고 한다.

몬테소리는 0~6세인 유아기는 이러한 Nebule의 특성을 통해서 자기 인격을 형성해 나아가는데, 인격 형성의 가장 정점을 이루는 시기가 0~3세 사이이다. 3세 이전에 언어발달이 이루어지고(조성자 역, 1991), 3개월부터 손 근육이 발달하고, 12개월부터 운동발달이 최대한 발달하여 몸의 균형을 잡아가면서 소근육, 대근육 발달이 활발하게 진행된다. 인지발달은 6개월~15개월 사이에 급성장하여 유아들은 24개월이 지나면 "나 스스로 할 수 있도록 나를 도와 주세요."라고 말할 수 있을 정도로 내적 성장이 적극적으로 이루어지는 시기다(조성자, 2007a).

그러므로 발달은 자기 활동의 극복이고, 사회적 실천이고, 인지적 감각활동이고, 즐거움이고, 문화의 동질성과 차이점을 인식하는 문화적 과정이라고 말한다(Prott R., et al., 2007).

다시 말하자면 0~3세는 인격을 형성하는 시기로써 뇌 기능, 언어, 소근육, 대근육, 전체적인 운동, 손 근육, 인지기능이 가장 왕성하게 발달하는 시기이다.

몬테소리의 0~3세 발달 이론은 0~1세, 1~2세, 2~3세 단계로 구분한다.

I. 영아들의 운동발달 특성

1. 0~1세 영아들의 운동발달 이론

몬테소리의 0~1세 발달 이론에서 운동발달, 언어발달, 사회성 발달, 정서발달 측면을 고려할 수 있다. 세 가지 발달 이론을 근거로 일상생활 훈련의 중요성을 강조하였다. 몬테소리의 발달 이론은 실제적으로 0~3세 프로그램을 개발하는 데 근거가 되었다고 볼 수 있다. 운동발달은 신생아가 태어나서 목을 가누는 자세, 뒤집는 자세, 앉는 자세, 기어 다니는 자세, 잡고서는 자세, 혼자 걷는 자세로 분화되는 과정을 의미한다(Hellbrügge T., 1976).

0~1세 영아의 운동발달로 인한 신체적 특성을 살펴보면 다음과 같다(정옥분, 2002).

연령	남				여			
	체중 kg	신장 cm	두위 cm	흉위 cm	체중 kg	신장 cm	두위 cm	흉위 cm
출생 시	3.40	50.8	34.6	33.4	3.2	50.1	34.1	33.1
1개월	4.56	55.2	37.3	36.7	4.36	54.2	36.6	36.1
2	5.82	59.0	39.2	39.7	5.49	58.0	38.5	38.9
3	6.81	62.5	40.7	41.7	6.32	61.1	39.9	40.6
4	7.56	65.2	41.9	42.7	7.09	63.8	41.0	41.7
5	7.93	66.8	42.8	43.4	7.51	65.7	419	42.5
6	8.52	69.0	437	44.1	7.95	67.5	42.6	43.1
7	8.74	70.4	44.1	44.7	8.25	69.1	432	43.7
8	9.03	71.9	44.7	45.3	8.48	70.5	43.8	44.3
9	9.42	73.5	45.2	45.9	8.85	72.2	44.4	44.8
10	9.68	73.6	45.7	46.4	9.24	73.5	44.7	45.4

위 도표에서 보는 것처럼 출생부터 남아와 여아의 신체적 특성이 생물학적으로 차이점이 있는 것을 볼 수 있다.

탄생과 더불어 삶을 준비하는 영아들이 환경을 지배하기 위한 도구와 교구들
우리들이 탄생때부터 신생아를 자유롭게 놓아둔다면
공간 안에서 움직이는 것을 시작할 것이다.

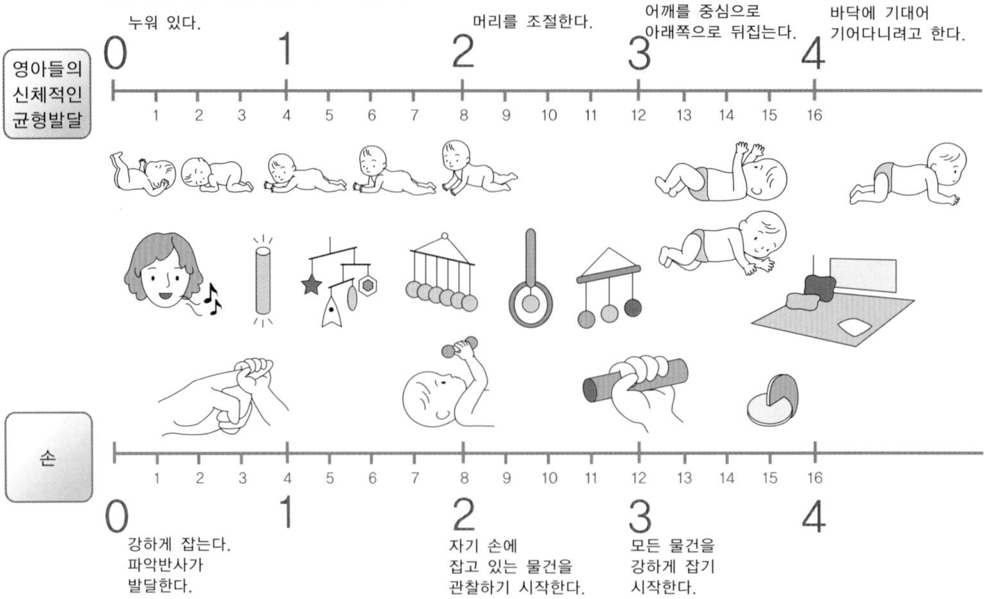

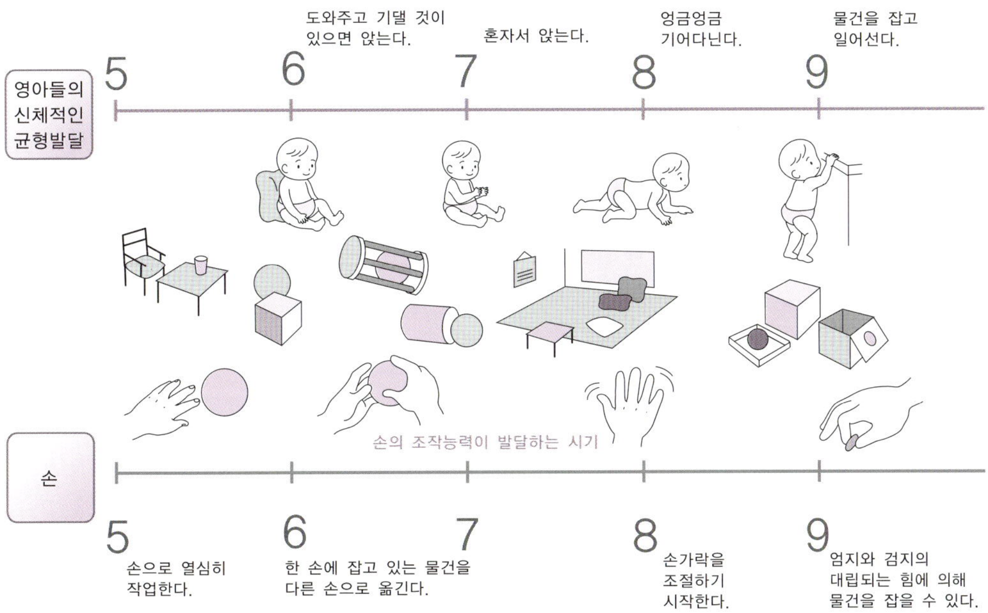
영아들의 신체적인 균형발달
도와주고 기댈 것이 있으면 앉는다.
혼자서 앉는다.
엉금엉금 기어다닌다.
물건을 잡고 일어선다.
5
6
7
8
9
손
손의 조작능력이 발달하는 시기
5
손으로 열심히 작업한다.
6
한 손에 잡고 있는 물건을 다른 손으로 옮긴다.
7
8
손가락을 조절하기 시작한다.
9
엄지와 검지의 대립되는 힘에 의해 물건을 잡을 수 있다.

최대한의 노력을 기울인다.
무거운 물건을 들고 걷는다.
물건 위를 기어오르기 위한 구실을 찾는다.
개인적으로 독립적인 생활을 시도한다.
영아들의 신체적인 균형발달
15
16
17
18
19
동물
명칭카드,해설집, 동화책
손
15
16
17
18
19
도구와 교구를 가지고 활동적으로 작업한다.

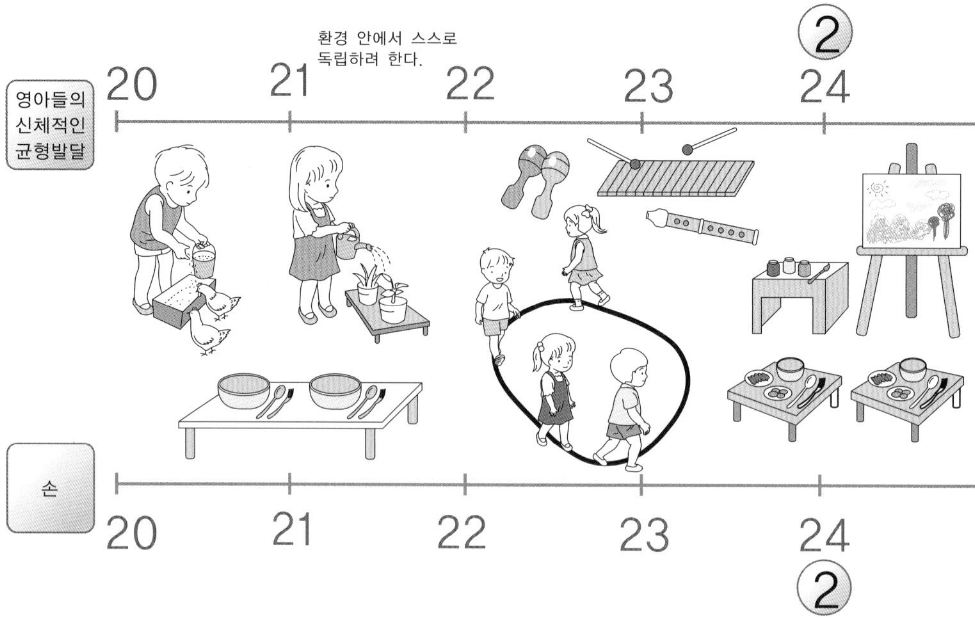
환경 안에서 스스로
독립하려 한다.
2
영아들의 신체적인 균형발달
20
21
22
23
24
손
20
21
22
23
24
2

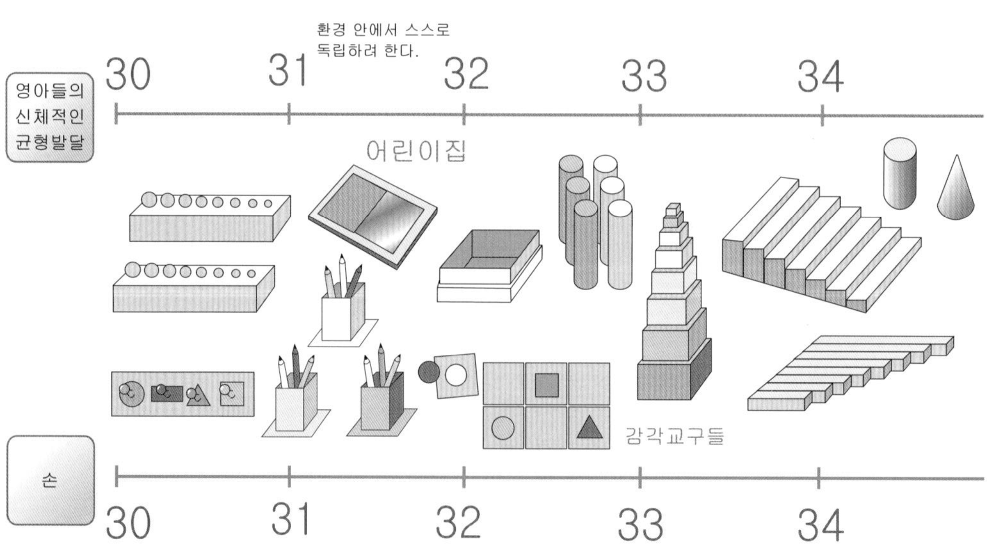
환경 안에서 스스로
독립하려 한다.
영아들의 신체적인 균형발달
30
31
32
33
34
어린이집
감각교구들
손
30
31
32
33
34

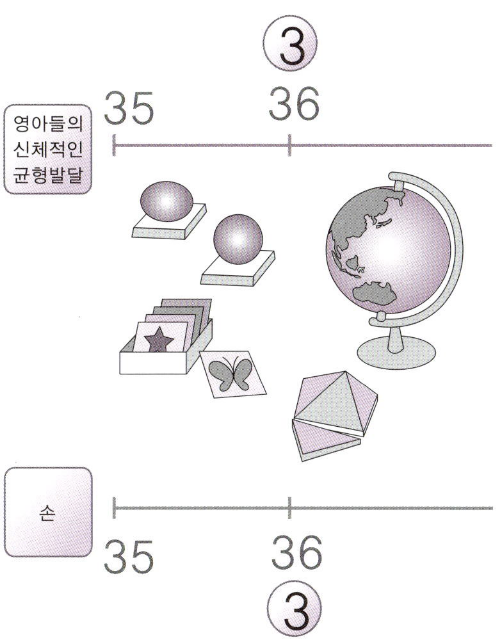

0~1세의 신체적 발달단계를 근거로 살펴보면 다음과 같다. 이 그림은 몬테소리 저서인 『어린이 정신』에서 설명하고 있는 것을 좀 더 구체적으로 설명하는 것이다. 이 그림에서 보는 것처럼 몬테소리는 0~3세 영아들의 신체적 균형과 손의 발달을 동시에 관찰하였다(조성자 역, 1994).

인간이 성장한다는 것은 내적인 요인으로 유전적 요인과 외적인 요인으로 환경, 문화 요인과 관계 있다고 볼 수 있다. 아래의 도표에서 보듯이 인간이 성장하는 데는 내적 · 외적인 요인에 의해서 사회 문화적인 맥락 속에서 발달하고 성장한다고 볼 수 있다(Sarti P., 1999).

성장 요인	
내적인 요인	외적인 요인
유전적, 호르몬 요인	계절적 변화 요인
유전적인 구성 요소	관습, 습관
민속, 종족 요인	운동활동
환경적 침투 요인	영양분
성	사회경제 요인
동적인 내분비선	사회 심리적 요인
형태학적 유전적 요인	병과 의학적 요인

1) 목 가누기 운동

신생아들의 운동을 발달시키는 데 가장 기본적인 동작이 목 가누기이다. 목가누기는 목을 가눌 수 있도록 목에 관계된 모든 근육이 발달하는 것을 의미한다. 2개월이 지나면 자기 목을 지탱할 수 있고 목 근육을 조절할 수 있다(Minett P., 2001). 신생아기를 거쳐서 영아들은 3~4개월이 지나면 목을 자유롭게 가누고 움직인다. 목을 조심스럽게 잡아주어 목을 편안하게 하는 자세는 그림과 같다.

목 가누기의 발달과정은 다음 그림과 같다.

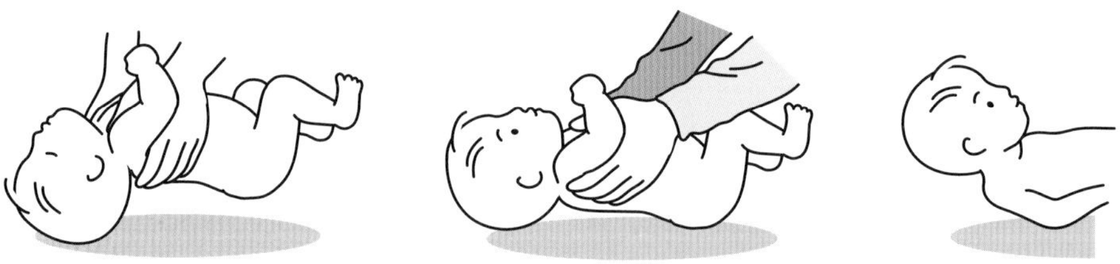

몬테소리 0~3세 프로그램에서 영아들의 목을 조심스럽게 다루는 훈련은 인형을 가지고 연습한다. 0~3세 프로그램에서는 0~1세를 위한 영아들의 신체 전반적인 운동발달에 관심을 가진다.

2) 뒤집기 운동

영아들이 4~6개월경이 되면 스스로 뒤집기를 하려고 노력한다. 이것은 영아는 이미 창조적 능력을 가지고 태어났기 때문에 자기 환경 속에 있는 사물을 주시하면서 열심히 몸 운동을 시작하는 데 대표적인 것이 뒤집기이다.

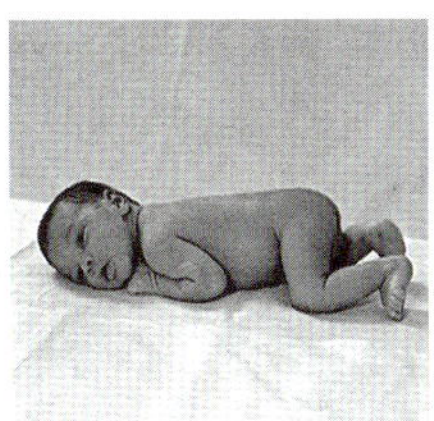

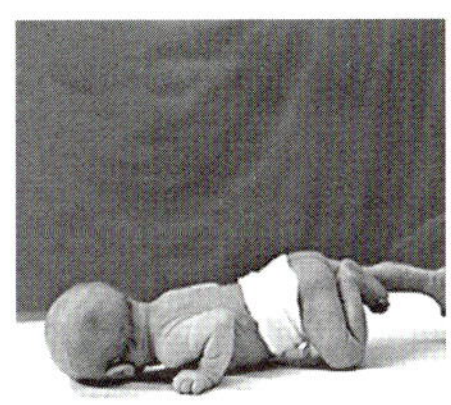

출처 : Hellbrügge T.(1976).

이 시기의 영아는 자기 통제를 할 수 있는 위대한 능력을 가지고 있다. 신생아 주변에 있는 모든 사물과 사람들은 훌륭한 교육을 위한 교육자가 되는 것이다. 신생아는 새로운 세계를 흡수하면서 인지를 발달시켜 나아간다(Hellbrügge T., et al., 1976).

3) 앉는 운동

앉는 자세는 영아 혼자서 훈련할 수 없는 자세이다. 4개월 전에는 혼자서 앉을 수 없지만 옆으로 넘어지는 활동을 반복하면서 4개월경이 되어 잡아주면 앉는다(Minett P., 2001)

6개월이 지나면 손의 협응능력이 발달하면서 혼자서 앉을 수 있는 능력이 발달한다. 6~7개월이 되면 혼자서 앉는 자세가 완전하게 발달한다. 6개월경에 치아가 나고 환경에 대한 관심이 확장된다.

몬테소리 이론에 의하면 영아들은 환경 속에서 독립적으로 몸을 움직일 수 있는 준비가 되어 있다. 혼자 앉을 수 있다는 것은 혼자서 먹을 수 있는 능력이 있기 때문이므로 이 시기부터 이유식을 할 수 있다. 영아 앞에 그릇을 가까이 놓으면 음식을 혼자서 먹는 훈련을 시작하게 된다.

4) 기어 다니기 운동

생후 6~8개월이 되면 영아들은 신체운동 발달로 인해서 혼자서 기어 다니면서 사물을 끌어당긴다. 그리고 여러 가지 사물을 향해서 열심히 기어 다니면서 소근육과 대근육을 발달시킨다(Minett P., 2001).

사지를 이용하여 움직이는 능력이 완전하게 발달한다. 영아들에게 자유롭게 활동할 수 있는 기회가 주어지면 사물을 잡기 위해 기어 다니고 교구를 자유롭게 이동한다. 기는 운동은 걷기 전에 혼자서 할 수 있는 능력을 경험하는 기회가 된다(Minett P., 2001).

혼자서 독립적으로 움직일 수 있는 능력이 발달하면 자신에 대한 신뢰감을 성취할 수 있는 자신감을 갖게 된다. 영아들은 자기 환경을 스스로 확장하기 위해서 낮은 침대에 오르고 내려오면서 기어 다니기를 좋아한다.

5) 사물을 잡는 운동

3~4개월 사이에 영아는 물건을 잡기 위해서 자기 손을 활용하여, 물건을 잡으려고 노력한다. 그리고 모든 물건을 자기 앞으로 가져오려고 노력한다. 5개월이 지나면 물건을 잡아당기는 능력이 급진적으로 발달한다. 영아는 넓은 공간

속에서 보고, 만지고, 입으로 물고, 자기가 좋아하는 물건을 잡으려고 한다(Minett P., 2001).

손의 협응능력은 심리적 기능을 하나로 통합하면서 분리하고, 비교하고, 정리하고, 무질서하게 만들고 새로 정리하고, 탐색하는 기능을 한다. 영아들은 손으로 변별하고, 눈으로 인식하고, 정신으로 판단한다(Ferratti A. M., 2001).

6) 잡고 일어서는 운동

9~10개월이 되면 영아는 혼자서 잡고 일어서는 방법을 탐색하기 시작한다. 발로 몸의 균형을 잡으면서 잡고 걷는 연습을 한다. 12~14개월이 되면 영아들은 걸을 수 있는 가능성이 있다. 이 시기에는 잡고 걸을 수 있는 영아용 마차를 가지고 야외활동을 할 수 있는 기회를 제공하는 것이 교육적 효과를 얻을 수 있다. 영아전담 어린이집에서 잡고 일어설 수 있는 교구와 환경을 제공해 주어야 한다

7) 손 운동

영아들은 출생과 더불어 파악 반사가 발달하기 때문에 손 운동은 선천적이라 할 수 있다. 3개월이 지나면 영아들은 엄지를 손 바닥에 넣고 감싼다. 머리 위에 있는 모빌을 향해서 양손을 뻗으며 움직인다. 4개월이 지나면 손과 입의 협응능력이 발달하고 손에 장난감을 쥐어주면 입으로 가져간다. 6개월이 지나면 사물을 혼자서 잡고, 8개월경에는 엄지와 검지로 장난감을 잡는다. 이 시기부터 말초

가 차츰 차츰 발달한다는 것이다.

10개월이 지나면 영아들은 기고, 잡고, 일어서고, 자기가 원하는 방향으로 움직일 수 있기 때문에 손 운동이 자유롭게 발달하고 무엇이든 입으로 가져가려는 행동을 시도하여 양손을 사용해서 물건을 잡는다.

손 운동과정은 다음 그림과 같다.

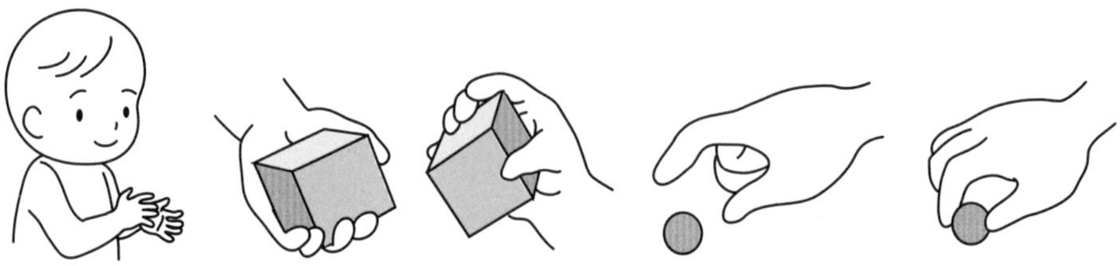

몬테소리는 모든 동물들은 네 다리의 발달이 동시에 이루어지는 데 인간은 손과 발이 각기 다른 발달단계를 거쳐서 이루어진다고 말한다(조성자 역, 1994). 인간은 손과 발의 생물학적 발달에 의해서 인간화의 모습으로 진화한다.

운동은 손의 조작능력과 걷기를 통해서 발달하고, 질서는 공간지각과 방향지각을 통해서 외적인 자극으로, 내적인 것은 사물과 환경과의 관계를 통해서 알아가고 발달시킨다. 언어는 운동과 청각을 통해서 발달시킨다(Holtstiege H., 1994).

주	몸의 균형발달	손의 균형발달
1개월	• 누워 있다. • 소리를 들을 수 있다. • 모빌의 움직임을 주시한다. • 뇌 발달이 규칙적으로 이루어지고 생리적으로 적응하려 한다.	• 모든 사물을 잡을 수 있는 파악 반사가 발달한다. • 손을 움켜 잡는다. • 사물을 강하게 잡는다.
2개월	• 엎드려서 잠을 잔다. • 혼자서 몸을 움직인다. • 소리 나는 방향으로 얼굴을 돌린다.	• 자기 손에 잡은 물건을 바라보고 관찰하기 시작한다
3~4개월	• 뇌 기능이 발달한다. • 머리를 위, 아래, 좌, 우로 들을 수 있다. • 어깨를 중심으로 뒤집는다.	• 움켜잡는 강도가 강하다. • 소유욕이 발달한다. • 손 근육이 발달한다.
5개월	• 바닥에 기대어 기어 다니려고 한다.	• 손 근육이 지속적으로 발달한다.
6개월	• 도와주면 기대어 앉는다. • 앉아서 물건을 가지고 놀이한다.	• 손으로 열심히 작업한다. • 손의 조작능력이 발달한다.
7개월	• 혼자서 앉을 수 있다.	• 목표물을 향해서 손으로 잡는 방향이 정확하다. • 한 손으로 잡은 물건을 다른 손으로 옮긴다. • 손에 조작능력이 왕성하게 발달한다.
8개월	• 엉금엉금 기어다닌다. • 몸의 균형을 잡으려고 노력한다.	• 손가락을 조절하기 시작한다.
9개월	• 일어설 수 있지만 발꿈치를 들고 발가락으로 선다. • 물건을 잡고 일어선다. • 발로 모든 것을 의지하면서 걷는 운동을 시작한다.	• 엄지와 검지로 물건을 잡을 수 있다.
10개월	• 뇌가 급성장한다. • 잡아주면 걸을 수 있다.	• 팔로 물건을 움켜잡는다.
11개월	• 주변에 있는 의자와 식탁을 의지해서 일어서려고 노력한다.	• 손 운동이 정확하고 세련된다.
12개월	• 혼자서 걷는다. • 땅에 정확하게 선다.	• 양손을 활용하여 자유롭게 작업한다

표에서 보는 것처럼 손의 발달은 정신에 의해서 더욱 정교하게 발달하므로 손의 조작능력은 지능발달과 밀접하게 연관되어 있다. 몬테소리는 손 조작능력과 지능발달 능력이 동일시됨을 인식하였다(Holtstiege H., 1994).

영아들의 운동발달을 위한 영아전담 어린이집의 종사자들의 전략을 살펴보면 근육조절을 연습할 수 있는 환경, 앉고, 걷고, 설 수 있도록 연습할 수 있는 환경, 발현적 학습놀이를 할 수 있는 교구와 자료를 제공하여 상호작용할 수 있는 준비된 환경, 잡고 일어설 수 있고, 상호작용할 수 있는 벽 거울을 준비해 주는 것, 공간 안에서 안전을 위해 불필요한 교구교재를 제거하는 것이 중요하다.

2. 1~2세 영아들의 운동발달 이론

12개월에서 24개월 사이의 영아들은 신체적 · 정신적 발달이 급진적으로 이루어진다. 이 시기의 영아들은 걷고, 달리고, 계단을 오르 내리고, 끊임없이 움직인다. 1세 이전에 발달한 소유욕이 구체화되면서 무엇이든 잡고 자기 주변으로 물건을 옮기는 성향이 있다(조성자 역, 1994).

도움 없이 혼자서 걸을 수 있고 이 시기는 특히 손과 지능이 발달한다. 작업에 필요한 사물이 있는 방향으로 손을 뻗으면서 손의 조작능력을 발달시킨다. 무거운 물건을 들고 걸을 수 있고, 잡아주면 기어오르는 것이 가능하다. 몸에 균형을 잡아가는 시기이며 자기 스스로 극복을 위한 노력을 한다. 독립적으로 작업하는 것이 가능해진다. 자기가 원하는 목적지에 정확하게 가고 오른다. 영아들은 물건이나 공을 자기가 원하는 방향으로 던지는 것이 가능해진다. 소근육이 발달하여 손가락과 손목의 조절능력이 발달함으로써 사물을 관찰하고, 조이고, 풀고, 구멍에 넣고 꺼내는 것, 던지는 운동을 한다.

이 시기의 영아들은 자기의 능력을 최대한으로 발휘하려고 최선을 다한다. 낮은 책상이 있으면 책상 위를 오르고 내리는 것을 탐색한다.

이 시기에 돌보는 사람들은 다음과 같은 사항들을 고려하여야 한다.

- 영아들이 넓은 공간에서 자유롭게 활동할 수 있도록 장애물을 제거해 주어야 한다. 영아들은 자연적인 발달을 위해서 활동의 자유를 누릴 수 있고 발

달해 가는 자신의 내부 구조와 직접적인 관계를 가진다. 영아들에게 자유로운 활동은 자동차의 기름과 같은 역할을 한다. 자동차는 기름이 없으면 움직일 수 없듯이 영아들에게도 자유로운 활동이 허락되지 않으면 발달에 많은 장애가 된다.

- 몬테소리 교실에서 영아들에게 손으로 잡을 수 있고, 잡고 일어설 수 있고, 인형을 주어 옷을 입히고 벗기는 연습을 시키는 것도 일상적인 손 운동을 시도하는 방법으로 일상생활의 훈련이다.
- 돌보는 사람은 영아들이 실내 · 실외 작업을 할 수 있도록 환경을 제공하여야 한다. 영아들과 휴식시간에 산책을 하는 것은 전체 신체운동을 위해서 하루 일과에 포함한다.

3. 2~3세 영아들의 운동발달 이론

이 시기의 영아들은 운동이 활발하게 발달한다. 손 운동은 다른 기관과 협응능력을 통해서 발달한다. 눈과 손의 협응능력, 오른손의 물건을 왼손으로 쉽게 옮기고, 소근육 · 대근육이 발달하여 계단을 오르고 내리는 운동이 자유로워진다. 손의 조작능력도 급속도로 발달하여 영아들에게 구슬 끼우기, 1칸이나 2칸으로 구성된 영아용 꼭지 원기둥 활용하기, 분홍탑, 갈색계단, 옷 단추 끼우기와 풀기, 식탁 차리기와 같은 감각영역과 일상영역을 실시할 수 있는 기회를 줄 수 있다(Ferratti A. M., 2000).

손의 조작능력 발달은 지능발달과 더불어 평행선을 이룬다. 손은 감정과 정신적으로 지능을 자극하고 지시한다(조성자 역, 1994). 자유롭게 걸을 수 있으므로 외부 세계와의 접촉을 좋아하고 밖에서 또래 친구들과 놀이하는 것을 원한다. 돌보는 사람들은 영아들을 위해서 다음과 같은 환경을 준비해 주어야 한다.

- 신체발달을 위해서 감각훈련이 필요한 교구들을 제공해 준다.
  꼭지 원기둥, 그림 색칠하기, 분홍탑, 갈색계단, 빨강막대, 지구본, 기하도형, 색판도형 등이다.

- 영아가 스스로 활동할 수 있는 옷 입고 벗는 훈련, 화장실 사용하는 방법 등 일상생활을 훈련할 수 있도록 지도한다.
- 영아들이 마음대로 뛰고, 던지고, 놀이할 수 있는 환경을 제공하여야 한다.

그러나 부모들이 영아들의 운동을 부정적으로 수용하는 이유는 영아들에게는 자기들의 행동과 환경을 통제할 수 없으므로 많은 자유를 주는 것은 그들을 위험에 노출시킬 수 있는 확률이 높다는 것, 또 자기 환경을 존중할 수 있는 능력이 없기 때문에 파괴적인 행동으로부터 그들을 보호하여야 할 책임감이 있다고 생각한다(조성자 외, 2000a). 그러나 운동의 진정한 목적은 신체발달, 호흡, 영양분을 제공하는 기능이 아니라 우주적인 세계와 정신적 조화 그리고 모든 생명을 적절하게 활용하는 데 있다(조성자 역, 1994). 즉, 운동을 통한 움직임을 방해하지 말아야 한다. 영아들은 작업에 의해서 손 운동과 다른 운동들이 동시에 발달하고 개인적인 작업으로 자기들의 정신력을 표현한다. 영아들은 자유로움 속에서 운동을 하면서 발달해 간다.

몬테소리는 운동은 인간이 성장하는 필수조건임을 강조한다. 영아들은 자발적인 훈련과 운동과 움직임에 의해서 발달한다. 영아들은 정신적이고 육체적인 요소가 동시에 발달하여야 한다. 영아들은 교구와 운동도구, 예를 들면, 잡고 일어서기, 기어오르기, 계단 오르기, 던지기와 같은 운동을 구체적으로 즐기면서 창조적 에너지를 기능적으로 구체화하는 것이 운동이다.

그러므로 운동은 나 자신의 표현이라고 말할 수 있다. 몬테소리는 학교에서 부지런히 운동하고 활동하며 움직이는 영아들이 자기 작업을 스스로 완성하는 것을 관찰하였다. 영아기의 운동은 영아를 자유롭게 행동하도록 돕고 스스로를 창조하고 탐색하는 의지적 활동과 관계가 있다(조성자 외, 2000a).

<table>
<tr><th colspan="4">영아들의 운동발달 : 수평적인 자세</th></tr>
<tr><td colspan="4">⟶ 1개월 ⟶ 2 ⟶ 3 ⟶ 4</td></tr>
<tr><td>영아의 모든 몸운동</td><td>• 빨기 반사, 반듯이 누워서 손을 위로 들고 움직인다.
• 팔을 벌리면서 몸 전체를 움직인다.
• 작은 소음에도 쉽게 놀라고, 팔과 다리를 양쪽으로 벌리고 움직인다.
• 부자연스러움과 편안함을 통제하지 못하면서 움직인다.
• 종종 떨기도하고 새근거리기도 한다.</td><td>• 아직도 반듯이 눕는 자세가 서투르고, 고개를 가누지 못한다.
• 보기 위해서 고개를 쳐들려고 시도하고, 고개를 숙이고, 몸을 부분적으로 움직이는 것이 아니라 몸 전체를 움직이지만 편안한 것과 불편한 것 중에 차이점을 인식한다.
• 미소를 짓는다.</td><td>• 반듯이 누워 있다.
• 두 방향으로 머리를 움직인다.
• 누워서 손과 함께 놀고 있는 동안 다리를 접어서 복부에 올려놓는다.
• 더 이상 놀라지 않는다.</td></tr>
<tr><td>눈 · 손 · 다리 운동</td><td>• 눈은 어떤 대상이나 엄마의 얼굴과 약간 거리를 두면서 고정시킨다.
• 손은 거의 주먹을 쥔 채로 오므리고, 손가락과 손가락 사이를 꼭 쥔다.</td><td>• 깨어 있을 때에는 주변 환경을 관찰한다.
• 종종 손을 다 오므렸다 펴고, 손을 입에 넣기도 하고 빨기도 한다.
• 손가락에 상처를 입히기도 한다</td><td>• 자기 손을 쳐다본다.
• 만약에 물건을 보여주면 잡으려고 시도한다.
• 손과 함께 놀면서 완전히 심취한다.
• 자기 눈에 보이는 물건이 있으면 잡으려고 한다.</td></tr>
<tr><td>영아의 독립적인 발달</td><td colspan="2">• 모유와 분유의 양을 자동적으로 조절한다.
• 잠자는 시간과 깨어 있는 시간을 자동적으로 조절한다.</td><td>• 손을 거의 펴고 있다. 손을 오므릴 때에도 엄지손가락은 밖으로 내민다.
• 깨어 있는 시간이 점진적으로 길어진다.</td></tr>
<tr><td>교사와 성인들은 영아들을 위해서 무엇을 할 수 있을까?</td><td colspan="2">• 매 순간마다 신생아를 관찰한다.
• 신생아가 무엇이든 스스로 시작하거나 원할 때마다 기다려 준다.
• 신생아들의 울음, 미세한 몸짓을 통한 부름에 즉시 응답한다.
• 알아듣고 이해하지 못하지만 항상 정확한 언어로 대화하여야 한다.
• 충분한 휴식을 취하도록 한다.
• 항상 미소로 대해 주어야 하지만 멀리서 관찰하고, 쳐다보면서 혼자 있도록 하는 것이 중요하다</td><td>• 영아들 스스로 활동을 확장해 가는 것을 방해하지 말아야 한다.
• 교사와 부모들은 영아들이 어떻게 처음으로 무엇인가 새로운 일을 발견하고 즐거워하는지 관찰하여야 한다.</td></tr>
</table>

자율적인 경험의 발견으로 성장하고 있다			
──→ 5개월 ──→ 6	──→ 7	──→ 8	──→ 9 ──→
• 엎드리고 다리를 스스로 조절하면서 등쪽으로 끌어 당긴다. • 왼쪽과 오른쪽으로 자유롭게 뒤집는다. • 앉고 있으면 모든 방향으로 머리를 자유롭게 움직인다.	• 반듯이 누워서 손을 위로 올리고, 머리와 어깨를 쳐든다. • 누워서 바닥에 엎드린다. • 엎드려서 팔과 다리를 쳐들어 마치 공중에 뜬 것처럼 움직인다.	• 누워서 바닥으로 자유롭게 뒤집고 다시 원래 자세로 돌아온다. • 엎드려서 손을 집고 일어난다. • 잡아주면 앞에 놓인 물그릇을 가지고 물장난을 한다.	• 엎드려서 바닥에서 마음대로 움직인다. • 누워서 팔을 의지하여 일어난다. • 누워서 두 다리를 서로 교차시킨다. • 엎드려서 손과 무릎을 의지해서 일어난다. • 누워서 다양한 자세를 시도한다. • 거울을 보면서 혼자 웃는다.
• 45도 각도로 앉은 자세에서 자기 발을 쳐다본다. • 만약에 물건을 잡는다면 자기가 잡은 물건을 떨어트리지도 않고, 던지고, 버리지도 않는다.	• 손, 다리, 입을 가지고 즐기면서 논다. • 모든 손가락으로 물건을 잡고 흔들고 입으로 가져온다.	• 눈은 자기가 관심 있는 사람이나 물건을 탐색한다. • 도움을 주면 손으로 발을 입쪽으로 가져온다. • 물건을 오른손에서 왼손으로 옮긴다. • 만약에 물건을 떨어트렸다 하더라도 왼손 오른손 구별 없이 사용한다.	• 미소를 짓고, 웃는다. 의식적으로 다른 사람들과 이야기한다. • 잡을 수 있는 모든 물건들을 정확하게 입으로 가져온다. • 손 안에 가지고 있는 물건과 손목을 마음대로 움직인다. • 원하는 곳으로 팔을 벌린다.
• 앉지만 자기 혼자서 지탱하지는 못한다. 자세가 완전하게 고정되지는 못한다. • 때로는 앞에서 손을 잡아주면 서 있다. 깨어 있는 시간이 차츰 차츰 길어지도록 조절한다. • 종종 물건을 선택하고 눈으로 물건을 탐색한다.			• 물건이 있는 방향이나 원하는 곳으로 팔을 벌린다.
• 교사와 부모들은 영아들이 피곤하거나 충분한 잠을 자지 못했을 때 편안한 휴식을 취하도록 그들을 도와주어야 한다. • 영아들이 흥미 있게 놀고 어떤 것을 관심 있게 쳐다보는지 관찰하여야 한다. • 영아들이 지금 행하고 있는 일이 끝날 때까지 가능한 한 기다려주어야 한다. • 여러 개의 놀잇감을 제공하는 것은 장애물이 되므로 2~3개 정도의 놀잇감을 제공하는 것으로 충분하다. • 지금까지 영아들은 자세를 바꾸고, 활동하고, 특정한 장소에 있으면서 휴식을 취하였다.			• 아직 혼자서 물건이 있는 곳으로 가서 잡고, 옮길 수 있는 능력이 없기 때문에 혼자 있는 것은 위험하다.

영아들은 아직 자기가 원하는 대로 활동할 수 없다.			
——→ 10개월 ——→ 11	——→ 12	——→ 13	——→
인간의 모든 몸	• 반듯이 눕거나 엎드리는 것을 자유롭게 한다. • 앉기 시작한다. • 앞뒤로 흔들고, 무릎으로 앉는 자세를 취하고 자유롭게 엎드린다.	• 안전적으로 여러 가지 자세로 앉을 수 있다. • 무릎으로 기어 다니기 시작한다. • 작은 계단을 오르고 내리는 활동을 시작한다. • 발달이 좀 빠른 영아들은 아주 빠른 속도로 앉아서 엉덩이로 움직인다.	• 예를 들어, 계단과 같이 걸터앉을 수 있는 장소가 있으면 앉는다. 그런 다음 바닥으로 떨어지기도 한다. • 어떤 장소에서든 계속해서 뛰면서 걷는다.
눈, 손, 다리	• 의식적으로 다른 사람과 함께 미소를 짓고 웃는다. • 손을 벌리고 높은 곳에 있는 물건을 떨어트린다. • 양손으로 물건을 잡고 가끔 물건을 서로 부딪치면서 소리를 낸다.	• 대칭적인 방법으로 두 손을 사용하면서 모든 행동을 완성한다.	• 어루만지고, 쓰다듬으며, 얼굴에 대보고... 냄새를 맡아본다
인간의 독립적인 발달	• 혼자서 컵으로 물을 마시기 시작한다. • 원하는 물건을 손가락으로 가르친다.	• 엄지, 검지, 중지 손가락을 사용하여 물건을 잡을 수 있다. • 말초신경이 차츰 차츰 발달하기 시작한다.	• 수저를 사용하기 시작한다. • 가능한 한 모든 구멍에 손가락을 집어 넣는다.
성인들은 영아들을 위해서 무엇을 할 수 있을까?	• 영아들은 가정이나 어린이집의 모든 곳에서 항상 모든 시간 위험에 노출되어 있기 때문에 교사와 부모들은 영아들을 위해서 가정이나 어린이집에서 위험하고 장애가 되는 물건을 치워서 영아들을 자유롭게 해방시켜야 한다. • 영아들의 머릿속에 모든 물건은 자기들의 놀이에 필요한 것이라고 생각하고 있기 때문이다.		

출처 : Fresco G. H.(2004).

II. 영아들의 언어발달 이론

1. 0~1세 영아들을 위한 언어발달 이론

몬테소리의 언어발달 이론을 살펴보면 1~3개월에 영아들은 소리 나는 방향으로 머리와 몸을 돌일 수 있는 능력이 있고, 4개월에는 말하는 사람의 입에 시선을 집중할 수 있고, 움직이는 입술에서 소리가 나오기 시작한다. 6개월에는 첫 음절이 발달하므로 계속해서 같은 음절을 반복한다. 6개월에서 10개월 사이에는 언어의 흡수정신이 발달하고, 옹아리가 급진적으로 발달한다. 10개월에는 구두어가 모두 의미가 있다는 것을 의식한다. 12개월에는 엄마, 아빠라는 최초의 언어를 구성할 수 있다(조성자 역, 1994).

신생아기까지는 분화된 울음소리를 내지 못하고 한 달이 지나서 겨우 분화된 울음소리를 낼 수 있다. 영아들은 입과 목으로 소리를 만들어 언어적 표현을 한다. 영아들은 단계적으로 반복되는 소리로 인식하고, 자기 자신의 움직임으로 인해서 나오는 소리를 듣고 즐거워하기도 한다.

영아는 8개월이 되면 말의 구조를 무의식적으로 사용하기 때문에 혼자서 다양한 소리를 내고 여러 가지 음성을 표현한다. 자신이 만들어 낸 소리와 옹알이를 하면서 즐긴다.

영아는 신체적인 언어기제를 사용하기도 하고, 성인들의 음을 모방하기 시작한다. 8~12개월 사이의 영아들은 감정을 몸짓으로 표현하는 능력이 가능해진다. 팔을 벌리고 애정을 요구하고 얼굴을 좌우로 돌려서 좋고 싫어함을 표현하며 소리들에 의미가 있다는 것을 이해한다. 1세 미만 영아들의 언어발달을 위한 교사들의 역할은 다음과 같다.

- 성인들에게 말하는 것처럼 정확한 언어로 모든 일상생활에서 대화하여야 한다. 예를 들면, 여러 가지 자연의 소리, 동물의 소리 들려주기, 단어, 정확한 문장을 사용하여 이야기한다.
- 영아들의 기저귀 갈이시간, 목욕 시간, 수유시간에도 일상적으로 대화하는 것처럼 이야기한다.

- 영아가 소리를 내면 즉각적인 반응을 보인다.
- 가능하면 영아가 다른 사람과의 대화 장면을 볼 수 있도록 한다.
- 영아의 이름을 정확하게 불러준다. 이것은 사물의 명칭을 정확하게 발음하는 것과 같다. 영아와 상호작용할 때 이름을 불러주는 것이 중요하다.
- 영아가 친근한 단어를 사용할 수 있도록 도와준다.
- 영아들에게 그림, 낱말카드, 그림책을 가지고 사물의 명칭, 같은 그림끼리 분리하고 짝짓기를 하여 영아들에게 언어발달 단계 이전에 언어적 의미를 가르치는 것이 중요하다.

2. 1~2세 영아들을 위한 언어발달 이론

이 시기의 영아들은 한 단어를 말하지만 함축적으로 여러 가지 다양한 의미가 있다. 문장이 아니라 알고 있는 명사와 동사를 합성하여 표현하지만 돌보는 사람들은 "물"이라고 말하면 정확하게 "솔비가 물을 마시기를 원하는구나!"라고 이해한다. 영아들의 언어능력을 향상시킬 수 있도록 영아와 이야기를 지속적으로 하면서 상호작용을 하는 것도 언어발달을 위한 방법을 제공하는 것이다.

- 영아들을 돌보는 사람들은 영아들이 사용하는 단어를 반복하도록 지도하고 말과 행동을 동시에 지도하는 것이 바람직하다. 예를 들면, "밥"이라고 말하면 실제적으로 배고프다는 의미이다. 그림책을 보여주든가 아니면 그림과 명칭카드를 활용하여 사물의 명칭을 정확하게 말해 준다.
- 영아들은 18개월이 지나면서 명칭카드, 해설집, 동화책, 그림책 등에 관심을 가지므로 언어발달에 도움이 되도록 교실에 작은 미니 책장과 다양한 책자들을 준비하는 것이 바람직하다. 동물에 관한 책과 식물 그리고 꽃에 대한 책은 영아들의 호기심을 유발하는 책들이다.
- 영아들에게 쓰기 도구를 잡고 선을 그리고 자기 표현이나 낙서를 할 수 있는 환경과 공간을 제공할 수 있다.

3. 2~3세 영아들을 위한 언어발달 이론

2~3세 영아들은 언어를 활용하는 기회가 늘어나면서 차츰 언어의 폭발적 시기에 이른다. 급진적인 언어발달로 문장을 다양하게 구사하고 문장이 증가한다. 접속사와 접두어를 완전하게 활용하고 부사와 동사를 연결한다. 언어를 완벽하게 구사하고 문장론이 발달하며 자기가 생각하고 있는 것들을 자유롭게 활용한다. 모든 사물은 의미를 가진다는 것을 이해하고 완전하지는 않지만 더듬더듬 질문을 하기 시작한다. 자기 감정과 지식을 완전하게 말로 표현은 못하지만 질문하는 것이 혼란스러울 수 있다.

이 시기의 영아들은 자기들의 행동을 언어로 표현하려는 욕구가 강하고, 언어를 반복하려는 경향이 있다. 자기 방식의 언어표현에서 사회적 언어표현 방식으로 발달한다.

몬테소리는 인간이 언어를 사회적 목적으로 활용하는 수단과 방법으로 활용하므로 자기 자신의 인격 형성 자체로 고려한다(조성자 역, 1995). 2~3세 영아들의 언어발달을 위해서 교사와 부모들은 다음과 같은 사항들을 고려하여야 한다.

- 언어를 정확하게 활용하고 구사할 수 있는 능력을 발달시키기 위해서 언어에 관한 교구를 준비해 주어야 한다.
- 언어를 구사할 수 있는 전 단계에 필요한 교구를 제시한다.
- 모든 사물과 사람들은 자기 이름과 명칭 그리고 속성이 있다는 것을 이해시켜야 한다.
- 영아들이 문장을 정확하게 활용하도록 배려한다. 언어활용의 오류를 범할 때 스스로 수정할 수 있도록 지도한다.

영아기의 언어발달 : 후두음의 발달			
→ 1개월 →	2개월 →		4개월
• 울어버린다. • 정확하게 후음으로 말한다. • 기분이 좋으면 미소로 짓는다. • 큰소리 내지 않고 낮은 소리를 내면서 덩실거린다. • 애매모호하게 들을 수 있는 성운을 가진다.	• 처음으로 소리를 시작한다. • 어머니의 표정에 응답하는 것처럼 미소를 짓는다. • 소리를 강하게 내고 즉흥적으로 울기도 한다. • 목소리와 소리를 느낀다면 그 방향으로 몸을 돌린다. • 소리를 약간 변별할 수 있는 성운이 있다.	• 푸푸하는 것처럼 정확하게 소리를 지른다. • 관심을 집중시키기 위해서 울어버린다 • 자기 이름과 이야기에 응답하는 것처럼 미소를 짓는다. • 종종 미소를 짓는다 • 괴음과 같은 강한 소리나 가전제품의 잡음에 놀란다. • 시각이 발달한다. • 소리는 말하는 사람의 입술에서 나온다는 것을 인식한다.	• 10~15분 동안 음악소리와 같이 떨리는 소리를 낼 수 있다 • 소리를 지르고 덩실거리면서 소리를 내면서 웃는다. • 소리의 음정을 변화시킨다. • 시각이 발달하여 말하는 사람의 입을 집중적으로 응시한다.
• 1~3 개월 사이는 언어의 수초화가 이루어지는 시기이다. • 1~3개월은 청각이 발달되고 2개월이 지나면 소리 나는 방향으로 고개를 돌린다. • 노래, 말의 리듬, 간단한 멜로디에 대단히 민감하다. 　–교사들이나 부모들은 신생아가 2개월이 되면 소리에 민감하게 반응한다는 것을 인지하여야 한다. 　–조용할 때 부르거나 종소리를 울려서 반응을 관찰할 수 있다. • 으으하면서 감탄할 수 있는 성운도 가진다.			

<table>
<tr><th colspan="4">영아기의 언어발달</th></tr>
<tr><td colspan="4">----------- 후두음으로부터 -----------
→ 6개월 → 8개월 →</td></tr>
<tr>
<td>• 반복하면서 새로운 소리를 낸다.
• 말하는 사람에게 반응하거나 혼자서 옹알이를 한다.
• 중얼거린다.
• 혼자 놀이를 하는 동안에 소리를 낸다.
• 자기 이름을 부르면 반응한다.
• 종종 자기가 관심 있는 물건이 있으면 움켜잡고 말하는 사람의 입 모양을 쳐다본다.</td>
<td>• 자기가 싫어하는 것과 좋아하는 것을 소리로 표현한다.
• 놀이하는 동안 노래하면서 중얼거린다.
• 소리와 말을 듣는 동안 자기 방식대로 이야기한다.
• 재미있으면 웃는다.
• 첫음절이 발달한다. 계속해서 반복한다.</td>
<td>• 새로운 소리를 지속적으로 반복하고 자기 소리방법에 새로운 소리를 연결시킨다.
• 소리를 모방한다.
• 말하는 사람의 얼굴을 쳐다보면서 여러 가지를 관심 있게 듣는다.
• 자기에게 익숙하지 않은 방법으로 말하는 사람을 관심 있게 쳐다본다.
• 원하는 것을 팔로 가르킨다.</td>
<td>• 처음으로 엄마, 아빠라는 단어를 통합하고 부르는 사람을 향해서 얼굴을 돌린다.
• 서로 다른 강약으로(톤) 푸 푸, 다 다와 같은 첫말과 첫음절을 말한다.
• 말을 반복한다.
• 자기를 부르는 사람을 향해 몸과 머리를 돌리면서 대답한다.
• 자기 주변(환경)에서 들리는 소음쪽으로 머리와 몸을 돌린다
• 말의 구조를 무의식적으로 사용한다.</td>
</tr>
<tr><td colspan="4">• 6~10개월은 언어의 흡수시기이다.
• 10개월은 언어에 의미가 있다는 것을 의식한다.</td></tr>
</table>

<table>
<tr><th colspan="4">영아기의 언어발달 : 다양한 언어들</th></tr>
<tr><th colspan="4">9개월 → 10개월 → 12개월 →</th></tr>
<tr>
<td>• 개인적으로 자기 억양으로 말을 하고 소리 내는 것을 시작한다.
• 사물과 상황을 지시하기 위해서 두 음절의 말을 사용한다.
• 영아의 말은 더 많은 의미들을 가질 수 있다.
• 말로 무엇인가를 극복했을때 영아들은 자신이 즐거운 마음으로 반복한다.
• 자기의 이름을 충분하게 이해한다.
• "아니다."를 분명하게 표현한다.
• 원하는 것을 손가락으로 정확하게 지시한다.</td>
<td>• 물, 하머니(할머니), 인형 등과 같은 특별한 의미와 함께 두 음절을 확실하게 말하기 시작한다.
• "아니야"라는 말을 시작하고 머리를 흔든다.
• 단순히 명령하는 말을 이해한다.
• 자기 환경에서 "저기에 있는 것을 나에게 가져오렴, 가서 가져와." 같은 단순한 말들을 따르게 된다.
• 비록 말을 아직 하지 못하더라도 풍부한 어휘를 표현한다.</td>
<td>• 이해할 수 없는 자기 언어로 소곤소곤 이야기한다.
• 소리, 리듬, 고집을 모방한다.
• 의미가 있든 없든 두 음절의 말들을 반복한다.
• 4~5단어를 사용하기 시작한다.
• 무엇인가를 증명하고, 생각하고, 요구하는 특별히 의미있는 것을 말로 표현한다.
• "야옹 야옹은 고양이다."와 같이 상징적 의미로써 말을 인식하기 시작한다.
• "아빠는 외출했어요."라는 것을 말하기 위해서 문장을 가르친다.</td>
<td>• 부모들의 표준어가 아닌 말을 비슷한 사투리로 사용하기 시작한다.
• 두 가지 말로 구성된 단순한 문장을 구성하기 시작한다. 예를 들면, 엄마 예뻐...
• 말들은 이미 단순하게 두 음절로 구성된 7~8가지가 될 수 있다.
• 영아가 사용하는 말들은 기능을 통하여 그와 비슷한 것을 가르친다. 예를 들면, 티...티는 자동차를 의미하고 모든 바퀴로 움직이는 것을 티...티라고 말한다.</td>
</tr>
<tr><td colspan="4">• 언어의 흡수시기
• 옹알이를 자주 표현하고 상징 언어를 이해한다.
• 음악과 함께 놀이를 통해서 무릎, 손, 얼굴에 활력 있는 관심을 보이는 시기이다. 영아들은 최대한으로 운동과 표현언어를 통해서 자기 만족감을 성취하게 된다.</td></tr>
</table>

<table>
<tr><td colspan="3">언어발달은 5살이 되었을 때 완전하게 발달한다.
청각 민감기에 관계된 3세에 영아들은 일상생활에 필요한 기본적인 언어들이 발달한다</td></tr>
<tr><td colspan="3">1세 ──────▶ 3세 ──────────▶ 5세</td></tr>
<tr><td>• 이 시점에서 영아들은 자기가 발견하는 모든 새로운 말을 열정적으로 연습한다.
• 영아들은 매일 매일 단어들을 표현한다. 그리고 명사, 동사, 부사, 형용사를 항상 덧붙인다.
• 언어는 중요한 한순간에 언어능력이 흘러넘치는 것을 보게 되는 순간이 바로 이 시기다. 1~2주 동안 다른 새로운 말과 관계를 갖는 단순한 문장을 구사하는 능력을 가지게 된다.
• 자기가 마음에 드는 대화와 말을 시도하기 시작한다,
• 식탁에서, 전화하는 동안에, 도움을 주는 시간에 어른들의 말을 모방한다.
• 이상한 말이나, 얼굴을 찡그리는 표정으로 말을 대신한다.
• 그림책, 사진, 상상력에 대한 관심을 가진다.
• 몸을 움직이면서 노래하는 것을 즐긴다.</td><td>• 세 단어로 문장을 구성할 수 있고 “나의 것”이라고 말하는 것을 안다. 내 것과 다른 사람의 것을 구분한다
• 다른 영아들은 전혀 다른 자기만의 언어를 사용한다.
• 말과 모방을 적게 흡수하고 즉시 다시 말을 재구성하고 바꾼다.
• 적절한 문장으로 표현한다.
• 자기 모국어의 전형적인 문법적인 질서에 의해서 말을 구사하고 시제를 정확하게 사용한다.
• 명사와 동사를 정확하게 사용하지 못하지만 명사와 동사를 구분하려고 노력한다.
• 그림 그리기를 즐거워한다.
• 소음이나 시끄러움에 대해서 강한 개념을 가진다.</td><td>• 일반적으로 3~5세 사이의 영아들은 충분한 언어발달과 완성시기임을 관찰하여야 한다.
• 첫째, 이것이 무엇이야?, 둘째, 이것을 무엇이라고 부를까?, 셋째, 왜?라는 질문한다.
• 질문을 계속하고 반복적으로 한다.
• 동화 읽기를 즐기고 듣기도 즐긴다.
• 명사가 있으면 적합한 동사를 찾아 절적하게 배합한다.
• 긴 문장과 단 문장을 즐긴다.
• 종종 신문이나 상자 위에 일반적으로 쓰인 글자에 강한 관심을 나타낸다. 무엇이라고 쓰였을까?라고 질문한다.
• 성인들의 글씨를 모방하려고 시도한다.
• 그림을 충분한 색상과 모양으로 무엇인가를 표현하려고 한다.
• 말, 장소, 물건을 정확한 방법으로 기억한다.
• 화장실 가는 것, 음료수, 과자, 밥 줄 것을 정확하게 표현하려고 한다.</td></tr>
<tr><td colspan="3">• 처음으로 말을 정확하게 표현한다.
• 15개월이 되면 유아적인 언어가 발달하는 데 모음과 감탄사를 사용한다.
• 언어로 표현된 개념들을 이해하기 시작한다.
• 18개월이 되면 명사를 자주 사용하고, 19개월에는 문법에 상관없이 사용한다.</td></tr>
</table>

출처 : Fresco G. H.(2004).

III. 영아들의 사회성 발달 이론

1. 0~1세 영아들을 위한 사회성 발달 이론

0~1세 이전의 영아들에게 사회성 발달을 위한 환경을 준비해 주는 것은 사물을 응시할 수 있도록 배려하는 것, 미소 짓기, 울음, 잡기, 빨기와 같은 행동을 통해서 자기를 돕는 사람과 사회적 행동의 기초인 애착을 형성하게 한다.

자기 주변에 있는 사람들의 얼굴을 변별하는 능력, 목소리 변별 능력, 감각을 활용하여 자아개념을 형성하는 것, 감각을 통해 사람과 사물과 친숙해지는 것, 미소로 돌보는 사람과 관계 형성, 이 시기는 자기 중심적이기 때문에 자기 또래 집단과 친숙해지도록 배려하는 것, 타인과의 신체적 접촉을 시도하는 것은 모든 사회적 행동의 기초가 된다(Ferrati A. M., 2000).

돌보는 사람들의 신체적 접촉은 영아들에게 심리적으로 안정감 내지 의사소통의 도구로 사용된다. 예를 들면, 기어 다니다가 어머니와 돌보는 사람들을 한 번 만지는 것이 바로 그러한 행동들이다.

특히 1세 미만은 자기 중심적이기 때문에 자기와 타인의 요구를 변별하지 못하므로 또래나 돌보는 사람들의 관심을 집중시키려고 노력한다. 이 시기의 영아가 특정 대상에게 관심을 보이는 현상은 자신의 정체성을 드러내려고 노력하는 것이므로 이 시기에 돌보는 사람들의 역할은 다음과 같은 사항을 고려해야 한다.

- 포옹하기, 응시하기, 토닥거리기, 말 걸어주기, 미소 지어주기, 달래주기를 통해 상호작용의 기회를 자주 가져야 한다.
- 벽 거울을 달아서 자신과 상호작용할 수 있는 기회를 제공한다.
- 이 시기의 영아들은 자기를 돌보는 사람에게 애착을 느끼기 때문에 돌보는 사람을 자주 바꾸는 것은 불안감을 조성할 수 있다.
- 이 시기의 영아들은 돌보는 사람들에게 관심을 끌려고 노력하기 때문에 영아의 행동에 즉각적으로 반응하여야 한다.
- 돌보는 사람들은 항상 영아들이 볼 수 있는 곳에 있어야 한다. 돌보는 사람이 있다는 것만으로 심리적 안정감을 가진다.

- 6~12개월 사이에 영아들은 소유욕을 표현하므로 그들이 필요로 하는 교구들을 준비해 주어야 한다.

2. 1~2세 영아들을 위한 사회성 발달 이론

1세의 영아들은 경험을 통해서 정리정돈하려는 본성을 가지고 있다. 즉, 질서의 민감기이면서 개인적으로 독립적인 생활을 하려고 노력한다. 예를 들면, 독립적으로 작업을 하고, 목적을 가지고 물건의 위치를 변경하고, 물건을 닦는다. 혼자서 옷을 입고 벗고, 구두를 신고 벗고, 모든 교구를 가지고 활동적으로 작업한다. 이 시기는 놀이를 즐기면서 인형을 가지고 혼자서 중얼거린다.

영아는 변별 능력이 발달하여 모든 사람은 각각 차이점이 있다는 것을 인식하고, 각자에게 맞도록 반응한다. 1세의 영아들은 자기 중심적 사고에서 벗어나지 못하고 자기 몸과 자기 주변에 있는 모든 사물과 사람들까지도 자기 것으로 생각한다. 그러나 18개월이 지나면서 영아들의 자기 개념도 발달하면서 "내 것"과 "나"라는 개념을 가진다. 1세의 영아들은 차츰 주변 사람들의 감정을 인식하고 감정에 따라서 반응하기 시작한다. 이 시기의 영아들을 위해서 돌보는 사람들은 다음과 같은 사항을 고려하여야 한다.

- 영아들의 생각, 감정, 행동을 이해하고 지지해 주어야 한다.
- 영아들이 다른 친구들과 이야기하고 공동작업을 할 때 격려해 줌으로써 사회적 관계와 상호작용을 촉진시킬 수 있다.
- 이 시기의 영아들은 사람과의 관계는 물론 동물과 식물에도 관심을 가지게 된다. 예를 들면, 식물에 물을 주고, 가꾸는 것은 생명체에 대한 기본적인 개념을 가지고 있기 때문이다.
- 영아들이 자기가 사용한 모든 교구와 사물들을 정리정돈할 때 돌보는 사람들은 도와주고 격려해 주면서 스스로 일을 완성할 수 있는 기회를 제공하여야 한다. 영아들은 자기들이 할 수 있는 일을 할 때 스스로 만족하고 자신감과 책임감을 동시에 인식하게 된다.

3. 2~3세 영아를 위한 사회성 발달 이론

2~3세 영아들은 타인의 감정을 이입하고 전이하여 자기 감정을 전달할 수 있는 능력이 발달하기 시작한다. 자기 중심적 사고에서 벗어나지 못했으므로 자기 소유물에 관한 관심이 강하다. 주변의 모든 사람들은 자기가 원할 때 항상 도움을 줄 수 있는 사람들이라고 생각하고 주변의 사람들과 상호작용하는 것을 즐긴다. 영아를 돌보는 사람들은 자기 능력을 스스로 인식하도록 도와주고, 문제해결을 스스로 할 수 있도록 도와주며 공유개념과 나누어 가지기 훈련, 질서와 순서 기다리기, 규칙 지키기, 동생들 돌보는 것을 혼자서 할 수 있도록 돕는다.

Ⅳ. 영아를 위한 정서발달 이론

1. 0~1세 영아들을 위한 정서발달 이론

몬테소리 교실의 여섯 가지 기본적인 구성 요소는 자유, 구조와 질서, 현실과 자연, 미와 분위기, 교구, 그리고 공동체적인 생활이다(조선희, 1994). 이러한 기본적인 구성 요소들을 통해서 영아들은 신체적, 정신적 발달을 단계적으로 이루어감으로써 정서적인 안정감과 신뢰감을 발달시키는 기초적 요소들을 충족시킨다. 1개월의 신생아들은 적어도 흥미, 놀람, 기쁨, 분노, 공포와 같은 다섯 가지 정서표현을 변별할 수 있다.

출생과 더불어 신생아기 때는 정서가 분화된 상태는 아니지만 4~8개월 사이에는 정서를 구체적으로 표현한다. 공포감, 행복함, 즐거움, 흥분 등과 같은 정서가 세분화되며 2~7개월 사이에는 분노, 슬픔, 기쁨, 놀람과 같은 정서가 정확하게 분화된다.

영아들은 영아기 후반기에 돌보는 사람과 부모들 사이에 긍정적인 상호작용을 통해서 독립적으로 생활하려는 성향을 보인다. 영아들은 자기들의 느낌을 분화된 정서상태로 표현한다. 그러므로 몬테소리는 영아들에게 그들 스스로 할 수 있는 기회를 제공하여 경험을 만들어가도록 지도할 것을 요구한다. 돌보는 사람들의 정서적 안정감을 위한 배려는 다음과 같다.

- 영아들의 긍정적인 정서발달을 위해서 돌보는 사람들은 관심, 안정감 있는 자세, 애정으로 상호작용해 주어야 한다.
- 영아들이 정서적으로 불안한 표정을 취하면 돌보는 사람들은 편안한 마음과 안정감으로 상호작용해 주어야 한다.
- 영아를 돌보는 교사는 영아들의 생물학적 리듬, 민감성, 산만함, 적응능력, 정서상태, 신체적 움직임, 기분상태를 관찰하여 즉각적인 반응을 보여 주어야 한다.
- 영아들의 정서상태를 적절하게 조절할 수 있도록 도와주어야 한다.
- 돌보는 사람은 영아들의 정서상태를 공유할 수 있어야 한다. 그리고 불안전한 정서상태를 가능한 한 빨리 제거해 주어야 한다.
- 돌보는 사람들은 영아들의 정서표현에 긍정적으로 대처하여 자신감과 자존감이 발달하도록 도와주어야 한다.

몬테소리는 어머니와 삶의 방법은 다르지만 출생과 더불어 제2의 임신기간 공생의(La vita simbiotica) 삶이 영아기의 정서발달을 돕는다고 말한다(조성자 외, 2000). 신생아와 산모는 잠시 동안 공생의 삶을 통해서 정서가 더욱 안정되게 발달된다. 그러므로 영아기의 정서발달을 살펴보면 다음과 같다.

첫째, 신생아와 산모는 공생기간이 6~8주 지속된다.

출산에서 8주 동안 산모는 신생아에게 모유와 분유를 제공하면서 애착 관계를 형성한다. 출산은 산모와 신생아를 분리한 것이 아니라 확신감을 주고, 산모와 신생아의 첫 관계를 맺는 신뢰감을 돕는 것이다. 신생아에게 모유를 수유하는 것은 가장 안정된 상태에서 돌보는 것이다. 반면 산모는 수유를 통해서 자궁의 수축을 돕고, 자궁의 크기가 원래 상태로 되돌아가는 가는 것을 돕는다. 이러한 신체적 기능은 산모의 출혈과 감염의 위험을 최대한으로 감소시키는 작용을 한다. 출생의 어려움을 극복하고 신생아가 자유롭게 움직이도록 서로 돕고 지속적인 관계가 유지됨으로써 신생아는 처음으로 정서적 안정감을 체험하게 된다.

둘째, 1세 미만의 영아를 산모나 교사가 안전하게 보육하고 포옹해 줌으로써 정서적 안정감이 발달한다.

가장 확실한 안정감은 산모가 자기 팔과 가슴에 신생아를 포옹하는 단순한 행동에서 변화를 가져온다. 신생아는 육체적인 접촉을 통해서 애정과 신뢰감 있는 관계를 형성한다(조성자 역, 1991).

셋째, 1세 미만의 영아들은 산모나 교사들이 자신을 만지고 접촉함으로써 정서적인 안정감을 발달시킨다. 산모가 영아들과 접촉한다는 것은 옷을 갈아 입히고, 목욕을 시키고, 보살필 때 손으로 전달되는 방법이다. 만지는 것은 산모와 양육자의 적극적이고 정서적으로 안정된 상태를 유지해 주는 방법이다. 이러한 행동은 영아들에게 자기를 에워싸고 있는 세계와 자기 자신을 인식할 수 있도록 상호작용을 하면서 안정을 찾는 기회가 된다. 이러한 과정을 거쳐서 영아들에게 안정된 정서발달을 돕는다.

넷째, 1세 미만의 영아들은 수유를 통해서 정서적인 안정감을 가진다.

산모가 신생아에게 모유를 공급하는 것은 임신기간에 그러했듯이 한번 더 완전하게 밀착된 관계에서 한 몸으로 감정과 애정을 나누고, 두 사람 사이에 직접적인 결합이 이루어지는 두 존재 사이에 심리적, 육체적인 일치관계가 형성되는 시기이다. 심리학적인 측면에서 가장 인간적이고 직접적으로 필요한 접촉을 한다.

영아가 어머니를 쳐다볼 때 표정은 수유시간에 완전한 만족감을 충족시키는 가장 중요한 심리적 요인이 된다. 신생아는 어머니의 향기(냄새), 어머니 피부와의 접촉, 어머니의 체온, 어머니의 젖가슴과 신생아 얼굴과의 마찰을 통해서 어머니의 심장박동 소리를 즐겨 듣는다. 이러한 모든 복합적인 것들은 신생아들에게 가장 큰 행복이고, 모든 생물학적, 심리학적 욕구가 충족되어 완전한 정서적 안정감을 준다(조성자 역, 1991).

다섯째, 1세 미만의 영아들은 어머니와 양육자들 사이에서 정서적으로 안정감이 형성되면 영아들은 세계에 대한 기본적인 신뢰감을 형성하는 기초를 마련한다.

영아들은 자기들이 존재하는 세상에서 자기의 욕구를 충족시키고, 사랑하는 부모와 애정적 활동이 반복되고, 직접 제공되는 경험을 통해서 외부 세계를 긍정적으로 이해하게 된다. 외부 세계는 자신이 접촉하는 환경으로부터 자극, 음식물에 대한 요구에 적절하게 반응하면서 안정된 정서가 발달한다. 영아들은 결국 자기 요구에 대한 반응을 통해서 자기 환경을 신뢰하게 된다.

여섯째, 1세 미만의 영아들은 기본적인 신뢰감을 통해서 긍정적인 인간관을 형성하고 정서적 안정감 속에서 발달한다.

영아들은 세상을 아름답고, 안정되고, 편안한 곳으로 인식하면서 무질서하고 어려운 환경이라 할지라도 외부의 도움을 받을 수 있다는 확신감을 가지게 된다.

일곱째, 신생아의 정서적 안정감을 위해서 산모는 모든 것을 준비하여야 한다(조성자 역, 1991). 인간은 태어나서 생의 첫 시기에 경험한 모든 것들이 일생동안 모든 면에서 영향력을 미친다는 것을 발견하였다. 그러므로 이 기간 동안 부모들의 절대적인 보호와 책임감을 강조한다. 산모는 신생아의 탄생을 위해서 정신적이고 실제적인 모든 것을 준비하여야 하고, 특히 출생과 공생적 삶의 준비를 적극적으로 지원하는 것이 중요하다. 몬테소리는 1세 미만의 영아들을 위해서 정신적 · 실제적 건강을 위한 적극적인 도움의 필요성을 강조하면서 신생아를 돕는 역할은 신생아의 삶이 시작하는 곳에서 시작되어야 함을 주장한다(조성자 역, 1991). 영아들은 3개월이 지나면 차츰차츰 정서분화 현상이 나타난다. 생물학적인 측면에서 정서분화 상태를 그림으로 표시하면 다음과 같다(황영자, 2003).

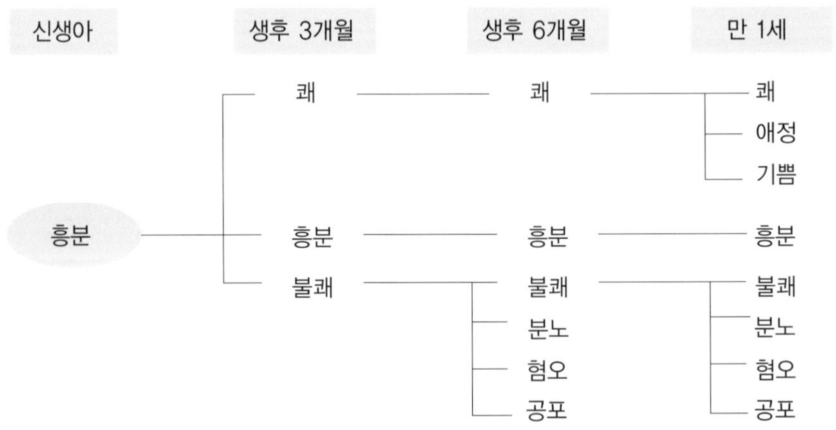

2. 1~2세 영아들을 위한 정서발달 이론

이 시기에 영아들은 아직 정서가 분화되지 않았기 때문에 강하게 정서를 표현한다. 즐거움에 소리 내어 울다가 즉시 슬프게 우는 것은 정서를 보유하는 시간이 짧기 때문에 왜 울고 있는지 기억하지 못한다. 이 시기는 소유욕이 강하게 나타나므로 타인에게 양보하지 않는다. 이러한 상황에서 자주 또래 친구들과 싸움이 벌어지곤 한다. 비교적 사물에 집중하는 시간이 짧다. 자기 중심적이기 때문에 자기의 기분에 맞지 않으면 불쾌 정서를 나타낸다.

이 시기의 영아들은 집중력을 강화시켜 정서적인 안정감을 확장하여 자기의 관심을 한 곳으로 집중시킬 때 환경을 지배하고 환경을 조절하게 된다. 영아들이 자기 환경을 스스로 조절하고 지배할 수 있는 능력이 가능하면 정서적인 안정감과 또래와 긍정적인 관계를 형성하는 첫 단계에 이르게 된다(조성자 역, 1994).

몬테소리는 영아들이 불쾌 정서를 오랜 시간 유지하면 후에 인격 형성과정에서 파괴 본능이 발달하며 반대로 작업에 집중하여 자유롭고 만족스럽게 작업을 정상적으로 진행하는 어린이들은 정원에 있는 꽃을 아름답게 생각하며 "꽃이 핀 이 나무는 나의 나무야."라고 생각한다고 서술하고 있다(조성자 역, 1994). 1세 영아들의 정서발달을 위해서 교사와 부모들은 다음과 같은 사항들을 고려하여야 한다.

- 영아들이 다양하게 정서표현과 안정감을 가질 수 있는 교구, 환경, 자연활동을 제시할 필요가 있다.
- 영아들이 무엇이든 스스로 할 수 있는 기회를 주어야 한다. 작업의 목적을 스스로 성취하고 만족할 수 있는 기회를 제공한다.
- 영아들이 작업을 하였을 때 적극적으로 격려해 주어야 한다. 그래서 영아들이 내면에 즐거움을 느낄 수 있는 기회를 자주 갖도록 한다.
- 영아들이 자유시간에 자율적으로 적응할 수 있도록 규칙, 일관성, 할 수 있는 것과 할 수 없는 것의 차이점 등을 알 수 있도록 반응한다.
- 이 시기는 정서적 변화가 심하기 때문에 영아의 행동변화를 이해하고 수용

하며 격려해 주어야 한다.

3. 2~3세 영아들을 위한 정서발달 이론

이 시기의 영아들은 감정표현을 강하게 하고 수치심, 당혹감, 죄책감과 같은 정서가 분화된다. 대부분의 영아들은 자기 지향적 행동을 표출한다. 모든 사건들을 표정으로 나타내고, 부끄럽다고 느낄 경우에 머리를 숙이고, 손톱을 깨물면서 빙빙 도는 자세를 취한다.

애정표현을 강하게 표출하고, 시기심과 질투심을 느끼기도 한다. 돌보는 사람들은 영아들의 감정을 수용하여 관심을 집중시키고 정서적으로 안정감을 가지도록 도와주어야 한다.

종종 영아들이 도전적이고 활동적으로 공동작업을 할 수 있도록 환경을 제공해 주어야 한다. 영아들은 이러한 공동작업을 통해서 사회화 과정을 진행하면서 자아인식을 하게 된다. 영아들의 자아인식에 대한 원천은 다음과 같다.

영아들에게 자신에 대한 기본적인 신뢰감은 첫째 운동을 통해서 자기 자신에 대한 기본적인 신뢰심을 발달시킨다(조성자 역, 1994).

영아들에게 운동이 자유롭게 허락되면 자신의 생각과 흥미 그리고 관심을 창의적으로 추구한다. 예를 들면, 사물을 보고 그것을 손과 입으로 탐색하는 경험을 반복하고, 무엇인가 주변에서 탐색하기를 원할 때 스스로 움직이고, 사물을 자기 손으로 잡는 자신감을 경험한다. 신체의 균형을 유지하려는 측면에서도 팔을 자유롭게 움직이고, 손의 움직임도 세련된다. 이 시기의 모든 신체부분은 운동을 통제할 수 있는 신경세포와 신경 섬유질의 양이 증가된다(조성자 역, 1994).

영아기에 많은 신경들의 자율적 동작을 통제하는 대부분의 피질은 입과 손에서 작용하기 때문에 가능한 것이다. 그러므로 영아기 뇌 발달에 가장 많은 자극을 전달하는 것은 우리 몸에서 엄지와 검지이다. 펜 필드와 레스뮤센(Penfield e Rasmussen)의 뇌와 관련된 뇌와 손의 그림이 의미하는 것은 바로 엄지와 검지의 자극을 표현한 것이다.

영아들에게 몸을 움직이는 즐거움은 대단히 중요하다. 몸과 마음이 함께 작용한다는 것을 운동을 통해서 관찰할 수 있다. 영아기의 운동 경험들은 자아를 건강하게 발달시키는 데 긍정적인 방법이 되는 동시에 영아들의 생활에서 일어나는 문제들을 스스로 성공적으로 해결할 수 있게 된다.

몬테소리는 영아들은 이미 출생 2개월부터 목 근육을 통제할 수 있으며 도움 없이도 목을 가누게 된다고 했다. 즉, 머리를 조절할 수 있는 능력이 발달한 것은 환경을 극복하기 위한 시작이다. 3~4개월이면 파악 반사가 발달하므로 손과 눈의 협응능력이 발달하고, 밀어 치면서 기어가는 운동이 발달하며 운동 공간이 주어지면 자기들의 흥미를 자극하여 모든 사물을 끌어당겨서 시각과 촉각 그리고 미각을 통해서 사물을 인식하게 된다.

5개월 된 영아는 운동을 위한 자유로운 공간이 제공되면 감각적인 경험을 통해 사물을 인식한다(조성자 외, 2000a). 외부 환경에 대한 신뢰감이 발달하고, 영아들이 걷기 시작하는 1세경이 되면 스스로 기본적인 신뢰감이 형성된다고 한다.

중요하고 흥미로운 일은 두 다리를 가지고 인간적인 방법으로 걸을 수 있다는 것은 자기 몸을 다리에 의존하여 모든 것을 스스로 할 수 있다는 확신감으로 자신에 대한 신뢰심을 가지게 된다는 것이다. 영아들은 처음으로 자기 몸을 자유롭게 움직이면서 운동을 하고 운동력에 의해서 의지적으로 탐색활동이 활발해진다(조성자 외, 2000a).

영아들이 정서적 안정감을 형성하는 데는 영아가 어디에서, 어떤 환경 속에서 살아왔는가도 대단히 중요하다.

자신에 대한 확신감과 활동적인 작업의 경험으로부터 얻어지는 자신의 능력을 신뢰할 수 있는 내적 만족감은 환경 속에서 운동을 통해서 얻어진다. 문제를 해결하는 방법에 있어서 개인적인 힘은 감각이고, 자기의 능력을 느끼는 것이고, 이러한 개인적인 내적 느낌은 영원히 개인 속에 실제로 남아 있게 된다.

영아들은 어떤 것에 흥미를 느끼고, 흥미에 만족하기 위해서 운동을 필요로 하고, 흥미를 조절할 수 있는 능력이 자신 속에 있다는 것을 확신한다.

영아들은 자기들의 반복적인 활동을 통해서 확신감을 가진다. 스스로 성공적으로 모든 작업을 성취했기 때문에 만족감과 확신감을 가지지만 영아기 때 자기 확신감이 부족하거나 결핍되면 반복적인 노력과 작업을 중단하는 경향이 나타난다. 정서적 안정감에 대한 요인들을 살펴보면 다음과 같다(Curtis G.B., et al., 2006).

생후 1개월부터 능동적인 행동은 자기 확신감을 촉진하는 데 매우 중요한 요인을 제공한다. 영아들이 능동적인 활동을 억압당하고 박탈당하면 기본적인 자아개념과 확신감 그리고 정서적 안정감을 형성하는 데 상처를 입게 된다.

자율성과 독립심의 개념은 영아들은 "나 스스로의 욕구를 보호하고 배려할 수 있다."라는 확실한 경험을 통해서 외부의 도움을 요구하지 않고 자기들에게 필요한 모든 것을 발견할 수 있는 능력들이 차츰 이루어진다. 이러한 능력을 통해서 영아들을 스스로 자율적이고 독립적인 활동을 시작한다. 혼자서 스스로 할 수 있는 능력으로 독립적인 존재로 변화한다.

영아들은 자연스럽게 일상생활 영역에 능동적으로 참여하여 환경을 공유하는 긍정적인 감정을 발달시킨다. 영아들은 자기 세계를 지배하고 활용할 뿐만 아니라 그 세계에서 무엇인가를 만들어 창조해 내는 생산자가 된다.

영아들의 사회적 참여는 일상생활의 작업을 통해 환경 속에서 서로 돕고 소유하는 것이 이루어지기 때문에 그들의 사회화 과정에 중요한 것은 일상생활의 작업이다. 영아들은 환경 속에서 발견하는 모든 것을 모든 사람들과 함께 활용하면서 기초적인 공동체 개념을 형성한다. 영아들에게 이러한 사회화 과정이 중요한 것은 행동하고 생활하는 모든 것이 환경을 통해서 책임져야 한다는 개념이 일상적인 작업과정에서 주어지고 필요하고 중요하다는 것을 인식하게 되기 때문이다. "나"의 존재에 대한 정체성을 현실화하기 위해서 사회적 태아로, 사회적 영아로 다시 태어난다.

환경에서 서로 상호작용할 기회를 가지지 못하는 영아들은 다른 영아들과 공동협력하는 능력과 관계가 이루어지지 않는다. 그러므로 움직이지 않고, 사물과의 접촉을 회피하는 것은 사회적 상호작용으로부터 멀어지는 경향이 있다.

영아들은 자기 환경 속에서 끊임없이 억압당하고 공격을 당할 때 그에 대처할 수 있는 능력, 즉 대항하여야 하기 때문에 정신적 육체적으로 행복하지 못하고 항상 상처를 받게 된다. 이러한 결과는 영아기에 다른 친구들과 협력하여 평화롭고 기쁘게 살아가는 즐거움을 학습하지 못하고 개인적으로 정서적인 안정감과 자존감을 학습할 시기와 가능성을 상실하게 된다(조성자 외, 2000a).

영아들은 출생과 더불어 자유롭게 운동하려는 욕구와 어떤 대상, 친구들과의 상호작용을 통해서, 자아를 건강하게 발달시키려는 욕구 실현을 통해서 사회성을 발달시킨다. 그러므로 영아들이 성인 · 친구들과 협력하고 도울 수 있도록 허락하여 그들의 발달계획에 상응하도록 도와주어야 한다.

V. 인간정신 발달의 다른 요소들

1. 일하는 인간(Home Faber)

인간은 일이 없으면 발달할 수 없고 인간으로서 우주적 사명감에 동참하지 못한다. 일은 인간에게 의식주와 같은 것이다. 인간은 탄생과 더불어 손으로 일할 수 있도록 본능적으로 지시하고, 본능에 순응하도록 응하는 것도 손이다(조성자 외, 2000a).

인간은 손이라는 가장 경이롭고, 편리하고, 안전하고, 과학적인 도구를 사용하면서 일, 작업, 활동이라는 움직임을 시작하여 인간화, 정상화, 육화 과정을 거쳐서 최고의 정신적 동물로 진화한다. 인간을 무한한 능력자로 만든 것이 과연 우리 몸의 어느 부분인가? 손이 없으면 지능이 발달할 수 있었을까?

인간은 진화하면서 손으로 지능을 발달시키고, 환경을 변화시키고, 문화를 창조하고, 자기들의 욕구를 충족시키고, 자기가 살아가는 유일한 장소를 만들어가는 만물의 영장으로서 발달시킨다. 몬테소리는 인간의 손에 대한 작업의 의미를 다음과 같이 말한다.

"인간 육체의 모든 것 중에서 손 능력의 발달은 지능발달과 동일하게 이루어진다. 물론 손을 활용하기 위해서 정교한 형태의 수작업은 지적인 관심과 지도를 요구한다. 손은 지능을 훈련하고 발달시키는 중요한 기관으로 표현된다(조성자 역, 1994)."

순수한 지능과 순수한 수작업으로 인간은 인간으로서 최고의 위치에서 모든 사물과 또 다른 생명체들과 조화를 이루어가는 데 선도적인 역할을 한다. 손과 정신은 어려운 작업을 따르면서 쓰고, 분리하고, 비교하면서 다음 단계인 지혜로운 인간으로 변화한다. 몬테소리는 **"손과 지능은 단순한 지능인 동시에 지능을 대행하는 도구다."**라고 말한다. 인간의 행동과 사고는 분리할 수 없는 특별한 관계를 가지고 자기들 사이에서 결속된다. 인간 역사와 문화 창조, 발달을 고려한다면 인간의 손 발달은 지능발달과 즉시 연결된다.

인간의 욕구와 환경을 변화시키기 위해서 손의 활용능력을 절실하게 요구한다. 영아들의 작업은 우선 자기 자신에게 만족감과 행복감을 부여하는 동시에 인간 문화 역사에 자율적인 참여를 촉진한다. 인간이 생각하는 존재라면 생각을 손으로 움직이고 표현하도록 만든다.

2. 지혜로운 인간(Homo Sapiens)

우주에 존재하는 모든 생명체들 중에서 다른 생명체들과 구분되는 것은 바로 인간이 지혜로운 존재이기 때문이다. 인간은 항상 자기 실존에 대한 질문을 한다. 나는 누구인가?, 나는 어디에서 왔을까?, 나는 왜 지금 여기에 있는가? 나의 삶에 목적은 무엇인가?... 이러한 근본적인 질문에 답을 찾는 것은 자기 실존에 관계된 기본적인 질문들이다. 인간은 **"지혜로움"**이라는 본질을 가지고 있기 때문이다(Lochi T., 1991). 영아들이 인격을 형성하고 지식을 획득하는 것은 생각하고, 묵상하면서 형성되는 것이 아니라 활동하고 움직이면서 형성된다. 이러한 개념에서 몬테소리는 조직화된 환경에서 장애물로부터 해방되고, 자기의 독립심을 실현하기 위해서 자유롭게 활동할 수 있어야 한다고 생각했다. 인간은 탄생과 더불어 앎을 하나 하나 이루어가기 위해서 움직이고 호흡한다.

인간은 유아기를 거쳐서 사고능력이 발달하면 자아실현을 위해서 삶의 의미를 찾는다. 우주-문화를 열 수 있는 열쇠를 요구한다. 인간은 삶의 의미를 위해서 끊임없이 노력하는 과정이 험난하더라도 여러 가지 다양한 방법으로 모색한다.

활동을 통해서 가능한 세계를 이해하고 만족스럽게 얻어진 결과에 대해서 자신의 노력에 박수를 보내고 성공적인 결과가 바로 지혜로운 삶의 형태임을 자각한다(조성자 외, 2000a). 모든 인간은 지혜를 사랑한다. 몬테소리는 **"인간이 날로 지혜로워지다."**라는 성경 구절을 인용하면서 영아들이 교실에서 하루하루 지혜롭게 변화되어가는 모습에 만족하였다. 그래서 자기에게 가장 많은 영향력을 준 사람은 유명한 학자보다 바로 어린이 자신이라고 말했다. 아마도 **"어린이는 인간의 어버이이고 스승이다."**라고 말하는 것도 바로 지혜롭다는 이유에서 일 것이다. 인간 내면 깊숙한 곳에 지혜의 샘이 있고 인간이 지혜를 갈구할 때 샘물은 용솟음친다.

3. 종교적 인간(Homo Religiosus)

인간은 생각하는 존재이기 때문에 자기를 고귀한 존재로 인식하지만 한편으로 생각이라는 것 때문에 인간은 반성을 요구할 수 있는 존재이다. 자기 삶의 중요한 문제를 인간과 인간 사이에서 해결하기에는 부족한 한계점으로 인해서 절대적 존재를 필요로 한다. 최고의 능력을 가진 인간이라 할지라도 인간은 초월할 수 없는 제한된 능력을 가지고 있다(조성자 외, 2000a).

몬테소리는 유아기의 종교교육을 강조한다. 어린이들에게 특정한 종교교육을 강조하는 것이 아니라 종파를 초월하여 영성을 가르치려고 하였다. 몬테소리는 영아들을 위해서 조용히 반성하고 묵상하는 것을 좋아하는 영아들을 보면서 본능적으로 가지고 있는 어떤 특별한 사람에 관한 신뢰, 믿음, 의지, 무엇인가를 원하는 행동을 보면 그들에게 종교는 하나의 삶의 에너지임을 알았다(조성자 역, 1997)

영아들은 가끔 자신이 어디에서 왔는지... 어떻게 태어났는지... 등에 대한 의심을 한다. 이러한 질문에 답을 주기 위해서 창조의 역사를 이야기할 때, 그것을 듣고 긍정적인 태도를 보이는 것이 바로 종교적 본성을 들어내는 종교적 인간의 모습인 것이다.

영아들이 적극적으로 활동에 참여하는 것, 아름다운 꽃을 보고 아름답다고 말하는 것, 나와 피부색이 다른 친구를 사랑하는 것, 나와 다른 얼굴 모양을 가진 친구와 함께 즐겁게 놀 수 있는 것, 친구와 사이좋게 놀려고 하는 것, 내 것을 나누어 주려고 하는 것, 친절하게 인사하는 것... 이러한 작은 행동들은 선을 지향하는 행동으로써 사랑을 나누는 종교적인 본성에 의한 사랑이다(조성자 역,

2000c).

울프(Wolf A.D.)는 어린이들에게 영성이 존재하는가 라는 질문에 그들의 순수한 활동과 작업에 참여하는 활동력, 에너지가 창조적 본능에 동참하는 자세가 영성적 자세라고 말한다.

4. 유희적 인간(Homo Ludes)

인간의 활동은 단지 생존만을 위한 것이 아니라 자신의 삶을 풍요롭게 만들고 즐겁게 만들기 위한 쾌락적 요소를 가지고 있다. 영아기에 이러한 쾌락적 요소가 놀이의 형태이든, 작업의 형태이든 간에 개인에 따라서 표출방법이 다를 뿐이다. 인간은 빵만으로 생존이 불가능하며 정신활동이나 음악을 즐기고, 예술품을 감상하고, 자연을 즐기고, 여행을 즐기는 것은 인간 내면에 잠재해 있는 심미적이고 미적인 감성 때문이다.

인간의 몸은 의무적인 일을 위해서 활동하고 움직이는 것과 자신의 정신적인 면을 승화하고 즐기기 위해서 움직이는 두 종류가 있다. 전자가 소유를 위한 움직임이라면 후자는 존재를 위한 쾌락적 요소를 포함한다(조성자 외. 2000a).

인간에게 허영심과 쾌락도 본능적인 요소이다. 이러한 요소들을 통해서 정서적 안정감과 행복감을 가지고 즐기는 것은 정해진 목적을 가지고 행하는 것이 아니라 자신의 정신세계를 정화하고 더 많은 일의 생산성을 창출하기 위해서 하나의 촉진제 또는 종합 비타민과 같은 역할을 하는 것이다(조성자 외. 2000a).

몬테소리는 영아들이 목적없이 단순하게 행하는 놀이를 통해서 자기 만족에 심취되어 자신 스스로를 지배하는 것을 관찰하였으며 다른 한편으로 놀이를 통해서 사회화 과정을 시작한다. 개인 활동, 소그룹 활동, 대그룹 활동은 영아들이 내적 안정감과 내적 평화로움을 통해서 즐겁게 활동하면서 자기 활동을 즐기는 것이다.

사람들은 친교와 모임을 통해서 다양한 형태의 인간 삶을 즐기고 삶의 질을 높이는 동시에 삶의 에너지를 충족시킨다. 인간은 즐기면서 다른 사람과 관계 형성을 친밀하게 하고 다중 문화를 공유하게 된다.

5. 정치적 인간(Homo Politicus)

인류 역사에서 하나의 집단이 형성되면 그 집단을 이끌어갈 조직이 형성되고, 그 조직에 자유롭게 참여할 권리가 주어진다. 우리들은 일상생활에 관계된 모든 것에 참여할 결정권과 선택권이 주어지며 이러한 행위들은 가능한 한 자유롭게 진행된다. 현대 사회는 모든 정치적 활동이 민주적으로 발달하고 진행되어 정치적 활동을 자유롭게 참여하도록 만든다.

인간은 자기 사고와 이념이 같은 사람들끼리 한 집단을 이루어 공유하기를 원하고 집단의 힘을 강화하려는 본능을 가지고 있다. 엄밀히 말한다면 모든 소집단들의 형태는 나름대로 정치적인 성향을 가지고 있다고 말할 수 있다. 예를 들면, 영아들도 놀이시간에 자기편을 만들고, 규칙을 정하고, 규칙을 어기면 나름대로의 벌칙을 부여한다. 심지어는 탈퇴시키는 경향도 있다. 영아들도 자기들이 정해 놓은 규칙과 질서를 어기면 제외해 버리는 소위 "왕따"를 만드는 경향이 있다. 어떤 목적을 가지고 의사를 결정할 때 영아들은 민주적으로 서로 의견을 타협한다. 적극적인 측면에서 보면 이러한 행동자체도 정치적 본능이라고 말할 수 있다.

중요한 것은 타인의 의견을 존중해 주고, 소속감에 대한 확신감을 주고, 집단의 공동이익을 위해서 양보하는 긍정적인 정치적 개념의 모델을 요구하게 된다.

몬테소리는 1937년 덴마크의 코펜하겐에서 6번째 국제 몬테소리 워크숍을 마치면서 **"어린이들을 위한 어린이 사회당"**이라는 부서와 **"어린이들의 권리와 특성"**을 보호할 목적으로 어린이를 위한 정당을 만들 것을 요구하였다. 이러한 운동은 어린이들을 단지 한 단체나 교육으로 보호하기에는 문제점이 있기 때문에 정식으로 어린이 정당을 창당하여 정치적이고, 교육적으로 완전하게 보호하자는 견해다. 이러한 주장으로 유럽에서 처음으로 어린이를 위한 사회적 운동과 활동을 시작하는 씨앗을 파종한 결과를 가져왔다(Pignatari M., 1976). 몬테소리의 견해는 어린이들에게 정치적으로나 사회적으로 제도적인 측면에서 그들의 권리와 인권을 존중받을 수 있도록 범-어린이 운동을 전개한 것이다. 이러한 범-어린이 운동은 어린이 노동착취를 현실적으로 고발하는 계기와 어린이들의 권리와 인권을 존중하고 지지했다. UN산하의 아동평화, 아동권리, 아동 학대, 아동 폭력의 문제를 정치적으로 해결하려는 것이다. 이러한 정치적 활동은 아동이 존재하는 한 영원히 존재할 것이다.

6. 공동체적 인간(Homo Concors)

인간은 혼자서 살아갈 수 없고, 설령 살아갈 수 있다 할지라도 혼자서는 아무런 의미를 가지지 못한다. 인간생명이 형성되는 순간에도 혼자가 아니라 부모라는 울타리 안에서 공존의 삶을 시작한다. 성장하면서 인간은 함께 또는 더불어 삶을 공유하게 된다. 몬테소리는 가정이라는 소공동체를 통해서 우주 공동체라는 하나의 단일국가를 형성하려고 노력하였다. 개인적인 생활보다는 공동의 삶을 통해서 영아들의 인성을 발달시키려고 시도하였다.

몬테소리의 평화교육에서 한 축을 이루는 것은 인류공동체를 통해서 평화교육을 전개하는 것이다. 그녀의 사고는 지구에 존재하는 모든 국가들이 개별적인 국가로 존재한다면 전쟁은 물론 항상 국가 간의 이익을 위해서 투쟁이 끊임없이 일어나지만 국경 없이 지구가 단일국가로 형성되었을 때 지구는 평화로운 동산으로 변화된다는 것이다.

공동체적 인간은 각 개인이 소유하고 있는 고유한 본질과 필요성을 인식함으로써 인간 사이에 존재하는 모든 장애물을 극복하여 모든 인간들이 공유, 공존하는 개념이다. 각 개인이 소유하고 있는 특수성을 사회에 기여하고 있지만 좀 더 평화적이고 우호적인 방법으로 삶에 참여하고 공유함으로써 더욱 풍요로운 삶을 영위하도록 돕는 것이다. 공존하는 삶의 형태는 우리 개인의 삶인 동시에 우주적 삶으로써 인간 환경의 보호와 진보에 책임감을 느끼면서 통합된 전-관계에서의 삶을 의미한다.

몬테소리는 이러한 삶의 형태를 유지하기 위해서 세계 시민으로서 어린이와 어린이 정당을 만들어 어린이들의 모든 권리와 존엄성을 공동으로 보호하자는 것은 모든 어린이들을 공동체적 존재로서 보호하자는 것이다. 몬테소리가 부르짖던 인류 공동체의 형태가 지금 유럽 공동체의 형태로 발전할 수 있었던 근원

이 되었을지도 모른다

Ⅵ. 영아들의 마음을 다스리는 가르침

1. 영아들의 정서적 안정감을 위한 가르침

① 만약에 영아들이 항상 시끄러운 분위기에서 생활한다면 그들은 조용하고 안정된 생활과 안정된 활동들을 모르고 항상 흥분된 상태로 살아갈 것이다. 조용함과 침묵을 모르고 살아간다는 것은 인간의 가장 아름다운 마음의 평화를 모르고 살아가는 것이다.

② 만약에 영아들이 비판적인 환경에서 생활한다면 처벌이나 비난하고 친구들을 괴롭히는 것만 배울 것이다.

③ 만약에 영아가 항상 반대하는 사람들과 꾸짖는 사람과 함께 생활한다면 폭력적이고, 항상 다른 친구들과 싸우고, 선의 경쟁이 아니라 무조건 이기려고 경쟁하고 모든 사람들과 갈등을 일으키는 것만 배울 것이다.

④ 만약에 영아들이 두려움 속에서 생활한다면 무엇이든 걱정하고 두려워하고 불안해 하는 것만 배우게 될 것이다.

⑤ 만약에 영아들이 자유롭게 생활하지 못하고 억압된 상태에서 생활한다면 열등감을 느끼고 자신을 학대하는 것만을 배울 것이다.

⑥ 만약에 영아들이 질투심 속에서 생활한다면 친구를 미워하고 시기하고 질투하는 것만 배울 것이다.

⑦ 만약에 영아들이 무기력하고 움직이지 않는 게으른 사람들 사이에서 생활한다면 자기 자신에 대한 불신감과 무능력함 그리고 게으른 생활만을 배울 것이다.

⑧ 만약에 영아들이 교사의 겸손하게 수용하는 자세를 보고 생활한다면 무엇이든 양보하고 누구든 사랑하는 너그러움을 배울 것이다.

⑨ 만약에 영아들이 나눔을 보고 생활한다면 아주 너그럽게 무엇이든 친구들에게 나누어 주고 돌보는 것을 배울 것이다.

⑩ 사람들이 항상 조용히 앉아서 기도하고 묵상하는 분위기에서 생활한다면 자신에게 귀 기울이는 것을 배울 것이다.

2. 영아들의 평화로움을 위한 가르침

① 만약에 영아들이 모든 면에서 "아니야"라는 부정적인 소리를 듣고 생활한다면 모든 질문에 "아니야"라고 답할 것이다. 마음에 평화가 없다.

② 만약에 영아들이 너그러움 속에서 생활한다면 모든 것에 인내하고 관용 베푸는 것을 배울 것이며 마음이 평화로울 것이다.

③ 만약에 영아가 언제든지 조용하고 안정된 분위기에서 생활한다면 누구이든 무엇이든 조용하게 존경하고 감사하는 것을 배울 것이다.

④ 만약에 영아들이 어린이집에서 양보하는 것을 보고 생활한다면 친구들에게 무엇이든 양보하는 것을 배울 것이다.

⑤ 만약에 영아들이 평화롭게 잠자는 것이 습관이 된다면 자기들도 감사하는 마음으로 평화롭게 잠들게 될 것이다.

⑥ 만약에 어른들이 항상 "평화를 나눕시다. 우정을 나눕시다."라고 인사하는 것을 보면서 생활한다면 영아들은 친구들에게 평화와 우정을 나누어 주는 것에 익숙할 것이다.

⑦ 만약에 부모님들이 이웃 사람들의 아픔과 슬픔 그리고 고통을 함께 나누는 것을 보고 생활한다면 영아들은 이웃을 사랑하고 이웃 사람들과 고통 나누는 것을 즐거워할 것이다.

⑧ 만약에 평화는 마음을 환하게 하는 흰 눈과 같은 것이라면 하얀 평화의 마음을 가지도록 노력하겠다.

⑨ 만약에 평화가 항상 나의 마음속에 있다면 나는 마음속에 평화를 간직하도록 노력하겠다.

⑩ 만약에 평화가 악수하는 것이라면 서로가 원치 않을지라도 반가움과 사랑으로 힘 있게 포옹하면서 악수하겠다.

⑪ 평화는 사랑하는 엄마 아빠에게 정답게 대답하지 않을 때에, 물건을 마구

던질 때, 전쟁이 일어난 것처럼 싸울 때 우리들의 곁에서 멀어져 간다.

⑫ 평화는 친구들과 맛있는 솜사탕을 먹을 때 우리들 마음속에 있다.

⑬ 평화는 모든 사람들이 행복해 하고 활짝 웃는 미소로 아름다운 세상을 만들어가는 것이다.

⑭ 평화는 푸른 들판에서 친구들과 뛰어 놀고 맛있는 아이스크림을 먹는 것과 같은 것이다.

⑮ 평화는 반짝이는 햇님처럼 뜨거운 사랑을 마음속에 간직하도록 만든다.

3. 영아들의 순종을 위한 가르침

① 만약에 영아가 선생님으로부터 칭찬과 격려의 말을 듣고 생활한다면 항상 "예"라고 순종하는 자세로 대답하면서 만족하는 것을 배울 것이다.

② 만약에 영아가 올바르게 판단하고 생각하는 것을 보고 생활한다면 아주 훌륭한 객관성을 가지고 자신에게 복종하게 될 것이다.

③ 만약에 영아들이 확실하고 정확한 것을 보고 생활한다면 정의롭게 복종하는 것을 배울 것이다.

④ 만약에 영아들이 깊이 있고 신중하게 생각하는 분위기에서 생활한다면 항상 먼저 신중히 생각하고 행동으로 실천하는 것을 배울 것이다.

⑤ 만약에 영아들이 무엇이든 정리정돈하는 것을 보고 생활한다면 질서에 복종하는 것이 무엇인가를 배울 것이다.

⑥ 만약에 영아들이 친절하고 인정 있게 생활하는 것을 본다면 친절하게 복종하는 것을 배울 것이다.

⑦ 만약에 영아가 선생님이 예쁜 말로 표현하는 것을 보고 생활한다면 친구에게 예쁘고 아름다운 말로 표현하는 습관에 복종하는 것을 배울 것이다.

⑧ 만약에 영아들이 어린이집에서 기쁘게 생활한다면 자신의 내면 세계에 복종하게 될 것이다.

⑨ 만약에 영아가 길가에 아름다운 꽃과 들판에 푸른 풀들을 보면서 자란다면 자연의 경이로움과 자연의 법칙에 복종할 것이다.

⑩ 만약에 영아가 기도하는 모습을 보면서 생활한다면 언제든지 자연스럽게 기도하는 방법에 복종하게 될 것이다.

Ⅶ. 영아들을 위한 발현적 학습놀이

골드 슈미트(Goldschmied)는 영아들에게 놀이만큼 효과적이고 만족스러운 작업은 없고 놀이 없이는 건전한 사고가 발달할 수 없다고 말한다(Goldschmied E., 1994).

발현적 학습놀이란 영국, 스코틀랜드, 이탈리아, 미국, 스페인에서 새롭게 연구되어진 접근법으로써 영아들에게 풍부한 환경을 제공할 뿐만 아니라 개인적인 교수학습 방법을 효과적으로 수행할 수 있도록 일상생활 영역, 감각영역에 필요한 것을 환경 속에 구성하여 영아 스스로 놀이학습을 할 수 있도록 제공하는 것이다. 여기에서 발현적 학습놀이에 관한 전반적인 사항에 대해서 알아보면 다음과 같다.

1. 영아들을 위한 발현적 학습놀이의 의미

영아들에게 제공되어지는 인위적이고 조작된 환경 속에서 일정한 시간에 교사와 도와주는 사람들의 개입 없이 영아들이 놀이할 수 있는 교구를 제공하여 환경을 구성해 주는 것이다(Goldschmied E., 1994). 발현적 학습놀이는 다음과 같은 의미를 부여할 수 있다

1) 영아들의 탐색활동과 발견학습으로써 발현적 학습놀이

첫째, 발현적 학습놀이는 영아 스스로 탐구하고 발견하는 학습놀이다.

발현적 학습놀이는 영아 스스로 무엇인가를 발견하고 탐색하도록 훈련되어지는 교육체계라 할 수 있으므로 영아들의 자발적인 탐구활동에 중요성과 가치를 부여하는 것이다.

둘째, 0~2세 영아들은 협응능력이 발달하는 시기이므로 어린이집에 있는 동안 감각활동, 협응능력의 발달, 사물에 대한 탐색활동, 집중력을 계속해서 연습

하게 된다. 눈과 손의 협응능력, 손과 손의 협응능력을 통해서 사물을 인식하고 사물에 관심을 가지게 된다. 영아들은 발현적 학습놀이를 통해서 환경과 사물을 탐색하고 활용한다.

셋째, 사물과 상호작용을 통해서 사물에 대한 호기심과 관심을 가지게 되고, 사물과 비교를 하게 된다. 영아들은 보물 바구니에 들어 있는 물건들 중에서 자기가 스스로 선택하였기 때문에 지루해 하지 않고 작업과 놀이를 즐긴다. 발현적 학습놀이(Heuristic)의 어원학적 의미는 그리스어인 "Euresko"에서 전해지는 것으로써 발견하거나 어떤 사물의 이해에 도달한다 라는 뜻이다. 영아들은 보물 바구니에 들어 있는 물건들을 스스로 발견하고 상호작용함으로써 그 사물의 속성을 이해하고 감각기관과 협응능력을 발달시킨다.

넷째, 영아들은 발현적 학습놀이를 통해서 공간에서 사물을 작동하고 활용하는 방법을 터득한다. 영아들은 교구의 기능을 통해서 움직이는 방법을 탐색하고, 청각을 발달시키고 조작능력을 발달시킴으로써 대단한 만족감을 표출한다.

다섯째, 발현적 학습놀이는 교사와 돌보는 사람들의 도움과 가르침 없이 자기들의 탐색활동을 통해서 해답을 찾고 문제를 해결할 수 있는 완벽한 놀이학습 활동이다.

2) 영아들의 자발적인 활동으로써 발현적 학습놀이

영아들이 자발적으로 활동하는 발현적 학습놀이는 다음과 같은 의미를 지닌다.

첫째, 발현적 학습놀이는 영아들을 가르치고 이렇게 저렇게 하라고 지시하는 것이 아니라 영아 스스로 사물과 환경에 접근하여 탐색하는 활동이다.

정해진 학습방법이 있는 것이 아니라 환경에서 영아 스스로 자기 생각대로 보물 바구니 속에 있는 물건을 가지고 놀면서 탐색하고, 조절하고, 이해하는 것이다. 영아 스스로 창의적 활동을 전개하지만 옳고 그름에 대한 판단없이 단순하게 활동을 전개하는 것이다. 교사들은 영아들의 발현적 학습놀이를 통해서 그들의 세계를 적극적으로 이해할 수 있다.

둘째, 영아들의 자발적인 발현적 학습놀이를 통해서 여러 가지 사물이나 교구 중에 자유선택할 수 있는 기회를 경험하게 된다. 영아들은 자기들의 욕구를 충족시키기 위해서 작업을 계속하고 집중한다. 영아들은 육체적인 에너지와 발달된 감각으로 사물을 정교하게 다룰 수 있는 기술에 만족하고 작업을 지속적으로 즐긴다. 지속적이고 반복적인 연습으로 인해서 만족스러운 결과에 도달한다.

셋째, 영아들이 자발적으로 발현적 학습놀이를 하는데, 사물과 교구를 탐색하는 과정에서 사용하는 방법에 대한 옳고 그름이 발생하지 않는다.

일정한 규칙과 방법이 있는 것이 아니라 영아 스스로 탐색하고 즐기면서 만족하고 행복해 한다. 영아들은 보물 바구니 속에 들어 있는 사물과 교구를 사용할 것인가, 안 할 것인가를 스스로 판단한다. 자발적이고 독립적인 활동을 모두 성공적으로 이끌어 내면서 스스로 만족한다.

넷째, 영아 스스로 사물을 탐색하고 집중하면 집단 내에서 전혀 갈등을 일으키지 않는다. 여러 가지 사물들이 보물 바구니에 들어 있기 때문에 다른 영아들과 사물을 공유할 필요가 없다. 다른 영아들과 교구와 사물을 가지고 양보한다든가 타협할 수 있는 발달수준이 아니기 때문에 영아들은 평화로운 상태에서 스스로 탐색하고 만족해 한다. 0~2세 영아들의 보물 바구니 속에 들어 있는 사물과 교구를 서로 교환하기 시작하는 현상은 발현적 학습놀이 과정에서 일어난다.

위에서 언급하고 있는 자발적인 발현적 학습놀이에서 영아들의 활동기술은 공간에서 모든 교구와 사물들을 움직이고, 잡고, 보물 바구니 속에 넣었다가 다시 밖으로 내어놓는 과정을 통해서 손으로 다루는 기술과 손끝 부분으로 잡고, 만족스럽게 집중하고, 선택하고, 변별하고, 비교하고, 연속적으로 배열하고, 굴리고, 끼워 넣고 꺼내면서 활동을 반복하는 모든 과정들은 무엇인가를 활용하면서 영아 스스로 자연스럽게 표상하는 것이지 교사에 의해서 이루어지는 것은 아니며 이러한 현상은 영아들의 환경 속에서 자연스럽게 신체활동으로부터 발생하는 자발적인 발현적 학습활동에 의해서 이루어진다. 2세 영아들도 4세의 유아들처럼 교육적인 욕구를 가지고 있다는 것을 발현적 학습놀이를 통하여 관찰하였기 때문에 공간과 시간이 충분히 제공될 필요가 있다.

3) 영아들의 집단 환경 속에서 발현적 학습놀이 도입방법

발현적 학습놀이를 도입하는 과정에서 교사는 놀이 유형에 대한 생각과 목적을 연결시키는 것이 대단히 중요하다. 즉, 영아들이 이미 행하고 있는 작업들을 대신해 주는 것이 아니라 작업을 더 자유롭게 잘할 수 있도록 이해하는 것이다.

영아들의 만족을 위한 발현적 학습놀이를 위해서 관찰하여야 할 기본적인 원리들을 살펴본다.

① 영아들의 발현적 학습원리를 위한 놀이교구와 사물

- 보물 바구니에 들어갈 교구와 물건은 영아가 집에서 익숙한 물건이면 좋다.
- 다양하고 익숙한 보물 바구니 속에 보관된다.
- 2~3명의 영아들이 한 보물 바구니에 둘러 앉아서 물건을 가지고 놀고 있다.

② 영아들의 자유로운 활동을 위해서 넓은 활동 공간이 있어야 한다.

영아들의 자유로운 활동을 허용하여야 한다. 조용한 분위기는 0~1세 영아들의 활동을 위해서 대단히 중요하다.

③ 사용하지 않은 사물과 교구들은 영아들에게 방해되지 않도록 안전하게 정리해 주어야 한다.

④ 영아들에게는 하루에 교구와 사물을 가지고 활동하는 발현적 학습놀이의 시간을 제한하지 않는 것이 중요하다.

한 물건을 가지고 너무 지루하지 않게 발현적 학습놀이를 한 다음 보물 바구니 속 물건과 교체하여 다시 영아들이 새로운 물건을 가지고 놀 수 있도록 허락하여야 한다. 영아들의 활동시간에 교사는 항상 영아들과 함께 있으면서 관찰할 수 있어야 한다.

⑤ 집단활동에서 영아들이 서로 부딪치는 일을 방지하기 위해서 활용할 수 있는 공간을 모두 사용할 수 있어야 한다.

영아들을 위한 교구와 사물이 1인당 3개 미만일 경우에 영아들 사이에 분쟁이 일어날 가능성이 있기 때문에 1인당 5개 정도의 비율로 제공한다.

교사는 영아들이 보물 바구니 속에 들어 있는 물건들을 어떻게 가지고 노는 가를 관찰하여 적절한 시기에 개입하여야 한다. 가능한 한 영아들 스스로 발현적 학습과정을 이끌어 가도록 환경을 준비해 주어야 한다.

⑥ 영아들이 발현적 학습놀이하는 과정에서 탐색활동에 집중하게 되면 교실 바닥에 흩어진 교구를 교사는 조용히 다시 바구니에 넣어서 영아들이 항상 많은 물건이 있다는 느낌을 가지도록 배려하여야 한다.

⑦ 교사들은 영아들이 탐색활동을 마칠 시간이 되면 영아 옆에 비밀 주머니를 놓아두고 스스로 교구와 물건을 정리정돈하는 시간을 충분이 주어야 한다. 영아들 스스로 정리정돈하는 시간이 즐거울 수 있도록 배려하여야 한다.

4) 발현적 학습놀이와 교사의 개입

대부분 교사들의 역할은 영아들의 발현적 학습놀이 활동이 일어나는 교실 전체에서 이루어진다. 교사들의 개입을 살펴보면 다음과 같다.

① 교사는 영아들이 바닥에 흐트러진 물건을 모아서 정리정돈하고, 관리하고, 손상된 물건을 수리하고, 세척한다.

② 영아들이 가장 흥미로워하는 물건들을 지속적으로 발견하고 제공하여야 한다.

③ 영아들이 활동하는 동안 알아차리지 않도록 보물 바구니와 물건들을 재배치한다. 바구니를 일정한 장소에 매일 고정시켜 놓아두는 것이 아니라 영아들이 활동하기에 편리하도록 옮겨 놓는다.

④ 만약에 영아들이 보물 바구니에서 물건을 꺼냈다면 정리해서 영아들의 앉은 키 높이로 벽에 걸어 놓는다.

⑤ 교사는 발현적 학습놀이에 대한 효율성을 높일 수 있는 역할을 하여야 한다. 예를 들면, 교사는 영아 옆에 조용히 앉아서 특별한 활동을 세심하게 관찰하고, 기록하여야 한다.

⑥ 교사는 영아들에게 칭찬, 격려, 제안, 무엇이든 지시해서는 안 된다. 물론 영아가 물건을 던지거나 다른 영아를 방해할 경우는 개입하여야 한다.

⑦ 영아가 물건을 던지거나 이리 저리 무질서하게 놓여져 있을 경우 최선으로 격려하여 제 위치에 정리정돈할 수 있도록 지도한다. 정리정돈할 때 영아들을 적극적으로 개입시켜야 한다.

2. 발현적 학습놀이를 위한 필요한 조건들

영아들은 대부분 낮 동안에는 깨어 있는 시간이 많다. 영아들은 우유를 먹고 목욕을 하고 지저귀를 가는 데 대부분의 시간을 소요한다. 그러므로 교사는 영아들이 깨어 있는 시간 동안 활동을 통해서 환경과 교사 그리고 주변 사람들과 상호작용에 대한 중요성을 인식하여야 한다.

영아들 최초의 장난감은 자기를 돌보는 사람들의 신체와 자기 몸이다. 어머니의 젖가슴은 심리학적으로나 생물학적으로 신생아들에게 가장 안전한 장난감이 될 수 있다. 영아는 부모들의 손가락을 빨고, 손가락을 잡고, 엄마의 가슴을 탐색하고, 머리카락을 잡고, 아빠의 수염을 당기고, 엄마의 옷을 잡아 당긴다.

가족의 채취, 안정감, 피부의 촉감, 목소리, 웃음소리들을 직접 경험하면서 자기를 돌보는 사람과 친숙해지고 관심을 가지면서 상호작용의 초기 단계를 경험한다. 다른 한편으로 영아들은 주변 사람들과 상호작용을 하거나 아니면 자기 몸을 가지고 상호작용을 한다. 즉, 주먹을 입에 넣고, 발가락을 빨고, 손을 들어 올리면서 자기가 성장하고 있다는 것을 인식한다(Goldschmid E., et al., 1994). 이러한 초기 단계가 지나면서 영아를 돌보는 사람과 잠시 헤어지거나 분리되어 있을 때 영아는 놀이와 학습할 수 있는 기회가 필요하다.

영아들은 발달하면 혼자서 앉고, 손과 손의 협응능력이 발달하면 놀잇감을 필요로 한다. 혼자서 활동하고 운동을 한 다음 자율성과 독립심의 발달에 원천이 된다. 영아를 돌보는 사람은 항상 곁에 있을 수 없기 때문에 그들에게 흥미로운 물건을 제공하여 자율성, 독립심을 발달시킨다.

또한 영아들은 이 시기에 뇌가 급속도로 발달한다. 영아들의 뇌는 촉감, 후각, 청각, 미각, 시각 그리고 신체의 움직임을 통해 주변에서 유입되는 정보에 반응한다. 보물 바구니에 들어 있는 물건들은 이러한 요소들을 한 곳으로 집중시켜 감각기관을 다양하게 자극하게 된다. 다양하게 이미 사용한 일반적인 물건을 시각, 후각, 청각, 미각, 촉각 발달에 초점을 맞추어 구성한 것이 바로 보물 바구니이다.

발현적 학습을 보물 바구니로 활용하는 것은 영아들의 뇌가 이러한 정보를 받아들일 수 있는 준비가 되어 있고 상호관계를 가질 수 있는 충분한 능력이 있기 때문에 풍부한 경험을 가지도록 시도하는 학습방법이다.

보물 바구니 속에 들어 있는 물건들은 시중에서 구입한 장난감이 아니라 영아들이 집에서 익숙한 물건들로 구성되었다. 성인들은 영아들이 싱크대 문을 열고 냄비를 꺼내는 것을 즐기고, 신발장을 열고 구두와 운동화를 꺼내고, 병뚜껑과 열쇠를 가지고 놀면서 즐기는 것을 종종 관찰한다. 영아들이 신체를 자유롭게 움직이면 돌보는 사람과 상관없이 놀이를 즐기는 것을 관찰하고 보물 바구니를 구상한 것이다(Goldschmid E., et al., 1994)

1) 영아들을 위한 보물 바구니와 관심의 집중화 현상

교사는 영아들이 보물 바구니에 들어 있는 물건과의 상호작용 과정을 관찰해 보면 여러 가지 물건을 보고, 만지고, 잡고, 집중하고, 중얼거리고, 흔들고, 빨고, 자기가 싫어하는 것을 던지고, 다시 가져오는 다양한 활동을 볼 수 있다.

영아는 물건을 만지면서 입에 넣고 주변에 있는 다른 친구들을 웃게 만들기도 하고 짜증나게도 하면서 나름대로 통교를 하여 상호관계와 사회성을 발달시킨다. 예를 들면, 영아들이 양말을 벗는 것은 항상 무엇인가를 하려는 욕구와 말은 못하지만 말하려는 욕구를 표현한 것이다.

영아는 물건을 빨고, 입에 손을 넣으면서 물건의 무게, 크기, 모양, 질감, 소리, 냄새를 스스로 인지한다. 경험을 통해 영아는 무엇을 선택할까? 이 물건은 무엇일까?라는 상상력을 발달시킨다. 영아가 자신의 몸을 자유롭게 움직일 수 있을 때가 되면 이것으로 무엇을 할 수 있을까?라고 생각할지도 모른다(Goldschmid E., et al., 1994). 교사가 영아들에게 필요한 물건을 제공하면 그들은 또 다른 흥미와 관심을 가지게 된다.

영아들은 보물 바구니에 1시간 이상 집중할 수 있다. 영아들은 다양한 물건을 보면 강한 호기심을 가지게 되고, 새롭고 흥미 있는 물건을 보면 자기 관심에 따라서 자기 능력을 시험해 보려는 습관이 있다. 교사들은 영아들이 보물 바구니 속에 있는 물건을 가지고 안전하고 즐겁게 놀 수 있도록 제공해 주면 그 속에서 영아는 사물을 발견하고, 탐색하고, 집중하면서 스스로 운동한다.

영아들은 보물 바구니를 통해서 2~3명의 영아들이 서로 상호작용한다. 영아들의 상호작용은 강렬한 시선, 바라보기, 옹알이, 미소, 서로의 신체적 접촉, 물건을 공유하고 서로 양보하는 영아기에 사회적 관계를 형성하고, 이러한 사회적 관계 경험을 통해서 발달된다.

발현적 학습놀이를 위한 교사의 역할은 영아를 위한 물건을 준비하고, 부족한 것을 구입해서 발현적 학습놀이를 할 수 있는 환경을 제공하는 것이다. 교사들은 보물 바구니와 가방에 들어갈 대상들을 항상 생각하여 창의적이고 새롭게 활용하고 있는지 지속적인 관찰이 필요하다. 영아들에게 필요한 물건들은 특히 0~1세를 위해서 집에서 익숙해진 물건들을 재활용하는 것이 바람직하다.

필요한 교구교재를 위해서 부모와 자원봉사자들을 활용할 수 있다. 영아 발달을 고려하여 물건의 크기, 무게, 색상, 질감, 모양에 대한 다양성을 고려하여야 한다. 보물 바구니는 교실 바닥에 놓아두거나 교실 천장 중앙에 도르래를 이용하여 영아들이 쉽게 잡아당길 수 있도록 고정시킨다. 보물 바구니 속 다양한 종류의 물건들은 영아들의 호기심, 관심, 손과 손의 협응능력, 상상력, 탐색활동을 자극할 수 있어야 한다. 영아들의 눈에 매력적이고 독창적인 물건이면 영아들의 호기심을 더욱더 자극시킨다. 그러한 영아들의 호기심은 집중시간을 연장시키는 효과를 가져온다.

2) 보물 바구니의 구성 요소

보물 바구니는 0~1세 미만의 영아들이 앉거나 엎드려서 물건을 꺼내고 넣는데 어려움이 없어야 한다(Ferraris A.S., 2000)

- 보물 바구니는 직경 14인치(351mm), 높이 4~5인치(101~125)이상이어야 한다. 바구니는 바닥이 납작하고, 손잡이가 없고, 영아가 바구니에 기대도 넘어지지 않고, 플라스틱이 아닌 천연재료인 나무나 대나무로 만든다.
- 바구니 속에 영아가 손을 넣어서 꺼낼 수 있을 정도로 적당한 물건을 넣어야 한다.
- 교사는 영아가 보물 바구니 둘레에 편안하게 앉아 있는지 관찰하여야 한다. 영아가 편안히 앉아 있지 못하면 쿠션을 사용하여 등받이로 지지대를

만들어 주는 것이 좋다.

- 영아가 도움이 필요할 경우 교사는 영아에게 말을 걸고, 응답하는 몸짓으로 대응하고 영아를 방해하지 않고 옆에 앉아 있는다.
- 보물 바구니는 항상 새로운 물건으로 교체하여야 한다. 그리하여 영아들의 관심과 호기심을 자극시킬 수 있어야 한다.
- 보물 바구니에 들어 있는 물건들은 정기적으로 세척을 하고, 관리하고 파손된 것을 보수하고, 사용할 수 없거나 오래된 물건들은 폐기하고, 항상 지속적인 관리를 필요로 한다.
- 한 교실에 다른 영아가 있을 경우 안전하게 작업을 하기 위해서 개인용 매트를 깔아주어서 편안하게 발현적 학습놀이를 할 수 있도록 한다. 교사는 영아가 다른 영아 때문에 방해받지 않도록 특별한 관찰과 관심을 기울여야 한다.

3) 보물 바구니에 필요한 물건들

보물 바구니에 들어가는 물건은 플라스틱과 같은 화학물질로 되었거나 시중에서 구입한 장난감을 사용하면 안 되며 영아들이 집이나 원에서 일상적으로 사용하는 물건과 경험해 본 눈에 익은 물건이면 더욱 효과적이다. 영아들의 감각작용에 관한 발현적 학습놀이는 다음의 것을 고려하여야 한다.

- 촉각 : 천연섬유로 된 천, 모양, 무게
- 후각 : 다양한 냄새를 경험할 수 있는 것
- 미각 : 범위가 제한적이지만 가능한 것
- 시각 : 색상, 형태, 길이, 광도
- 청각 : 벨소리, 종, 딸랑이, 발자국 소리, 자연의 소리

천연재료 : 여러 크기 종류의 조롱박, 밤, 깃털, 호두, 수세미, 작은 스펀지

천연재료로 만든 물건 : 천으로 된 공, 작은 바구니, 나무로 된 고리, 나무로 된 구둣주걱, 나무로 된 머리 빗(솔), 나무로 된 빨래집게, 작은 구두닦이 솔, 집에 있는 빈 화장품 통, 지퍼가 달린 헌 지갑, 선물용 작은 빈 통

나무로 된 물건 : 작은 박스(벨벳 안감을 댄 것), 나무 테두리로 된 작은 북, 다양한 모양의 호루라기, 호두 부수기, 커튼 링, 냅킨 링, 계란 컵, 작은 밥그릇, 나무구슬, 입방체, 수저와 주걱 , 나무로 된 작은 옷걸이

금속으로 된 물건 : 다양한 크기의 수저, 계란 거품기, 열쇠 뭉치, 작은 냄비(모서리가 없는 것), 작은 재떨이, 장난감 트럼펫, 작은 프라이팬, 레몬 짜는 기계, 작은 스텐 깔때기, 동이나 나무로 된 커튼 고리, 작은 하모니카, 양파와 마늘 자르는 기계, 스카우트 호루라기, 코르크 병마개, 작은 금속 테두리 거울, 여러 개를 하나로 묶은 작은 종, 작은 트라이앵글, 금속 계란 컵, 쌀, 콩, 모래가 들어 있는 뚜껑이 닫힌 깡통, 홍차 여과기, 금속 비커, 다양한 모양과 길이가 다른 쇠사슬, 자전거 종, 장신구, 빈 차통

가죽, 섬유, 고무, 인조모피 재료로 된 물건 : 강아지 장난감, 작은 인형들, 가죽지갑, 지퍼가 있는 작은 가방, 튕기는 공, 벨벳분첩, 인조 모피로 된 공, 긴 고무판, 천으로 된 여러 종류의 인형들, 테니스공, 골프공, 가죽으로 된 안경집, 구슬로 엮어진 지갑, 고무가 달린 욕조마개, 작은 곰 인형, 천으로 만든 미니 소파, 라벤더, 로즈마리 · 백리 향과 같은 향이 들어 있는 작은 향주머니, 스프링으로 된 작은 노트, 정사각형 · 직사각형으로 된 작은 흰 종잇조각, 휴지심, 엄마들이 사용하는 머리 세팅기, 두꺼운 종이로 된 원통

위의 보물 바구니 속에 들어 있는 물건으로 영아들에게 비의도적으로 발현적 학습놀이를 탐색하면서 시간개념, 공간개념, 학습 자료들의 관리, 집중력을 촉진한다(Fratti A, S., 2000).

4장

몬테소리 교육과 뇌 발달 이론

몬테소리의 원래 직업은 자연과학을 연구하는 의사였다. 그녀는 인간의 생물학적 기능을 어떤 다른 학자들보다도 훌륭하게 인지하고 있었으며 저서를 보면 종종 인간의 뇌에 대한 기본적인 이론을 교육학에 접목시키려는 노력을 하고 있다. 예를 들면, 유아기 때 뇌에 가장 많은 자극을 주는 손의 기능에 대해서 단지 인지적 조작만을 제시하는 것이 아니라 어떤 손가락을 활용하면 인지에 더 많은 영향력을 주는가를 제시하였다.

현대는 뇌 과학이 급진적으로 연구되어 유아기의 뇌 성장이 활발하게 일어날 수 있게 뇌와 관련된 교육방법을 제시하고 있다. 4장에서는 뇌와 관련된 몬테소리의 유아교육에 대해서 알아보려고 한다.

I. 몬테소리의 지능에 대한 생물학적 접근

몬테소리는 의사였기 때문에 자기가 선택한 유아교육을 자연과학 이론과 접목하여 연구하였다. 예를 들면, 손의 기능은 단순하게 신체적인 발달만을 의미하는 것이 아니라 손과 지능의 관계를 연결하여 민감기 이론을 이끌어내었다.

인간 뇌는 이미 탄생 시 성인 무게의 25%, 2세는 성인 무게의 75%로 발달한다. 임신 7개월에서 생후 2년 사이를 뇌 발달의 민감기라고 할 수 있을 정도로 급성장한다. 임신 7개월부터 첫돌 사이에 매일 뇌의 무게는 1.7g씩 혹은 분당 1mg씩 증가한다고 한다(Gallavotti B., 2007).

태아기에 두뇌 급등 성장인 민감기를 이해할 수 있는 것은 신경교(Glia)라는 2번째 유형의 세포발달로 인해서 뉴런에 영양분을 충분하게 공급하여 발달을 촉진하기 때문이다. 신경교는 뉴런에 비해서 수가 많고 일생동안 생성되며 시각능력과 관계하여 가장 중요한 이유는 시각을 담당하는 뇌 속에 있는 뇌신경세포가 세포돌기를 통해서 8천 개의 다른 신경세포와 결합하기 때문이다. 신경세포가 결합할 때 빛의 자극이 필수조건이기 때문에 민감기 동안 빛의 자극을 받지 못하면 배선이 불가능해진다. 여기에서는 유아기의 뇌 발달 이론과 뇌신경 이론을 근거로 교육학적인 관계를 살펴보면 다음과 같다.

1. 철학적 존재와 생물학적 존재로서 인간

인간의 육체는 다른 어느 것과도 비교할 수 없는 소위 말해서 복사가 불가능한 최첨단 생명체인 살아서 움직이는 기계라고 할 수 있다(Gallavotti B., 2007). 인간의 육체에 대한 연구는 고대에서 현대에 이르기까지 생물학적, 철학적, 심리학적, 사회학적, 인류학적 측면에서 끊임없이 연구되면서 인간의 몸은 단지 육으로만 구성되었다는 일원론과 육과 영으로 구성되었다는 이원론적 입장이 있다. 그러나 몬테소리는 인간을 철학적인 측면에서 영과 육의 관계를 해석하기보다는 단지 새로운 생명이 잉태되는 순간부터 육안에 영(Spirito, 靈)을 담고 있는 영적태아로 규정하고 인간을 실증적으로 분석한다(Montessori M., 1991).

몬테소리가 관심을 가진 것은 영적 태아의 정신적 구성 요소로 영적 태아, 호르메, 므네메, 흡수정신, 엔그라미, 생명력, 민감기, 생명력, 정상화와 같은 생물학적인 정신적 현상들에 대해서 연구하였다(조성자, 2007). 이러한 정신적 현상들이 영아들의 발달과정에서 어떻게 작용하고, 언제 발현하는가에 대한 관찰을 통해서 증명하였고, 이러한 현상들이 언제 의식화되어 언제까지 무의식 세계에 잠재해 있는가를 연구하였다. 어린이들의 정신적 현상의 발현시기를 살펴보면 다음과 같다.

정신적 현상	발현시기						
	1세	2	3	4	5	6	7
흡수정신	→	→	→				
네뷸러	→	→	→	→	→		
므네메	→	→	→	→			
생명력	→	→	→	→	→	→	
사회적 태아	→	→	→	→	→	→	
민감기	→	→	→				
정상화	→	→	→	→	→	→	
엔그라미	→	→	→	→	→		
정상화	→	→	→	→	→	→	→

위에서 보는 것처럼 어린이들의 정신 현상의 특징들은 신생아기, 영아기, 유아기를 거쳐서 사라지는 특성도 있지만 어느 현상은 일생동안 인간의 새로운 기능을 생성하고 진화를 돕는 것도 있다. 결국 인간은 진화를 완성하지 못하고 진화과정에서 한 인간으로 사라지는데, 미완성된 인간의 모습이 바로 인간과 신(神)의 근본적인 차이점이 될 것이다. 인간의 이러한 요소들은 육체적인 발달과 더불어 정신, 영혼, 영성으로 시각적으로 보이지 않는 정신 세계를 형성하게 된다(조성자 편저, 1996). 몬테소리는 보이지 않는 어린이들의 정신, 영성, 영혼에 대한 질문에 마치 사랑이나 바람이 우리들의 눈에 보이지 않지만 정말 필요한

것처럼 볼 수 없지만 인간에게 절대적으로 필요한 정신적 요소라고 말한다.

몬테소리는 어린이들의 정신, 영혼, 영성 세계의 정상적인 발달을 촉진시킬 수 있도록 돕는 방법을 교육과정에 도입하여 활용한 것이 바로 교사의 역할, 준비된 환경구성(물리적 환경과 인적환경), 어린이로서 삼위일체적 관계이다. 몬테소리는 어린이들의 정상적인 정신발달을 위해서 자유개념을 중요하게 생각한다.

몬테소리는 어린이집에서 영아들이 어떻게, 어떠한 상황에서 자유로워지는가를 관찰하였다. 유아기의 발달에서 자유개념은 자동차를 움직이는 데 필수조건으로써 모든 에너지를 공급하는 휘발유의 역할과 같다고 말한다(Helming H., 1977).

몬테소리는 어린이들이 본능적으로 가지는 자유의 개념과 자유의 욕구에 대해서 설명한다(조성자 편저, 1996).

1) 생물학적인 점에서의 자유

어린이들은 살아 있는 한 생명체로서 인격을 존중받아야 한다. 어린이들은 육체와 정신을 소유한 존재로 삶을 살아가며 인간의 자유는 인간 내부에서 발달한다. 어린이들의 자유는 발달 장애 요인으로부터 해방되는 것인데, 어린이들의 생물학적 자유는 자발적인 욕구표현을 자유롭게 허락하는 것이다. 개인의 발달과정에서 삶을 위협하고 있는 창조적 힘을 자유롭게 표현하는 것이다(조성자 편저, 1996).

어린이들은 자기들의 창조적 능력, 힘과 더불어 자기 활동을 자율적이고 독립적으로 선택하고 실천하는 과정에서 자유를 필요로 한다. 인간은 본능적으로 생물학적으로 자유로워지기를 원한다. 신생아조차도 꽁꽁 싸여 있는 자기 옷, 포대기, 침대에서 벗어나려고 움직인다. 어린이들은 움직일 수 있는 가능성이 있으면 언제든지 움직이고, 자기가 원하는 대로 시 · 공간을 초월해 움직인다. 영아들은 오감에 어떠한 자극이 전달되면 즉시 감각자극에 따라서 움직인다. 다시 말하자면 생물학적 자유를 찾아 움직이는데, 몬테소리의 생물학적 자유는 영아들이 요구하고 표현하는 자발적인 자유와 상호협력하게 된다.

2) 사회적 관점에서 자유의 의미

인간은 무기력하게 태어나기 때문에 사회적 존재로서 타인의 도움 없이 생활이 불가능하다. 자기 생존을 위해서 누군가의 도움이 필요하고, 사회적 관계는 어린이들의 발달을 위해서 필연적인 것이다. 이런 관계의 본질은 영아들이 자유로워질 때 실현될 수 있다(조성자 편저, 1996). 어린이들이 교사나 부모들의 "억압하려는 힘"에서 자유로워진다는 것은 사회적 관점에서 성인들의 억압의 힘과 구속으로부터 자유로워진다는 것이다. 어린이를 억압하는 것은 그들이 독립심을 성취하려는 노력과 힘의 억압에서 벗어나려는 태도를 의미한다. 억압의 관계로부터 자유로운 독립을 성취하고 자유의지에 의해서 모든 관계를 형성하고 발전시키는 것이다. 자유는 사회적 규범과의 관계에서 자유 의지적인 복종으로 표현된다. 그러므로 자유는 항상 다른 요소와의 상호관계로 연결된다.

3) 교육학적 관점에서 자유

몬테소리는 교육학적 관점에서 자유를 어린이들의 활동과 행동에 초점을 맞추게 되는데, 어린이들은 활동과 작업을 통해서 자유로워진다. 그들은 사물과 환경 그리고 교사와 상호작용을 하면서 작업에 몰입하는 집중화 현상이 나타난다(조성자 역, 1996).

영아들에게 자유로운 활동이 허락되면 자기 환경에서 활동을 전개할 수 있는 무엇인가를 발견하고 변화하여 정상화 과정에 도달하면 내적 본능에 의해서 자신의 활동을 질서화할 수 있다. 교육적 관점에서 불필요한 장애 요소를 제거하여야 하며 영아들이 자발적으로 활동할 수 있도록 이끌어 주는 것이 교육의 중요한 목적이다.

영아들이 언제 자유로운 선택을 하는가? 교육을 통해서 자유를 현실화하고 구체화하기 위해서 무엇과 결합하여 연관성을 가지는가?에 대한 질문에 교사의 관심이 집중되어야 한다. 영아들을 교육적인 관점에서 독립적으로 자유로워지도록 만드는 것이다. 영아들은 내적으로 자유롭게 활동할 수 있는 자유로운 능력과 관심은 훈련되어진 학습과 경험에 의해서 발달시키고 더 심층적으로 강화된다.

4) 도덕적인 관점에서 자유의 의미

몬테소리는 어린이들에게 자유를 허락함으로써 도덕적 행위를 내적으로 자유롭게 이끌어간다. 교사는 학습지도를 완전한 방법으로 제시하여 책임성 있는 인간으로 교육하여야 한다. 영아들은 작업과정에 나타나는 관심의 집중화 현상을 통해서 자기 활동을 극복하고 재 창조적 작업을 지속한다. 작업과정에서 규칙적인 행동을 학습하고, 그로 인한 균형적인 자세는 도덕적 자유를 의미한다.

몬테소리 교실에서 자유개념이 중요한 것은 영아들의 자유선택이 자기가 좋아하는 것, 자기가 알고 있는 것, 자기가 할 수 있는 것을 근거로 선택한 도덕적 행동이다. 영아들의 자유선택은 교구와 환경에 순수하게 복종하는 도덕적 행동의 근원이 된다. 자기 책임성을 완성하는 행동이다. 영아들은 교구와 사물과 더불어 상호작용하고, 상호보완적인 관계가 형성되어 교구의 원리를 통해서 적응방법을 터득하게 된다. 영아들은 교구의 본질과 요구에 적응하는 방법을 학습하여 책임성을 완수한다. 도덕적 자유를 완성하는 것은 작업과정에서 친구와 사물을 만나고 다른 친구의 생각을 이해함으로써 상호 간에 관계를 이해하게 된다.

인간 존재는 영과 육체의 한 몸체로써 두 영역을 균형 있게 발달시키도록 영아들을 돕는 교육의 선행조건은 자유이다. 인간 육체의 생물학적 구성으로써 정신적인 발달과 육체적인 발달을 동시에 진행한다. 정신적인 현상은 질적인 것으로 성숙을 의미하고, 육체적인 것은 양적인 것으로 작은 것에서 큰 것으로, 전체에서 말초로 순수한 발달을 의미한다. 대략 10만 개의 세포로 이루어졌다. 그러나 탄생 시는 아무것도 할 수 없었던 존재가 성장과 더불어 움직이고, 말하고, 생각하고, 창조하는 능력을 발달시킨다. 인간 육체를 구성하고 있는 기본적인 요소들은 인 칼슘 1%, 질소 2%, 수소 3%, 탄소 10%, 산소 18%, 물 65% 로 구성되었다. 인간의 몸 역시 화학적인 요소로 구성되어 있기 때문에 인간의 지혜로는 상상할 수 없을 만큼 정교한 조직으로 구성된 물질적 요소와 정신적 요소가 동시에 발달한다.

2. 신경발달과 가소성

인간의 뇌와 신경계는 1조 개 이상의 분열된 세포로 구성되어 있다. 이는 뇌 신경세포의 축색돌기가 다른 세포의 수상돌기를 자극하기 위해서 신경전달 물질을 분비할 때 반응이 일어나는 지점이다.

뉴런은 뇌와 신경계의 기본 단위이다. 신경자극을 받아들이고 전달하는 세포로써 인간은 1,000~2,000억 개의 뉴런을 가질 수 있고, 뇌 발달의 민감기가 이루어지기 전 임신 6개월 때 이미 모두 형성된다. 모든 뉴런은 모든 신경기능을 정보화할 수 있는 잠재력을 소유하고 있으며, 각각의 뉴런이 수행하는 기능은 신경이 끝나는 곳의 위치에 따라서 결정된다.

일반적으로 영아들은 성인에 비해 많은 뉴런과 뉴런의 연결이 활발하다. 그러나 다른 뉴런들과 성공적으로 연결된 뉴런들은 연결되지 않은 뉴런들을 밀어내어 영아기에 절반 가량의 뉴런이 사생된다. 그러므로 영아기의 두뇌 기능은 경악스러울 정도로 가소성을 반영한다. 인간의 뇌는 많은 양의 뉴런과 시냅스를 생성해 인간이 경험할 수 있는 감각자극과 운동자극을 수용할 수 있는 준비를 하도록 진화했다. 영아기 때 많은 경험을 하지 못하면 신경회로의 많은 부분이 사용되지 않은 채 무의미하게 된다. 영아기 때 자주 자극을 받은 뉴런과 시냅스들만이 가능해진다.

영아기 때 뇌의 발달은 극단적인 성숙 프로그램에 의해서만 이루어지는 것이 아니라 생물학적 프로그램과 영아기 초기 경험의 결과에 의한 것이라고 할 수 있다. 뇌의 유전자는 대략적인 지침을 제공하지만 영아기 초기 경험은 뇌의 특정한 구조를 결정하는 결정적 역할을 한다고 볼 수 있다. 인간은 6개월을 기준으로 소뇌가 가장 빠르게 발달하며 속도는 14~15개월까지 지속되고, 14~15살까지 점진적으로 발달한다. 영아들은 중뇌가 발달해야만 걷고 정확하게 서는 신체적 기능이 발달하며 중추신경이 발달되어야만 영아들이 걸음걸이를 자유롭게 발달시킬 수 있으며, 모든 발달에 질서와 균형을 유지할 수 있다(조성자 역, 1994).

그러나 인간 뇌의 분화와 성장은 일정한 속도로 발달하는 것이 아니라 출생

시에 뇌간과 중뇌가 가장 많이 발달한다. 뇌간과 중뇌는 의식상태, 본능적인 반사운동, 소화, 호흡, 배설과 같은 생존에 필요한 생물학적 기능을 통제하는 역할을 한다.

대뇌와 대뇌피질은 신체 움직임, 지각, 학습, 사고, 언어생성과 같은 고차원적인 행동과 관련된다. 인간이 성숙과 관계되는 대뇌의 첫 번째 영역은 손을 흔드는 단순한 운동을 통제하는 1차 운동영역과 시각, 청각, 후각, 미각과 같은 1차 감각영역은 감각처리를 통제한다. 신생아가 놀라고 얕은 잠을 자는 것은 바로 반사적이고 감각운동적 존재이기 때문이다.

출생 시와 출생 후에 감각기관과 뇌간 사이의 통로는 수초화 기능이 성공적으로 진행된 것이다. 그러므로 신생아의 감각기관은 정상적으로 수초화되어 있다고 할 수 있다. 영아들은 뇌와 골격근 사이의 신경통로에 수초화가 잘되어 있어서 머리와 가슴을 들어 올리고(중심에서 말초로), 팔과 손을 뻗고, 구르고, 앉고, 서고, 걷고, 뛰는 것과 같은 운동을 단계적으로 할 수 있게 된다.

수초화는 영아기에서 유아기까지 급진적으로 진행되지만 아동기에서 성인 초기까지 뇌의 일부분은 완전히 수초화되지 않는다. 뇌의 망상체와 전두엽 피질은 사춘기까지 완전히 수초화되지 않는다. 그러므로 영아기, 유아기, 아동기의 집중력 현상이 성인에 비해 짧은 것은 바로 그러한 이유이다.

대뇌피질은 좌반구와 우반구로 나누어진다. 좌반구는 신체의 오른쪽 부분을 통제하며 언어는 말하기, 듣기, 언어기억, 의사결정, 언어처리, 긍정적 감정표현을 담당하는 중추를 가졌다. 우반구는 왼쪽을 통제하면서 시-공간, 정보처리, 음각(비언어적 소리), 촉각, 부정적 감정표현을 담당하는 중추를 가짐으로써 인간의 뇌는 편재화되었다고 말한다. 좌반구와 우반구를 연결하는 뇌의 양은 두 개의 기능을 통합하는 데 중요한 역할을 한다. 뇌의 편재화는 태아기부터 시작해서 출생 후에도 진행된다. 2개의 대뇌반구는 생물학적으로 다르게 기능하도록 프로그램화되어 있기 때문에 출생과 동시에 "일의 분담"이 시작된다고 한다(Kinsbourne, 1989; Witeelson, 1987).

II. 뇌 이론과 몬테소리 교육학

1. 몬테소리 교육학과 뇌 발달 이론

인간 뇌의 무게는 겨우 1,400g밖에 되지 않는 기관이지만 인간의 희노애락을 관장하고 인간의 지혜를 관장하는 중요한 기능을 한다. 신기한 것은 신생아의 뇌세포가 무려 140억 개라는 사실이다. 이러한 뇌세포는 민감기가 활발하게 진행되는 4세경에 완성된다.

뇌세포는 발달과정에서 서로 관계를 가지고 얽매일 때 활동이 극대화된다. 뇌세포가 얽매인다는 것은 외부의 자극이 활성화되고, 자극에 적응하고, 반응할 때 일어나는 현상이다. 4세경에 거의 뇌 발달이 완성되어 뇌 성장률은 18세까지 이어진다. 이러한 뇌 기능에 대해서 최첨단 과학기계(MRI, PET-CT)의 발명으로 두뇌를 촬영하여 볼 수 있게 되었고 더불어 새로운 연구방법으로 두뇌 연구를 접근하게 되었다. 경험적으로 쌓여온 지식들이 과학적으로 증명되었고, 또 두뇌에 대한 새로운 지식이 알려지게 되었다. 예를 들면, 우울증 환자 아기들의 대뇌피질 활동량은 자기 어머니의 대뇌피질 활동량과 비슷하다는 결과는 인간 행동만을 관찰하여 연구되던 것들을 과학적으로 증명할 수 있게 되었다.

관찰에 의해서 아동발달 연구를 이제는 과학적인 첨단기술의 도움으로 그 발달의 정도와 시기를 알 수 있게 되었다. 두뇌가 출생 시에 완전히 형성되어서 태어나는 것이 아니라 유전과 후천적인 환경에 의해 뇌신경세포(Neuron)의 수초화가 이루어지며 어떤 환경에 노출되느냐에 따라 수초화의 정도가 달라진다는 것이다.

두뇌 발달을 위해 적절한 시기에 적절한 자극을 제공할 수 있도록 연령에 따른 두뇌 발달 이론을 살펴보고자 한다.

1) 태아기의 두뇌 발달 이론

뇌신경세포(Neuron)의 생성 : 태아의 두뇌 발달은 정자와 난자가 수정한 후 바로 시작한다. 수정란은 수백 개의 세포가 될 때까지 분열하며 임신 후 1주에서 1개월 동안, 분당 25만 개에 이를 정도로 엄청난 수의 뇌신경세포(Neuron)가

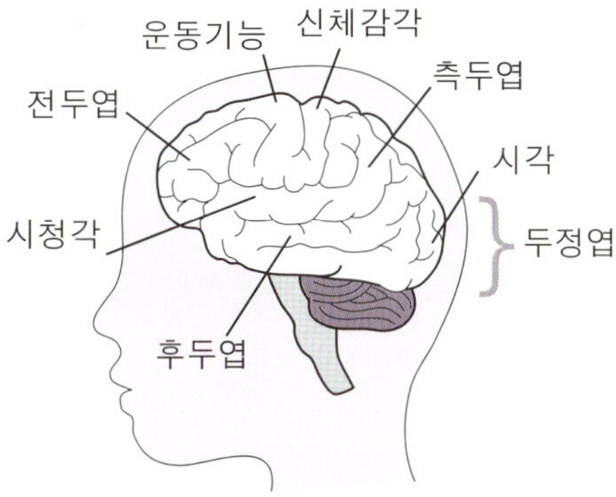

대뇌피질의 구조와 기능

생성된다. 그렇게 해서 임신 후 25일에는 호스모양의 두뇌가 출산 무렵에는 두뇌의 형태를 갖추고 약 2,000억 개의 뇌신경세포(Neuron)가 세포체(Cell body) 안의 핵 속에 정보(DNA)를 가지고 미성숙한 상태로 태어난다.

태내의 뇌신경세포(Neuron)는 지주세포(Glial cell 혹은 Glia cell, 아교세포, 교세포, 신경교 세포 : DNA가 없는 뇌세포의 일종)를 따라 상당한 거리를 이동하면서 독특한 특성을 지닌 뇌신경세포(Neuron)로 발달된다. 이 시기는 환경에 아주 민감한 시기이고 이동하다가 특정 화학물질로 인해서 뇌신경세포(Neuron)가 길을 잘못 선택하거나 이동을 멈추기도 한다.

길을 잃은 세포들은 어떤 피해를 받기도 전에 죽기도 하지만, Rakic에 의하면 뇌신경세포(Neuron)가 부적절한 시기에 부적절한 장소에 머물러 부적절한 시냅스를 형성하면 심각하게 영아간질, 자폐증 또는 정신분열증과 같은 신경 이상이 나타날 수도 있다고 한다(곽노의 외, 2001). 이러한 뇌세포의 이동과정 특성은 약물남용, 영양결핍 또는 방사선 노출이 발달하는 태아에게 지속적인 영향을 주는 원인을 설명해 주기도 한다.

이동 도중에 뇌신경세포(Neuron)는 뇌세포의 일종인 지주세포(Glial cell)에 의해 안내를 받고 영양분을 공급 받기 때문에 지주세포(Glial cell)들은 뇌신경세포(Neuron)가 이동하는 데 중요한 발판이 된다. 뇌신경세포(Neuron)가 최종 목적지에 도착한 후에 지주세포(Glial cell)는 다른 기능을 활성화하기 위해 모양이나 분자의 특성은 변할지라도 두뇌에 그대로 남아 있게 된다.

뇌신경세포(Neuron)는 최종 목적지에 도달하면 다른 축색돌기(축삭, Axon) 및 수상돌기(Dendrite)와 교류하기 위하여 이들을 뻗어내고, 시냅스에 신경전달 물질을 보냄으로써 다른 뇌신경세포의 축색돌기(Axon) 수상돌기(Dendrite)와 교류하게 된다. 축색돌기(Axon)는 기피 물질을 분비하는 뇌신경세포(Neuron)를 피하는 동시에 유인 물질을 분비하는 뇌신경세포(Neuron)와 연결하는데, 이를 친화성(Trophic)이라고 말한다. 이렇게 시냅스를 연결한 뇌신경세포(Neuron)는 두뇌 자체 내에서도 서로 연결되고 신체와도 연결된다.

전기자극이 계속되는지의 여부는 뇌신경세포(Neuron)들 간의 시냅스가 계속 존재할 것인지 혹은 뇌신경세포(Neuron) 자체가 죽을지 결정된다. 뇌신경세포(Neuron)는 엄청나게 많이 생성되었기 때문에 모든 축색돌기(Axon)를 지지할 만한 생화학적 분비액이 부족한 상황이다. 축색돌기(Axon)는 제한된 장소에서 서로 경쟁하고 경쟁에 진 축색돌기(Axon)는 죽게 되고 또 대상 뇌신경세포(Neuron)로부터 충분한 신호를 받지 못한 뇌신경세포(Neuron)도 죽게 된다. 5개월 무렵부터 태아의 어떤 영역과도 연결되지 못한 뇌신경세포(Neuron)는 죽게 된다. 일부 뇌신경세포(Neuron)가 죽고 각기 독특한 두뇌로 발달하기 시작하는 태아기 중간쯤이 되면 점차 성과 기질에 차이가 나타난다. 이와 같은 뇌신경세포(Neuron)의 죽음은 정상적인 과정인데 그 까닭은 그로 인해 적절한 두뇌기능을 방해할 가능성이 있는 잘못된 연결과 약한 연결을 제거하기 때문이다.

인간 뇌의 태내발달은 임신 3~4주가 지나면 하나의 관 모양인 신경관의 끝부분은 3개의 주요 부분으로 형성되며 임신 6주가 지나면 뇌의 중요한 부분이 나타난다.

인간 뇌의 무게를 살펴보면 탄생 시부터 남아와 여아의 뇌 무게는 차이점이 있다. 물론 차이점이 있다고 해서 뇌 기능에 차이점이 있는 것은 아니다(Montessori M., 1910).

뇌 발달단계	뇌 발달 단위
출생시	350g
6개월	700g
2세	1100~1200g
3세	1000g
5세	1200~1400g
성인의 뇌	1300~1500g

연령	남아	여아
신생아	400	360
2개월	540	510
1세까지	900	850
3세까지	1080	1010
10세까지	1360	1250

그러나 아래와 같이 인간 뇌 무게보다 몸 전체 무게가 훨씬 증가되지만 비례적으로 발달한다(Montessori M., 1910).

연령	뇌무게	몸무게	연령	뇌무게	몸무게
출생시	1 : 8		2세	1 : 15	
1개월	1 : 9		3세	1 : 14	
1~3개월	1 : 9			:	
6개월	1 : 10			:	
1세	1 : 12		25세	1 : 40	

2) 간뇌(Brain stem)의 형성

인간의 대뇌는 미완성인 상태로 DNA 정보만 가지고 태어나지만 안구를 조절하는 중뇌(Midbrain), 자율신경계를 조절하는 뇌교(Pons), 호흡을 조절하는 연수(Medula oblangata)는 완성된 상태로 태어난다. 뇌교나 연수가 완성되지 않은 상태에서 출산을 하게 되면 어린이들은 호흡이나 자율신경에 문제가 발생하여 생명 자체가 위협을 받게 된다. 또 모체가 니코틴, 알코올, 마약 등에 노출되면 중뇌(Midbrain)의 망상체(RF : Reticular Formation)에 영향을 주어 태아에게 영향을 미쳐서 출생 직후 병리적인 현상을 보이기도 한다. 예를 들면, 심하게 예민하거나, 신경질적이고 심하면 자폐증세를 보이기도 한다.

2. 0~2세의 두뇌 발달

0~2세의 영아는 뇌신경세포(Neuron)가 미숙하고 많은 축색돌기(Axon) 중에 보호적인 수초가 부족하며 시냅스가 거의 없는 상태이다. 그럼에도 불구하고 신생아는 태내의 소리를 기억하여 엄마의 소리에 반응한다. 그러나 이 시기의 활동적인 부위는 뇌간과 소뇌(Cerebellum)이다. 이 시기부터 뇌신경세포(Neuron)는 학습에 의해 적극적으로 수초화를 이루어 가게 된다. 0~2세 영아는 초당 33개 정도의 시냅스를 연결하고 3~6세까지 100조 개 정도가 생성된다. 7, 8세의 안정기를 거쳐 수초화를 이루지 못한 뇌신경세포(Neuron)는 사춘기에 지주세포(Glial cell)에 의해 잘려져서 50개 정도가 남게 되고 그 이후는 뇌의 가소성이 줄어든다.

1) 청각피질과 시각피질의 발달

신생아가 자라는 동안 대뇌피질이 발달하는 순서는 신생아가 여러 가지 능력을 나타내는 것과 일치한다. 청각과 시각피질은 생후 3, 4개월부터 시작해서 12개월까지 지속된다. 측두엽(Temporal lobe) 부위에 청각피질과 후두엽(Occipital lobe) 부위의 시각피질이 엄청난 시냅스의 성장과 수초화를 이룬다. 청각은 7~10세까지 계속 발달하지만, 신생아기는 다음 단계에서 언어발달의 기반이 되는 소리변별 능력이 생기고 다른 사람과의 의사소통에 흥미를 갖기 시작하는 중요한 청각발달의 시기이다

이 시기에 지나치게 큰 소음에 노출된 영아는 후에 학교에서 수업시간이나 대화를 위해 경청해야 할 때 어려움을 겪는다. 그러나 부모가 들려주는 자장가나 음악, 애정 어린 말들은 영아를 진지하게 경청하도록 하고 실제 연구에 의하면 부모가 애정 어린 자세로 영아를 안고 책을 읽어주었던 영아들이 글자를 익히기 위해 플래시카드를 접한 영아들보다 책 읽기를 더 즐긴다고 말한다(Healy, 1994).

2) 전두엽(Frontal lobe)과 소뇌(Cerebellum)의 발달

태아의 뇌는 3~6개월 사이에는 후두엽과 측두엽 그리고 두정엽만이 발달하기 시작하는데, 이 영역들은 운동과 감각활동에 관련된 활동들이 발달한다. 이러한 영역의 발달능력은 더욱 정밀하게 청각전달을 인식하고 시각전달을 변별하며, 처음에는 목 근육, 다음에는 가슴과 팔의 근육, 마지막에는 다리 근육까지 몸의 근육을 조절하기 시작한다. 그럼에도 불구하고 이러한 영역들은 성장하지 않고, 아주 작은 영아는 안면 근육만을 조절한다. 영아는 안면 근육으로 모유를 빨 수 있고, 눈을 움직일 수 있고, 약간 소리를 지를 수 있다.

영아는 후두엽, 측두엽, 두정엽이 완전하게 발달하지 않았기 때문에 이 시기에 시야가 보려고 하는 대상물에서 약간 빗나간다. 정확하게 원하는 대상물에 시선을 고정시키지 못한다. 이 영역들은 아직은 소리를 반복하고, 소리를 기억하고, 말하는 소리를 정확하게 구분하지 못한다.

영아는 3~4개월에 자발적인 뻗기를 하고, 8개월 무렵에는 기어 다니면서 숨겨진 물체를 찾으며, 마침내 12개월 무렵 걷게 되면서 활동범위는 한층 더 넓어진다. 따라서 신체이동을 담당하는 부위 중에 머리 · 팔, 가슴의 신체이동을 조절하는 뇌신경세포(Neuron)가 몸통이나 다리를 조절하는 뇌신경세포(Neuron)보다 먼저 정교화된 시냅스를 만들어간다. 이런 초기의 극적인 발달이 전두엽(Frontal lobe)의 동작피질에서 시작된다. 이 무렵 영아가 경험하는 대부분의 자극은 시각과 동작체계를 통해 들어오고, 동작피질 역시 급속도로 발달한다. 그 이유는 동작피질이 복잡한 행동을 계획하고 실행하는 일을 담당하기 때문이다.

이런 동작피질이 포함되어 있는 전두엽(Frontal lobe)은 아주 장기적인 발달을 거쳐 사춘기까지 발달해 간다. 많은 연구들에서는 각 발달과정에서 전두엽(Frontal lobe)이 행동과 정서를 조절하는 데 결정적인 역할을 하며, 전두엽(Frontal lobe)은 사춘기 이후까지도 계속해서 발달해 간다고 보고하고 있다. 1세 무렵부터 전두엽(Frontal lobe)은 정서적 행동을 조절하기 위해 서서히 특성화 되어간다.

전두엽(Frontal lobe)은 동작과 정서에 관여하는 것 이외에 해마(Hippocampus)나

편도체(Amigdala)에서 전달되는 정보와 두정엽(Parietal lobe), 측두엽(Temporal lobe)에서 전달되는 정보를 통합하기도 한다.

또 움직임을 관여하는 기관 중의 하나인 소뇌(Cerebellum)도 이 시기에 급진적으로 발달한다. 그러므로 이 시기에 어떤 특수한 한 기능을 집중적으로 가르치기보다 아동이 편안하게 자유로운 탐색을 할 수 있는 물리적 · 심리적 환경을 마련해 주는 것이 좋다.

생후 2년간은 대뇌피질이 역동적으로 변화해 가는 기간이다. 뇌신경세포(Neuron)의 수는 감소하지만 뇌신경세포(Neuron)와 수초가 급속도로 형성되면서 두뇌의 무게도 현저하게 증가한다. 영아들이 이것저것을 탐색하고 소리를 듣고, 냄새를 맡고 맛을 보는 것과 같은 모든 활동을 통해 수많은 시냅스가 형성되어간다.

그러므로 몬테소리는 이 시기의 영아들에게 가장 중요하게 교육하였던 것이 감각교육과 일상영역이다. 후각 통을 통해서 후각의 변별능력, 촉각훈련과 같은 작업들은 영아들의 뇌신경 발달과 연결시켜서 환경을 준비해 준 것이라고 할 수 있다.

이렇게 아동은 적극적인 호기심으로 다양한 자극을 경험하면서 각자 다른 독특한 두뇌의 특성을 형성해 나간다. 실제 이 시기의 영아들은 손가락이나 장난감, 심지어 신발까지 모든 것을 입에 갖다 대면서 주변 세계를 탐색하고, 계속해서 넘어지면서도 또 일어나려고 노력한다.

이러한 현상은 다른 영역보다 이 시기에 감각영역이 발달하였기 때문이라고 할 수 있다. 결국 생후 2년 동안의 현저한 두뇌 발달은 영아들이 끊임없이 움직이고 오감을 통해서 감각활동을 함으로써 발달하는 것이다. 이 시기에는 영아 스스로 적극적으로 주변을 탐색하여 학습하는 시기이므로 어떤 특수한 기능을 집중적으로 가르치는 것보다 영아가 편안하게 자유로운 탐색을 할 수 있도록 물리적 · 심리적 환경을 제공하는 것이 좋다. 8~10개월 이내에 전두엽은 신속하게 발달하기 시작한다.

3. 2~4세의 두뇌 발달

1) 전두엽(Frontal lobe)의 효과적 발달

2세 이후 전두엽(Frontal lobe)은 점차 효과적으로 작용하게 되고 몇 년 동안 꾸준히 성장하여 아동기 무렵 상당히 발달된 상태에 이르지만 30대까지도 계속해서 정교화된다. 사물의 명칭과 사물의 관계를 탐색하기 시작하여 범주화가 가능해지고 그 범주에 대한 명칭을 붙이기도 한다. 이때 아이를 돌보는 사람의 언어 모델링이 영아발달에 아주 중요하며 동작은 그런 학습을 촉진시킨다. 사물의 명칭과 함께 기능을 설명해 준다면 영아의 사고와 언어 발달을 확장시킬 수 있다. 그러나 아직 전 전두엽(Prefrontal lobe)의 발달이 미숙하여 고차원적인 판단이나 사고는 불가능하다. 자신의 행동에 대한 판단이 부족하므로 이 시기에 강하게 꾸짖는 것은 아직 아동이 이해하지 못하므로 효과가 적다.

2) 변연계(Limbic system)의 발달

감정과 정서의 중추인 변연계(Limbic system)가 이 시기에 발달한다. 변연계(Limbic system)는 대뇌와도 연결되어 있어 감정은 정신적 · 신체적 양면을 동시에 가진다. 감정은 인지력과 감각의 지각에 영향을 미치며 자기 자신의 느낌인 정서와 어떤 행동을 하고자 하는 충동은 혈압을 높이고, 땀이 나는 등의 신체적 변화를 가져온다. 변연계(Limbic system)는 편도체(Amigdala)와 해마(Hippocampus), 시상(Thalamus) 등과 관계된다.

해마(Hippocampus)는 좋은 감정을 기억하는데, 아동이 만족감을 느끼면 Seratonine이 분비되어 해마(Hippocampus)를 자극하고 그 자극의 결과 재미를 느끼면 쾌감의 뇌신경전달물질 Dopamine이 분비되고 해마(Hippocampus)는 다시 두꺼워진다. 그러나 뇌는 스트레스를 받으면 각성의 뇌전달물질인 Epinephrine이 분비되는 데 Epinephrine의 분비는 몸의 평형을 찾기 위해 코티솔(Cortisol)의 분비를 불러일으키고 이 코티솔(Cortisol)은 해마(Hippocampus)를 공격하게 되어 해마(Hippocampus)를 위축시켜 기억의 양을 줄인다. 그러나 해마(Hippocampus)가 코티솔(Cortisol)의 수준을 적절히 수용했을 때는 기억의 효과가 높아지기도 한다. 즉, 적절한 긴장상태는 학습의 효과를 올린다는 것이다. 코티솔(Cortisol)의 뇌에서의 작용은 알코올과 비슷한데 적당한 알콜은 사람에게 나름대로의 상쾌함을 주지만 과도한 알코올은 조절과 인지 기능을 떨어뜨리는 것과 비슷하다. 해마(Hippocampus)뿐만 아니라 공포나 우울 등의 부정적인 정서에 관여하는 편도체(Amigdala)도 이 시기에 발달하고, 긍정적인 감정과 부정적인 감정의 분리는 대상회에서 이루어진다.

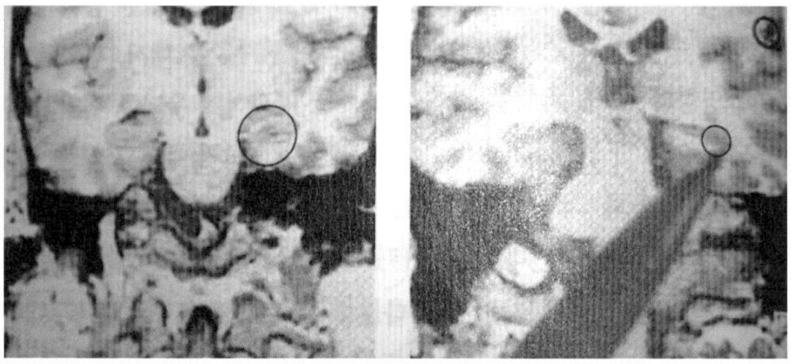

정상해마(Hippocampus)와 심리적 상처를 받은 해마

출처 : Galavotti B.(2007).

3) 소뇌(Cerebellum)의 발달

영아기는 소뇌(Cerebellum)가 근육의 움직임을 많이 기억하기 때문에 감각을 통한 운동이 많이 필요하다. 특히 손가락의 감각은 Penfield W Rasmussen의 연구에 의하면 손가락의 체감각영역은 대뇌피질의 아주 넓은 부위를 차지하기 때

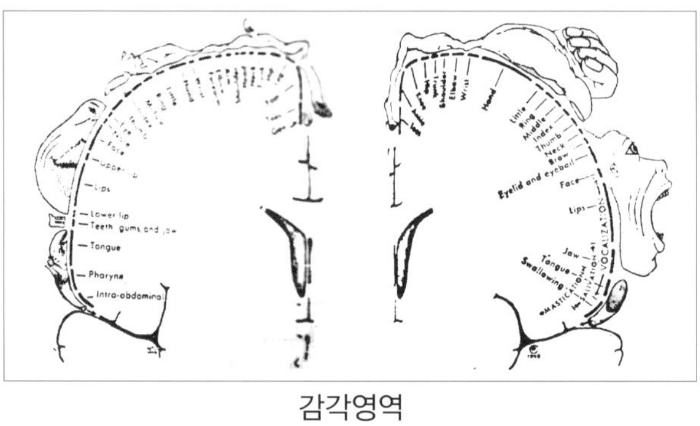

감각영역

출처 : Galavotti B.(2007).

문에 손을 통한 근육운동은 뇌 발달에 많은 도움을 준다. 소뇌(Cerebellum)에 의해 근육이 움직일 때는 Acetylcholine이 관여하여 근육의 자극원이 된다. 이 Acetylcholine은 REM수면 시 해마(Hippocampus)의 전위 차이를 높여서 기억기능을 촉진시킨다.

III. 몬테소리의 교육 이론과 뇌의 관계

유아기에 인지를 발달시키는 데 필요한 학문적 요소들은 세 가지 측면에 초점을 둔다. 영아들을 자극할 수 있는 자료, 교구, 환경을 흡수하여 무의식 속에 모든 것을 저장했다가 의식 세계로 이끌어 내는 힘은 사물과의 만남, 경험, 선험적인 지식들이다. 유아기에 조기 경험의 중요성을 신경과학에서는 뇌에 기반하고 있다는 연구결과가 최근에 설득력을 얻었다. 그러므로 2~3세경에 뇌 발달이 완성되는 시기이므로 다음과 같은 것을 주의하여야 한다.

첫째, 경험주의 이론에 의하면 유아기는 모든 영역에 자극을 받아야 하기 때문에 다섯 가지 감각영역 모두에 다양한 정보를 주어야 한다.

만져서 느끼는 촉각, 맛보는 미각, 듣는 청각, 시각적으로 보는 시각, 냄새 맡는 후각을 통해서 뇌에 다각적으로 자극을 전달할 수 있다.

둘째, 몬테소리 작업에서 손을 사용하여 단순하게 작업하는 것이 아니라 정교하게 손 운동을 하면 효과적으로 뇌에 자극을 줄 수 있다.

즐거운 정서상태를 유지하면서 작업하는 것이 뇌에 자극을 줄 수 있는 가장 효과적인 방법이다.

셋째, 영아기 때 뇌에 영향력을 주는 것 중에 중요한 것은 피부를 통한 접촉이다.

손 운동과 손의 촉각은 척수를 자극하면서 시상으로 급상하며 운동중추신경을 자극하여 전두엽 영역을 활성화시킨다. 대뇌피질은 외부와의 접촉을 통해서 뇌를 정교하게 자극한다. 꼭지 원기둥, 도형판, 접목놀이, 모든 교구를 정확하게 만지고 작업하는 것은 손 운동을 활성화한다.

넷째, 뇌에 많은 자극을 주는 신체적 부위는 손, 입, 혀의 기관이다.

영아기에 이유식의 중요성을 강조한 몬테소리는 인간이 처음으로 포크 · 나이프 · 숟가락 · 젓가락을 잡는 운동, 음식을 먹을 때 씻는 소근육 운동, 음식의 냄새는 뇌에 자극을 준다고 말한다.

다섯째, 후각기능은 다른 감각보다 뇌에 직접 영향력을 주는 기관이다.

몬테소리가 영아들에게 직접 후각통을 만들어 교구로 제시한 것은 이미 뇌 기능에 대한 이론을 인지하고 있었기 때문에 유아기부터 냄새 맡고 변별하는 훈련을 실시했다. 후각은 미각보다 1,000배 이상의 자극을 뇌에 전달한다.

여섯째, 영아기에 오감각을 다양하게 경험해 주는 것은 전두엽에서 종합적인 사고, 긍정적인 사고, 종교심과 영성, 도덕적 행동에 자극을 주어 전인적으로 인격을 형성하고 발달하도록 돕는다.

일곱째, 영아기에는 좌뇌와 우뇌가 균형을 이루면서 발달하도록 자극을 주어야 한다.

영아기에는 뇌 발달이 한쪽으로 편협하게 발달하기보다는 양뇌를 균형 있게 발달시키는 것이 바람직하다. 좌뇌와 우뇌의 인지적 특성을 다음과 같이 구분한다(서유헌, 2006).

좌뇌의 특성(왼쪽)	우뇌의 특성(오른쪽)
주지적이다.	직관적이다.
언어적 지시와 설명에 적극적으로 반응한다.	시범, 도해 기타 상징적인 지시에 더 잘 반응한다.
문제를 부분적으로 분류하고 순서에 따라서 이론적으로 해결한다.	전체적인 패턴을 보고 예감이나 육감으로 문제를 해결한다.
논리적으로 문제를 해결하는 것을 선호한다.	직관적인 문제해결을 좋아한다.
객관적으로 판단한다.	주관적으로 판단한다.
계획적이고 구조적이다.	유동적이며 자발적이다.
확고하고 확실한 정보를 선호한다.	분명하고 확실하지 않은 정보를 선호한다.
분석적으로 독서한다.	통합적으로 독서한다.
사고와 기억 활동을 할 때 주로 언어에 의존한다.	사고와 기억 활동에서 주로 심상에 의존한다.
말하고 글 쓰는 것을 선호한다.	그림 그리기와 조작하기를 선호한다.
치밀하게 계획된 연구나 작업을 좋아한다.	자유스럽게 개방적인 연구나 작업을 좋아한다.

좌뇌의 특성(왼쪽)	우뇌의 특성(오른쪽)
• 선택형 질문을 좋아한다.	• 주관식 질문을 선호한다.
• 감정을 쉽게 자제한다.	• 감정표현을 쉽게 한다.
• 몸짓 언어로 표현하는 것을 잘 이해하지 못한다.	• 몸짓 언어를 잘 이해한다.
• 은유법이나 유추는 거의 활용하지 않는다.	• 은유법을 자주 사용한다.
• 이름을 잘 파악한다. • 수학적이고 계열적이다.	• 얼굴을 잘 파악한다.
전체적으로 요약한다면 • 언어정보 처리문자(문자, 기호) • 논리적, 분석적 • 시간 연쇄성 • 우반신의 감각과 운동, 신체의 오른쪽을 관장한다.	**전체적으로 요약한다면** • 비 언어정보 처리 : 도형,음악 • 감각적, 종합적 사고, 시 · 공간 초월 • 좌반신의 감각과 운동, 상상력, 독창성을 관장한다.
좌 · 우 뇌의 정보처리 과정	
• 한 음절을 소리로 표현한다. • 옹알이, 단어를 표상해낸다.	• 엄마의 목소리를 지각한다. • 사람의 얼굴을 변별한다. • 자기들만의 세계에서 놀이한다. • 흡수정신이 특별하다. • 순간에 포착한 사물을 기억한다. • 수의 증가를 인식한다.

우리들은 뇌의 기능이 어떻게 이루어지는가를 알면 인적, 물리적 교육자원을 더욱더 효율적으로 활용할 수 있는 가능성을 가지게 된다. 뇌 발달은 태아기에서 영아기를 거쳐 급속도로 발달한다. 몬테소리는 감각 이론에 근거하여 감각기관을 최대한으로 활용할 수 있도록 교구를 개발하였다. 좌 · 우 뇌의 분업기능을 처음으로 발명한 미국 캘리포니아 기술연구소 소장인 스페리 박사는 1981년 노벨 문학상을 수상하였다.

그러나 인간의 뇌는 활용할수록 발달되기 때문에 사실은 우리 스스로 뇌의 기능을 활성화하여야 한다. 손으로 부지런하게 작업을 많이 할수록 뇌에 자극이 전달되기 때문에 뇌가 활성화된다. 손은 두뇌 발달의 원동력이 될 뿐만 아니라 손을 통해서 인간은 찬란한 인류문화를 창조할 수 있는 고도의 지능을 소유하게 되었다.

몬테소리가 영유아기에 손을 정교하게 움직일 수 있는 손 운동 중심으로 개발한 감각교구는 뇌에 직접적인 자극을 전달할 수 있는 중요한 매체이다. 특히 단추를 구멍에 끼우고 빼기, 손뜨개질, 리본 묶고 푸는 것, 구두끈 매고 푸는 것, 종이 접기, 꼭지 원기둥, 모래판 글자와 같은 일상영역과 감각영역의 모든 교구들은 뇌 발달과 밀접한 관계가 있다.

요즈음 영아들은 손을 활용하기보다는 단순한 터치문화로 바꾸어지고 식생활 습관의 변화로 인해서 뇌 발달에 적지 않은 장애물이 된다. 혀와 입 운동이 뇌 발달에 영향을 크게 미친다는 연구결과를 고려한다면 인스턴트 음식은 쉽고 빠르게 먹을 수 있다는 실용적인 식생활 습관으로 인해서 뇌 발달에 부정적인 영향력을 미칠 수 있다.

집안의 가전제품, 컴퓨터, 휴대전화의 전자파에 장기간 노출되었을 때 전자파가 고도의 뇌 기능이 담당하고 있는 학습과 기억기능, 대뇌 피질부와 해마의 기능에 영향을 주어 인지기능과 기억장애가 발생할 가능성이 높다는 연구결과가 있다(서유헌, 2006).

뇌의 쾌락 중추인 도파민 신경계가 무엇보다도 예민하게 발달된 어린이들은 장기간 즐기는 게임이나 학습중독에 빠질 수 있는 가능성이 높다. 중독은 약물만 있는 것이 아니라 게임이나 학습 중독도 가능하기 때문에 한 가지 몰입하여 집중하는 것은 교육적으로 바람직하지 않다.

중요한 것은 유아기에 편협적인 뇌 발달이 아니라 좌 · 우 뇌를 균형적으로 활용할 수 있는 기회를 제공하고 영아들의 상상력을 최대한으로 발달시키고 오감을 조화롭게 발달시키고 정서지능을 발달시키고 뇌를 휴면시키는 활동, 잠시 생각 없이 단순한 활동을 하도록 권장하는 것도 뇌 휴식을 위해서 긍정적이다.

Ⅳ. 신경조직의 발달

인간의 신경계는 신경원(Neuron)과 신경교(Glia)의 기본세포로 구성되었다. 신경교 세포는 신경원 세포에 영양분을 공급하고, 신경계를 결합시키는 접착제 역할을 한다.

기저핵(Basal ganglia) : 대뇌반구의 저부 내에 깊숙이 위치하는 큰 신경핵이다. 기저핵의 구성은 미상핵, 피각, 담창구로 이루어진 렌즈핵, 시상 밀핵, 흑질로 구성되었다.

뉴런(Neuron) : 뉴런의 구성은 핵이 있는 세포체(Cell bady), 세포체의 연장부가 되고, 신경섬유를 따라서 전도되는 화학적 · 전기적 변화를 하는 신경전류를 받아들이는 수상돌기(Dentrite), 관 모양으로 신경초 속을 지나는 신경섬유로써 한 신경세포에 하나만 있으며 긴 줄과 같은 형태이다. 길이는 1m나 되는 전선의 전열체처럼 수초를 조직하는 지방성 물질인 그 둘레의 막을 형성하는 축색돌기(Axon), 시냅스(Synaps)로 구성되었다.

뉴런에서의 정보 흐름은 체세포 · 축색돌기 · 시냅스의 한 방향으로 정보를 전달한다.

미엘린은 뉴런을 보호할 뿐만 아니라 신경전류의 전달속도를 증가시킨다. 미엘린이 파손될 경우에 축색돌기는 전열제가 벗겨진 전선과 같아서 신경전류가 흐르지 못하고 주위로 새어나가는 동시에 중추신경계 질환인 다발성 경화증인 시력장애, 지각장애, 운동마비, 언어장애와 같은 만성질병장애가 발생할 수도 있다. 축색돌기 끝 부분에 위치해 있는 말초신경섬유는 정보전달 역할을 한다.

시냅스(Synaps) : 뉴런의 말초신경부분과 또 다른 뉴런의 수상돌기가 연결되는 부분을 의미한다. 대부분의 시냅스는 출생 후에 형성되며 그 수는 대단히 많다. 영아의 경우 성인보다 더 많은 시냅스를 소유하고 있는데, 이유는 다른 뉴런과 성공적으로 연결되는 뉴런은 그렇지 못한 뉴런을 밀쳐 내기 때문이다.

이때 살아남은 뉴런은 수백 개의 시냅스를 형성하는데, 이 과정에서 뉴런이 적절하게 자극받지 못하면 소멸된다. 필요하지 않은 뉴런이 제거됨으로써 신경계의 효율성이 증대된다.

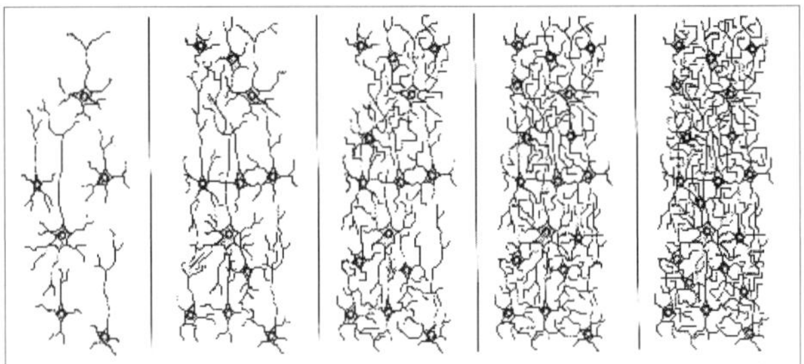

출처 : 정옥분(2003).

인간은 1,000~2,000억 개의 뉴런을 평생 가지게 되는데, 이는 임신 6개월경에 이미 완전하게 형성된다(정옥분, 2003).

그러나 출생 후에도 뇌가 급성장하는 이유를 세 가지 들 수 있다.

첫째, 이미 완성된 뉴런이 출생 이후에 완전히 정지되는 것이 아니라 글리아(Glia), 즉 신경교라는 두 번째 신경세포에 의해서 발달한다. 신경교인 글리아는 뉴런의 수보다 많고 일생동안 지속적으로 형성된다.

둘째, 글리아의 중요한 기능은 수초화(Myelination)이다.

수초화는 뇌의 빠른 성장에 영향을 미친다. 수초화는 영아기 동안 급속도로 발달하지만 뇌의 어떤 부분에서는 청소년기까지 완성되지 않는 경우도 있다. 예를 들면, 한 주제에 대해서 장기간 정신을 집중하는 능력을 관장하는 뇌 부분인 망상체(Reticular formation)와 전두피질(Frontal cortex)은 사춘기에도 수초화가 완전하게 이루어지지 않는다.

셋째, 뉴런과 뉴런을 연결해 주는 시냅스의 형성이 뇌의 성장 급등기 동안 급속하게 이루어지기 때문이다.

이러한 이유로 출생 전에 이미 뉴런이 완전하게 이루어졌다고 하더라도 글리아, 수초화, 시냅스에 의해서 뇌는 지속적으로 발달한다. 인간의 뇌는 정상적으로 발달하더라도 3층으로 이루어진 뇌의 기능에 1층 구조가 망가지면 식물인간이 되어 정상적인 생활을 영위하기 어렵다.

V. 대뇌피질의 발달

대뇌피질(Cerebral cortex)은 인간의 정신기능을 주관하고 전체 뇌 무게의 80%를 차지한다. 뇌의 어느 부분보다도 환경에 많은 영향을 받는다. 구조적으로는 신경섬유 통로라고 할 수 있다. 인간 뇌의 피질은 대략 3mm의 두께이다. 사고와 추론과 같은 복잡하면서도 정교한 인지능력을 관장하는 역할을 한다. 그러나 출생 시에 다른 뇌기관보다 발달이 가장 미진하다. 뉴런의 크기가 증가함으로써 뉴런의 구조는 점점 복잡해진다.

출생 후에도 대뇌피질은 다음과 같은 발달을 계속하는데, 첫째, 뇌의 다른 영역, 특히 시상, 소뇌, 해마 간의 연결이 증가시키고, 둘째, 신경섬유 주위에 미엘린이라는 지방물질을 형성하고, 셋째, 신경세포의 자극 전달부인 뉴런 간의 시냅스 수를 증가시킨다. 시냅스의 수가 증가하는 것은 각자 다른 시기에 각자 다른 대뇌피질 부위에서 발생한다. 시냅스의 증가는 출생 후 3~4개월에 절정을 이룬다. 고등인지기능을 담당하는 영역은 영아기 후반에 발달한다. 뇌에서 필요 이상으로 과잉된 시냅스가 형성되면 스스로 제거된다. 넷째, 대뇌피질과 뇌의 다른 영역인 시상, 소뇌, 해마 간의 연결이 증가된다. 다섯째, 대뇌피질의 여러 영역이 단계적으로 세분화되는 기능을 맡게 된다.

대뇌피질은 네 영역으로 구분된다.

전두엽(Frontal lobe) : 사고와 운동 기능, 말하기, 정서적인 행동의 최상위 수준을 관장한다. 전두엽이 손상될 경우에 목적의식과 욕구가 상실되므로 자기 관리를 못하고 다른 사람으로 변화한다.

두정엽(Occipital lobe) : 시각을 관장하고, 체부 감각과정, 모양과 형태를 알아내는 것, 기억을 재생하기 위해서 촉각과 시각적인 자극을 통합한다. 두정엽의 변연상회(Supramerginal gyrus)는 고도의 지각적인 기전과 관련되고, 이 부위가 손상되면 사물을 인지할 수 있는 촉각인지 불능증이 발생한다(홍순정, 1999).

측두엽(Parietal lobe) : 신체감각을 관장하면서 기억과 청각에 관여한다. 청각 정보 처리에 중요한 요소이고, 대뇌반구 언어영역의 도움을 받아서 언어의 식별

능력과 번역을 한다. 이 부위에 손상을 입으면 듣는 말들을 이해할 수 없다.

변연엽(Limbic lobe) : 시상열(angular gyrus)과 대상회(cingulate gyrus)에 깊숙이 위치하고 있으며, 냄새를 맡는 것, 내장장기의 조절, 1차적인 감정, 행동에 관한 활동에 관련된 일들을 수행한다.

대뇌피질이 발달하는 순서는 영아기 발달의 다양한 능력과 일치한다. 시각과 청각을 관장하는 피질의 시냅스 서장과 미엘린의 형성은 시각과 청각이 급속도로 발달하는 출생 후 3~4개월에서 12개월까지 지속된다.

운동기능을 관장하는 피질에서 머리, 가슴, 팔을 통제하는 뉴런의 몸통과 다리 등을 통제하는 뉴런보다 시냅스의 연결이 더 신속하게 이루어진다.

언어를 관장하는 피질은 영아가 언어를 습득하는 시기인 영아 후기에서 학령기 전시기까지 급속하게 발달한다. 사고와 행동을 통제하는 전두엽은 시냅스의 연결과 미엘린의 형성이 가장 늦게 이루어진다.

인간의 대뇌피질은 2개의 반구로 구분된다(정옥분, 2002; 홍순정, 1999).

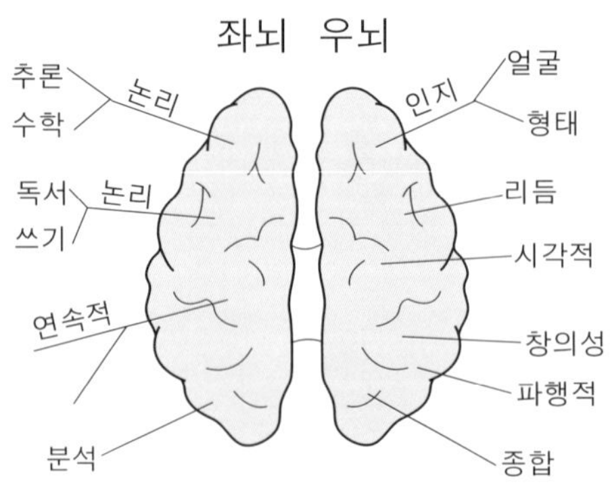

출처 : 정옥분(2002), 홍순정(1999: 383).

일반적으로 좌뇌와 우뇌의 기능은 언어적인 것과 비언어적인 것 그리고 능동적인 것과 수동적인 것으로 대비되어 구분된다.

<table>
<tr><th>좌뇌의 기능</th><th>좌뇌와 관련된 신체의 기능</th><th>우뇌의 기능</th><th>우뇌와 관련된 신체의 기능</th></tr>
<tr><td>이해와 통역을 담당하는 언어적 기능, 입체적 인지력</td><td rowspan="6">• 신체의 오른쪽 부분을 관장
• 악, 비순수, 죽음, 슬픔, 독, 병, 지옥, 후퇴, 여성성, 수동성, 달, 밤, 어두움</td><td>종합적 사고</td><td rowspan="6">• 신체의 왼쪽 부분을 통제
• 선, 희생, 순수. 삶, 기쁨, 의학, 건강, 하늘, 진보와 관계
• 남성, 적응력, 태양, 빛, 낮</td></tr>
<tr><td>관계의 인식, 의사결정, 기쁨과 같은 긍정적 정서의 표현을 관장</td><td>직감적 사고</td></tr>
<tr><td>사전경험의 연상</td><td>통합적 사고</td></tr>
<tr><td>운동기기능, 계산, 분석적인 생각</td><td>동양적 사고</td></tr>
<tr><td>분석적, 계열적, 비교적 관계, 청각</td><td>공간적, 시각적 지각능력 거리지각, 지도 읽기, 기하학 도형에 대한 이해</td></tr>
<tr><td>추론능력, 서양적 사고</td><td>촉각, 비언어적 소리, 슬픔과 같은 부정적 정서표현</td></tr>
</table>

IV. 몬테소리 이론에서 손과 지능의 관계

유아기에 지능발달을 위해서 편중된 자극을 필요로 하는 것이 아니라 다섯 가지 감각기관인 시각, 촉각, 미각, 후각, 청각을 자유로운 환경에서 자연스럽게 자극을 주었을 때 발달과 학습효과를 얻을 수 있다. 다중적인 자극은 좌 · 우 뇌 중 어느 한쪽을 편협적으로 발달시키는 것이 아니라 좌 · 우 뇌 기능 전체가 발달이 자연스럽게 이루어지도록 협조하게 된다.

인간의 뇌 기능은 인간에게만 부여받은 최고의 선물이라 할 수 있다. 이러한 선물로 인해서 타 존재와의 차이점을 인식하고, 후에 이성적 존재라는 특권을 부여받게 된다. 지능은 감각을 활용하여 가장 경이로운 새로운 세계를 창조하고 활동을 극복하고 자신을 변화시킬 수 있는 가장 탁월한 의무감을 자기 환경에서 발달시키도록 예정되었다. 인간의 지능은 자연 속에서 또 다른 초자연을 창조하기에 몬테소리는 인간을 일컫어 생산적 인간(Homo fabor)이라고 말한다(조성자 역, 1994). 물론 자연을 변화시키고, 자연을 활용하고, 자연을 극복하는 것인데, 몬테소리는 영아들의 손과 지능의 관계를 다음과 같이 말한다.

"영아들의 수작업은 지능의 고차원적인 상태에 도달하도록 만든다. 자기 손을 많이 사용하는 사람들은 가장 강한 특성을 가진다. 손을 많이 사용함으로써 개인의 특성을 발달시키고 특히 심리적인 특성을 강하게 발달시킨다. 영아들이 자기 환경에서 손을 다양하게 훈련할 수 있는 기회가 주어지지 않는다면 원래의 상태에 머무를 것이다(조성자 역, 1994).

특별한 환경 속에서 영아가 손을 사용하지 못하는 조건에 놓인다면 영아는 친구와의 관계에서 아주 낮은 수준에 머무르게 되어 사회적 관계에서 순종적 자세를 보이지 않고, 게으르고, 무관심하고 소극적 행동을 보이며 반대로 손으로 작업을 많이 하는 영아들은 강하고 눈에 띄는 개성 있는 유아로 발달하는 것을 몬테소리는 어린이집에서 직접 관찰하였다(조성자 역, 1994).

손은 다양한 신경세포를 통해서 뇌의 전체기능과 서로 연관되어 있다. 인간의 몸은 다른 부분에서 전달되는 신경세포보다 손을 통해서 전달되는 신경체계를 받아들이는 것이 훨씬 많다. 손가락 말초에 있는 특수한 신경 미립자는 손가락 말초의 감각을 담당하면서 뇌에 모든 정보를 전달한다.

손은 모든 정보를 뇌 전체에 전달한다. 영아들에게 손과 발에 자극을 많이 줄 수 있는 운동은 뇌 활동을 활성화하는 것이다. 손 맛사지나 발 맛사지는 뇌의 자극뿐만 아니라 예민한 피부 접촉을 통해서 뇌에 자극을 주는 데 아주 효과적이다. 칸트에 의하면 손은 인간이 모든 사물을 능숙하게 사용할 수 있도록 만들어진 지능발달 기계라고 말한다. 그러므로 손은 밖으로 나온 제2의 뇌라고 말한다(Biercher H., et al., 1999).

몬테소리는 인간에게서 일어나는 모든 변화들은 손에 의해서 이루어진다고 말한다(조성자 역, 1994). 손을 통해서 뇌에 자극을 주면 뇌는 정보를 받아서 손을 움직이도록 명령하는 것이다. 정교하고 섬세한 형태의 수 작업은 지능을 발달하도록 돕는다. 인간이 만든 기적적이고 신적인 예술적 작업을 완성하여 찬양과 찬미를 할 수 있는 위대한 예술품들은 인간에게 행복한 영적 생활을 하도록 제공하는 것이 바로 손을 통해서 이루어지는 작업이다. 그래서 몬테소리는 손은 인간의 감정과 영성 그리고 지능을 균형 있게 만드는 것이라고 말한다(조성자 역, 1994). 손은 다음과 같은 관점에서 지능과 연결되어 있다.

첫째, 지능발달은 손을 통한 작업 활동과 동시에 일어나는 결과라고 할 수 있다.

단순한 수작업보다 가능한 한 정교한 수작업을 할 때 뇌에 강한 자극을 준다. 몬테소리는 대부분의 감각교구들은 영아들의 손 운동을 정교하게 움직이도록 제작되었다. 예를 들면, 꼭지 원기둥, 물 따르기, 모든 옮기기 작업은 뇌에 강한 자극을 준다. 인간의 손은 자기 지식을 통해서 문화를 창조하는 데 중요한 역할을 한다. 영아들은 손을 통해서 사물을 인식하고, 자기 환경을 확장한다. 이러한 관점에 대해서 몬테소리는 지적인 예민함과 수작업 능력에 대한 개발을 강조한다. 예술가들의 수 작업은 자기들의 지능을 최대한으로 표상한 활동이다.

손 능력의 발달은 지능발달과 함께 동일하게 이루어진다. 물론 실행되기 위한 정교한 형태의 수 작업은 지적인 관심과 지도를 요구한다(조성자, 1994).

둘째, 몬테소리는 손을 통해서 자연과 더불어 자연 속에서 문화를 창조한다(조성자, 1994).

단지 자연을 활용하고 자연을 변화시키고 자연을 극복하면서 인간은 문화를 창조한다는 것을 알고 있다. 창조는 순수한 수작업과 순수한 지적인 작업으로 지적인 창조능력이나 혹은 창조할 수 있는 지능이 문화를 창조할 수 있는 것이다.

근본적으로 반 기술주의와 반 산업주의는 인간 스스로를 폭력으로 끌어드리고 동시에 폭력을 자책함으로써 창조적 본능을 방해하며 폭력으로 자신을 지배하려는 욕구와 세계를 지배하려는 욕구로 혼란을 초래한다. 또한 기계주의와 기술주의는 손을 활용하도록 만드는 지능발달의 가이드 역할을 방해한다(Montessori M., 1995).

손을 통해서 자기 나라의 문화를 창조하고 손을 통해서 자기 나라의 역사를 만들어가고, 수작업을 통해서 자기 나라의 국민적 예술성을 창조한다는 손 운동이 개인의 성격특성과 관계됨을 증명하였다(Montessori M., 1995). 영아기에 손 운동을 다양하게 경험한다면 다양한 지식을 가지게 되어 또래 친구들과의 사회적 관계가 긍정적이고 모든 활동에서 능동적인 자세를 보여준다. 몬테소리가 의사로서 손과 지능의 관계를 의학적으로 연결시켜서 연구하였기 때문에 손의 기능을 중요시하는 감각교구를 통한 교육을 중요시한 이유가 있다. 특히 감각의 민감기인 2~5세 사이의 영아들에게 꼭지 원기둥과 같은 교구를 제시한 것은 뇌 이론과 연결시켜서 과학적인 방법에 적용시켰다.

셋째, 인간의 손은 영아들의 피부감각과 직접 연결되어 있다.

뇌에 직접적으로 자극을 강하게 주는 것이 촉각이다. 촉각은 자극의 강, 약과 상관없이 즉각적으로 자극을 전달한다. 그러므로 영아들이 환경 속에서 다양한 사물을 만지고, 형태를 만들고, 형태를 가위로 자르려는 것은 촉각에 자극을 주는 행위이다. 다른 한편으로 영아들을 안아주고, 맛사지 해 주고, 목욕을 시켜주는 것은 자연스럽게 촉각에 자극을 줄 뿐만 아니라 상호작용에 도움을 준다. 이러한 행동들은 모두 손을 통해서 이루어진다.

넷째, 지능발달은 손을 활용하지 않고는 고차원에 도달할 수 없다.

손 없이도 지능은 발달하지만 가장 고차원적인 단계로 발달할 수 는 없다. 몬테소리가 어린이집에서 직접 관찰하여 증명한 것은 특별한 조건에서 손을 사용하지 못한 영아의 특성은 열등의식, 무능력함, 무기력함, 우울함, 게으름, 수동적인 태도를 보이는 현상이 나타남을 증명하였다(Montessori M., 1995). 반대로 손을 적극적으로 활용하는 영아들은 강한 성격과 진취적으로 발달하는 현상을 나타내었다. 정신과 손은 어려운 과정을 거치면서 쓰기를 극복하고, 분리하는것을 준비한다. 손은 "제2의 지능이다." 혹은 "행하는 기계다."라는 것은 인간의 행동과 사고를 결코 분리할 수 없는 강한 특성의 관계로 서로 연결되어 있다. 우리들이 문화의 발달과 역사를 고려한다면 인간에게 수작업은 뇌 발달과 직접적으로 연결되어 있음을 알 수 있다. 생각하는 인간일 때 인간이 생각한 것을 손으로 움직여 밖으로 표현한다고 말할 수 있는데, 데카르트의 "생각한다 고로 존재 한다(Cogito ergo sum)."라는 금언을 "활동한다 고로 존재한다(Activo ergo sum)." 라고 말해야 될지도 모른다. 금언에 도전하는 것이 아니라 활동이 중요하다는 것을 의미한다.

다섯째, 영아들의 운동은 손의 파악 반사와 관계된다.

신생아들이 움직이기 시작하면 정신적인 안내를 받기 시작한다. 영아가 사물을 잡게 된다는 것은 의식적으로 손이 사물을 잡을 수 있는 능력의 상태가 요구되는 것이며 의식적으로 관심을 보이는 것이다. 그래서 신생아는 자기 몸을 최초의 장난감으로 활용하면서 손을 움직이면서 빨고, 손으로 다리를 잡고 흔드는 활동을 한다. 운동과 손은 동시에 영아들의 지능을 자극한다.

여섯째, 영아들은 일상생활 속에서 손 운동이 자연스럽게 발달한다.

영아들은 본능적으로 자기가 환경을 극복하고, 훈련을 반복하고, 자기 스스로 독립하려고 하는 성향을 가지고 있는데, 이 시기에 가장 많이 활용하는 것이 손이다. 영아기 초기 단계에서 환경으로부터 자유로워진 영아들은 손으로 무엇이든 부둥켜 잡으면서 자기의 능력을 훈련한다. 이러한 일상적인 훈련은 단순하게 이루어지는 것이 아니라 논리적인 활동으로 전개된다.

우선적으로 영아들은 무엇이든 어떤 일이든 올바른 순서로 극복하려고 하고, 둘째는 자기 능력을 극복하기 위해서 스스로 걸으려고 하고, 셋째는 자기를 에워싸고 있는 물리적 · 인적 환경에 적극적으로 참여하려고 한다.

몬테소리는 영아들의 "나는 모든 것이 준비되어 있다. 그러므로 나는 자유인이다."라는 내적 외침은 자기 극복의 즐거움을 외적으로 표현한 것이라고 말한다(Montessori M., 1995).

몬테소리는 손, 발이 부지런한 영아들은 다양하게 뇌 부위에 자극을 받지만 손과 발이 게으르면 자극이 가지 않으므로 기억이 하강하여 두뇌 발달에 영향을 준다고 말한다.

손은 인지발달을 위해서 지능을 활용하고 실행하는 한 도구로써 활용하는 능력을 가진다는 것이다(Biercher H., et al., 1999). 인간의 지능은 손과 밀접한 관계를 가진다. 인간의 진화과정에서 네 발을 사용하던 원시적인 동물들이 직립으로 진화하면서 걷고 또는 서서 손을 최대한으로 활용하여 지능과 동시 다발적으로 수행할 수 있는 기관으로 발전시켰다는 것이다(Biercher H., et al., 1999).

지능이 발달하면 할수록 손은 환경 속에서 사물과 특별한 관계를 맺도록 만드는 인류문화학적 의미를 가진다. 손으로 쓰고 약속하고 악수를 하면서 다른 사람과의 관계를 형성하고 손을 들어 맹세하고 종교에서 손을 씻는 예절 등은 발달한 지능을 밖으로 표현하는 문화인류학적 · 문화사회적 관계를 형성하는 도구이기 때문이다.

영아들은 손을 활용하여 자기의 관심을 표현하고 주변과 관계를 맺고 자기가 알고 있는 것과 생각하고 있는 것을 영아기 초기에는 모두 유일하게 손으로 표현한다. 제2의 뇌로써 손과 지능은 항상 다정한 친구임을 부정할 수 없다.

어린이들의 발과 육체의 기능은 뇌의 내적 발달과 연결되어 있어도 생물학, 생리학, 해부학으로 되돌아가지만 손의 기능은 생물학과 생리학에 관계되어 있지 않더라도 정신생활과 관련이 있다. 그러므로 손은 자기 발달을 위해서 정신과 밀접하게 관계되어 있고, 정신에 의해서 나 개인이 발달하는 것은 아니지만 다른 시기의 정신생활과 관련이 있다. 인간에게 손의 능력발달은 지능발달이며 또 우리들의 역사를 고려한다면 문화발달이다.

두뇌 관련 용어 정리

GABA : gamma-amino butic acid의 약자. 억제적인 작용을 하는 신경전달물질. 뇌신경세포가 아무렇게나 작용하면 끊임없이 '의미 없는 잡담'이 이루어지는데 GABA는 전기임펄스가 축색돌기로 이동하는 것을 억제

가지치기 : 두뇌발달의 중요한 특징으로 시냅스가 선택적으로 제거한다.

간뇌(Deincephalon) : 시상과 시상하부 결정적 시기. 두뇌의 특정부위가 가장 변화하기 쉽고 환경의 영향에 민감한 시기 출생 시에 이미 완전하게 발달한다. 태아의 호흡, 심 혈관 운동, 수면, 의식에 관계하면서 반사운동과 신체기능을 통제하는 기능을 한다.

글루타민산(Glutamate) : 신체에 있는 모든 세포에서 발견되는 아미노산으로, 신경계에서도 빨리 흥분시키는 신경전달물질로 활용된다

노르에피네프린(Norepinephrine) : 접근이나 회피, 대사율, 혈압, 정서, 분위기 같은 각성상태에 주로 관여하는 신경전달물질이다.

뇌간(Brain stem) : 척수의 맨 위에 있으며 중뇌, 뇌교 연수를 포함. 뇌간은 두뇌와 두뇌 양반구의 가운데와 하뇌를 연결시킨다.

뇌교(Pons) : 뇌간 꼭대기 부근에 있고 연수 위에 위치. 감각정보의 중요한 통로가 된다.

뇌량(Corpuscallosum) : 2~3억 개의 신경섬유로 이루어진 하얀 뭉치로, 좌뇌와 우뇌를 연결시킨다.

뇌전도(EGG) : 두뇌의 전기 자극을 탐지하여 그래프 형태로 그려내는 도구이다.

뇌신경세포(Neuron) : 두뇌나 중추신경계를 이루는 세포. 각 뇌신경세포에는 축색돌기, 세포체 및 많은 수상돌기가 있다.

대뇌(Cerebrum) : 피질이 있는 두뇌의 커다랗고 둥근 구조, 대뇌는 감각, 동작, 사고, 이성, 정서 및 기억과 같은 고차적인 정신기능을 조절하고 통합한다. 대뇌는 2개의 양 반구로 나뉘었으며 뇌량으로 연결되어 있다.

대상회 : 대상회는 뇌량 바로 위에 위치한다. 대상회는 피질과 피질하 부위 간의 의사소통의 매개체이다.

도파민(Dopamine) : 강력한 신경전달물질로 주로 긍정적인 분위기가 정서를 유발하는 데 관여한다. 흑질의 복측 피개에서 분비되며 도파민이 없으면 미세하게 떨린다. 예를 들면, 파킨스씨 병과 같은 것이다. 전 뇌기저부와 뇌간에 세포체를 두고 여기에서 나온 축색이 기저핵, 후구, 일부의 뇌 피질로 투사하는 신경원에서 생산된다. 도파미네성 신경원을 수의적 운동조절과 정서촉발을 관장한다. 수의적 운동, 정서적인 각성, 학습과 기억을 관장한다.

인간의 뇌 발달은 단지 생물학적인 프로그램만을 수행하는 것이 아니라 환경의 영향에 민감하게 반응한다.

두뇌 주사 : 두뇌 영상공학에 의해 나타난 두뇌의 컴퓨터 영상. MRI 혹은 PET-CT 등이 있다.

두정엽(Parietal Lobe) : 두뇌의 맨 윗부분으로 대뇌의 4엽 중의 하나이다. 감각정보를 수용하고 읽기, 쓰기, 언어, 계산에도 중요한 역할을 한다.

망상체(Recticular formation : RF) : 그물 모양으로 뇌간과 중뇌 부분에 위치. 세라토닌과 멜라토닌을 분비. 망상체에 이상이 있으면 아침에 못 깨어나고 밤에 잠들지 못한다. 노화가 되면 석회화가 이루어지며 각성제를 먹으면 망상체가 망가진다.

베르니케영역(Weronike area) : 측두엽 뒤의 상단에 있으며, 여기에서 사고를 언어로 변환한다

변연계(Limbic system) : 감정과 정서의 표현과 유발을 담당하는 피질과 피질하구조들의 집합체이다.

브로카영역(Broca area) : 대뇌의 왼쪽 전두엽 부분. 사고를 소리(혹은 문자)로 전환하고 동작피질에 메시지를 보냄. 임펄스는 베로니케영역을 거쳐 브로카영역으로 간다.

세로토닌(Serotonine) : 이완시키고 분위기와 수면을 조절하는 신경전달물질. 우울증, 강박증, 정신분열을 치료. 성장호르몬을 촉진 관여한다. 전달물질로써 뇌간의 중앙선에 위치하는 세포들에서 주로 생산된다. 다른 전달물질과 마찬가지로 세로토민도 처음에는 중추신경 바깥에서 발견하다가 혈액 내에서 발견하는데, 혈관을 수축시키는 작용을 하므로 혈관의 긴장에 영향을 미친다는 것이 증명되었다. 세로토닌은 수면의 생리적 기제를 관장한다. 즉, 수면과 정서적인 각성기제를 포함한다. 수면과 다른 행동을 조절하

는 세로토닌은 식사의 영향을 받는다는 연구결과가 확실해졌다. 감정의 전달물질과 감정 호르몬을 배출한다. 주로 햇빛을 보면 배출된다. 그러므로 햇빛이 적은 곳에서 생활하면 우울증 증세와 자살 확률이 높아진다. 콩에 세로토민 성분을 많이 함유하고 있다.

중추신경계 : 뇌와 척수로 이루어진다. 중추신경계의 구성은 200g쯤 되는 뇌간, 대략 1400g쯤 되는 말랑말랑한 회백색인 대뇌, 130g쯤 되는 소뇌, 척추관내에 들어 있는 25g 쯤 되는 척수로 구성되었다. 하지만 인간의 뇌는 우리가 살아 있는 동안 모든 행동을 1000억 개가 넘는 뉴런 또는 신경원에 의해서 조절 통제된다.

세포 이동 : 태내 발달이 이루어지는 동안 피질의 뇌신경세포가 피질 벽의 적절한 위치로 이동하는 것이다.

소뇌(Cerebellim) : 컬리플라워 모양의 구조로 후두엽 아래, 뇌간 옆에 위치. 이전의 연구에서는 소뇌를 균형, 자세, 협응 및 근육의 움직임과 관련지었으나, 최근의 연구에서는 소뇌를 인지, 새로운 경험, 정서와도 관련짓고 있다. 운동기능과 자세조정을 관장하는 역할을 한다.

소뇌의 외형적인 특색은 많은 주름과 구로 구성되었고, 하나의 주름을 평편하게 펼치면 앞에서 뒷부분까지 2cm이다. 중앙에서 바깥으로는 10cm이다.

수상돌기 : 다른 뇌신경세포로 들어오는 신호를 받는 뇌신경세포의 머리카락 모양구조. 각 신경세포에는 많은 수상돌기가 있다.

수초 : 지방질의 하얀 보호막으로 축색돌기를 덮고 있으며 절연하는 역할을 한다. 수초는 뇌신경세포를 더 효율적이게 해주어 전기 임펄스가 12배 이상 빨리 이동하게 한다.

시냅스 : 접합이 이루어지는 의사소통 지점으로, 뇌신경세포의 축색돌기가 다른 세포의 수상돌기를 자극하기 위해 신경전달 물질을 분비할 때 반응이 일어나는 지점이다

시상(Thalamus) : 시상은 두뇌의 중계소로 시상이 신체의 감각, 동작 및 다른 체계에서 온 입력정보를 받아 그런 정보를 대뇌피질의 적절한 부위로 보내게 된다. 시상에 문제가 생기면 무언, 무운동증의 목석과 같은 인간이 될 수 있다.

시상하부(Hypothalamus) : 시상 아래에 있고 복잡한 온도계와 같은 구조로 식욕, 호르몬 분비, 소화, 성, 혈액순환, 정서, 수면에 영향을 주면서 조절한다. 주로 자율신경을 조절하고 몸의 항상성(Homeostasis)을 유지. 감각정보를 대뇌피질에 전달되도록 하는 역할을 한다. 감각정보를 전달하는 정거장과 같은 역할을 한다. 통증을 느끼는 지각작용에 영향을 미친다.

신경전달물질 : 두뇌의 생화학적 메신저이다. 두뇌에는 50여 종류의 신경전달물질이 있다. 신경전달물질은 이웃한 뇌신경세포를 흥분시키는 흥분제와 세포체에서 축색돌기에서 나오는 전기임펄스의 활성화를 억제하는 억제자로 작용한다.

에피네플린(Epinephrine) : 스트레스, 공포, 또는 흥분상태일 때 이 호르몬이 부신에서 혈액에 분비되고 이 호르몬이 간에 이르면 에너지가 급히 필요한 나머지 포도당 분비를 자극한다. 화가 나서 갑자기 아드레날린(에피네플린과 같은 작용)이 증가하면, 심장 혈관이 축소되고 심장이 고압으로 펌프질을 수행해야 한다. 스트레스를 받으면 나오고 많이 나오면 코티솔(Cortisol)이 나와서 밸런스를 조절하려고 한다.

아세틸콜린(Acetycholine) : 신경전달물질로 REM 수면 시 장기기억 형성에 관여한다. 미성숙 뇌신경세포가 지주세포의 도움으로 안착하는 데 도움을 준다. 신경근의 접합 점에서 분비되며, 휴식과 수면 중에 많이 분비된다. 전달물질로써 REM에서 영향을 받는다는 연구결과가 있다.

양전자 방사 단층 X선 촬영법(PET) : 두뇌 구조뿐만 아니라 두뇌 여러 부위의 활동 수준을 컴퓨터 영상으로 제시하는 두뇌 영상공학이다.

엔돌핀 : 선천적으로 존재하는 아편제로 몰핀과 비슷하고 뇌하수체에서 분비된다. 심한 고통을 막아주며 엔케팔린과 함께 두뇌에서 분비된다.

유두체(Memillary doby) : 먹는 것과 못 먹는 것을 구분한다. 유두체가 망가지면 급격한 체중 증가가 일어난다.

자기 공명 영상법(MRI) : 자기 에너지를 이용하여 조직과 기관을 컴퓨터 영상으로 제공한다.

전두엽(Frontal lobe) : 대뇌의 4엽 중 하나. 자발적인 동작, 언어표현, 문제해결, 의지력 그리고 계획을 통제한다.

대상회(Cigulate Gyrus) : 기분이나 감정을 분류한다.

주의력결핍과잉행동아(ADHD) : 주의를 유지할 때의 어려움, 충동적 행동 및 과잉행동으로 특징지어지는 학습·행동에 문제가 있는 영아들이다.

지주세포(Glial cell) : 두뇌에서 뇌신경세포와 더불어 주요 세포 중의 하나이다. 뇌신경세포의 여러 가지 기능을 지지해 주고 보충한다. 대뇌의 피질에 있는 기다란 지주세포는 두뇌가 발달하는 동안 뇌신경세포가 적절한 위치에 이르기 위해 타고 올라가는 피질사다리 역할을 한다.

축색돌기(Axon) : 다른 뇌신경세포로 나가는 신호를 전달하는 뇌신경세포의 한 부분이다. 뇌신경세포에는 보통 축색돌기가 하나이다.

측두엽(Temporal lobe) : 대뇌의 양쪽 귀 근처에 있으며, 청각, 감각, 경청, 언어, 학습, 기억을 담당한다.

치상핵 : 소뇌에 있는 작은 구조이다. 신호를 처리하여 두뇌의 다른 부위로 보내는 역할을 한다.

코티솔(Cortisol) : 위험상황에 대비하여 두뇌와 신체가 경계태세를 유지하는 데 중요한 역할을 하지만, 결과적으로 해마를 공격해서 학습과 기억능력을 감소시킨다. 낮은 각성 상태에서는 GABA가 코티솔을 억제해서 해마를 공격하지 못하게 하고 집중해서 공부할 수 있도록 한다.

펩타이드 : 아미노산 사슬로 구성된 호르몬의 한 종류이며 이 단백질은 상태, 분위기, 사고에 대한 정보의 메신저 역할을 한다. 몸 전체로 이동한다. 엔돌핀, 코티솔이 펩타이드 계열이다.

편도체(Amigdala) : 변연계의 일부로 해마와 연결되어 정서기억의 중요한 역할을 한다. 특히 우울, 공포, 두려움 등 부정적인 정서에 관여한다. 편도가 파괴되면 반응을 못해서 온순해진다. 편도를 자른 원숭이는 공포가 없어진다.

편재화 : 한쪽 뇌가 다른 쪽 뇌에 비해 더 활용된다. 보통은 좌뇌와 우뇌를 어느 정도 동시에 활용하기 때문에 상대적 편재화가 정확하게 표현된다. 편재화가 이루어지는 동안 좌뇌와 우뇌는 기능적으로 전문화된다.

피질사다리 : 피질의 긴 지주세로를 기술하기 위해 가끔 이용되는 단어이다. 뇌신경세포가 적시에 이 피질사다리를 이용해서 적절한 목적지에 도달해야 정상적인 발달이 이루어진다.

피질(Cortex) : 피질을 펼치면 신문지 크기이고, $\frac{1}{4}$inch 정도의 두께로 대뇌를 감싸고 있다. 피질에는 주름이 많고, 6층의 깊이가 있고, 뇌신경세포로 꽉 차 있다.

해마(Hypacampus) : 변연계의 일부로, 단기기억을 장기기억으로 옮긴다. 영아들의 기억을 관장하는 역할을 한다.

후두엽(Occipital lobe) : 대뇌의 뒷부분에 있으며, 주로 시각정보를 처리한다.

제3부

몬테소리 어린이집의 영양 · 안전 · 운영 관리

제3부는 영아전담 어린이집에서 가장 기본적인 개념으로 모든 교사들이 보육하여야 할 의식주와 안전에 관한 문제를 다루고자 한다. 영아들에게 가장 중요한 부분인 영양과 안전 관리에 관한 이론들이다.

영아전담 어린이집의 기능 중에 중요한 부분은 영아들이 온종일 생활하는 보육기관이므로 의식주의 문제가 위생적으로 제공되어야 한다. 의식주는 인간의 기본적인 욕구인 동시에 생명을 돕는 교육의 근거가 된다. 영아전담 어린이집에서 영아들은 하루 생활의 거의 대부분을 작업과 심리운동 그리고 기본적인 욕구인 먹고 자는 것에 많은 시간을 소비한다.

의식주 문제는 영아들이 성장하면서 그대로 일생동안 자기들의 정체성을 드러내면서 살아가는 기본적인 습관과 밀접하게 관계된다. 몬테소리는 어린이들에게 영양분을 제공하는 것만으로 만족할 것이 아니라 이유식을 시작으로 식생활에 필요한 기본적인 예의범절을 중요시한다. 영아기에 필요한 영양분 공급의 과학적인 필요성에 대해서 언급한다.

다른 한편으로 보육교사들이 하루의 보육을 위해서 최선을 다했다 할지라도 어느 한 순간 안전에 문제가 발생하면 모든 것이 원점으로 돌아간다. 특히 영아들에게 안전은 생명과 관계되기 때문이다.

몬테소리 어린이집의 운영관리를 위해서 필요한 사람과 중요한 사람은 누구이고 그들의 역할은 무엇인가를 이야기한다.

그리고 몬테소리 어린이집의 환경구성을 어떻게 구성하는가에 대한 답을 주려고 한다.

MONTESSORI

5장

몬테소리 어린이집의 영양과 안전 관리

몬테소리 영아전담 프로그램에서 중요한 부분을 차지하는 영역이 영아들을 위한 영양과 안전에 관한 문제이다. 영아들은 어린이집에서 의식주를 완전히 해결하여야 하기 때문에 영아발달이 활발하게 이루어지는 시기에 그들을 위한 영양이 과학적으로 이루어지기 위해서 영양관리가 과학적으로 필요한 것이다.

다른 한편 이 시기의 영아들은 안전관리에 최선을 다하여야 한다. 영아들은 한 시간 동안 아무런 일 없이 행복하고 만족스럽게 활동을 하다가도 단 1분만에 문제가 발생하게 되므로 영아전담 어린이집에서 교사와 모든 사람들은 매 순간 천리안으로 최선을 다해 그들의 안전을 관찰하여야 한다.

I. 영아기의 영양관리

몬테소리 어린이집에서 영아들을 위한 영양은 대단히 중요하다. 몬테소리는 "영아들은 단지 빵만으로 사는 것이 아니라 사랑의 빵을 받아먹고 산다."라고 언급하였다. 이것은 영아들에게 영양은 생물학적 필요에 의한 영양분과 인간의 정신을 형성하는 사랑이 담긴 음식을 전달한다는 의미이다. 성장과정에서 이 두 가지 영양은 절대로 필요한 것이다.

1. 영아기에 생물학적으로 필요한 음식

인간은 태어나는 출산 순간부터 공존의 삶과 독립적인 생활을 반복하면서 생물학적인 진화를 진행한다. 몬타나로(Montanaro)는 진화과정에서 일어나는 모든 행동은 필요에 의해서 진행되고 반응하는 것이라고 말한다(조성자 외, 2002). 인간도 새로운 생명을 잉태하면 그들에게 특별히 필요한 먹이를 생산할 수 있는 내부기관이 발달하고 본능적으로 자식에게 수유(授乳)를 공급하여야 한다. 생물학적으로 가장 건강하게 먹일 수 있는 모유의 공급에 대해서 알아보면 다음과 같다.

첫째, 신생아들은 진화과정에서 인간화를 스스로 창조해 나갈 창조적 계획을 본능적으로 가지고 태어나지만 이러한 계획을 위해서 중요한 생물학적 조건인 어머니로부터 가장 안전하고 위생적인 모유를 공급받아야 한다. 출생시기로부터 특별한 음식을 받아먹어야 하는데 아무리 훌륭한 음식이라도 소화할 수 없기 때문에 모유를 받아먹을 수밖에 없다.

둘째, 생물학적으로 신생아가 태어나면 산모의 변화는 제일 먼저 영양을 스스로 공급할 수 있는 능력을 가지게 된다.

분유는 단지 영아들에게 먹거리일 뿐 신생아에게 필요한 영양분과 사랑을 동시에 제공하지 못한다. 임신 3개월이 지나면 산모의 몸에서 모유공장이 형성된다. 자궁에 태반이 형성되면 호르몬을 분비하고 젖가슴에서 유즙을 생산하게 된다. 유즙이 형성되지만 유즙의 기능은 산모와 태아의 공동작업에 의해서 이루어진다(조성자 외, 2002).

셋째, 초유는 신생아의 소화기능을 강화시키는 기능을 포함하고 있다.

신생아는 초유를 통해서 어머니와 관계를 밀착시키는 동시에 출생 이후에 우선적으로 필요한 영양분과 세상에 대한 적응능력을 형성해 준다. 소위 말해서 초유는 신생아의 초기 단계에 가장 중요한 모든 영양분을 제공한다. 초유는 지방분이 없기 때문에 소화기능을 강화하고, 내장은 영양분을 흡수하기 위해서 필요한 담즙과 췌장액을 자연스럽게 자극하여 생산한다.

넷째, 초유에는 신생아에게 필요한 단백질이 다량으로 함유되어 있다.

외부의 모든 환경으로부터 신생아를 즉각적으로 보호할 수 있는 항체는 단백질에 달렸다. 이렇게 중요한 단백질은 보통 양의 7배가 초유에 들어 있다. 신생아들은 신기하게도 임신 말경이 되면 체내에 모든 항체를 자동적으로 저장하지만 오랫동안 신생아를 보호할 수 있는 면역성은 갖지 않는다.

신생아들은 모유를 통해서 지속적으로 이러한 항체를 공급받게 되며 모든 전염병의 위험성을 극복하게 된다. 신생아는 생의 첫날에 모든 위험성에 노출되기 때문에 모유를 통해서 저장한 항체가 위험과 전염병을 방지하는 자연적인 방법이 된다. 인간의 진화과정에서 초유는 생명을 직접적으로 보호하는 역할을 한다.

다섯째, 초유는 신생아의 소화기관을 자극하여 태변을 밖으로 배설하는 작용을 한다.

태변은 신생아만이 가지는 특별한 변으로써 자궁 속에서 얻어진 내장벽들로부터 세포와 소화액이 쌓여서 만들어진 축적물이다. 태변이 나오면 장기능이 강화되어 신생아는 정상적으로 소화기관에서 운동이 일어난다.

여섯째, 초유 섭취로 인해서 일생동안 겪어야 하는 알레르기를 예방할 수 있다는 미국의 Manhasset 대학병원의 켈리 스미스(J. Kelly Smith) 박사의 연구결과가 있다(조성자 외, 2002). 초유로 인해서 신생아기, 영아기 초기에 나타나는 질병을 예방할 수 있다.

일곱째, 모유에만 함유하고 있는 타우린이라는 요소는 영아들의 신경계 발달에 영향을 미친다.

이러한 결과는 인간 발달 초기부터 모유의 중요성을 인식하는 데 도움을 준다. 다른 음식보다 모유가 인간에게 미치는 영향력을 중요시함으로써 모유를 권장하는 것이다. WHO도 산모들에게 가장 안정되게 산모와 신생아의 관계를 정상적으로 이끌어 주는 모유를 적극적으로 권장한다.

2. 어머니와 영아의 상호 애착 관계로써 음식물

몬테소리는 그녀의 저서 여러 곳에서 인간은 빵만으로 살아가는 것이 아니라 사랑을 받아먹고 사는 존재라고 하였다(조성자 역, 2000c).

영양섭취는 단순하게 생존을 완성하기 위한 자연적인 행동만이 아니라 감정과 상호관계를 풍요롭게 만드는 것이므로 탄생에서부터 아주 어린 영아들은 알고, 즐거워하고, 배고픔을 만족시키는 것을 먹는 행동에서 충족시키는 것이다. 우리들이 알고 있는 것처럼 영아들은 입을 통해서 사물을 인식한다. 그리고 자기와 함께 있는 사람들과 감정을 교류한다(Comune di Reggio Emilia Nidi e Scuole dell' infanzia, 1997).

신생아들은 수유를 통해서 어머니와 단계적으로 음식 먹는 즐거움과 만드는 즐거움을 공유한다. 인간은 단지 기계적 · 생물학적인 요구만으로 충족되지 않고 어머니와 수유시간을 통해서 사랑을 주고 받으면서 서로의 애착 관계를 형성하고 서로를 확인한다. 이러한 관점에서 몬테소리는 신생아가 어머니의 젖가슴에서 "내가 여기 있으니 내가 필요로 하는 음식을 주세요."라고 부르짖는 것이라고 말한다(Comune di Reggio Emilia Nidi e Scuole dell' infanzia, 1997). 이러한 외침에 대한 답은 신생아들과의 접촉을 통해서 이루어진다.

첫째, 생물학적인 자극을 통해서 뇌하수체에 신호를 전달하여 모유생산의 임무를 맡고 있는 프로락틴(Prolattina)이라는 호르몬을 분비한다.

프로락틴은 모유를 생산하는 데 중요한 역할을 하고, 신생아가 필요로 하는 만큼의 양에 비례하여 모유를 분비한다. 그래서 생산된 양의 모유는 신생아가 먹는 모유의 양과 적절하게 조절된다. 이때 젖가슴이 비어 있을수록 적절하고 충분한 양을 생산한다.

둘째, 두 생명체가 이미 임신기간 동안 공존하면서 상호작용했던 모든 일을 출생 후에도 지속한다.

탄생과 더불어 신생아는 어머니와 더욱 밀착된다. 행복하게 살기 위해서 서로 신호매체를 필요로 하는 상호관계를 맺는 것이 수유시간이다. 어머니와 신생아의 접촉은 모든 기대감을 충족시킬 수 있도록 구조화되어 있어서 최상의 만족감을 주고 서로가 만족감을 성취할 수 있는 유일한 방법이다.

셋째, 신생아는 혼자서 젖가슴에 접촉할 수 있는 능력이 없다.

신생아는 모든 행동을 독립적으로 할 수 있는 능력이 없으므로 젖가슴의 냄새를 맡은 다음 얼굴의 피부로 가슴을 느끼고 적극적으로 젖가슴과의 접촉을 즐긴다. 어머니는 최대한 편한 자세로 신생아가 어머니의 젖가슴에서 편안하고 안정되게 접촉할 수 있도록 배려함으로써 상호관계가 평화로워진다.

넷째, 수유시간을 정확하게 제공하여야 한다.

신생아에게 수유시간을 정확하게 제시함으로써 "억지로 먹는 시간"이 아니라 생리적인 요구에 의해서 먹기를 원할 때 자유롭게 먹을 수 있도록 제공하여야 한다. 먹고 싶은 욕구가 발생하면 신생아는 적극적으로 어머니와의 접촉을 시도한다.

다섯째, 어머니와 신생아는 생존에 필요한 음식물을 나누면서 가장 긴밀한 관계를 형성한다.

몬테소리는 음식물은 서로 나눔을 가지는 인간관계의 시작과 더불어 인간관계의 기초를 마련하는 것이라고 한다. 어머니와 자식이라는 혈연적인 만남의 관계는 어머니-신생아가 서로를 존중하고 보호하는 가장 신뢰할 수 있는 태도를 가져야 한다. 신생아의 생활 리듬에 맞추어 모유를 제공함으로써 나눔이라는 중요성과 가치를 공유하는 시간이 된다.

여섯째, 어머니-신생아는 공존의 삶이 분리되면서 허전함을 느끼지만 만남과 접촉을 통해서 극복된다.

신생아기, 영아기 때 어머니와의 잦은 분리는 안전감과 애착 발달에 방해 요인이 된다는 연구결과가 있다. 신생아 역시 신체적 · 심리적인 어려움의 극복은 수유시간의 접촉을 통해서 극복된다. 어머니-신생아 사이에 훌륭한 관계를 형성하는 데 성공한다면 두 사람은 일생동안 긍정적인 관계를 형성하게 될 것이다. 어려운 상황이 발생할지라도 두 사람은 사랑과 애정 그리고 돌봄의 관계가 자연스럽게 일어날 것이고 "자연스럽게 친화적 관계"가 이루어질 것이다. 이러한 측면에서 두 사람이 가지는 시간이 많으면 많을수록 긍정적인 관계로 발전하게 될 것이다.

어머니들에게 있어서 신생아를 위한 모유수유는 어머니와 신생아가 서로를 인식할 수 있고, 가장 친숙한 관계를 제공하고, 감정의 진동을 직접 전달할 수 있고, 서로의 육체적인 접촉을 즐거워하는 것을 경험한다. 그러므로 어머니와 신생아 사이에서 자연으로부터 즐거움을 느끼고 조화로움을 창조한다. 태어난 첫 달은 두 사람이 밀착된 종속관계가 아주 강하게 일어난다. 모유는 신생아를 위해서나 어머니를 위해서 아주 중요한 역할을 한다. 다음은 모유의 장점을 표시한 것이다.

영아를 위한 모유의 장점	모유는 모든 영아들에게 좋다. 어떤 신생아라도 모유를 소화하는 데는 문제가 없다. 피곤함을 주지 않고, 다량의 지방분도 소량의 지방분도 없고, 신생아가 정상적이고 훌륭하게 자라도록 변화시킨다. 모유의 성분에는 알레르기 현상이 없다. 모유는 가장 위생적이고, 항상 20℃를 유지하며 생활하는 데 완전한 영양분이다. 달거나, 의학적인 다른 이물질이 전혀 함유되지 않았다. 영아들의 뇌 발달에 많은 영향력을 미친다. 모유는 동맥이 적게 손상되며, 지방함유량이 적고, 동맥경화증, 준비 없이 즉시 수유가 가능하고, 비만을 줄일 수 있고, 장질환을 방지할 수 있고,호흡기관의 기능을 원활하게 할 수 있다. 모유에 함유되어 있는 다량의 콜레스테롤은 성장과정에서 모유가 신진대사를 원활하도록 영아들의 유기체 기관을 돕는다. 모유는 소량의 염분을 함유하면서 심장운동을 원활하게 하고, 철분 흡수를 100% 정확하게 한다. 모유는 집에서나 여행할 때도 항상 준비되어 있다. 반면 신생아는 준비할 시간을 기다릴 필요가 없다. 신생아는 외출 시, 놀이할 때나 배고플 때를 위해서 항상 자기가 원하는 대로 만지고 조절하는 것을 유연하게 할 수 있다. 빨기에 있어서 영아는 단백질이 함유되고 물과 같은 아주 연한 것을 받아먹는다. 우유는 젖을 빨기 시작하거나 끝나는 것을 온종일 영아가 적응하여야 한다. 젖가슴의 냄새, 빨기, 우유를 통해서 영아들은 출생 시부터 어머니를 인식하게 된다. 모유는 가격이 없다. 빈곤한 제3세계에서는 신생아 사망률도 있다.

어머니가 모유를 수유할 때 장점	모든 어머니들은 자연스럽고 충분하게 수유시간을 결정할 수 있고 안전하게 생각하는 것은 긍정적이다. 가슴에 자식을 안고 수유를 하는 것은 출산 후에 출혈을 방지하고 완화된 자궁의 크기가 원상태로 되돌아오는 것을 돕는다. 오랜 기간 수유를 한다면 어머니는 종양에 걸릴 수 있다는 것을 예견하여야 한다. 생명의 과정에서 모유를 통해서 어머니로부터 영아에게로 지나가는 동안 극복할 수 있는 항체를 가지고 있다. 어머니는 신생아를 위해서 우유병을 구입할 필요도, 소독할 필요도 없을 뿐만이 아니라 신생아들의 철저한 위생관리를 위해서 우유의 신선도를 시험할 필요도 없고 밤에 신생아에게 수유를 하기 위해서 불편한 점을 제거할 수 있다. 모유가 위생적인가 혹은 모유의 온도가 어떤지를 염려할 필요가 없다. 여러 가지 측면에서 수유를 하는 것은 우선적으로 경제적이다. 수유를 하는 것은 육체적인 즐거움을 주기도 하는데, 몸무게나 신체적인 상태는 원래 임신 전의 상태로 빨리 되돌아간다. 어머니들은 수유할 시간과 날짜를 볼 필요가 없다. 수유할 시간이 되면 젖가슴에 통증이 오고 모유가 흘러나오기 때문이다. 또한 신생아가 배가 부르면 수유를 거부한다. 젖을 빨아먹는 리듬을 어머니가 인식하고 리듬을 도와 줄 수 있다

출처 : Curtis G. B., & Schuler J.(2006).

위에서 보는 것처럼 신생아와 어머니를 위해서 모유를 공급하는 것은 애착 관계, 사회적 관계, 건강, 위생, 정확성을 위해서 아주 긍정적인 측면이다.

인간은 함께 잠자고, 함께 먹고, 함께 놀면서 정이 든다는 옛날부터 전승되는 속담이 있듯이 혈연적 관계로 형성된 부모-자식 관계에서 가장 중요한 요소일 것이다.

3. 영아들을 위한 이유식

영아들은 5개월이 지나면 모유로 영양분을 충족시키기에 부족한 현상이 나타난다. 영아들은 성장을 위해서 불충분한 모유를 보충할 수 있는 다른 영양분이 필요한 것이다. 즉, 타액의 생산, 치아의 나타남, 소화기관이 스스로 소화할 수 있는 능력으로 발달함으로써 이유기에 도달한 징표가 나타난다. 영아는 이유식의 민감기에 도달하면 다음과 같은 여러 가지 징표들이 나타난다.

- 임신기간 동안 저장되었던 철분이 거의 소비된다.

- 음식물을 소화할 수 있는 타액소가 바로 이 시기에 분비된다.
- 이 시기에 처음으로 치아가 솟아오른다.
- 영아는 주변 환경을 기어 다니면서 움직이기 때문에 에너지 소비를 위해서 더 많은 음식물을 필요로 한다.
- 영아들은 이 시기에 파악 반사가 최고조로 발달하여 모든 물건이나 먹을 것이 있으면 입으로 가져가는 행동이 가속화된다
- 도움을 주면 혼자 앉을 수 있기 때문에 혼자 먹을 수 있는 능력이 발달한다.
- 이 시기에 외부 환경에 대한 강한 관심과 흥미를 가지는 데 관심의 대상이 음식물과 관계를 가진다(Curtis G. B., et al., 2006)).

위와 같은 이유에서 영아들은 이유식을 시작하여야 한다. 몬테소리는 신생아와 영아에 대한 영양의 중요성을 강조한다. 이유식은 단지 부족한 영양을 보충해 주는 차원이 아니라 영아가 새로운 환경과 새로운 관계를 유지하면서 처음으로 독립심을 선포하는 중요한 사건이 된다. 그동안은 어머니와 밀착되어 공생의 삶을 살아오다가 처음으로 스스로 자기가 독립적으로 활동을 한다는 선포의 의미를 지니고 있다(조성자 역, 2000).

몬테소리는 가급적 음식물을 영아 자신이 직접 먹을 수 있도록 제공되어야 한다고 말한다. 어머니가 먹여주고 그릇을 들고 가까이 대어주는 것은 영아들의 독립심을 저해하는 요인이 된다(조성자 역, 2000). 몬테소리는 이유식을 하는 데 주의할 점을 다음과 같이 말한다.

첫째, 모든 음식물은 영아 스스로 먹을 수 있도록 준비되어야 한다. 이유식을 통해서 독립심을 처음으로 경험하고 자신감을 얻게 된다(조성자 역, 2000).

둘째, 이유식을 혼자서 먹을 수 있는 환경을 제공하여야 한다.

영아들에게 알맞은 의자와 식탁, 영아용 수저, 턱받이용 냅킨 등을 준비해 주어야 한다. 식탁은 영아들이 보기에 아름답게 꾸며져야 한다. 유아용 아름다운 식탁보, 예쁜 꽃, 영아들이 쉽게 사용할 수 있도록 컵의 위치, 그릇의 위치, 수저의 위치, 식탁 깔기 등이다(조성자 역, 2000c).

셋째, 영아들에게 적당한 양을 우선 제공하고 나머지는 스스로 먹을 수 있도록 옆에 놓아두어야 한다.

영아들은 이유식을 통해서 자기들이 먹을 수 있는 양을 스스로 측정할 수 있어야 한다. 음식을 적절하게 먹는 식습관을 조절할 수 있는 방법이기도 한다.

넷째, 이유식을 통해서 어머니들은 단지 물질적인 영양분만 주는 것이 아니라 영적인 영양분도 주어야 한다.

수유 후에 처음으로 다른 음식을 먹는 훈련을 하는 것이므로 성인과 다르게 이유식 시간이 많이 소요된다. 어머니는 인내롭게 참아주고 기다리면서 안정감과 사랑을 주어야 한다. 물질적인 사랑을 충분이 주어야 하지만 영아에게 더 중요한 것은 영적인 영양분을 주는 것이다(Montessori M., 1991). 영아 역시 먹는 것만을 원하는 것이 아니라 먹으면서 어머니와 애정적 관계를 확인하면서 상호작용을 한다. 먹는 동안 영아들은 가장 만족스러운 표정을 짓는다(Montessori M., 1991)

다섯째, 어머니들은 영아들의 이유식을 위해서 충분한 영양식을 준비하여야 한다. 작은 스푼, 과일즙, 잘게 자른 빵조각, 영양죽 등이다. 모든 음식물은 영아들의 리듬에 맞추어 입에 넣을 수 있도록 고려하여야 한다.

여섯째, 이유식은 조용한 분위기와 정확한 시간에 제공되어야 한다.

이유식 시간은 영아들이 즐겁게 참여하여 어머니와 가장 행복하고 편안한 상황에서 제공되어야 한다. 또한 가장 인간적인 사회생활을 시작한다고 불 수 있다. 영아들은 가정이나 어린이집에서 어른들이 먹는 것을 본 경험이 있기 때문에 이유식에도 적극적으로 참여하는 행동을 보인다.

일곱째, 이유식은 인간 발달과정에서 가장 소중하고 모든 사람들의 축하를 받아야 한다.

몬테소리는 이유식에 대해서 다음과 같이 언급한다.

영아가 혼자서 먹을 수 있다는 것은 모든 것을 혼자서 할 수 있는 능력을 의미한다. 영아들이 여기저기 흘리면서 주위를 지저분하고 더럽힌 것을 깨끗이 치우려면 많은 희생이 따르지만 우리들은 1년 안에 영아들이 혼자서 먹고, 혼자서 자급 자족할 수 있도록 교육되어진 놀라운 상황을 볼 수 있다. 참으로 경이로운 일이다(Montessori M., 1991).

몬테소리는 이유식을 단지 영양분만을 제공하는 것이 아니라 독립심과 자율성에 대한 가치를 인정한다.

여덟째, 이유식은 영양공급을 원활하게 해 주는 역할을 한다. 5~7개월이 지나면 모유로는 필요한 영양분을 공급받지 못하기 때문에 필요한 영양분을 이유식을 통해서 보충해 주어야 한다.

아홉째, 영아들의 정신발달을 촉진시킨다. 이유식은 영아들의 삶에서 중요한 전환점을 맞이한다. 이유식을 통해서 분리와 독립심에 대한 습관이 자연스럽게 협조할 수 있는 기회가 된다. 독립적인 식사방법을 통해서 영아들은 정신적인 안정감을 증가시킨다. 영아들은 영양분을 골고루 섭취함으로써 신체적인 건강, 혼자서 먹을 수 있다는 만족감과 안정감을 유지한다.

열 번째, 이유식을 통해서 영아는 보다 개인적인 관계를 정착시키고 혼자서 생활할 수 있는 기초적인 능력이 발달한다.

영아는 이유식을 통해서 자아정체감을 확립하고 더 이상 어머니의 모유가 아니라 다른 사람에 의해서 만들어진 음식으로 스스로 성장하고 어머니로부터 분리되어 독립적인 생활을 할 수 있다는 상징적인 의미를 가진다.

4. 이유식을 위한 준비

0~3세 영아들의 하루 권장 에너지양은 남아는 1,450Cal, 여아는 1,350Cal이고, 4~6세 유아들은 남자는 1,850Cal, 여자는 1,650Cal이다. 그러나 우리나라에서 이유식을 하는 시기에 0~1세 영아들의 영양 일일 권장량을 보면 다음과 같다.

연령 / 종류	단백질	비타민 A	비타민 D	비타민 E	비타민 C	비타민 B1	비타민 B2	나이아신	비타민6	엽산	인	철분	칼슘
0~4개월	20g	350	10	3	35	0.3	0.4	5	0.3	40	380	5	500
5~12개월	25g	350	10	4	35	0.4	0.5	6	0.5	50	380	10	500

이유식의 종류는 과일, 채소, 육류, 곡식 종류로 구분된다. 그러나 이유식을 할 때 영아들은 소화기관이 약하므로 소화가 잘되는 음식물일 것, 음식물은 위

생적으로 처리할 것, 당분과 지방분이 많은 것을 가급적 피할 것, 여러 종류의 음식 맛을 경험할 수 있도록 할 것, 영아 스스로 음식을 먹을 수 있을 때는 가급적 혼자 먹도록 배려할 것, 이유식을 위해서 준비된 환경을 만들어주어야 한다. 0~11개월 기준으로 영아들의 이유식 횟수와 종류를 살펴보면 다음과 같다(Luchenta J. K., 2005).

개월	횟수	야채류	생선	육류	곡류	과일	비고
5	1	주스,익혀서 으깬 것 반 컵	익혀서 으깬 것 한 스푼	갈아서 익힌 육수 1~4스푼	복합 곡류 죽 반컵	즙 2스푼	모든 것은 익혀서 갈아 죽 형태로 줄 것
6	2		익힌 살점 2조각	육수와 잘게 갈은 고기 약간		즙과 익힌 과일 1/3컵	익힌 과일, 주스
7	2	익힌 채소즙, 주스	익혀서 으깬 것 2스푼, 익힌 것 2~4조각	육수와 잘게 갈은 고기 약간	복합 곡류로 된 죽 아기 밥 그릇 1	주스 반 컵, 잘게 썰은 과일 5스푼	모든 과일을 혼합하여 주스를 만들고 잘개 썰어서 줄 것
8	2						
9	3	주스 1컵, 잘게 썰은 과일 반컵, 손에 잡고 먹을 수 있는 과일 약간	익혀서 으깬 것 2스푼, 생선조각 2~3조각	약간 익힌 생선 4~5 조각	죽과 밥 반그릇~한 그릇	주스, 잘게 썰은 여러 종류의 과일, 약간 익힌 과일, 잡고 먹을 수 있는 과일 (조각)	영아들이 스스로 이유식, 식생활에 습관이 들도록 지도할 것.
10	3						
11	3			구운 생선 4~8조각			

이유식은 부족한 영양과 필요한 영양분을 보충해 주고 식생활 습관을 지도하는 것이 목적이다. 그러므로 영아들의 성장에 필요한 영양분을 제공하여 그들을 정신적 · 생물학적 성장이 정상적으로 이루어지도록 도와야 한다. 땅에서 자란 신선한 재료들은 영아들에게 건강, 행복, 정신 집중력, 주의력과 같은 건강 수준

을 높여줄 수 있다고 말한다.

영아전담 어린이집에서 일반적인 것은 의식주를 모두 원에서 해결하여야 하기 때문에 영아들의 영양에 특별한 배려와 의무감이 주어진다. 모유와 분유에 의존하는 영아들에 대한 수유방법, 이유식을 하는 영아들, 이유식 이후의 영아들에 대한 영양관리는 전적으로 교사에게 맡겨진 의무감이다.

영아들의 식생활 습관은 이유식에서 시작하는 것이 아니라 수유에서 시작된다. 이유식은 묽은 죽과 같은 종류에서 차츰차츰 밥과 같은 고형물인 음식으로 전환하여야 한다. 이유식은 독립적이고 자율적으로 생활하도록 훈련하는 단계이므로 가급적 혼자서 먹을 수 있도록 지도하여야 한다. 예를 들면, 혼자서 손에 잡고 먹을 수 있도록 지도하고 식탁에 올려져 있는 모든 물건들은 혼자서 집고 옮길 수 있도록 제공하고 숫가락을 혼자서 잡도록 지도하고 혼자서 컵을 들고 마시도록 제공하여야 한다.

5. 영아들을 위한 식품구성

이유식이 끝나면 영아들을 위한 영양관리를 위해서 균형 있게 영양을 제공하여 식습관에 관심을 가지도록 교육하는 것이 중요하다. 영아들을 위한 기초 식품구성을 영아들이 알기 쉽도록 피라미드로 구성하면 다음과 같다.

위치	식품군	식품명
5층 지방과 단순당	유지, 견과, 당류	버터, 마요네즈, 기름, 깨, 땅콩, 꿀, 설탕, 시럽, 사탕류 초코릿, 막대사탕
4층 칼슘	우유, 유제품	우유, 요구르트, 치즈, 아이스크림
3층 단백질	고기,생선, 계란, 콩류	소고기, 돼지고기, 닭고기, 조기, 갈치, 고등어, 어묵, 건멸치, 계란, 검은콩, 두부, 두유
2층 비타민과 무기질	채소류	시금치, 콩나물, 무, 당근, 김치, 버섯, 미역, 김, 토마토주스,
	과일류	딸기, 수박, 사과, 바나나, 귤, 배, 오렌지주스
1층 탄수화물	곡류, 전분류	쌀밥, 보리밥, 국수, 식빵, 시리얼, 감자, 고구마, 당면, 메밀묵, 밤, 떡,

어린이들을 위한 기초 영양교육을 "끼리끼리 나누어요."라는 교구로 제작하여 현장교육을 실시하고 있다.

출처 : 전인환(2007). 끼리끼리 나누어요.

1층 구조로 이루어진 탄수화물은 단순 탄수화물, 복합 탄수화물, 섬유질로 구성된다. 탄수화물은 체내에서 세포의 신진대사와 두뇌 활동의 주요 연료인 포도당으로 전환되어 소화를 돕고 질병으로부터 예방하는 역할을 한다(Katzen J., et al., 2005).

복합 탄수화물은 곡식류에 함유되어 있으며 어린이들에게 에너지, 비타민, 무기질, 섬유질을 제공한다. 탄수화물을 포함한 식사와 간식은 어린이들의 단기기억을 증진시키고 두뇌를 더 오래 깨어 있도록 하며 일반적으로 인지능력을 향상시킨다는 연구결과가 있다(Katzen J., et al., 2005).

2층 구조인 무기질과 비타민은 성장, 생명력, 건강에 필수 영양제이며 소화기능을 도우며 질병을 돕는다. 비타민은 탄수화물, 단백질, 지방을 유익한 형태로 바꾸어 어린이들 몸에 흡수되도록 기능한다. 특히 미네랄은 신체와 정신건강에 필요한 영양분이며 세포, 혈액, 신경, 뼈, 치아에 기본적인 영양소가 된다. 그러므로 어린이들에게 채소, 과일, 나무열매, 씨, 콩을 주는 것이 바람직하다. 어린이들에게 비타민 A는 건강한 피부, 머리카락, 손톱, 뼈, 치아 발육에 도움을 준다.

3층 구조인 지방은 우선 소화시간을 늦춘다. 어린이들의 뇌는 단백질로만 구성되어 있는 것이 아니라 60%가 지방 또는 지질로 구성되어 있다.

4층 구조인 단백질은 영아들에게 오장육부, 근육, 항체, 호르몬, 효소, 두뇌 활동에 영향을 주는 신경전달물질을 생산하고 재생하는 필수 아미노산을 공급한다(Katzen J., et al., 2005). 신경전달물질은 두뇌 작용을 적절하게 돕는 생화학 전달자이다. 신경전달물질의 도파민과 아드레날린에 영향을 주는 것이 단백질이다.

도파민은 두뇌의 각성이나 운동신경 관리를 제어하는 기능을 한다.

또한 도파민은 전두엽에서 두뇌의 다른 부분으로의 정보 흐름을 제어한다. 전두엽에서 도파민 분비장애가 발생하면 기억, 집중력, 문제해결 능력이 감소되고, 도파민 농도가 낮을 경우 관심 부족으로 질병이 발생할 가능성이 많다.

어린이들에게 단백질에서 발견되는 20가지의 아미노산 중 9개는 음식물에서 나오며 필수적인 영양소이다. 그러므로 어린이들에게 단백질 부족은 정서불안, 행동장애, 학습성과에 영향을 미칠 수 있다.

정신이 깨어 있도록 두뇌 활동을 돕기 위해서 어린이들에게 단백질이 함유된 아침 식사를 권장하는 것이 중요하다. 단백질은 필수 아미노산을 공급하여 두뇌 활동에 영향을 주는 필수 아미노산을 생산하고 재생하는 기능을 가지고 있다.

영아들은 신체발달과 지능발달 그리고 학습능력에 영향을 미치는 효과가 크기 때문에 편식이 아닌 다양한 음식물을 경험하는 것이 중요하다. 일반적으로 영아들의 영양 특성을 살펴보면 신진대사가 원활하기 때문에 다량의 영양분을 섭취하여야 하고, 성장과 발육을 위한 영양분 섭취, 소화흡수가 잘되는 음식물, 에너지 분비에 필요한 영양분, 위생적인 영양분을 섭취할 수 있도록 배려하여야 한다(조성자 외, 2007).

영아들은 일상생활 활동으로 쉽게 채소의 명칭과 요리를 위한 활동을 몬테소리 3단계 교수법으로 시작할 수 있다. 교사는 서로 다른 색상을 가지고 있는 세 가지 채소를 소개한다.

1단계 : 서로 다른 3개의 채소에 대해서 말한다. 그리고 하나하나를 손가락으로 가르친다.

2단계 : 영아에게 노란색의 피망을 손가락으로 가르치도록 하고 "이것은 노란

색이다."라고 말한다.

3단계 : 교사가 노란색의 피망을 들고 이것을 "무슨 색이라고 부르지"라고 질문 한다(Seldin T., 2007).

영아들이 부엌에서 요리에 필요한 물건들은 앉아서 썰 수 있는 작은 칼판과 감자, 바나나, 오이, 호박 등을 썰 수 있는 위험하지 않은 칼, 그릇을 닦을 때 사용할 수 있는 천으로 된 앞치마와 물을 위한 비닐 앞치마, 채소를 닦아서 올려놓는 건조기, 밀가루 반죽을 자를 수 있는 여러 가지 모양의 형태, 감자를 잘라서 모양을 만들어보기, 마늘 가는 것, 물을 따르고 담는 주전자, 칼, 주걱, 국자, 포크를 담을 수 있는 그릇이 준비되어야 한다(Seldin T., 2006).

Ⅱ. 영아를 위한 안전성에 대한 교육

몬테소리의 영아전담 어린이집 프로그램 중에서 가장 중요한 것은 영아들의 안전에 관한 것이다. 교사들에게 한 시간 중 59분은 안전하지만 1분 사이에 안전사고가 발생하면 59분의 안전은 아무런 의미가 없다. 그만큼 영아전담 어린이집에서의 안전관리는 무엇보다도 중요하다고 할 수 있다. 안전성의 종류로는 화재에 대한 안전성, 지진에 대한 안전성, 교통에 대한 안전성, 비상대비 관련 정보 등을 들 수 있다.

		연령	안전성에 대한 내용
안전성의 종류	화재 안전성	0~3세	각 방에 소화기 설치, 비상구 표시, 소방연습 실시, 난방기와 온풍기 작동 확인, 소화기 기능 확인, 화재발생 시 필요한 도구위치 파악하기, 가스누출기 점검, 소화기 위치 점검, 화재경보기 위치 점검, 전화번호 확인, 구급차, 전담의사, 병원, 경찰, 화재번호, 전력회사, 수도공사, 가스공사, 구급의약품
	지진 안전성		지진대비 훈련, 지진이 일어날 때를 예견 미리 비상도구 준비, 모든 자료실이 잠겨졌는지 확인, 지진발생 시 물건이 떨어지거나 쓰러지지 않도록 확인

안전성의 종류	연령	안전성에 대한 내용
비상대비 관련 정보	0~3세	병원 전화번호부, 구급차, 영아보호 서비스센터, 인근 경찰서 및 파출소, 병원, 독극물 제거센터, 적십자 보호센터, 각종 의사, 전력공사, 수도공사, 가스공사 전화번호, 구급약품 보관소, 소화기 위치, 화재경보기 위치, 비상 전화번호부 위치, 각 방의 비상위치 파악, 방 1, 2, 3
주변 환경에 대한 안전성	0~1세	영아들은 항상 어른의 시야에서 감시할 것, 약품이나 물에 조심할 것, 화학약품, 세제용품, 작은 장난감, 교구, 영아들이 잠잘 때 눕혀 재울 것, 턱받이, 겉옷 혹은 가운을 준비할 것, 휴지, 물휴지, 손수건 등을 준비할 것
	2~3세	마루 바닥은 미끄럽지 않도록 처치할 것, 안전예방 교육을 실시할 것, 교사는 응급치료 사항을 실시할 것, 날카롭고 위험한 물건, 유해식물에 접근하지 못하도록 보관할 것, 실외 공간, 놀이터에 쓰레기를 깨끗이 치우고, 깨진 조각, 뾰족한 물건, 녹슬은 물건을 치울 것, 수영장이 있을 경우 위험방지 시설 설치할 것, 장식이 많이 달린 옷 착용 금지할 것, 더운 옷을 금할 것, 활동에 편리한 옷을 입힐 것, 영아용 여벌 옷을 준비할 것
가족에 대한 안전수칙	가족 전체	자가용 금지구역에 관한 정보, 영아 집에 대한 안전수칙 정보, 자연재해 시 가족 간의 연락망에 관한 정보

영아들을 위한 약물치료에 관해 교사와 부모들이 주의할 점은 다음과 같다. 부모가 교사에게 전달하고 기입할 사항이다.

- 영아 이름 :
- 약 종류 :
- 약의 보온상태 :
- 약 복용시간 :
- 약 복용 시작과 마치는 날짜 :
- 부작용에 관한 정보 :

위 사항에 대한 확실성을 위해서 부모는 서명을 하여야 한다. 교사는 영아들에게 약물을 복용시킨 다음에 교사가 부모에게 전달하기 위해서 다음과 같은 것을 기입하여야 한다.

- 복용한 날짜와 시간 :
- 복용한 약물 :
- 약물 복용 후 증세 :

교사도 정확성을 위해서 서명을 하여야 한다. 교사와 부모들은 약물복용 시 정확한 정보를 가지고 있어야 하기 때문이다.

다음 표는 영아들의 위생에 관한 사항들이다.

교사들은 깨끗하고 청결한 환경을 제공하여 영아들이 질병에 전염되지 않도록 주의하는 것이 우선적으로 중요하다. 환경위생을 통해서 영아들은 정신건강을 유지할 수 있다. 따라서 교사들은 영아들에 대한 유전병에 관한 정보, 전염성 질병에 관한 정보, 영아들의 건강상태에 관한 정보를 가지는 것이 중요하다. 영아들이 질병에 걸린다는 것은 건강상태가 좋지 않다는 의미이므로 교사는 즉시 영아들을 격리 처치하여야 한다. 대부분의 박테리아와 바이러스는 영아들의 호흡기관, 배설물, 손 등을 통해서 전염되기 때문에 격리하여야 한다.

교사들은 책을 통해서 전염병에 관한 지식을 가질 수 있지만 영아들을 조심성있게 관찰하면 알 수 있다. 교사들은 영아들의, 피부 색깔(온도, 피부색, 피부결), 눈 모양(눈물, 눈 주위의 부어오름, 분비물), 코(콧물, 콧물의 색깔), 호흡(기침, 천식, 헐떡거림, 훌쩍거림) 등을 통해서 질병의 발병 여부를 알 수 있다.

이때 교사들은 가족들에게 최근 영아들의 식사량, 수면상태, 구토, 설사, 호흡의 건강상태에 대해서 정보를 얻어야 한다.

위생의 종류	위 생 내 용
어른들의 손 위생	• 영아가 집에 도착하였을 때 • 개인적인 위생 후(화장실 사용 후 머리를 만졌을 경우 등) • 영아들의 기저귀를 갈아준 다음 • 식사 전 · 후, 음식을 요리하기 전, 영아에게 음식을 주기 전 • 유아용 세제와 비누를 사용할 것
영아들의 손 위생	• 영아가 집에 도착하였을 때 • 밖에서 교실로 들어왔을 때 • 음식을 먹기 전 · 후, 개인적인 위생 전 · 후
급식 (점심, 간식)	• 영아들의 소화기능을 참고하여 먹고 삼키기가 편리한 음식 • 음식과 우유는 40℃ 미만으로 보관할 것 • 음식을 먹은 모든 그릇과 식탁은 완전하게 소독할 것
기저귀와 화장실	• 세균에 노출되는 것을 방지할 것 • 손을 깨끗하게 씻어 줄 것 • 기저귀를 갈아줄 때 주의점 : 지정된 장소를 사용할 것, 갈아준 장소를 소독제로 정리할 것, 기저귀는 지정된 장소에 버릴 것, 기저귀 갈이대와 세면장치를 할 것, 기저귀 갈 때 어른들은 장갑을 사용할 것, 온수장치를 할 것, 유아용 변기를 사용할 것, 청결을 최우선으로 할 것. 기저귀를 위한 쓰레기통을 따로 사용할 것
낮잠 시간	• 침대 · 이부자리를 자주 소독할 것 • 자주 일광욕을 할 것 • 잠잘 때 필요한 모든 것을 따로 보관할 것 • 질병이 있거나 전염병이 있는 영아들은 분리하여 재울 것
옷에 대한 위생	• 영아들은 외부 온도에 대단히 민감하므로 옷을 입었을 때와 외부온도가 적절하여야 한다. • 섬유질, 순면으로 된 옷, 단추, 고리 끈이 없는 옷, 파스텔 색의 옷, 완전 소독이 가능한 면, 위생적으로 자주 갈아주어야 한다.

영아들을 위해서 다음의 표는 휴원할 수 있는 질병과 증상 그리고 다시 돌아올 수 있는 시기를 표시한 것이다.

질병 종류	증상	돌아올 수 있는 시기와 확인방법
수두	발열. 발진, 수포	발진이 발생하고 6일 후나 물집 후에 딱지가 생길 때
콜레라	열, 구토. 설사, 탈수증세	열이 내리고 주치의 허락이 있은 후
장티푸스	두통, 헛소리, 혈변, 장출혈,	주치의의 진단에 따름
유행성 독감	두통, 오한, 열, 구토, 기침	열이 정상으로 되돌아왔을 때
발진	오열, 발진	상처가 건조해지거나 딱지가 되었을 때
결막염	눈꺼풀이 붓고, 눈곱이 낌	눈에 눈물이 자주 흐르고, 가려움증이 있으나 열이 없으면 밖으로 나간다. 눈 색이 노란색을 띠거나 하얀 눈꼽이 끼면 사라질 때까지 외출을 금한다.
설사	고열, 헛소리	설사가 멈출 때까지
감염 A	미열	질병을 앓고 난 다음 1주일 후
농가진	얼굴, 수족에 쌀알 크기의 발진, 수포가 생김	항생제를 복용한 다음 24시간 후
홍역	발열, 결막염, 기침, 머리에 발진	발진이 끝나고 5일 후
이하선염	오한, 두통, 미열 1~2일간	부어오르고 난 다음 9일 후
백일해	기침, 콧물, 주로 밤에 기침 나옴	항생제 복용 후 5일 후
결핵	기침, 혈담, 미열	의사가 완전 치료되었다고 확인한 후
요충	발열, 배가 아픔	치료 24시간 이후
백신	미열	백신이 발생한 부위가 치료되면 올 수 있다
루벨라	발열, 발진, 임파선이 부어오름	발진 발생 6일 후, 주치의가 안전하다는 진단을 내렸을 때
디프테리아	발열, 기침, 탈진상태	주치의가 안전하다고 진단하였을 때
기생충	설사, 심한 복통 열, 탈수상태	유충이 없어졌거나, 치료받은 다음 날
수막염	두통, 발열, 구토	초기증상이 나타날 때는 집에서 치료함. 주치의가 전염성이 없다는 진단을 내린 다음

6장

몬테소리 어린이집의 운영관리

우리나라에 몬테소리 영아전담 어린이집을 운영하는 곳은 다른 어린이집에 비해서 그리 많지 않다. 0~3세를 위한 몬테소리 교사 양성과정도 3~6세 과정에 비해서 양적으로 적은 숫자이다. 이러한 상황을 고려해 본다면 몬테소리 영아전담 어린이집의 운영관리의 문제점, 물리적 환경과 인적환경의 문제점을 파악하여 실제적으로 환경구성을 어떻게 하여야 하는지에 대한 답을 6장에서 제공하려고 한다.

I. 몬테소리 어린이집의 운영관리

몬테소리 어린이집의 운영관리는 다음과 같은 보육 목표를 통해서 운영되고 있다.

첫째, 어린이들의 보육을 몬테소리 교육 프로그램에 의해 적극적으로 지원하여 영아들의 의식주와 보육을 전적으로 담당하는 부모를 위한 완전한 보육서비스이다.

둘째, 영아들의 욕구와 부모들의 교육 욕구를 만족스럽게 충족시켜서 행복한 가정 공동체와 인류 공동체를 이루어갈 수 있도록 지지해 준다.

셋째, 여성의 직장 특히 전문직 여성의 직업 의식을 적극적으로 지원하기 위해 영아전담 어린이집을 운영한다.

넷째, 영아들을 안전하게 보육하여 미래에 세계인으로서 평화로운 마음을 가지고 더불어 살아갈 수 있는 기본적인 훈련을 목표로 한다(Opera Nazionale Montessori, 1997).

그러므로 영아전담 어린이집은 이러한 보육 목표에 상응하는 모든 것을 지원하는 특별한 교육기관이다. 보육 목표는 일상생활, 운동발달, 언어발달, 감각발달, 의식주에 관한 기초 학습, 생태학적 학습, 평화학습, 실외학습을 통해서 영아들의 우주와 자연에 관한 기본적인 개념을 익히고, 기본적인 생활습관과 기본적인 학습능력을 발달시키는 것이다. 몬테소리 어린이집에서는 이러한 보육 목표를 설정하여 영아들이 언제든지 자유롭게 활동하여 자기들의 욕구를 충족시킬 수 있도록 돕는다(Opera Nazionale Montessori, 1997).

몬테소리 어린이집을 운영하기 위해서는 교육적인 가치와 교육적인 원칙에 의해서 운영된다. 영아들이 각기 다른 환경, 유전 인자, 개인적 기질을 가지고 태어나지만 부모 양육이든 타인 양육이든 영아들을 돌보는 사람들은 개인의 특성을 고려하여 보육하여야 할 대단히 중요한 책임감을 가지게 된다(Goldschmied E., et al., 1994). 인생에서 모든 발달의 민감기와 흡수정신이 0~3세 사이에 민감하게 발달하여 유아들의 인격 형성에 많은 영향력을 미친다는 몬테소리의 확신은 변함없다.

몬테소리 어린이집을 효율적으로 운영하기 위해서는 무엇보다도 영아들이 좋아하고, 영아들이 작업을 즐기고, 영아들의 발달과정에 관심을 가지는 것 이외에 어린이집에서 영아들의 욕구를 충족시켜야 하는 일이다.

1. 몬테소리 어린이집에서 중요한 사람들

몬테소리 어린이집은 부모를 대신하여 영아들을 위해서 가장 훌륭한 물리적 · 인적 환경의 서비스를 확대시키는 것을 전제로 한다. 이제는 국가적인 차원에서 보육정책에 대한 지원이 강화되면서 영아들에 대한 서비스가 부모들과 보육기관의 책임으로 생각하는 것이 일반적이다. 몬테소리 어린이집에서 가장 중요한 역할을 하는 사람은 원 운영의 책임을 맡고 있는 원장과 영아를 직접 보육하는 보육 교사이다.

1) 몬테소리 어린이집 원장의 역할

몬테소리 어린이집의 원장은 우선적으로 몬테소리 교사 자격증을 소유하고 다년간 원 운영에 경험이 있는 자로서 기관운영에서 보육까지 완전하게 책임질 수 있는 다중 역할을 수행할 수 있는 능력이 있어야 한다. 몬테소리 어린이집 원장의 역할을 살펴보면 다음과 같다.

첫 번째, 몬테소리 철학에 근거한 운영계획을 수립하고 운영관리에 관한 능력을 갖추어야 한다.

운영계획은 철저히 몬테소리 교육철학과 실기에 근거하여야 한다. 원장은 몬테소리 교사 양성과정을 거쳐서 적어도 스스로 몬테소리 교육을 할 수 있는 능력을 가져야 한다.

두 번째, 어린이집 교직원 전체에 대한 인사관리, 업무분장, 근무평가, 관찰기록, 환경구성 능력과 자질을 필요로 한다.

세 번째, 원아모집, 반 편성, 영양, 건강, 안전관리, 프로그램 등을 위해서 원아모집과 원 관리를 할 수 있는 능력과 자질이 있어야 한다.

네 번째, 원장은 교사와 부모들이 영아들을 정확하게 관찰할 수 있도록 가정과 원 사이에 긴밀한 연락체계와 환경을 제공하여야 한다. 관찰의 전반적인 사항들은 2장을 참고하기 바란다.

다섯 번째, 몬테소리 어린이집의 다른 원과의 차이점은 모든 것이 몬테소리 환경과 몬테소리 철학에 근거한 프로그램을 운영하여야 하기 때문에 0~3세 프로그램을 위한 교사교육을 실시할 수 있는 능력을 요구한다.

여섯 번째, 몬테소리 어린이집 원장은 몬테소리 교육 프로그램을 적용하여 원을 운영하는 특별한 운영철학을 가져야 한다.

운영정책을 수립할 때 특별히 몬테소리 프로그램이 지향하는 목적을 달성하는 데 장애물이 되는 것을 제거하여야 한다. 일반 어린이집과 몬테소리 어린이집의 차이점이 무엇인가를 인지하여야 한다(Goldschmied E., et al., 1994). 양 기관의 운영철학의 차이점을 살펴보면 다음과 같다.

몬테소리 어린이집	일반 어린이집
모든 운영은 몬테소리 교육철학에 근거하여야 한다. 몬테소리 교육에 필요한 환경을 구성한다.	일반 교육과정에 필요한 환경을 구성한다.
자유로운 활동을 통해서 독립심을 지향한다.	일정한 커리큘럼에 의해서 활동한다.
발현적 학습원리를 중요시한다.	놀이학습을 중요시한다.
인지발달을 위한 활동중심, 신체운동을 목적으로 한다.	인지발달에 주로 관심을 가진다.
0~3세는 일상생활 영역을 강조한다.	조기 학습을 중요시한다.
0~3세는 감각영역, 발달을 강조한다.	조작능력을 강조한다.
인성교육, 인격교육의 중요성을 강조한다.	가르치는 것을 중요시한다.
우주적 감각, 우주교육으로써 자연학습, 생태학습을 중요시한다.	탐색활동을 중요시한다.
자기관리, 질서의식, 정리정돈, 규칙을 중요시한다.	지시에 의해서 행동한다.

위에서 보는 것처럼 몬테소리 어린이집에서 영아들의 기본적인 생활 질서와 습관 그리고 자유로운 활동을 통해서 영아들이 자율적이고 독립적으로 생활할 수 있도록 모든 환경을 배려하여야 한다.

일곱 번째, 몬테소리 어린이집 원장은 원의 직원, 부모들과 긴밀한 관계를 가지고 원에서 진행하고 있는 프로그램을 가정에서 연습할 수 있도록 프로그램 진행과정을 부모들과 공유하여야 한다.

몬테소리의 어린이집은 부모, 간호사, 영양사, 지방자치단체 보육담당 직원들이 모여서 질 좋은 보육을 위한 서비스를 제공하는 데 공동의 목적을 지향하여야 한다. 부모들이 원하는 보육은 정상적인 가정에서와 똑같이 자기 자녀들이 보육되기를 원한다. 그러므로 원장 개인의 관점보다는 보육에 관련된 보육 종사자들과 함께 공동으로 보육 목적을 달성하도록 노력하여야 한다.

여덟 번째, 원장은 모든 환경을 준비하는 조직자 역할을 하여야 한다.

물리적 환경, 인적 환경인 포괄적인 환경을 의미한다. 원장은 원에서 영아들을 돌보는 사람들은 모두 조직자의 역할을 할 수 있는 사람이라고 할 수 있다. 조직자들은 순수한 원장의 역할, 부모와 원장과의 관계, 원장과 지역사회 아동보호센터 직원들과 상호작용의 역할, 영아를 돌보는 대리 양육자들과의 관계에서 항상 질 좋은 보육과 양육을 위해서 최선의 방법을 제공할 수 있는 조직자의 역할을 필요로 한다. 특히 본인 양육이든 타인 양육이든 원장은 그들과 긴밀한 관계를 형성하여 보육, 양육에 필요한 모든 조건을 조직할 의무와 책임감이 있다.

아홉 번째, 원장은 보육시설 안에서 원활한 의사소통을 할 수 있는 역할을 하여야 한다. 원장은 원의 발전과 프로그램 운영을 위해서 매일매일 보육시설 내에서 의사소통이 효과적으로 작용할 수 있는 의사소통 네트워크를 가지고 있어야 한다.

원장과 부모, 원장과 직원, 원장과 교사, 원장과 외부 인사(견학자, 참관자, 실습, 실험자)와의 의사소통 문제를 정확하게 기록일지를 만들어 확실성을 가할 수도 있어야 한다.

즉각적인 의사소통이 불가능할 때는 E-메일, 게시판 공고, 전화로 메시지를 전달하는 방법도 있다.

열 번째, 교사교육을 직 · 간접으로 지원하고 상황에 따라서는 직접 실시할 수 있어야 한다. 몬테소리 교육에서 교사교육의 중요성은 이미 확인된 것이지만 누가, 언제, 어디서, 어떻게 실시하는가는 대단히 중요하다. 가장 바람직한 것은 원장이 직접 교사교육을 실시할 수 있는 능력을 가지는 것이다.

열한 번째, 직원들의 근무 자세를 관리하는 역할이다. 교사의 급작스러운 부재, 병가, 사고, 공휴일의 순환제도, 당직문제의 순환이 원칙대로 이루어지지 않았을 경우 원장은 보완책을 가지고 대체할 수 있어야 한다.

열두 번째, 원장은 직원회의를 정규적으로 또는 필요에 따라서 개최하여야 한다. 원장이 회의를 개최하는 것은 원을 원활하게 운영하기 위해서 민주적인 방법에 따라서 교직원들의 의견을 수렴하는 것이다. 다른 한편으로 규칙적인 회의는 보육기관을 효과적으로 운영하기 위한 절대적 조건이라고 할 수 있다. 그러므로 회의는 일상적인 근무의 일부분으로 규칙화하고 형식화하는 것도 한 방법이다. 회의 목적은 참석한 모든 구성원들이 이해하고 공유할 수 있어야 한다. 원장은 회의할 내용과 목적을 구성하고 조직하는 일이 중요하다. 중요한 이슈, 급작스러운 사건을 효율적으로 해결할 수 있는 방법을 모색하는 것이다.

원장은 회의소집을 위해서 다음과 같은 사항들을 조심하여야 한다.

- 회의 시간, 날짜를 미리 공시할 것(게시판, E-메일, 개별 통보할 것).
- 회의 시작과 마침시간을 미리 예견하여 가능한 한 정확하게 지킬 것.
- 회의실에 준비할 것(메모지, 원 테이블, 걸상, 서로 마주 앉아서 눈을 맞추고 표정을 보면서 회의할 수 있는 분위기).
- 모든 회의는 지난 회의 때 결정한 것을 되풀이해서 확인하는 절차를 거치면서 실시할 것.
- 가능한 한 회의 절차는 모든 참석자들의 동의를 얻을 것.
- 원장은 건의한 내용에 대해서 듣는 입장에 있을 것
- 결정된 사항을 철저하게 민주적으로 실행할 것.

열세 번째, 원장은 교사들의 의견을 최대한으로 수렴하여 원 운영에 상당 부분 참고하여야 한다.

교사들의 생각을 반영하여 교사들의 고통과 스트레스를 최대한으로 줄여서 교사 자신이 원에서 중요한 사람, 인물임을 스스로 느끼도록 하여야 한다.

열네 번째, 원장은 교직원들의 복지에 적극적으로 협조하여야 한다.

원장은 교직원의 물질적, 신체적 복지에 관심을 가지고 적극적으로 지원해 주어야 한다. 미국과 오스트레일리아의 연구 보고에 의하면 다른 직업에 비해서 보육교사들은 어깨의 통증, 호흡기 질환, 위장병, 우울증 질환이 심각한 것으로 나타났고 일상적인 업무에서 오는 스트레스, 교직원들 사이에서 오는 긴장감, 학부모로부터 스트레스를 받는 것으로 나타났다(Goldschmied E., et al., 1994).

위의 사항을 고려한다면 운영 책임자로서 교직원들의 물질적 · 정신적 복지에 특별한 관심을 가져야 한다.

2) 몬테소리 어린이집에서의 교사 역할

훌륭한 몬테소리 교사는 교실에 있든 없든 상관없이 어린이들이 혼자서 작업을 진행할 수 있도록 만드는 것이다. 공동작업에 참여하는 영아들이 자율적으로 자유롭게 작업을 진행하도록 지도하는 것이다. 교사는 어린이들의 환경 안에 포함되어 있으므로 중요한 역할을 한다. 원 생활에서 어린이-교사의 사이에 수직적이고 수평적인 관계는 일반적으로 교육적 활동과 일치하여 영향력이 상호보완적으로 연결되어 있기 때문에 교사는 영아들의 교육적 과정에서 생명을 돕는 조력자로서 영아와 교구 그리고 환경은 절대적으로 분리될 수 없는 존재이다(Carletti L. S., 1982).

몬테소리는 영아들의 자동수정과 자동교육을 교구에 의존하고 활동의 자유로운 표현에 장애물이 되는 모든 것으로부터 자유로워지는 방법으로써 환경을 고려한다. 지금 이러한 자유주의자의 기능을 위해서 자동수정의 기능을 교구에 의존하고 환경에 의존하는 교사는 새로운 기능과 의미에 대한 책임을 느껴야 한다. 교사는 자기 눈 아래서 자유롭게 되는 심리적 현상들을 관찰하는 활동가다(Carletti L. S., 1982). 몬테소리 교사는 영아들의 정신적 생활을 무시하면서 자기의 가치를 영아들에게 강요하는 사람도, 어린이집에서 어린이들의 중심에 있는 사람도 아니다. 교사는 사물을 가르치지도, 지식을 머리에 채워주는 사람도 아니다. 몬테소리 교사는 전통학교에서 교사들이 행하는 것처럼 각자의 지적 능력과 개인의 관심을 고려하지 않고 미리 예정하고 지도하는 지식을 소극적으로 배우도록 영아들을 강요하지 말아야 한다. 몬테소리 어린이집에서의 교사 역할과 위치를 살펴보면 다음과 같다.

1 몬테소리 교사는 활동적이지만 소극적인 위치에 있어야 함을 인식하여야 한다.

몬테소리 교사와 일반 교사의 차이점은 일반 교사는 자기가 활동하려고 하는 반면 몬테소리 교사는 영아들의 활동과 그들이 알고 있는 것을 최대한으로 지지해 주고 고려한다.

2 몬테소리 교사는 개입을 하지 않을지라도 항상 교육적인 활동을 보여주는 활동적인 지도자라야 한다.

교사는 영아들을 신중하게 관찰할 수 있는 가능성을 가지고 영아들에게 가치 있고 관심 있는 개인 심리학의 연구를 완성하는 순간 교육적인 개입을 확실하게 하기 위해서가 아니라 영아들의 자동교육과 자유화라는 모든 교육학적 문제들의 해결점을 지지하는 과학적 교육학의 특성을 만들어 가기 위해서이다.

3 몬테소리 어린이집에서의 교사는 환경구성을 위한 관찰, 개입과 지도를 위한 관찰이 가장 중요한 역할이다.

관찰한다는 것은 육체적이고 정신적인 총체성 안에서 영아들을 정확하게 인식한다는 것을 의미한다. 관찰은 자기들의 교육적 업무를 훌륭하게 수행하기를 원하는 교사를 위해서 예비 조건을 만드는 것이다. 또한 훌륭한 관찰은 관찰을 필요로 하는 행동만 관찰하는 것이다. 실제로 영아가 자기의 기본적인 행동과 요소의 발견을 강조하는 것은 그들의 자유를 존중해 주는 것이다. 자연법칙에 따라서 자유롭게 발전하고 있는 영아를 위한 존경심에서 탄생된다(Padellaro N., 1935).

4 진정한 의미에서 어린이집 교사는 가르치는 교사가 아니라 지도자로서 교사이다(Pignatori M., 1970).

지도하는 사람은 말을 적게 하고 인격을 형성하는 초기단계에 있는 영아들과 더불어 생활하면서 지도하고 용감하게 더 많은 일을 하는 사람이다. 몬테소리 교사는 능동적인 사람이거나 행동주의자라고 말한다(Pignatori M., 1970). 이는 행동하고, 실천하고, 함께하고, 적극적으로 준비하는 자세다.

교사는 영아들이 내적으로 방해를 받지 않게 지도하고, 욕구를 자연스럽게 표현하도록 환경을 준비해 주고, 이해하고 따를 수 있도록 영아들에게 영향력을 미칠 수 있는 신비스런 사랑의 영성과 과학적 관찰자의 영성이 같은 시간 안에 공존할 수 있어야 한다.

5 몬테소리 교사는 영아의 신비스럽고 비밀스러운 생각과 활동에서 무엇이든 발견하는 지혜를 가져야 한다(Carletti L. S., 1982).

어린이집 교사는 항상 관찰자의 자세로 사명감을 가진다. 영아들의 지적 생명력을 일깨워 주어야 하는 학문적이고 과학적인 정신을 형성하여야 한다.

6 몬테소리 어린이집 교사는 영아들을 완전하게 볼 수 있는 천리안을 가져야 한다.

어린이집 교사의 천리안은 성인들의 천리안처럼, 영성가와 학자들의 천리안처럼 정확한 지혜로운 천리안을 가진 지도자가 되어야 한다(Montessori M., 1973).

7 몬테소리 어린이집 교사는 영성과 학문을 준비하여야 한다.

실제적으로 환경을 준비한다는 것은 몬테소리의 정신이 환경 속에서 우러나오도록 돕는 것이고, 학문을 준비하는 것은 교사의 습관이 영성적이고, 학문적이어서 어린이들의 정신에 생명을 불어넣어 주어야 할 것이다(Carletti L. S., 1982). 교사의 영성적인 습관은 일반적인 생활에서 영성적임을 의미하므로 교사의 사명감은 영성을 중요시하여야 하고, 영아들을 위한 인류애의 사랑으로부터 그리고 사랑과 존경으로부터 생명을 불어 넣어 주어야 한다.

교사의 용기, 격려, 사랑, 존경과 같은 요소들은 인간 영혼을 고차원적으로 향상시키는 것이다(Carletti L. S., 1982). 실제적으로 교사의 영성적 준비는 전통적인 교실이나 몬테소리 교실이나 교실의 변화를 위해서 필수조건이다. 자유를 근거로 하는 모든 유아 교육학자들은 어떤 철학에 근거하든 간에 교사의 영적 준비는 학교교육 개혁의 필수조건으로 생각하였다.

몬테소리는 교사 영성을 강조한다. 교사의 영적 준비는 동적인 것보다 영성을 강조한다(Lecese M. L., 1950).

8 몬테소리 어린이집 교사의 특별한 역할로 도덕적 성품과 도덕적 소질을 요구한다.

몬테소리는 무엇보다도 교사들에게 영아들의 잠재적인 창조적 능력에 대한 존중감을 설명하는 근거로 자유에 대한 모든 존중감을 요구한다. 태아 속에 경이롭게 숨겨져 있는 영성을 존중하고, 영아들의 생명력 있는 창조적 힘은 그들을 진심으로 존중하고 관찰하는 교사들에게서 보여진다(Lecese M. L., 1950).

몬테소리는 어린이들을 존중하고 과학적으로 관찰하는 교사를 영성적 교사라고 말한다. 교사는 환경을 보호하고 교실에서 활동적으로 영아들을 지도한다. 교실에서 교사는 환경과 영아들 사이에 다른 특성(Trait-d' union)을 가진 사람이 아니라 "하나(Union)"가 되어야 한다.

영아들을 위해서 일하는 대부분의 사람들은 영아들이 만족스럽게 성장하는 모습을 전체적으로 볼 수 있다는 것이다. 영아들에게 사랑, 영양, 음식, 청결, 수면과 같은 기본적인 욕구가 충족되면 건강하게 정상화 단계에서 생물학적인 진화를 한다.

일반적으로 몬테소리 어린이집의 교사들은 영아들을 직접 돌보고, 양육하고, 교육하고, 함께 생활하는 사람들을 의미한다(Goldschmied E., et al., 1994).

첫째, 몬테소리 어린이집의 교사는 영아들을 정확하게 볼 수 있는 눈을 가져야 한다.

영아들의 행동은 교사의 지시에 의해서 이루어지는 것이 아니라 무의식적으로 정신과 육체가 원하는 대로 자유롭게 행동한다. 준비된 환경 속에서 자유로운 행동을 허락하는 것이다. 교사는 교실 전체를 한 눈으로 관찰하면서 영아들의 욕구를 만족시켜야 한다.

영아들의 행동을 관찰한 다음 무질서하고 혼란스러운 행동을 하는 영아들, 정서적으로 혼란스러운 사고를 가진 영아들, 무기력한 영아들, 가정문제로 애정이 결핍된 영아들, 즉 일탈된 행동을 보이는 영아를 위해서 무엇을 할 것인가?에 스스로 답을 찾아야 한다.

교사는 관찰할 때 항상 신중하여야 하고, 정확하여야 하고, 개인의 특성을 직관한 다음에 지도하고 안내해 주어야 한다고 몬테소리는 말한다. 영아들의 생명력을 이끌어 줄 수 있는 교사, 영아에 관계되는 모든 물리적 · 인적 환경을 존중할 수 있는 교사, 모든 것을 귀중하게 인식하고, 즐겁고, 좋아하는 마음으로 행동하는 교사, 모든 행동이 영아들의 요구와 필요에 의해서 행동하는 교사, 영아들의 협조자로서 행동하는 교사, 영아들의 활동에 언제, 어떻게 개입할 것인가를

아는 교사이다.

둘째, 교사는 영아들을 위해서 지속적으로 노력하는 전문 작업자 또는 전문 노동자의 역할, 즉 전문직을 요구한다(Montessori M., 1973).

전문 작업자는 영아를 위해서 새롭게 개혁한 학문에 대한 새로운 환경과 새로운 교육 자료를 준비할 수 있는 교사를 의미한다. 몬테소리는 대학교 조교가 존재하는 이유는 단지 교수만을 위해서 있는 것이 아니라 교수가 학생들을 가르치기 위해서 필요한 환경과 자료를 제공하여 학생들에게 도움이 되도록 하기 위해서라고 말한다(Montessori M., 1973).

교사는 영아들의 삶 또는 생명을 도우면서 삶의 권리를 누리도록 돕는 것이다. 즉, 영아를 위한 전문 작업자 또는 전문 양육자가 되는 것이다.

셋째, 몬테소리 어린이집의 교사는 언어 대신에 침묵을 지켜야 하고, 가르치는 것 대신에 관찰하는 방법을 배워야 하고, 교만스러운 모습 대신에 겸손한 모습으로 변화하여야 한다.

교사는 항상 영아들과 경험되어진 사실을 근거로 행동해야 한다. 영아들이 교사를 따르게 하기 위해선 무엇보다도 그들이 자신을 사랑하고, 신뢰하고, 항상 자기와 가장 가까운 곳에 있고, 필요할 때는 언제든지 자기 곁에 있다는 신뢰감을 가지도록 하는 것이다. 교사의 태도는 늘 성당의 제대를 오르는 신부처럼 겸손하고 진실한 마음으로 영아를 환대하여야 한다. 바로 그런 자세가 인류애의 후원자가 되는 것이다(Montessori M., 1973).

넷째, 몬테소리 어린이집의 교사는 영아들이 경험하는 실증학문이나 관찰학문에 근거하여 정확하게 기록하여 보육에 적용하는 실천가여야만 한다.

교사는 실제적인 경험과 일치하는 학습 원리를 근거로 몬테소리 환경을 제공하고, 몬테소리 교구를 제공하고, 몬테소리 교육방법을 제공하여야 하지만 더 중요한 것은 관찰대상인 영아들의 행동을 직접 "보면서, 관찰하면서" 영아들에게 숨겨진 보물을 발견하여야 한다.

다섯째, 몬테소리 어린이집 교사는 영아들에게 Nebula 속에 숨겨져 있는 보물을 발견하여 밖으로 드러내 생명을 도와주어야 한다(Montessori M., 1973).

영아를 관찰한다는 것은 그들의 외형적인 행동을 관찰하는 것도 중요하지만 그들 내면에 숨겨져 있는 보물이 무엇이고, 그 보물을 언제 밖으로 드러낼 수 있는지 관찰하여야 한다. 어린이집 교사는 영아들의 행동을 "기다려주는 것, 가치를 인정해 주는 것, 영아들을 소중하게 여기는 것, 존중해 주는 것, 그들의 생물학적 리듬을 존중해 주는 것, 겸손함을 습관들이는 것"은 바로 영아들의 보물을 발견하는 데 도움을 준다. 몬테소리는 교사가 인내심을 가지고 영아들과 관계를 형성해 가야 한다. 몬테소리는 교사에게 겸손은 자신을 희생하면서 가는 길이라고 말한다. 겸손의 길을 묵묵히 걸어갈 때 영아들의 모든 것을 진심으로 받아들일 수 있고 그들의 보물을 발견하게 된다고 하며 영아의 보물을 많이 발견하는 교사가 바로 영아들에게 덕(德)있는 교사이다. 어쨌든 몬테소리 교사는 무엇보다도 배우고 관찰하는 것이다. 관찰은 교사의 지능을 요구하는 것이 아니라 인내심을 요구한다(Opera Nazionale Montessori, 2004).

여섯째, 몬테소리 어린이집 교사는 생활의 일부분이 아니라 생활전체에서 영아들의 손을 잡고 생활할 수 있도록 몬테소리 어린이집의 공동체로 끌어들여야 한다.

교사들은 어느 정해진 시간만이 아니라 영아들과 함께 있는 모든 시간이 그들의 주변에서 멀어지면 안 된다. 몬테소리가 교사들에게 강조하는 것은 영아들과 함께하는 시간이 영적으로 즐거운 마음이어야 하고 현미경으로 작은 생명체의 내면을 정확하고 올바르게 관찰하는 것처럼 어린이 생명을 정확하게 돕는 교사라고 말한다(Opera Nazionale Montessori, 2004). 교사는 항상 영아들의 내적 생명을 관찰하기 위해 달려가서 생명의 경이로움과 창조적 능력을 진실하게 관찰할 수 있는 마음과 눈 그리고 영성을 가지고 있어야 한다.

일곱째, 몬테소리 어린이집의 교사는 "자율적-준비"가 필요하다(조성자 역, 1994). 교사는 항상 자발적으로 참여하고 관계를 맺어 몬테소리 교실에서 영아들의 활동이나 작업을 통해서 나타나는 현상을 관찰하여 그들에게 필요한 것을 제공해 주어야 한다. 교사는 영아들에게 새로운 것, 활동에 필요한 교구교재, 개입시기와 방관자로서 관찰자, 집중화 현상이 일어나지 않을 때 집중화 현상이 일어나도록 만드는 교수방법을 준비하여야 한다. 영아가 아무것도 행하지 않고 조용히 있을지라도 집중화 현상과 활동이 일어나도록 만드는 것이 바로 훌륭한 교사이다.

여덟째, 몬테소리 어린이집의 교사는 환경의 수호자이고 감시자의 역할을 요구한다. 교사는 영아들의 불안감, 산만함, 집중력이 결핍되는 현상이 일어날때 일탈된 행동을 바로 정상화 과정으로 이끌어 주는 것이 교사의 역할이다. 영아들이 자유롭게 활동할 수 있고, 부족한 것이 없고, 정리정돈된 상태에서 항상 새롭게 활동을 시작할 수 있도록 환경을 준비해 주어야 한다.

아홉째, 몬테소리 어린이집 교사는 특히 자기 관리에 철저하여야 한다.

교사는 준비된 환경 속의 일부분이기 때문에 영아들과 상호작용을 하는 첫 단계가 바로 교사의 외형적 자세이다(조성자 역, 2004). 몬테소리는 영아들이 실제적인 자기 어머니의 외모와 상관없이 "우리 엄마가 제일 좋고, 최고로 자랑스럽고, 최고로 예쁘다."라고 생각하는 것처럼 영아들이 자기 선생님에 대한 인상이 어머니의 인상과 같아야 한다고 말한다. 영아들이 자기 선생님의 외형적인 모습과 내적인 모습이 균형을 이루어 인격적이고, 신뢰하고, 편안한 느낌을 가지고 항상 자기 선생님을 신뢰한다면 성공적인 교사라고 말한다(조성자 역, 2004).

열 번째, 몬테소리 어린이집의 교사는 영아들의 인격 형성에 정신적인 지주 역할을 하여야 한다(조성자 역, 2004).

음식점 주인은 음식을 만들어 제공할 뿐이지 사람들에게 먹는 순서와 방법을 가르쳐 주지 않는다. 마찬가지로 교사가 줄 수 있는 방법은 정확한 판단력과 사랑으로 영아들을 자율적이고 독립적으로 활동할 수 있도록 지도하는 것이며 교사의 행동에서 훌륭한 덕과 모범적인 것을 자주 발견하여 완전하게 신뢰하고 순종하는 자세로 변화시키는 것이다. 영아를 위해서 진심으로 봉사하는 교사는 영아들의 정신적 지주가 된다고 몬테소리는 말한다(조성자 역, 2004).

열한 번째, 몬테소리 교사는 영아들이 자유롭게 선택한 활동이나 교구를 통해서 자율적이고, 독립적인 활동이나 사고를 할 수 있도록 지도하여야 한다.

영아들은 자유의지로 선택한 교구로 작업하고 활동을 지속적으로 발전시킨다면 만족하고 행복해 하면서 완전한 자유인으로서 독립적으로 무엇이든 극복하려고 노력한다. 영아들은 자신이 선택한 작업에 집중하면서 최고의 정신적 만족감에 도달하고 어려움을 극복하는 삶의 에너지가 충분하여 영성적으로 건강한 자아를 형성하게 된다. 영아들은 즐거움으로 작업을 진행하고 있기 때문에 자기의 성실성과 노력을 아끼지 않는다. 교사는 영아들의 개인적인 노력과 창조 작업을 존중해 주어야 하고 진심으로 사랑하고 그들의 작업을 적극적으로 수용하는 자세를 보여주어야 한다(조성자 역, 2004).

열두 번째, 교사와 영아들은 인간적 관계이면서 물리적 환경의 중재자 역할을 할 수 있어야 한다.

두 사람은 열린 관계로 서로가 자유로워질 수 있는 환경에서 상호관계가 활성화된다. 교사는 영아의 본성을 따르고 교사로서 정상적인 역할을 할 때 영아들은 생물학적인 영역에만 머물지 않고 창조적인 차원에서 작업에 참여하기 때문에 자신과 환경을 변화시키면서 자기 환경 속에서 몰입하도록 돕는다. 이렇게 변화시킬 수 있는 능력이 차츰 발달하면 교실 안에서 교사와 영아의 관계 형성은 확장된다. 교사-영아 관계 형성의 확장은 환경 속에서 일어나는 상황과 통합하고, 탐색하고, 자신, 문화, 환경을 지배하고, 변화시키는 능력이 더해지면 모든 것과의 관계가 자연스럽게 통합된다.

영아들이 어려운 상황을 극복한다는 것은 교사는 영아들의 Nebula, 즉 그들의 유기체 기능 속에 잠재해 있는 정신적인 현상을 도와주고, 동시에 영아들은 자신의 발달을 완성해 가는 정상화 과정을 적극적으로 활성화하고, 교사와 영아는 하나하나 경험되어지는 것을 통해서 훌륭하고 애정적인 동반자가 되는 것이다. 몬테소리 교사는 정신적 · 육체적으로 봉사와 희생의 자세로 모든 면에서 자기의 권위를 버리고 겸손한 자세로 거듭나면서 사랑의 눈으로 영아들을 바라보는 것이 습관되어야 한다(조성자 역, 2004).

열세 번째, 교사는 영아들의 심리운동을 적극적으로 촉진할 수 있는 환경을 구성하여야 한다. 영아들의 정신적 · 육체적 발달을 위해서 심리운동에 기초하여 영아들이 창조할 수 있는 행동능력, 인간과 인간 사이, 사물과 인간 사이의 의사소통, 발달능력이 정상화되어 지도록 돕는 데 필요한 모든 환경을 제공할 수 있어야 한다. 영아들은 심리운동을 통해서 신체적 경험, 오감각을 통합적으로 경험하고, 자기 신체적 표현에 대한 가능성을 체험하고, 공간적, 상황에 대처할 수 있는 경험, 사물의 속성과 질서에 대한 경험, 신체적 리듬을 조절하고 통제하는 경험, 사회적 경험을 통해서 일상생활의 규칙, 놀이규칙, 협력하기, 작업을 통한 또래 친구와의 상호작용과 의사소통을 경험하게 된다. 이러한 행동은 모두 자기 몸을 움직이는 심리운동을 통해서 경험되어지는 것이다.

3) 몬테소리 어린이집에서의 부모 역할

우리들은 몬테소리가 영아를 향해 언급한 말들을 생각해 볼 필요가 있다. 어린이는 인간의 어버이다. 어린이들은 성인의 축소판이 아니다. 어린이를 따르십시오, 그리고 말하십시오. 이러한 금언들은 성인들 특히 부모와 교사는 영아들의 생각과 정신의 세계로 되돌아가서 그들을 관찰하고 이해하라는 의미이다 (Fresco G. H., 2005).

몬테소리는 연설 중에 자기에게 학문적으로 가장 많은 영향력을 준 사람은 유명한 학자가 아니라 바로 어린이들이었음을 자신 있게 말하였다. 자신의 과학적 교육학은 어린이들이 자기에게 가르쳐 준 실증교육학이라고 말한다(조성자, 2007). 몬테소리 어린이집에서 부모들의 역할은 대단히 중요하다. 어린이집에 자녀를 위탁하여 양육하는 부모들은 자녀들의 양육, 보호, 성장, 발달, 안전 등에 관해서 적극적으로 참여하여 원과의 상호교류와 상호작용을 하여야 할 권리도 부여된다. 몬테소리 어린이집의 부모 역할을 살펴보면 다음과 같다.

첫째, 자녀교육을 몬테소리 어린이집에 위탁한 부모들은 자녀들의 발달과정, 양육방법, 어린이집과 가정의 연결체계, 어린이집에서 일어나는 모든 경험들을 교사와 공유할 수 있어야 한다. 교사들은 가족과의 친밀한 협조관계를 형성하여 위급한 상황에 응급처치가 가능하여야 한다.

둘째, 부모들은 언제든지 자기 자녀를 관찰할 수 있는 권리가 허락되어야 한다. 예를 들어, 영아가 처음 어린이집에 왔을 때, 부모와 떨어지지 않으려고 울 때, 엄마가 기다리는 방에서 영아의 상태를 관찰한 다음 개입할 것인가 아닌가를 판단할 수 있어야 한다. 이탈리아에서 부모들은 입학한 첫 주는 시간이 허락되면 온종일 원에서 관찰할 수 있다. 몬테소리 어린이집은 부모들의 위해서 작은 관찰실을 준비하여야 한다.

셋째, 영아들이 "나 스스로 할 수 있도록 도와 주세요."라는 외침에 협조적인 태도를 보여주어야 한다. 영아들은 "내가 할거야.", "나 혼자서 할거야."라는 외침을 말로 표현할 수도 있고, 비언어적으로 표현할 수도 있다. 몬테소리 교실에서 영아들이 자율적이고 독립적으로 생활할 수 있도록 돕는 방법은 그들에게 충분한 시간을 주어서 서두르지 않고 천천히 독립적으로 활동하는 것이 습관이 되도록 돕는 것이다. 자유로운 행동은 항상 책임감이 따르기 때문에 영아들은 혼자서 한 작업과 공동으로 한 작업을 비교해 보면 혼자서 한 작업이 훨씬 더 질서감을 촉진시킨다는 연구결과가 있다.

넷째, 부모들은 자녀들을 심리학적, 위생학적, 생물학적, 생태학적인 이론을 근거로 자녀들을 보는 관점, 자녀들을 돕는 관점, 자녀를 위한 환경구성 관점에서 생명을 도와주어야 한다.

다섯째, 부모들은 영아들이 어린이집에서 생활한 것과 연계적으로 협조할 때 일상생활이나 학습효과를 높일 수 있다.

영아들은 어린이집과 가정을 특별히 분리하는 것이 아니라 동일하게 생각한다. 교사와 부모는 정보를 공유하면서 천천히, 정확하게, 순서에 의해서 말보다는 모든 일들을 행동으로 보이는 것이 효과적이다. 영아들은 일상적인 생활습관, 문화, 사회적 관계를 가정에서와 똑같이 연장선상에서 학습하게 된다.

여섯째, 부모들의 역할은 끊임 없는 하나의 쇠사슬과 같은 고리로 연결되어 있다. Fresco는 부모들의 자식 사랑에 대해서 다음과 같이 말한다.

자식을 사랑하고 있다는 것은 사랑하는 다른 사람을 쳐다보고 있는 것이 아니라 둘이서 같은 방향을 함께 쳐다보는 것이라고 말한다. 부모들은 영아기의 자녀들을 위해서 고리로 연결된 삶의 형태를 취하면서 함께 걸어가는 과정에서 도움이 필요하면 언제든지 개입할 자세를 가지고 있어야 한다. 몬테소리는 자식을 소유하는 것이 아니라 부모들에게 주어지는 의무와 책임감을 얼마나 훌륭하게 수행할 수 있는 능력이 있는가가 중요하다고 말한다(Fresco G. H., 2005).

일곱째, 부모들은 자기의 권리에 충실해야 한다.

부모들은 두 가지 측면을 고려할 수 있다. 하나는 자녀의 보육을 위임했지만 어린이집의 운영과 교육방법에 따라야 할 참여의 권리이고, 다른 하나는 어린이집과 긴밀한 관계를 통해서 공동참여의 권리이다(Fresco G. H., 2005).

2. 몬테소리 어린이집의 환경구성

특히 몬테소리 어린이집에서 공간이란 개념은 경직된 분위기가 아니라 영아들이 집에서 느끼는 분위기처럼 따스하고, 부드럽고, 교사나 돌보는 사람들이 관찰할 수 있도록 개방되어야 한다.

몬테소리 어린이집은 유치원과는 다르게 전 영역을 환경구성에 포함하는 것이 아니라 다중적인 역할-영역으로 구성된 환경으로써 영아들의 발현적 학습놀이, 운동, 움직임, 관심의 집중화 현상을 교육적으로 이끌어 갈 수 있도록 준비되어야 한다.

영아들에게 환경을 개방하여 그들이 자율적이고 독립적으로 활동을 확대하는 공간이어야 한다. 공간 속에서 이루어지는 영아들의 활동을 존중하고, 배려하고, 문화의 차이점을 존중하고, 언어로 표현된 내용들, 침묵적 언어, 환경과의 관계, 영아와 영아의 관계, 영아를 돌보는 사람들과의 관계를 확장할 수 있는 환경이어야 한다.

몬테소리 어린이집에서는 무엇보다도 영아들의 일상적인 생활을 중요시하여야 한다. 몬테소리 어린이집의 물리적 환경은 이중적인 기능으로 고려하는데, 하나는 영아들에게 편안하고, 가정적이고, 생활하는 데 실용적으로 구성되어야 하고, 다른 하나는 영아들의 흥미와 즐거움을 촉진시킬 수 있는 공간이어야 한다(Goldschmied E., et al., 1994). 예를 들면, 영아들의 발달단계에 맞지 않는 교구와 자료들은 영아들에게 장애물이 된다. 벽지, 커튼, 의자들은 어른들의 수준이 아니라 영아들의 시각발달, 신체발달을 고려하여 위험을 방지할 수 있고, 소음을 방지할 수 있어야 한다. 편안하고, 가정적이고, 실용적인 물리적 환경조건을 위해서 고려하여야 할 공간들은 다음과 같다.

1) 몬테소리 어린이집의 환경구성을 위해 고려할 점

첫째, 몬테소리 어린이집은 원 전체가 유동적이고, 실내와 실외가 직접 연결되어 자연생태를 즐길 수 있어야 한다.

예를 들면, 영아들은 교실에서 일상영역 시간에 세탁한 걸레를 밖에 있는 빨래 걸이에 널 수 있어야 한다. 영아들이 역동적으로 움직일 수 있고, 실내 환경에서 교사, 교구, 영아가 상호 간에 자극을 주어 상호관계가 형성되고, 환경은 이러한 상호관계 형성이 생태학적 환경 중심에 놓여지도록 구성되어야 함을 신 몬테소리 학파들은 요구한다(Fresco G. H., et al., 2005). 몬테소리 어린이집에서 열린 공간, 공간 속에 작은 공간에서 그룹 작업과 소그룹 작업 그리고 개인 작업이 이루어지는 현상은 공간개념과 일치된다.

둘째, 열린 공간에서 닫혀진 공간으로 구성되어야 한다.

영아들은 전체 환경의 일부분을 활용하면서 우주-환경의 일부분이 되는데, 몬테소리 교실에서 매트를 활용하는 이유는 바로 공간 속에서 타인을 존중하고, 배려하고, 자신의 관심을 집중화하는 것이 목적이다. 그런 의미에서 우주적 환경 또는 매트를 작은 공간으로 지지하는 몬테소리인들도 있다(Maviglia M., 2003). 몬테소리 어린이집은 어린이집 전체를 열린 공간으로 활용하면서 필요할 경우는 공간 속에 또 다른 공간, 즉 영아들이 자기만의 작은 공간 속으로 들어가서 소위 몬테소리가 말하는 작업의 가장 정점에 들어가는 주 작업과 연결되어 관심을 극대화하면서 집중에 몰입한다. 소공간은 영아들에게 자기만의 공간이라고 생각하기 때문에 가장 안전하고, 편안하고, 가장 만족스러운 작은 자기 집이 된다. 닫혀진 공간개념은 패쇠된 공간을 의미하는 것이 아니라 자기만의 작은 공간을 의미한다.

셋째, 영아들을 위한 환경은 그 환경 속에서 공간을 다중적으로 활용하고 교사, 교구, 영아가 관계적-공간으로 활용할 수 있도록 구성하여야 한다.

스코케라(Scochera)는 몬테소리 교실이 관계적-공간(Spazio relazionale)으로 구성되었을 때 학습효과를 효율적으로 이끌어 낼 수 있다고 말한다. 영아들은 관계적 공간에서 생활하면서 자기의 정체성을 차츰차츰 단계적으로 인식해 간다(Scocchera A., 2002). 영아들에게 정체성은 어떤 이론과 규칙에 의해서 학습되는 것이 아니라 공동생활 속에서 경험되어지는 것, 또래집단과의 관계-공간의 구조, 질, 생활하는 시간적 양에 의해서 학습된다.

실제적으로 영아와 교사의 관계, 영아와 영아의 관계, 영아와 환경의 관계, 영아와 공간의 관계, 영아와 자연의 관계 자체가 그들이 보고, 듣고, 탐색하고, 관심을 자극하여 자연스럽게 자기의 정체성을 나타내는 학습장이 된다. 상호 관계를 중요시하는 공간은 형식적 교육기관으로써 일정한 규칙과 형식이 없이 관계 형성을 통해서 충분한 정보의 상호교류가 이루어져야 한다.

넷째, 영아를 위한 환경구성에서 중요한 것은 모든 감각을 다중적으로 발달시킬 수 있어야 한다(Opera Nazionale Montessori, 1997).

몬테소리의 발달 이론은 발생학적 인식론, 경험주의 철학에 근거한다. 그러한 이론을 뒷받침하는 것이 바로 영아들의 정신적 현상 이론이다(조성자, 2007). 본능적으로 타고난 잠재적 능력을 환경 속에서 감각기관과 경험을 통해서 인간화, 육화로 진화시켜야 한다.

환경 속에서 공간적인 측면, 공간의 기능적 측면, 공간의 생태학적 측면, 공간의 미적 측면, 공간 속에서 오감각의 활용적인 측면은 단순하게 영아들을 자극하는 것에만 가치를 부여할 것이 아니라 개인이 가지고 있는 특성을 고려하여, 개인의 특성을 오감각기관이 다양하게 활용할 수 있도록 구성하여야 한다(Opera Nazionale Montessori, 1997). 몬테소리는 영아들의 민감기가 영아기에 집중된 것을 증명하였기 때문에 오감각을 총체적으로 발달시킬 수 있는 환경구성이 중요하다. 왜냐하면 영아는 자기 환경에서 끊임 없이 실제를 탐색하면서 세상 속으로 들어간다.

다섯째, 몬테소리 어린이집에서 영아들은 공동체의 기본적인 질서, 규칙, 공동사회의 기본적인 예의를 학습할 수 있어야 한다.

영아들은 친구, 교사, 다른 성인들과 공동의 가치를 학습하고 공동 참여를 통해서 자아 정체감을 강화할 수 있는 기회를 어린이집에서 경험한다. 영아들은 다른 친구들의 차이점, 만남, 상호협력으로 이루어지는 공동 활동, 감정이입과 감정전이, 공감대를 형성할 수 있고 공동의 가치관을 추구할 수 있는 환경으로 구성되어야 한다. 영아들에게 지식이 구성되는 것도 사회적 구성주의 입장에서 본다면 친구들과 교류, 관계, 바라봄, 사회적 경험에 의해서 인식되어지는 것이다. 몬테소리는 영아들의 활동 장소가 바로 새로운 지식을 구성하는 "구성주의 장소"라고 말한다. 영아들은 구성주의 장소 속에서 물리적 체험과 인적 관계 통해서 인류 공동체의 통합된 세계 속에서 자아 정체성을 강화하면서 자기의 세계를 확고하게 찾고 우주 속에서 자기의 위치와 역할을 담당하는 세계 시민의 한 개인으로 성장하게 된다. 영아들의 환경은 교육적 관계로써 준비되고 연결될 때 영아들이 환경의 주역이고 환경의 지배자가 된다.

2) 몬테소리 어린이집의 영역별 공간구성

1 주-작업실

몬테소리 어린이집은 가급적이면 영아들이 자유롭게 활동할 수 있도록 열린 공간으로 구성하여 교사가 한 눈으로 영아들을 관찰할 수 있어야 한다.

영아들은 자기들만이 가질 수 있는 작은 공간을 원하기 때문에 공간 속에 작은 공간을 만들어 주는 것도 바람직하다. 공간 속에 작은 공간을 만들어 개인 활동이 가능하도록 구성하여야 한다. 즉, 분리된 작은 공간 속에서 놀이와 작업에 집중할 수 있는 개인 활동 영역이다.

몬테소리 어린이집은 혼합 연령으로 구성하여 영아들이 서로 상호작용할 수 있도록 배려한다. 다시 말하자면 가족 구성원들과 같은 한 가족 개념인 부모와 동생 그리고 형이 모여서 생활하는 가족 집단의 형태로 구성한다.

2 출입구와 환영실

물리적 환경에서 출입구는 중요한 역할을 한다. 영아들이 가정을 떠나서 처음으로 접하는 새로운 환경이며 영아와 어른들이 처음 들어오는 장소이므로 집과 같은 분위기로 구성하여야 한다. 집의 응접실처럼 낯설지 않고 따스한 분위기 속에서 교사가 영아를 접견하여 부모와 두려움 없이 헤어질 수 있도록 도울 수 있어야 한다. 영아들이 집에서 가지고 놀았던 작은 인형, 엄마와 함께 앉을 수 있는 소파, 영아들이 언제든지 엄마를 찾고 부를 수 있는 전화기 등이 준비되어야 한다. 전화 벨 소리가 영아들을 방해하지 않도록 소리의 강약을 조절하여야 한다(Ferrati A. M., 2000).

3 그룹 활동을 할 수 있는 영역구분

몬테소리 어린이집은 소집단 활동, 대집단 활동, 개인 활동이 자유롭게 이루어질 수 있도록 구성되어야 한다. 영역구분은 가능한 영아들의 요구에 따라서 큰 공간 속에서 집단 활동을 할 수 있도록 배려하고, 큰 공간 속에서 작은 공간을 만들어 소집단 활동을 가능하도록 만드는 것이다. 집단 활동을 할 수 있는 공간에서 영아들은 의식주를 해결할 수 있어야 한다. 놀고, 먹고, 수면을 취하는 공간에서 영아들은 하루 생활을 자유롭고 편안하게 생활할 수 있다.

4 모든 교실 안의 환경구성

중요한 것은 모든 영아들이 교실에 들어왔을 때 만족스럽고 즐거움을 느낄 수 있도록 매력적으로 조직화되어 자기 집과 같은 분위기를 느낄 수 있어야 한다.

영아들을 항상 지도하는 마음으로 관찰하지 않는다면 영아들은 무질서하고 정리되지 않은 환경에 습관이 들 수 있다. 몬테소리 교육에서 가장 중요한 관점은 모든 환경이 정리되어 질을 유지할 수 있어야 한다.

교사들은 자기 담당 교실을 항상 영아들이 안전하고 평화로운 분위기를 유지하게 하고 싶고, 이러한 분위기야말로 영아를 위한 최선의 교실이라는 확신감을 가지는 것이 중요하다(Ferrati A. M., 2000).

5 교실 안에서 성인들의 역할

개방된 공간에서 가장 중심적인 역할을 하는 것은 온종일 영아들과 함께하는 교사다. 교실에서 영아와 교사의 비율은 3 : 1로 운영되어야 한다. 교사는 영아들을 돌보는 여러 사람들과 특별한 관계를 가진다. 교사는 교육자이며 조직자로서 공간 사용하기, 환기, 가구와 교구배치, 앉는 의자와 책상 배치, 교실의 실내와 실외 활용도, 놀이를 위한 자료들을 조직화하는 것, 방의 위치, 청결, 모든 물건을 적절하게 활용하는 것, 협조자들과의 관계를 책임질 수 있어야 한다.

작업의 시작과 끝을 재정리하는 것, 다른 집단들과 목욕실을 교대로 사용하는 것, 점심을 먹을 수 있도록 준비하는 작업들을 정확하게 조직하여야 한다. 예견하지 못한 영아들의 요구를 수용할 수 있는 융통성을 가져야 한다. 교사는 근무 교대시간의 인수인계, 휴식시간, 보호자 방문시간, 특별한 손님 방문시간에 대한 계획도 조직적으로 이루어야 한다.

영아를 돌보는 일을 성공적으로 수행하기 위해서 영아전담 어린이집에 근무하는 다른 구성원들과 적절하게 업무를 분담하여 모든 기능들이 원활하게 진행되도록 하여야 한다. 돌보는 시간, 교구와 자료, 놀이도구의 준비와 배치는 영아들의 성장과 밀접한 관계를 가지게 된다.

영아들을 편하게 해 줄 수 있는 역할은 교구, 시간, 공간을 적절하게 분배하는 것이다. 영아가 다른 친구들과 친사회적 놀이 활동을 통해서 인격을 발달시킬 수 있도록 허락하는 것이다.

6 침실영역 : 영아들의 수면을 위한 열 가지 지침서

갓 태어난 신생아들은 자기가 원하는 만큼 또는 자기가 원할 때 어디에서든지 잠을 잔다. 영아들을 환영하는 몬테소리 어린이집에서는 방의 분위기와 온도를 정확하게 조절하여 편안하고 안전하게 잠을 잘 수 있도록 위생적, 심리적인 안전감을 고려하여 침실환경을 구성하여야 한다. 영아들의 기본적인 욕구를 만족스럽게 충족시키기 위한 수면에 필요한 여러 가지 규칙을 다음과 같이 제공한다.

① 교사들은 영아들이 잠자는 상태와 깨어 있는 상태의 차이점을 정확하게 인식하여야 한다. 영아들은 수면을 깊이 취하지 않기 때문에 모든 환경과 소음에 대단히 민감하다.

② 교사들은 영아들 침실이 항상 적당한 온도로 따스함을 유지하고 있는지 관찰하여야 한다.

③ 교사들은 항상 적절하지 못한 환경을 변화시켜야 한다. 영아들이 조용하게 잠을 자는 데 방해하는 다른 영아들은 다른 방으로 보내고 불빛이 방해가 될 때는 즉시 수정하여야 한다.

④ 영아들을 위한 침구는 항상 일광욕을 하여 위생을 유지하여야 한다.

⑤ 침실 빛의 강도는 어두운 것이 좋다. 필요할 때 교사는 손전등을 사용한다.

⑥ 잠을 정상적으로 자지 못하는 영아들이 있을지라도 수면시간에는 모두 잠자리에 들도록 한다.

⑦ 침실에서는 항상 잠옷을 입도록 한다.

⑧ 침실에 들어와서는 조용히 하는 것을 원칙으로 한다.

⑨ 침실에는 어떠한 물건도 가지고 들어올 수 없다.

⑩ 영아들의 경우 침실이 아니라도 원하는 곳에서 잠을 잘 수 있다. 영아들은 놀면서 잠을 자기도 한다.

3. 몬테소리 어린이집의 영역별 교재교구

1) 몬테소리 어린이집의 교구와 교재

0~2세 영아들에게 일상교구와 심리운동 교구를 제공한다. 단지 영아들의 심리운동을 위해서 소근육과 대근육 운동을 할 수 있는 계단, 벽 거울, 두 가지 색상으로 된 모빌, 지지대, 보물 상자, 여러 가지 재료로 된 공 등이다. 0~2세까지는 주로 일상생활과 심리운동에 필요한 교구를 제공하고, 3세가 되었을 때 감각과 일상교구를 중심으로 기본적인 수, 언어, 우주 영역에 필요한 교구를 제공할 수 있다.

영아전담 어린이집에서 교구, 비밀 주머니, 보물 상자와 가구의 배치는 기본적인 요소이다. 영아들이 무엇이든 원할 때 스스로 가져올 수 있도록 교구장이 준비되어 있어야 한다. 모든 교실에 부모와 교사를 위한 성인용 의자 2개가 있어야 한다. 언제든지 부모가 원할 때는 자유롭게 상담이 가능하고, 영아들은 심리적으로 자기가 신뢰하는 교사를 한번 만지거나 기댐으로써 안정감을 느낀다.

가구 배치는 반 편성 영아들의 수에 따라서 배치와 범위가 다르다. 여러 종류의 가구배치로 인해서 교실의 분위기가 혼란스러운 것보다 교실 안이 열린 공간이면서 아늑한 분위기를 유지하는 것이 바람직하다.

영아들의 활동역역을 고려해서 작은 소파와 교구장을 배치하고, 책상은 영아용과 교사용을 갖추어야 한다. 교실에 교사용 의자와 책장을 배치하는 것은 영아들에게 교사에 대한 배려와 존중감을 가지고 영아들처럼 책을 읽을 때가 있다는 사실을 간접적으로 주지하는 것이다.

교구장은 공간 속에 작은 공간을 분류하는 데 상황에 따라서 이동하면서 활용할 수 있다.

2) 침묵놀이에 필요한 교재교구

간단한 영아용 그림책을 만질 수 있고 볼 수 있고 다른 영아들과 마음대로 활동하다가 휴식을 취하거나, 정돈하거나, 낮잠을 잘 수 있는 조용한 공간을 필요로 한다. 침묵 공간은 가급적 교사와 다른 사람의 출입을 제한하고, 영아들이 편안한 마음으로 무엇인가 혼자 할 수 있는 장소이다.

공간 크기의 양탄자, 의자, 쿠션, 매트리스, 작은 책장과 책, 영아들이 즐거워하는 그림 엽서와 카드 등을 준비하면 좋다. 영아들은 인형시리즈로 된 인형엽서, 자동차시리즈로 된 엽서 등을 좋아한다(Fesco G. H., et al., 2005). 특별히 공간이 허락된다면 정원을 활용하여 평화의 집 혹은 침묵의 집이라는 명칭을 부여하여 정원 한쪽에 오두막집이나 통나무집 형태로 구성하여 특별히 조용함을 원하는 친구, 혼자서 책을 만지고 보고 싶은 영아, 잘못했거나 친구와 싸웠을 때 조용히 반성하기를 원하는 영아들이 혼자서 지내는 시간을 허락하는 집이다. 그러나 공간이 부족한 원에서는 교실 한 구석을 활용하여 침묵이나 평화의 방을 만들 수 있다.

준비할 교재교구는 영아용 의자와 책상 3개 미만, 촛불이나 램프, 음료수를 넣은 냉장고, 영아용 그림책 등이다.

3) 일상영역에 필요한 교재교구

몬테소리의 발달단계에서 0~3세인 영아기는 한 인간으로서 기본적인 인격을 형성하는 가장 중요한 시기이다. 인간 종의 특성을 몬테소리는 Nebula라고 말하고, 인간은 Nebula 속에 잠재해 있는 특성을 발달시키기 위해서 인간화의 긴 여정을 시작한다. 처음에 자기 관리를 시작하는 옷을 갈아입고 벗는 것, 신을 신고 벗는 것, 리본을 매고 푸는 것, 단추를 끼고 여는 것, 지퍼를 올리고 내리는 것 등을 질서 있게 순서대로 실천하는 방법을 학습한다. 인간이 Nebula 속에 있는 창조적 능력, 잠재능력을 환경과 상호작용하면서 진화시키는 것이다. 이러한 현상을 몬테소리는 인간화, 육화, 정상화라는 언어를 사용하였고, 일생동안 진화과정에서 인간에게 거대한 우주적 사명감을 부여한 것이다. 몬테소리는 유아기의 우주적 사명감에 대해서 다음과 같이 말한다.

"하나님은 영아들에게 작업과 손을 통해서 즐겁게, 행복하게, 만족스럽게 우주적 사명감에 참여시킨다. 그리하여 영아들은 우주의 모든 질서에 스스로 복종하게 된다.(Fresco G. H., 2004)."

인간이 우주적 사명감에 참여하는 것은 어떤 특정한 시기에 이루어지는 것이 아니라 모든 발달단계에서 부여된다. 자기에게 부여된 신비한 생명을 발달시켜 우주에서 균형과 조화를 이루어 가도록 돕는 것이다.

몬테소리는 하느님은 영아들에게 특권을 부여했다고 말한다. 하느님은 성인들에게 가장 사랑스럽고 가장 고귀한 존재를 보호할 책임감을 통해서 새로운 생명체와 깊은 결속력을 맺도록 하였고, 신생아는 낯설은 세상에서 생의 첫 시기를 시작하면서 자기 고유의 문화, 습관, 일상생활을 반복하여 "자기"만의 고유한 "자기" 것을 만들어가도록 도움을 받는 것이다. 잘못할 수 있기 때문에 스스로 잘못을 인정하고 자동 수정할 수 있는 기회를 제공하는 일상영역은 나와 관련된 문화, 습관, 관습, 언어, 예의범절을 학습하는 것이다(Fresco G. H., 2004).

소꿉놀이 영역을 가정영역(Home Corner) 또는 장난감 집(Wendy Hause)이라고도 한다. 이 영역은 영아들에게 상상력을 발달시키고 자연스럽게 일상생활과 연결시키는 징검다리 역할을 한다. 영아들은 인형놀이와 가상놀이를 할 수 있도록 소규모로 한쪽 벽을 커튼을 활용하여 영아들에게 무대장식을 대신하는 것도 가능하다. 공간은 친밀감과 안전함 그리고 편안함을 동시에 줄 수 있어야 한다.

이 영역에서 영아들은 자기들의 잠재능력을 최대한 발휘할 수 있도록 환경을 고려하여야 한다. 작은 책상과 의자 그리고 여러 가지 가상놀이 도구를 준비하여야 하는데, 영아들은 종종 자르는 것을 즐거워한다. 일상영역에 영아들을 위해서 놓아둘 것과 놓아두지 말아야 할 것을 구분해 보면 다음과 같다.

영아들 환경에 놓아두어야 할 것	영아들 환경에 놓아두지 말 것
영아들을 위해서 작은 바구니에 사과, 레몬, 귤, 감자와 같은 것들을 넣어서 스스로 감각기관을 발달할 수 있도록 제공한다. 바구니 밖이나 안에서 가지고 놀 수 있고 감각적 경험을 할 수 있는 다양한 물건들	영아들에게 위험한 물건은 만지고 사용할 수 없도록 높이 올려놓을 것
영아들이 옮기면서 놀이하는 데 지장 없이 사용할 물건들 : 작은 냄비, 빈 상자들, 빈 차통, 청각을 발달시킬 수 있는 물건들	영아들이 사용할 수 없는 물건들은 모두 잠금처리하여 보관할 것

영아들 환경에 놓아두어야 할 것	영아들 환경에 놓아두지 말 것
오래된 시계, 오래된 전화기, 오래된 장난감, 장난감과 관련된 그림책	영아들이 책을 입으로 물어 뜯으려고 할 때는 책을 높이 올려놓을 것
교실 구석에 약간의 모래상자, 옥수수 가루 상자, 금붕어가 들어 있는 어항	만약에 영아들이 화분을 넘어뜨리고, 꽃병을 넘어뜨릴 위험이 있으면 높은 곳에 올려놓을 것

4) 그림 그리기 영역을 위한 교재교구

영아들을 위한 그림 그리기 영역은 폐지와 폐품을 사용할 수 있다. 예를 들어서, 준비물은 영아들이 아직 색상에 대한 개념이 정확하지 않기 때문에 1세 미만은 두 가지 이상 색상을 허락하지 않는다. 영아용 긴 책상에 구멍을 내어 컵을 올려놓고, 컵 속에 흰색과 검정색, 빨강과 노랑이 같이 대치되는 색상을 제공하여 자유롭게 손으로 작업할 수 있도록 한다.

아니면 영아용 공에 물감을 칠해서 바닥에 흰 종이를 넓게 펴고 영아가 마음대로 공을 움직이면서 그림 활동을 하도록 한다. 일회용 접시와 일회용 포크, 칼, 수저를 사용하여 색칠놀이를 할 수 있도록 한다(Fresco G. H., 2004).

5) 모래영역을 위한 교재교구

모래통은 교실 공간에 따라서 실내, 실외에 둘 수 있지만 가능한 한 실내에 두는 것이 영아들을 위해서 바람직하다. 실내에 두었을 경우 교실바닥에 모래가 흩어질 수 있지만 교사는 영아들을 위해서 항상 모래가 바닥에 떨어지지 않도록 주의하여야 한다.

영아들이 가지고 작업하는 모래는 비위생적일 수 있으므로 자주 갈아주거나 소독을 하여야 한다.

6) 물놀이 영역을 위한 교재교구

몬테소리 어린이집에서 물놀이 영역은 필수적이라 할 수 있다. 물놀이 영역은 단순하게 물을 가지고 놀이하는 것만이 아니라 일상영역에서 필요한 인형 닦아주기, 식물에 물주기, 영아 끼리 서로 씻어주기와 같은 활동도 필요하다. 물놀이 영역은 특별히 영아들의 안전을 조심하여야 한다.

물놀이 영역을 위해서 필요한 학습 자료들은 손잡이가 있는 컵, 물을 마음대로 옮길 수 있는 용기, 아랫부분에 구멍이 있어 옮기지 않고 물을 뺄 수 있는 것, 물뿌리개, 물 주전자, 맑은 물을 옮길 수 있는 관, 물을 측정할 수 있는 눈금이 그려진 용기, 가라앉는 자갈, 물에 뜨는 공 등이 필요하다(Ferrati A. M., 2000).

제4부

영아전담 어린이집의 환경 및 이론과 실제

영아기의 발달과정에서 1세 미만의 영아들은 1개월마다 발달과정에 차이점이 있기 때문에 환경을 준비하는 것에도 많은 차이점이 있다. 제4부에서는 영아전담 어린이집의 환경과 가정환경 구성의 연관성을 고려하면서 어떻게 하면 영아들에게 가장 안전한 환경을 제공하여 그들의 제2의 삶을 시작하는 태내 밖의 환경 속에서 자기와 다른 사람들과 공생하는 방법을 제공할 것이다.

영아전담 어린이집에서 단순하게 영아들과 함께 놀이만을 하는 것이 아니라 그들과 함께 물리적 환경과 인적 환경과 상호작용을 통해서 발현적 학습놀이를 하면서 독립적이고 자율적으로 성장할 수 있는 환경을 구성해 주는 방법을 제공할 것이다.

영아들에게 실제 활동으로 제공할 수 있는 방법을 여덟 그룹으로 구분하여 실제 활동에 참여하는 방법도 제공할 것이다.

MONTESSORI

7장

영아전담 어린이집의 환경

Ⅰ. 영아들의 심리운동 발달을 돕는 교구와 환경

인간은 세상에 태어날 때 미완성으로 발달한 모든 기관들은 지속적인 보호, 운동, 환경과 상호작용하면서 가장 편안하고 안정된 상황에서 발달을 완성해 나아간다. 영아들을 정신적으로나 육체적으로 건강하게 발달시키기 위해서는 교육적으로 도움을 줄 수 있는 모든 가능성을 필요로 한다. 몬테소리의 교육철학은 생명을 돕는 교육이라고 말한다. 즉, 생명을 돕는다는 것은 인간이 가지고 태어난 생명의 씨앗들, 지력과 같은 모든 잠재능력을 최대한으로 발달시켜야 할 우주적 과업을 가지고 태어났기 때문에 성인들은 우주적 과업을 성공적으로 이끌어줄 의무와 책임감을 가진다. 인간의 생명이 육체적으로, 정신적으로 건강하게 발달하도록 돕는 것이다. 몬테소리는 영아기의 교육방법은 단지 순수한 교육이라기보다는 생명을 도우면서 가장 기초적인 생물학적 기능, 생활방법, 습관을 학습하는 교육의 초기 단계라고 하였는데, 영아들에게 생존에 필요한 모든 인적 · 물리적 환경을 제공해 주는 것이다. 그럼에도 불구하고 몬테소리의 교육철학에서 항상 중요하게 강조하는 것은 우주법칙인 자연질서에 따라서 어린이들의 잠재적 능력을 최대한으로 새롭게 창조하는 과학적 교육학이다.

몬테소리의 생명을 돕는 교육은 바로 인간의 잠재능력과 인간의 비밀을 발견하여 생명을 건강하게 성장하도록 도와 스스로 발달을 주도해 나아갈 수 있도록 돕는 것이다.

몬테소리는 인간의 새로운 측면을 발견하기 위해서 항상 어린이들을 관찰하면서 발달단계에 맞도록 환경을 변화시키고 개혁할 것을 강조한다. 몬테소리의 연구 대상은 어린이 안에서 인간의 본질을 발견하는 것이기 때문에 영아가 스스로 인간으로서 새롭게 인간화를 창조하는 것이다(Galeazzi G., 2006).

어린이들은 인지발달뿐 아니라 전인적인 발달을 위해서 생의 첫 시기인 영아기의 모든 교육적 활동들은 대단히 중요하다. 생의 첫 시기에 생명을 돕는 교육이 이루어지는 과정과 몬테소리의 영아전담 어린이집의 환경구성을 살펴본다.

1. 영아들을 위한 환경

영아들을 위한 환경은 0~5개월, 5~12개월, 12~36개월로 구분한다.

1) 0~5개월까지 신생아기의 환경

신생아를 위한 환경에서 우선적으로 고려할 사항은 신생아를 위한 환경은 의식주를 위한 공간, 심리운동 발달을 위한 공간, 소근육 · 대근육, 손을 자유롭게 움직일 수 있는 활동 공간, 시각발달을 위한 공간, 청각발달을 위한 공간으로 고려되어야 한다. 영아들을 위한 공간구성을 살펴보면 다음과 같다.

[그림 1] 0~5개월까지 환경

[그림 2] 바구니 침대

[그림 3] 이동식 침대

- 수면을 위한 공간 : 낮은 침대, 이동식 · 바구니 침대
- 몸을 돌보는 공간 : 기저귀 갈이대, 벽면 주머니, 사용한 옷과 기저귀를 담아두는 통, 휴지통
- 이동식 침대는 신생아가 처음 접하는 환경 중에서 중요한 장소이므로 신생아의 몸을 가장 안전하고 편안하게 할 수 있어야 한다. 위 그림처럼 이동식 침대가 있으면 어머니가 장소를 옮기면서 수유를 하듯 옮겨서 자연채광과 신선한 공기를 접할 수 있다.

2) 5~12개월까지 영아기 초기의 환경

이때는 영아들의 운동이 활발해지고 기어 다니면서 무엇이든 탐색하는 시기이다. 이유식도 시작하는 시기이므로 전 발달시기와는 다르게 환경이 좀 더 구체적이고 움직임 중심으로 구성되어야 한다. 벽 거울을 달아서 짚고 일어나 자기와 상호작용을 할 수 있고, 매트리스를 마음대로 활용할 수 있도록 구성하여야 한다. 기대어 앉아서 혼자 작업할 수 있도록 보물 바구니도 준비할 수 있다.

[그림 4] 5~12개월까지 환경

- 수면을 위한 공간 : 낮은 침대
- 식사를 위한 공간 : 성인 의자, 이유식을 위한 책상과 의자
- 운동을 위한 공간 : 매트와 거울, 낮은 교구장, 무거운 의자와 탁자, 긴 나무 막대(지지봉)
- 몸을 돌보는 공간 : 기저귀 갈이대, 위생에 필요한 벽면 주머니, 더러운 옷을 담아두는 통, 휴지통

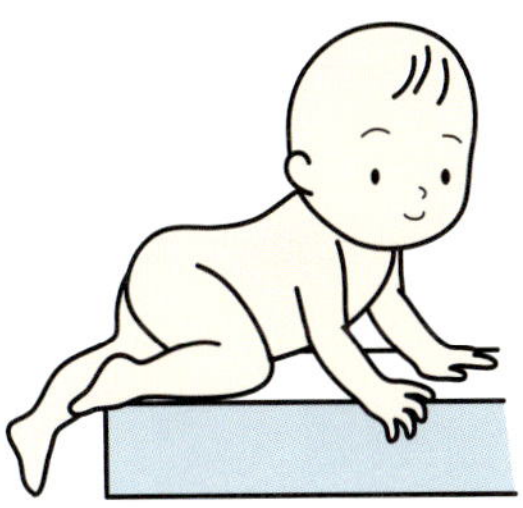

[그림 5] 영아용 침대

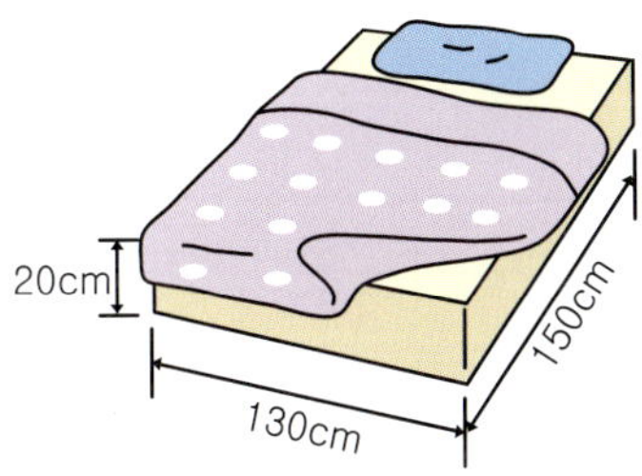

[그림 6] 영아용 침대

[그림 7] 위생을 위한 영아용품

3) 12~ 36개월까지 영아기 후기의 환경

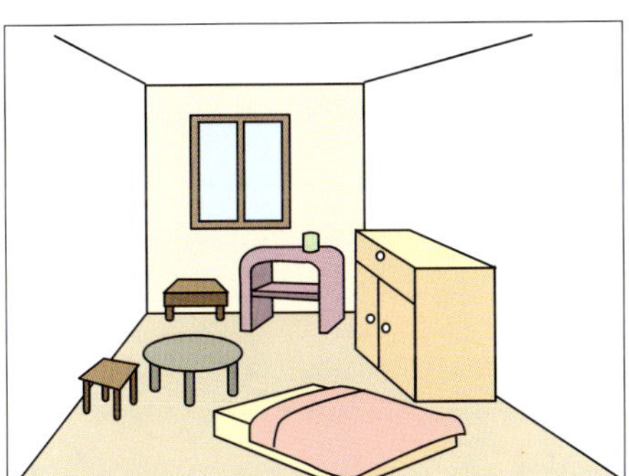

[그림 8] 15~36개월까지 환경

[그림 9] 영아용 침대

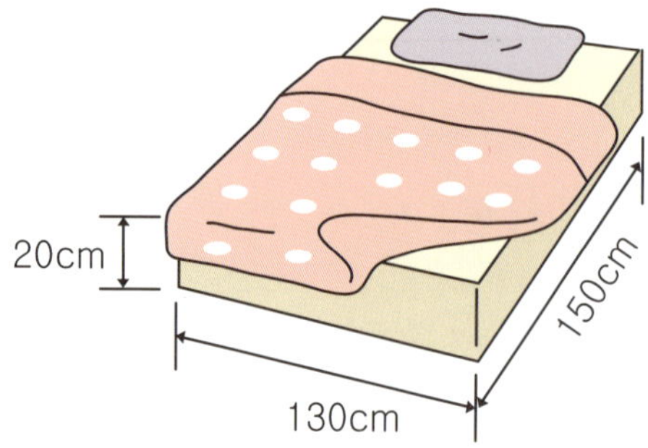

[그림 10] 침대

[그림 11] 정리함

- 수면을 위한 공간 : 낮은 침대
- 자기 몸을 돌보는 공간 : 옷장
- 운동을 위한 공간 : 낮은 교구장, 책상과 의자, 작은 탁자

영아들이 발달과정에서 환경을 자연스럽게 흡수하는 흡수기를 고려하여 환경을 준비해 주는 것이 필요하다.

2. 영아들이 처음 어린이집에 왔을 때 맞이하는 환영 공간

[사진 1] 자기 집 응접실과 같은 환영실 (현관)

[사진 2] 부모님들과 앉아서 이야기하는 환영실(현관)

[사진 3] 첫날

[사진 4] 첫날 귀가시간

[사진 5] 부모가 스스로 관찰할 수 있는 공간

사진 3 : 어린이집의 첫날(영아가 어린이집에 처음 오는 날)
사진 4 : 어린이집에서 첫 귀가시간 어린이가 엄마와 함께 즐거운 마음으로 헤어진다.
사진 5 : 어머니는 자기 아이가 첫날 원에 적응을 잘하는지 관찰하기 위해서 보이지 않는 곳에서 관찰한다.

[사진 1]은 자기 집 응접실처럼 낯설지 않은 환경으로 구성하는 것이 바람직하다. 급작스럽게 낯선 환경과 낯선 사람으로 인해서 심리적으로 불안전한 상황에서 원에 적응하는데 어려운 점을 보완해 주는 의미에서 가급적이면 이미 적응된 자기 집 응접실과 같은 환경이면 효과적이다. 자기 집에서 늘 보던 인형과 같은 물건들을 미리 준비하면 영아들에게 안정적인 분위기를 만들어 줄 수 있다.

[사진 2]는 자기 집에서 어머니와 손님들이 같이 앉아서 이야기할 수 있는 분위기를 만들어 주고 집에서 늘 보던 인형과 다른 물건을 준비할 수 있다. 영아가 처음 어머니와 떨어지지 않으려고 할 때 교사와 엄마는 같은 색상의 옷을 입으면 심리적으로 착시 현상을 일으켜 안정시킬 수 있다.

[사진 5]는 영아가 어머니와 헤어지는 데 적응이 안 되면 보이지 않는 장소에서 어머니가 자기 아이를 관찰할 수 있다.

몬테소리의 고향인 Chiaravalle에 있는 몬테소리 영아전담 어린이집에서는 떨어지지 않으려고 애를 쓰면 교사의 허락을 받아서 교실에서 함께 있을 수 있다.

3. 영아들을 위한 수면 공간 : 침실

영아들을 위한 수면 공간은 최대한 안정되고 조용하고, 신선한 공기, 방음, 조명장치가 되어 있어야 한다. 아주 어린 영아들을 위해서 이동식 바구니 침대와 바퀴가 달린 이동식 작은 침대를 사용할 수 있다.

아주 어린 신생아가 왔을 때 교사는 미리 다른 영아들에게 조심하라는 뜻에서 바구니 침대에 인형을 넣어서 예비교육을 할 수 있다. 신생아가 바구니 침대에서 잠자고 있는 동안 조심하라는 간접적인 훈련이다.

[사진 6] : 전체 침실환경 1

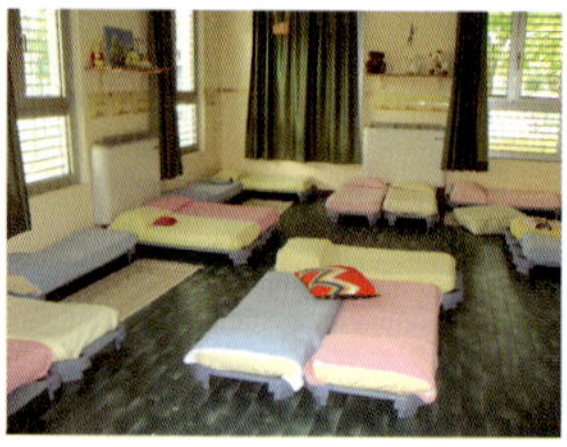

[사진 7] 전체 침실환경 2

[사진 8] 개인용 침대

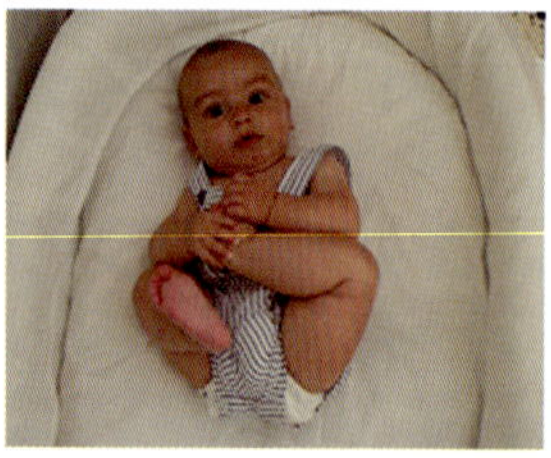

[사진 9] 이동식 바구니

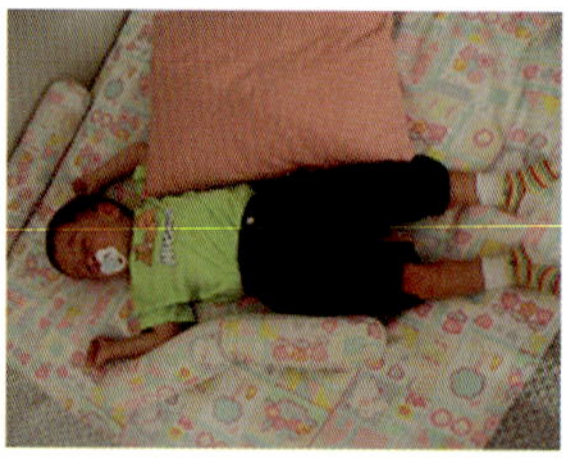

[사진 10] 교실에서 휴식

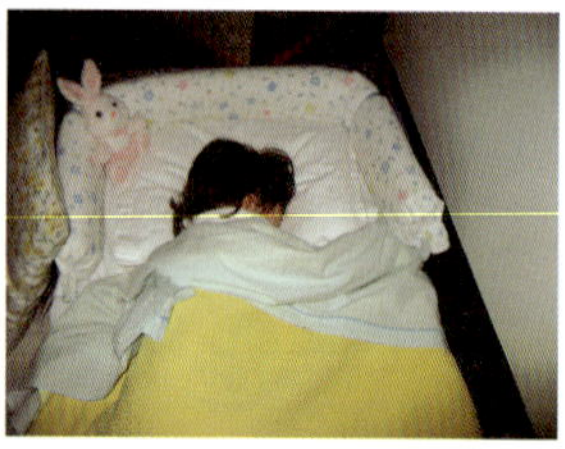

[사진 11] 교실에서 휴식

사진 6~11 까지는 영아들의 수면을 위한 침실 환경이다.

← 다른 영아들에게 친구가 잠자고 있으니 조심하라는 의미로 간접적으로 연습시키는 것이다.

[사진 12] 인형이 잠자는 이동식 바구니 침대

영아들의 침실을 위해서 침대 커버, 이불, 영아를 옮길 수 있는 바구니 침대, 큰 수건(Towel), 또폰치노(Topponcino), 우주복 등이 준비되어야 한다. 이러한 물건들은 잠자는 영아들을 언제든지 위생적이고 안전하고 편리하게 옮길 수 있다.

영아들의 침대는 영아들이 혼자서 기어서 올라갈 수 있는 높이인 10~15cm이면 가장 안전하다. 잠자고 난 다음 혼자서 안전하게 내려올 수 있는 높이이다. 영아들의 침대는 사방이 개방된 단순한 침대가 영아들이 활용하기에 편리하고 심리적으로 안정감을 가질 수 있다. 만약에 침대가 사방으로 봉쇄되어 있다면 영아들이 공포감을 가질 수 있을 뿐만 아니라 잠에서 깨어났을 때 높이 가리어진 창살 때문에 당황하고 공포감을 가질 수 있다. 영아들에게 가장 편리하고 장애가 되지 않는 작은 매트리스나 작은 보료와 같은 것을 제공할 경우 공간 활용을 최대한으로 할 수 있다. 다른 한편으로 영아들의 움직임과 심리운동을 자연적으로 발달시킬 수 있다.

영아들이 사용하는 모든 이불, 침대의 시트들은 100% 자연 천연재료인 면 소재를 활용하면 가장 위생적이고 세탁이 가능하며 촉감이 좋다. 그리고 영아들의 피부에 알레르기 현상을 예방할 수 있다. 영아들의 안전을 위해서 이불 근처와 침대 주변에 폭신한 촉감을 느낄 수 있는 양탄자와 담요 같은 것을 깔아주면 안전할 수 있다.

4. 영아들을 위한 위생실과 기저귀 갈이 공간

영아들을 위해서 다음의 사진처럼 어린이집의 한 곳에 위생실을 고정시켜서 활용할 수도 있고 공간이 없으면 이동식 위생대를 활용할 수 있다. 기저귀 갈이를 위한 위생실은 단지 위생적인 면만 고려하는 것이 아니라 영아가 교사나 어머니와 상호작용을 할 수 있는 좋은 기회이기 때문에 안정감을 줄 수 있는 작은 공간이면 더욱 효과적이다. 영아들은 다른 사람과의 상호작용을 통해서 부모와 애착관계, 신뢰심, 정서적 안정감, 친밀감을 형성하게 된다.

사진에서처럼 영아를 위한 기저귀 갈이에 필요한 물건을 벽에 고정시킬 수도 있지만 작은 바구니에 담아서 위험하지 않은 곳에 놓아둘 수 있다. 욕조에서 영아를 목욕시킨 다음 부드러운 수건 위에 올려놓고 닦을 경우에 사진처럼 길이와 높이를 정확하게 맞추어야 한다. 영아를 씻기는 데 위생실이 준비되지 않았으면 원이나 타원형으로 된 큰 용기를 사용할 수 있다.

영아들이 혼자서 화장실에 가는 것이 가능할 때는 사용하는 데 불편 없는 안전한 분위기를 만들어 주는 것이 중요하다. 영아들을 목욕시키고 기저귀를 갈아준다는 것은 단지 위생적인 측면만을 고려하는 것이 아니라 영아와 상호작용을 하면서 서로 안정감과 신뢰감을 형성하는 중요한 시간이 된다.

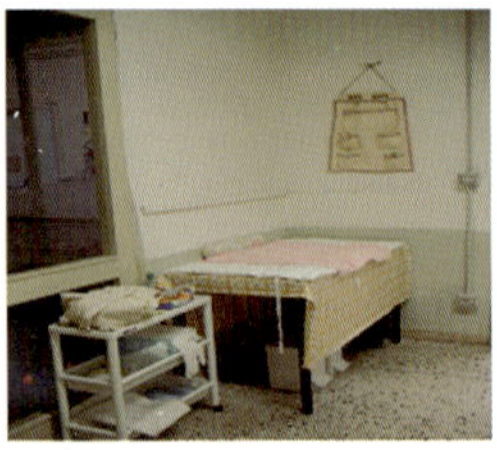
[사진 13] 위생실

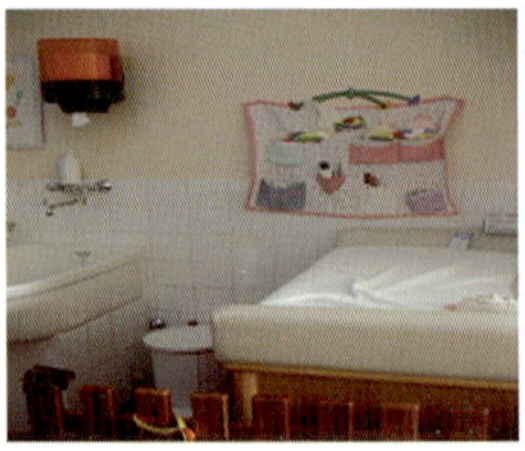
[사진 14] 위생실

[사진 15] 기저귀 갈이대

영아들의 위생실에서 필요한 물건들은 다음의 그림을 보면서 참고할 수 있다. 화장실 문화를 영아기 때부터 일상생활 영역에서 강조하여 습관화되도록 도와주어야 한다. 특히 위생실이나 화장실은 문화인들에게는 하나의 안정된 공간으로서 즐거움과 휴식을 공유할 수 있는 공간으로 발전하고 있기 때문에 가장 위생적이고 안정되어야 한다.

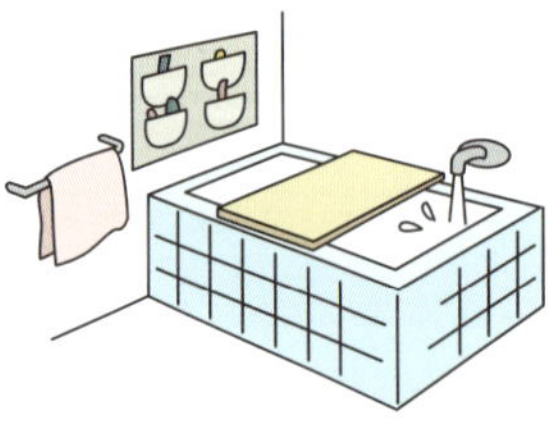
[그림 12] 영아용 욕조

[그림 13] 이동식 세숫대야

[그림 14] 소품걸이

[그림 15] 소품 바구니

[그림 16] 장난감

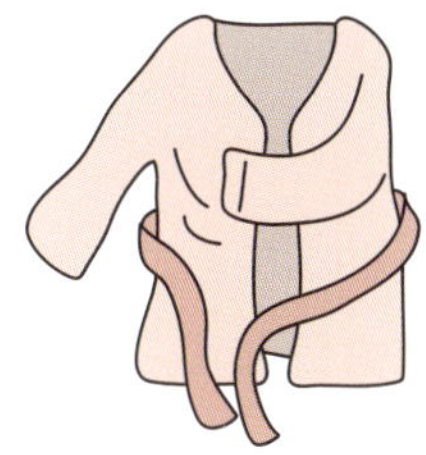

[그림 17] 목욕 가운

[그림 18] 의자변기

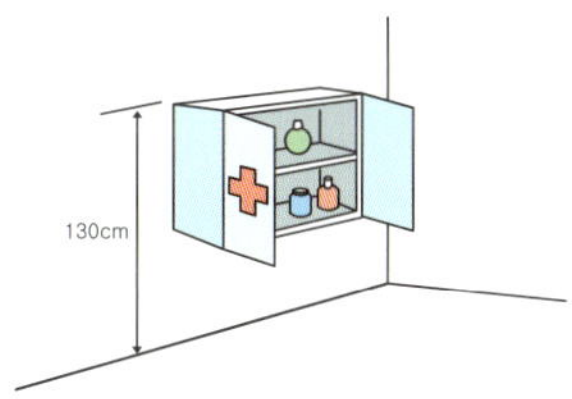

[그림 19] 위생용품 보관실

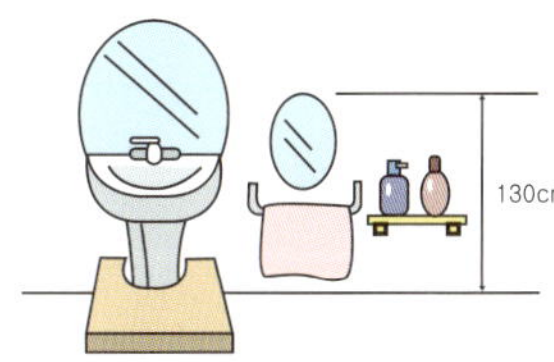

[그림 20] 화장실 내부

영아들이 스스로 변기를 사용할 수 있는 능력이 있으면 스스로 독립적으로 훈련할 수 있도록 준비해 주어야 한다. 영아들에게 배변훈련은 독립심을 발달시키는 데 도움을 준다.

5. 영아들을 위한 식사(수유)영역과 활동 공간

신생아는 어머니와 임신기간 동안 형성된 애착 행동은 수유를 통해서 더욱 밀착된다. 영아는 어머니의 따스한 가슴에 안기어 기본적인 욕구를 충족시킨다. 영아들은 어머니와의 애착 행동을 통해서 발달단계에서 나타나는 기본적인 신뢰감을 형성하면서 차츰 인간화, 육화, 정상화를 이루어간다. 수유를 위해서 바구니와 선반에 아주 부드러운 면으로 된 작은 거즈수건, 티슈 등을 준비한다.

신생아의 수유는 영아를 돌보는 사람이 흔들의자와 바닥에 앉아 가장 안정된 장소에서 제공한다. 흔들의자가 창가에 있으면 자연과 더불어 신선한 공기를 마시면서 수유하는 것이 바람직하다.

영아가 독립적으로 음식을 먹을 수 있는 능력이 있을 때는 가능한 한 혼자서 먹을 수 있도록 준비해 주어야 한다. 영아들이 아직 수저를 잡을 수 있는 능력이 안 되어 손으로 음식을 먹으려고 시도하면 허락하여야 한다. 영아들은 수저를 잡기 전에 우선 손으로 모든 것을 잡기 때문에 손근육이 발달한 다음 수저를 잡을 수 있다.

영아들의 이유식을 위해서 특별한 의자와 작은 식탁이 필요하다. 가능하면 지지대와 의자를 사용하여 영아가 혼자 앉아서 먹을 수 있도록 하며 의자와 작은 식탁은 움직이지 않게 무게감이 있어야 한다. 주변에 영아들이 볼 수 있도록 식사에 필요한 물건을 놓아두는 것도 식사 문화와 예절을 학습하는 데 필요하다.

[사진 16] 식사 공간 1

[사진 17] 식사 공간 2

[사진 18] 식사 시간

[사진 19] 어린 영아의 식사를 돕는다

[사진 20] 혼자서 독립적으로 이유식을 한다

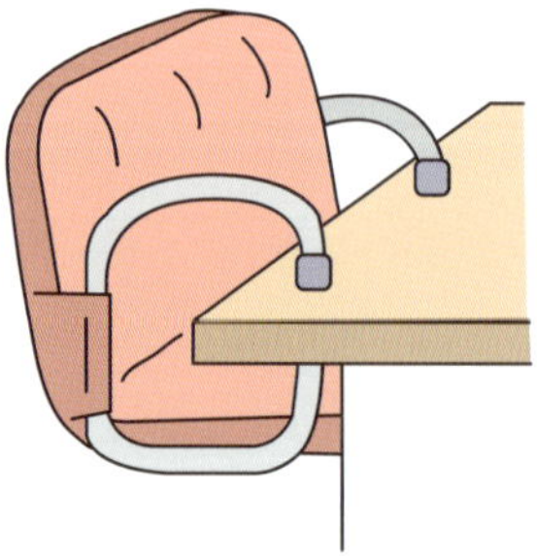

[그림 21] 식사 의자

[그림 22] 식사 공간 환경

[사진 21] 영아 식사용 턱받이

[사진 22] 영아 식사용 앞치마

그림 21. 22는 영아들에게 식사를 위한 환경 속에서 제공해 주는 것이다. 영아들의 식사를 위한 안전의자, 영아들이 식사 때 사용하는 물건에 익숙해지도록 환경 속에 포함할 수 있다.

6. 영아들을 위한 심리운동 영역

인간은 태어나서 움직임을 통해 몸과 정신을 발달시킨다. 영아들은 동적이든 정적이든 움직임을 통해서 신체적인 경험, 사회적 경험, 물질적인 경험을 하게 된다. 인간 최초의 장난감은 자기 몸이다. 움직임을 통한 신체적 경험으로 자기 몸을 인식하고, 지각하고, 신체적인 표현과 정신적인 표현을 하고, 감각을 경험한다. 움직임을 통해서 사회적 관계를 경험하고 의사소통을 하고, 관계를 형성하고, 친교를 맺는다. 움직임을 통한 물리적인 경험으로 주변 환경을 탐색하여 사물을 인식하고, 사물의 명칭과 속성을 알아가고, 사물과 사물을 변별하고 사회적 질서와 규칙을 학습한다(이숙정 역, 2005).

태내와 태내 밖에서 신생아는 물론 영아들도 움직임을 통해 뇌에 자극을 주고 감각기관을 발달시키면서 모든 생명체와 무생명체와의 관계를 형성한다. 영아들의 심리운동을 위해서 다음과 같은 공간과 교구가 필요하다.

1) 넓은 공간

영아들은 자기 활동을 방해받지 않고 자유롭게 움직일 수 있는 공간이 필요하다. 넓은 공간을 주 작업실이라고 부른다. 영아들이 기어 다니고, 먹고, 잠자고, 자유롭게 움직이며 자기가 좋아하는 놀이 작업을 할 수 있고, 친구들과 상호작용과 사회적 관계를 형성할 수 있는 발현적 학습 공간이다.

[사진 23] 자유로운 공간

[사진 24] 자유로운 놀이 공간

[사진 25] 영아들을 위한 대 활동실

[사진 26] 영아들을 위한 주 작업실

2) 공간 속에 작은 공간

영아들은 넓은 공간 속에서 놀면서 구석, 가구 속, 싱크대 속과 같은 어둡고 좁은 공간을 좋아한다. 아직 시야가 발달되지 않았기 때문에 좁은 공간에서 있기를 좋아한다. 커튼을 활용하여 작은 공간을 만들어 줄 수 있다. 아래의 그림처럼 교구로 만들어진 터널을 준비하여 어린이들이 마음대로 들어가고 나올 수 있는 공간을 만들어 줄 수 있다.

[사진 27] 공간 속에 작은 공간 1

[사진 28] 공간 속에 작은 공간 2

3) 영아를 위한 낮은 교구장

영아들이 정리 가능한 시기가 되면 독립적으로 스스로 정리정돈할 수 있도록 영아들의 눈높이와 키에 알맞은 2단용 교구장을 준비한다.

[사진 29] 영아용 낮은 교구장

[사진 30] 영아용 낮은 교구장

특히 영아용 교구장은 영아들이 짚고 일어설 때 움직이거나 흔들리지 않고 안전하여야 하며 영아들이 교구장 둘레에 서서 작업을 할 수 있는 직사각형으로 된 교구장이 안전하다.

4) 영아들을 위한 옷 정리장

영아들이 서고 걷을 수 있는 시기가 되면 혼자 스스로 옷을 입고 벗어서 정리할 수 있는 옷장을 준비해 주고 스스로 정리하고 자기 옷을 선택할 수 있도록 2~3가지 옷을 준비해 둔다. 영아들의 옷을 걸어 놓고 자기 옷을 볼 수 있도록 하기 위해서 문이 없는 옷장을 준비하는 것이 좋다. 영아 방에는 스스로 정리하고 옮기고, 자기 몸을 관리할 수 있고, 가족들을 볼 수 있고, 방에 불을 켤 수 있도록 하는 것이 바람직하다.

[사진 23] 영아용 정리장

[그림 24] 정리함 1

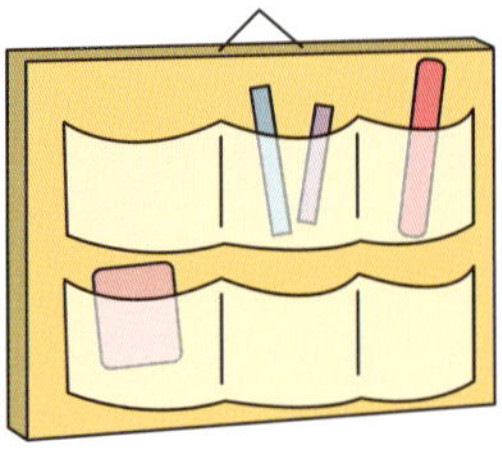

[그림 25] 정리함 2

[그림 26] 전기불

[그림 27] 가족 사진걸이

5) 영아들의 옷

인간의 복식사를 보면 어떤 형태로든 인간이 자기 몸을 보호하고, 자기 신분을 나타내고, 미학적으로 자기 몸을 관리하고, 자기 문화를 표현하는 옷은 그 사람에 대한 상징적인 의미를 가지고 있다. 영아들의 경우 옷은 보호가 가장 큰 목적이라고 할 수 있다. 신생아의 옷은 몸의 보호차원에서 단추나 매듭이 없는 가장 단순한 형태의 옷이어야 한다.

특히 신생아를 위한 옷의 특징을 보면 천연자료를 사용하여 피부를 보호하고, 보온이 조절되어야 하고, 공기 유통이 원활한 천이어야 하고, 위생적으로 세탁이 가능하여야 하고(100% 위생세탁이 가능하여야 함), 움직이는 데 불편이 없어야 한다. 그러므로 기저귀, 속옷과 일상복, 시트, 양말은 모두 면과 울로 된 천연재료로 사용하여야 한다.

영아들에게 무리하게 옷을 많이 입히는 것은 여러 가지 측면에서 자연적인 발달을 저해한다. 옷은 가벼운 소재로 약간 서늘한 느낌을 줄 수 있을 정도로 입히는 것이 좋다. 영아들을 너무 더운 공기 속에서 활동하도록 한다면 자발적인 운동과 움직임을 나태하게 만든다. 일반적인 견해로 어느 나라를 막론하고 남쪽 지방이나 아프리카 사람들이 게으른 것은 선천적인 것이 아니라 기후로 인한 현상으로 보는 사람들이 많다.

특히 일회용 기저귀는 이미 알려진 것처럼 어린이들의 위생을 고려하여 사용을 금하는 것이 좋다. 시간적으로 세탁에 부담이 된다 할지라도 천 기저귀를 사용하는 것을 공식적으로 권장하고 있다. 예를 들어, TV광고에 온종일 채워주어도 "뽀송뽀송합니다."라고 선전하는 것은 얼마나 많은 화학처리를 했으면 그런 결과가 나왔을까 보육을 담당하는 모든 보육자들이 깊이 생각하여야 할 것이다.

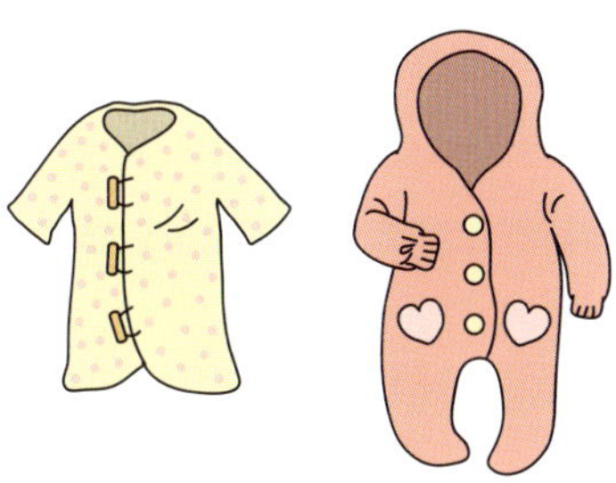
[그림 28] 영아용 옷 1

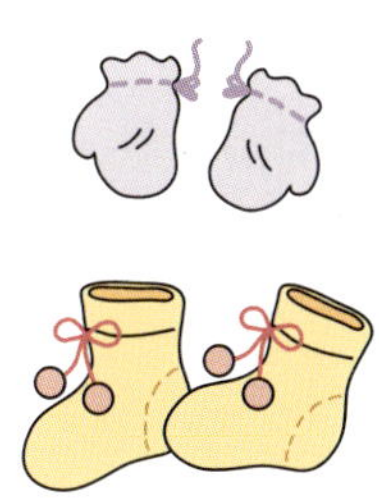
[그림 29] 영아용 옷 2

6) 심리운동을 위한 옷

영아들이 움직이는 데 가장 중요한 요소 중에 하나가 옷이고 걷는 데 중요한 것이 신발이다. 영아들은 걷고 말을 하기 시작하면 운동영역을 스스로 확장하고 공간 이동을 하기 시작한다. 움직임을 위해서 신축성이 많은 울이나 면소재로 편하게 입을 수 있는 옷을 선택하여야 한다. 스스로 독립적으로 옷을 입고 벗을 수 있도록 큰 단추와 지퍼 그리고 찍찍이와 같이 간단히 활용할 수 있는 옷이어야 한다.

7) 영아들을 이동할 때 사용하는 물건

일반적으로 영아들과 함께 산책을 하거나 멀리 이동하기 위해서 보호자가 편한 방법으로 이동할 수 있는 물건을 선택할 수 있다. 우주복, 유모차, 아기 캐리어, 포대기, 아기띠를 활용한다. 모든 물건들은 우선적으로 영아들의 안정을 고려하면서 활용하여야 한다.

[그림 30] 산책용 우주복

[그림 31] 아기띠

[그림 32] 아기 캐리어

8) 개인용과 2인용 의자

2인용 의자는 영아들이 친구들과 앉아서 책을 보든가 이야기할 때 사용하는 의자다. 의자에 앉아서 친사회적 행동을 강화하고 발달시킬 수 있는 관계를 형성한다. 개인용 의자는 개인용 의자로 사용되고 개인용 책상으로도 사용된다. 개인용 의자를 엎어놓으면 책상이 된다.

[사진 31] 1인용 개인의자

[사진 32] 2인용 의자 1

[사진 33] 2인용 의자 2

[사진 34] 2인용 의자 3

Ⅱ. 가정 안에서 신생아와 영아들을 위한 물리적 환경

1. 신생아와 영아들을 위한 물리적 환경

부모는 임신을 통해서 인간생명의 첫 역사를 창조한다. 태아들은 출산 후와는 전혀 다른 환경인 가장 안정된 상태에서 사랑과 더불어 어머니와 공존의 삶을 살아가며 외부 환경에 적응할 수 있는 최소한의 능력을 발달시킨다. 태아의 환경도 역시 교육적 환경으로써 태교의 중요성을 강조하는 것이다. 태내에서 280일간의 긴 여정을 마치고 세상에 모습을 드러내면 전과는 전혀 다른 환경에 적응하여야 한다. 신생아는 독립적으로 살아갈 수 있는 것이 아니라 어머니가 옆에 누워서 신생아를 돌보아야 하는데, 제2의 공생의 시기를 맞이하는 것이다. 몬테소리는 어머니와 신생아와의 관계는 어머니가 신생아를 도울 수 있는 힘이 있어야 한다고 했다. 도울 수 있는 힘은 가장 어려운 출생의 첫날부터 시작된다.

신생아는 단지 도울 수 있는 위치만을 바꾼 것이다. 양수 속에서 도움을 필요로 하던 것을 외부 세계로 옮겨 똑같은 도움을 필요로 한다. 신생아의 환경에 대한 적응은 자연적이고 운명적으로 이루어지며 자석처럼 서로 끌어당기는 특별한 관계가 된다. 중요한 것은 어머니가 가지고 있는 어떤 특별한 특성이 신생아에게 잠재적으로 습관화되어 인격 형성에 많은 영향력을 미친다. 어머니의 생활양식으로부터 영향을 받으면서 신생아들은 생의 긴 여정을 시작하고 인간화의 진화과정에 오른다(조성자 역, 1994).

모든 양육자들은 영아들을 위해서 주어진 과업을 중요시 하여야 한다. 가정 안에서 신생아의 물리적 환경이 특별한 의미를 가지는 이유는 인간으로서 처음 진행하는 인간화의 모습을 가정에서 시작하기 때문이다. 그러므로 인간화를 위한 첫 교육은 가정에서 시작하여야 한다(Montessori M, 1991). 신생아들은 무의식적인 흡수정신을 통해서 자기들에게 노출되는 모든 것들, 즉 보고, 듣고, 느끼고, 냄새 맡는 것들을 오감을 통해서 무의식적이지만 직접 흡수한다.

부모들은 신생아를 위한 환경을 적절하게 준비해서 제공하고 있는지?, 그들에게 자율적이고 독립적으로 활동할 수 있는 교재교구를 제공하고 있는지?, 부모 자신이 신생아를 따르고 있는지?, 부모는 신생아를 훌륭하게 관찰하고 있는지? 살펴야 한다.

가정과 영아전담 어린이집은 공통점을 가지고 있다. 인간을 처음으로 교육하는 기관이라는 점이다. 차이점은 단지 가정은 비형식적인 교육기관이지만 어린이집은 공식적이고 제도화된 교육기관이다. 반면 영아들을 영아전담 어린이집에 양육을 위탁하든 집에서 양육하든 두 교육기관은 서로 밀접한 관계를 맺고 있기 때문이다.

신생아의 물리적 환경은 영아기와 아동기의 발달단계와는 전혀 다른 차이점을 가지고 있다. 신생아들을 위해서 환경을 구성하고 지속하는 데 고려하여야 할 사항은 어머니의 가장 안정된 태내 환경으로부터 전혀 다른 외부 환경에 적응할 수 있는 전환적인 새로운 환경을 제공하여야 하기 때문이다.

신생아는 태어나자마자 본능적으로 다양하고 새로운 환경 변화에 적극적으로 적응하려고 노력한다. 그러므로 신생아에게 주어지는 과제는 새로운 환경에 생리적으로 적응해야 하는 어려움이 따른다. 이때 신생아의 양육자들은 그들이 가장 안정된 상황에서 새로운 환경에 적응해 나아가도록 보호하고 돕는 역할을 수행하여야 한다. 신생아는 태내에서 어머니의 양수에 휩싸여 있던 몸 상태에서 모든 것이 공기에 노출되는데, 신생아의 적응을 위해서 다음과 같은 사항을 주의 하여야 한다.

① 신생아는 공기 때문에 거친 피부로 변질될 수 있으므로 축축한 공기와 청결한 공기를 제공해 주어야 한다. 가능하다면 가습기를 준비하는 것이 바람직하다.

② 태아는 태아 기름막(피질)이 태아의 피부를 보호하므로 조심스럽게 부드러운 솜으로 닦아주어야 한다. 일생동안 신생아의 피부가 가장 두껍다. 자연스럽게 보호할 수 있는 능력을 가지고 태어나기 때문이다. 태지가 없어지면 피부도 차츰 차츰 피부 층이 감소된다.

③ 방안의 온도는 신생아가 자신의 체온을 조절할 수 있을 정도로 적당한 온도를 유지할 수 있어야 한다.

④ 신생아의 피부에 닿는 물건은 모두 부드러운 면 종류이어야 한다. 신생아의 옷은 예민한 피부에 마찰이 없어야 하기 때문에 가능한 솔기가 없거나 밖으로 노출된 것이 가장 좋다. 신생아를 넉넉하게 감쌀 수 있어야 한다.

⑤ 신생아는 모든 낯선 새로운 환경에 적응하여야 하므로 가장 위생적이고 신선한 공기를 제공할 수 있는 환경이어야 한다.

다음 단계로 영아기가 되면 다른 물리적 환경을 제공하여야 한다.

일컬어서 **"활동적인 영아기"**라고 말을 한다. 활동적 영아기는 6~12개월 사이에 영아가 기고, 움직이고, 걷기 시작하는 활동이 가장 활발하게 일어나는 활동적 민감기를 의미한다. 이 시기에는 영아들은 움직이는 활동이 최대한으로 확장되는 시기다. 그러므로 집안의 환경은 영아들이 움직이고 이동하기에 안전한 환경으로 변화시켜야 한다. 6~12개월 사이의 영아들의 잠자는 시간을 비교해 보면 이 시기 활동량이 얼마나 증가했는가를 볼 수 있다.

연 령	밤 수면시간	낮 수면시간
1 개월	9 시간	6 시간
2 개월	11 시간	3 시간
12 개월	11 시간	3 시간

신생아기는 하루 24시간 중에 15시간을 잠자고 나머지는 먹고, 울고, 기저귀 갈이하는 시간을 제외하면 얼마 안 되는 시간만 깨어 있다. 그러나 6~12개월 사이에 밤잠과 낮잠 시간이 엄격하게 줄어들면서 나머지 시간을 거의 깨어서 활동으로 하루를 보낸다. 영아들의 활동을 위해서 다음과 같은 사항을 조심하여야 한다.

① 영아들이 기어서 올라가고 기어서 내려올 수 있는 길이 1.5m, 높이 5cm의 면으로 된 매트나 우리나라의 보료 같은 것을 영아들이 가지고 놀고 있는 보물 바구니 가까이에 놓아두는 것이 좋다. 안전하게 앉아서 놀이를 할 수 있어야 한다.

② 영아들의 활동이 장애가 되는 옷, 물건, 교구교재가 너무 많이 준비되는 것을 배재하여야 한다.

③ 영아들의 활동을 위해서 채광, 공기, 바닥 등은 위생적이어야 한다.

2. 신생아를 위한 침실 환경

신생아를 위한 침실 공간은 신생아의 활동 공간과 같은 것이다. 신생아에게 안정감과 위생이 최대한으로 보장되어야 한다.

1) 신생아와 영아들을 위한 공기

신생아를 병원에서 집으로 데려오기 전에 이미 신생아 방이 완벽하게 준비되어야 한다. 신생아에게 공기는 호흡기 조직과 밀접한 관계를 가지고 있기 때문에 대단히 예민하다. 예를 들면, 곰팡이, 세균, 애완용 동물의 비듬과 털로부터 완전히 위생적이어야 한다. 방에 가습기를 설치하는 것도 하나의 방법이다. 미리 냉·난방기의 필터도 교체하여야 한다.

2) 신생아와 영아들을 위한 천정

신생아는 아직 시각이 완전히 발달하지 않았다. 시각의 범위는 겨우 12인치 정도이다. 그러므로 천정의 색상이 중요한 것이 아니라 태내처럼 조용한 환경을 유지할 수 있도록 방음장치와 그들의 시야를 방해하지 않는 파스텔 색상이면 더욱 안정적이다.

그러나 영아를 위한 천장 환경은 시각발달을 위해 중요한 위치이다. 영아기의 감각정보의 80% 이상이 눈을 통해서 지각되므로 정보창이라 할 수 있다. 4개월에서 8개월 사이에는 색에 대한 변별 능력이 발달한다. 수정체의 조절능력도 급속도로 발달하므로 시각적으로 사물에 대한 추적이 가능하다. 시력은 낮은 편이지만 시각기능은 성인과 같은 수준이다.

천장에 영아들의 시각적 능력을 고려하여 볼 수 있는 모빌을 달아주는 것이 좋고, 천장의 색상은 혼란스러운 것보다 안정된 파스텔 색상으로 구성하는 것이 좋다. 움직이는 새 모양으로 된 모빌이면 더욱 효과적이다.

3) 신생아와 영아들을 위한 벽

벽의 색상은 시각적으로 중요하지 않지만 화학물질이 제거되고 소리가 튀지 않는 방음이 되면 효과적이다. 안정감 있는 커튼을 사용하는 것도 바람직하다.

영아기를 위한 벽 환경은 영아들 눈높이에 걸려 있는 그림액자와 가족사진 그리고 영아 자신의 사진들은 영아의 관심과 호기심을 불러일으키는 데 충분한 매체들이다. 벽에 걸린 물건들을 회전시키거나 갈아 걸어주면 영아들에게 지속적으로 자극을 제공하는 것이다.

영아들을 위한 그림은 집 안이나 실외 자연 환경에서 흔히 볼 수 있는 단순하면서도 비슷하면 더욱 좋다. 영아들은 자기들의 세계가 확장되면 더 많은 관심과 흥미를 가지기 때문에 벽에 있는 창문이나 방문은 중요한 역할을 한다. 자기 방에 들어오는 사람과 나가는 사람을 통해서 자기와 멀어지는 순차성을 관찰할 수 있다. 사람들이 들어오고 나가는 것을 봄으로써 영아들은 사물의 영구성을 경험하게 된다.

영아들은 창문을 통해서 날씨의 변화와 계절의 변화 그리고 기온의 변화를 직접 경험하고 관찰하게 된다. 창문을 열어 환기를 하고, 외풍은 피하여야 한다.

벽에 걸린 벽 거울은 영아가 혼자서 상호작용할 수 있고 자기의 모습을 스스로 관찰할 수 있는 유일한 매체이다. 영아들이 가장 좋아하는 물건 중에 하나가 거울이다.

벽에 아주 약한 강도를 조절할 수 있는 전등을 켜주는 것도 영아의 안전을 위해서 좋다. 벽지색상은 가급적 혼란스러운 것보다 파스텔 색상으로 하는 것이 좋다.

4) 신생아와 영아들을 위한 바닥

바닥이 부드럽고 안정된 곳이라도 신생아를 직접 바닥에 눕도록 하는 것은 비위생적이다. 바닥에는 세균, 먼지 등과 같은 오염물질이 있기 때문이다. 위생적인 면 매트리스와 깨끗한 양탄자를 깔아 줄 수 있다.

영아들을 위한 바닥 환경은 영아들을 위한 활동 공간으로써 그들의 활동을 자연스럽게 도울 수 있는 열린 공간이어야 한다. 영아들은 기어 다니는 것에서 시작해서 지지대를 활용하거나 혼자서 걸어 다니면서 활동과 작업을 지속하여야 하기 때문에 안정감, 온도, 위생을 고려한 자연 친화적 바닥이어야 한다. 영아들에게 안정감을 줄 수 있는 카펫을 사용할 때는 항상 위생에 관심을 가져야 한다.

영아용 2단 교구장을 벽이나 적당한 공간에 배치해서 스스로 작업할 수 있도록 배치할 수 있다. 단, 바닥에 확실하게 접착하여 침대가 놓여 있는 경우 적당한 거리를 유지하여 호흡기 감염이 되지 않도록 하여야 한다. 잠자는 공간에는 교구와 장난감을 놓아두지 말아야 한다.

활동하는 영아들을 위해서 바닥에 놓아둘 수 있는 물건

잡고 놀 수 있는 것 등, 플라스틱으로 된 문지르기, 공갈 젖꼭지, 겹쳐 놓을 수 있는 똑같은 컵 2개와 작은 그릇, 부드러운 솜과 천으로 된 인형들, 작은 쓰레기통, 물건을 넣을 수 있는 작은 바구니, 고리나 고리잡기

5) 신생아와 영아들을 위한 조명

어머니의 어두운 자궁 속에서 갓 태어난 신생아들은 빛에 약하기 때문에 눈의 보호를 위해서 최소한 약한 조명을 해주어야 한다. 빛을 조절할 수 있는 전등을 사용하면 좋다.

3. 가정 안에서 신생아를 위한 사회적, 정서적, 인지적 관계

신생아들이 처음으로 다른 사람들과 관계를 맺어 상호작용을 하게 되는데, 사회적 관계, 정서적 관계, 인지적 관계는 대단히 중요하다.

사회적 관계의 측면에서 양육자로서 생의 첫 경험을 하는 사람들은 신생아가 사회화 과정을 통해서 환경에 적응하도록 협조하여야 한다. 신생아들에게 사회적 관계를 적극적으로 협조하기 위해서 우선적으로 의식주의 문제가 해결되어야 한다. 신생아의 규칙적인 수면 상태, 반사기능, 청결한 침실 환경, 신선한 공기의 순환과 같은 요인들은 양육자와의 정적인 관계를 유지하도록 촉진시킨다.

정서적 관계는 양육자는 안정되고 평화로운 자세로 신생아와 상호작용하여야 한다. 잠자는 시간, 수유, 기저귀 갈이, 함께 지내는 시간에 서두르지 않고 침착하고, 안정되고, 사랑을 충분하게 흠뻑 받고 있다는 확신을 가질 수 있도록 여유 있게 상호작용을 하여야 한다. 신생아는 말을 구사할 수는 없어도 청각이 발달되어 있기 때문에 언어, 미소, 몸짓을 통해서 안정감을 주어야 한다. 신생아들에게 가장 중요한 것은 안정된 느낌을 경험하는 것이다. 신생아들은 부모와 양육자 그리고 다른 사람들에게 접근하려는 성향을 가지고 있다. 이때 주변 사람들이 정서적으로 안정되었다면 신생아 역시 정서적인 안정감 속에서 생활하게 될 것이다.

인지적 관계는 신생아들은 출산과 더불어 움직이기 시작하면서 자기의 신체적 건강과 인지발달을 확장시킨다. 신생아의 반사기능도 인지발달에 도움을 준다. 반사기능들은 인간이 생존에 필요한 기능들로써 다음 발달단계와 연결되어 인지활동을 강화하는 역할을 한다.

신생아들은 10,000,000개의 뇌세포를 가지고 태어난다. 뇌 속에 뇌세포를 감금하고 있는 것이다. 신생아들은 본능적으로 가지고 태어나는 수많은 뇌세포를 스스로 발달시킬 우주적 과업도 가지고 있다. 신생아기에서부터 영아기인 36개월 동안 한 인간으로 성장하기 위해서 세상에 있는 자기를 돌보고 양육하는 많은 사람들에게 다음과 같은 과업을 함께 이루어 나갈 수 있도록 도와 달라고 외치고 있다.

● **첫 번째 외침** : 신생아인 나는 태어나자 마자 새로운 환경, 새로운 사람들, 새로운 음식, 새로운 공기를 접하게 되지요. 모든 것이 나에게는 새로운 것이예요. 어머니와 공생 기간을 살다가 10개월만에 서로의 연결고리를 끊어버리고 독립적으로 삶을 시작하는 첫 날입니다.

환경이 겁도 나고 신기한 것이 너무 많고, 세상이 놀랍고, 가장 중요한 것은 엄마의 뱃속과 같은 안전한 환경이 필요하답니다. 나는 사회적 관계, 정서적 관계, 인간관계를 정상적으로 형성하기 위해서 필요하므로 모든 환경은 나의 욕구를 만족시켜 주어야 합니다.

● **두 번째 외침** : 나의 집은 세상이고 세상은 나의 집입니다. 나는 아직 우리 집이 어디에 있고, 아름다운 집인지 모르지만 온 천지, 온 세상이 내 집임에는 틀림이 없습니다. 세상의 집에서 나를 건강하고 훌륭한 사람으로 상장할 수 있도록 도와주세요.

● **세 번째 외침** : 미소를 짓고, 몸짓을 하고, 움직여야 합니다. 나는 모든 것을 이해하고 나만의 언어를 가지고 있습니다. 나를 도와주시는 사람들은 나의 미소, 몸짓, 움직임을 잘 관찰하시고 도와주세요. 말을 할 수 없으니 몸을 움직여 나의 욕구를 표현할 수밖에 없어요.

● **네 번째 외침** : 나는 벌써 이리저리 돌아다니면서 탐색활동을 하고 활동의 범위가 넓어졌어요.

모든 것이 신기하기 때문에 만져 보고, 먹어보고, 부수어 보고...... 정말 재미있어요. 손으로 모든 것을 할 수 있어요. 탐색활동을 통해서 나는 나 스스로 할 수 있는 독립심을 발달시키지요. 그러나 만약 내가 먹기를 원한다면, 만약 내가 무엇인가를 잡으려고 한다면, 만약 내가 온 방을 돌아다니려고 한다면 할 수 있도록 허락해 주세요.

다섯 번째 외침 : 나는 사물과 교구가 필요하고, 움직일 수 있는 공간이 필요해요. 나에게는 모든 물건들이 새로울 뿐입니다. 내 손으로 만질 수 있고, 들 수 있으면 만져보고, 냄새 맡고, 입에 넣지요. 위험한지 어떤지도 모릅니다. 그러니 나의 주변에 위험한 물건을 놓아두지 마세요.

여섯 번째 외침 : 나는 말을 하기 시작했어요. 그러나 단지 나만 이해할 수 있는 엉터리 말입니다. 나는 말을 완전히 할 수 없기 때문에 나만 알 수 있는 말을 하지만 난 정확한 말을 들어야 합니다. 왜냐구요? 정확하게 말을 배워야 하기 때문에 저와 말을 할 때는 똑똑하게 말을 해주세요. 말을 하지 못하면 나는 항상 누군가에게 의존해서 살아야 하기 때문에 나는 말을 빨리 배워서 독립적으로 생활을 해야 하거든요.

일곱 번째 외침 : 나 혼자서 스스로 할 수 있도록 놓아두세요. 무엇이든 혼자서 하려고 최선을 다해서 노력합니다. 나는 빨리 혼자서 생활하는 방법을 배워서 독립적인 사람으로 성장하여야만 몬테소리 어린이집을 갈 수 있거든요. 무엇이든 혼자서 할 수 있다는 것은 나의 능력을 발달시키는 일입니다.

여덟 번째 외침 : 나는 모든 사람과 사물에 이름이 있다는 것을 알았어요. 나는 내 이름이 윤희라는 것을 알았어요. 엄마가 "윤희야"라고 부르면 나는 재빠르게 엄마가 있는 곳으로 가지요. 우리 식구들, 모든 물건, 꽃들, 음식에 이름이 있다는 것을 알았어요. 저에게 모든 이름을 말해 주세요. 그래야 저도 빨리 배우지요.

아홉 번째 외침 : 나의 손은 작업자입니다. 나는 나의 손으로 모든 일을 반복하고, 반복하고, 반복합니다. 나는 손으로 탐색활동을 하고, 잡고, 던지고, 먹고, 분류하고, 비교해 보고, 던지고, 두드려 봅니다. 그래서 나의 손은 나의 정신입니다. 나의 손은 한 번도 피곤하지 않고 지루하지 않습니다. 나의 손은 나의 정신이고 움직이는 기계와도 같습니다. 나는 손으로 나의 모든 세계를 발견합니다.

열 번째 외침 : 나는 모든 방과 교실을 돌아다니면서 감각기관을 발달시켜야 나중에 공부할 수 있어요. 움직임과 운동은 내가 온종일 하여야 할 공부입니다. 운동을 할 수 있는 계단을 준비해 주세요. 나에게 뛰고 계단을 오르는 것은

많은 운동이 되거든요. 계단을 오르고 내려와도 전혀 피곤하지 않아요. 계단은 우리들의 놀이터입니다.

● **열한 번째 외침** : 이제 나의 뇌 활동이 얼마나 많이 발달했는지 알고 계십니까? 엄마, 아빠의 도움과 몬테소리 선생님의 도움으로 참 많이 발달했어요. 난 뇌 기능을 생각하면 정말 신기해요. 나의 발달 사진을 보세요. 그 동안 내가 얼마나 힘들게 열심히 일했는지요.

보고 듣는 정보를 받아들이는 시각 · 청각 피질의 발달, 언어를 발달시키는 모이랑, 내 눈 앞에 있는 사람과 사물을 기억하도록 만드는 전전두 피질, 돌봐주는 사람과 부모를 구별하는 방추이랑, 모든 것을 기억하는 해마, 감정을 통제하는 전전두 피질... 복잡하지만 나는 뇌 발달이 이루어지지 않으면 인간화로 진화할 수 없어요. 앞으로 더 많이 움직이고 사물을 관찰하고, 탐색하면서 뇌를 발달시킬 수 있도록 도와주세요.

● **열두 번째 외침** : 나는 이유식을 해야 합니다. 엄마의 젖을 더 이상 빨아먹을 수 없어요. 치아가 솟아 나왔기 때문에 엄마의 젖꼭지를 빨 수가 없어요. 모유를 빨아 먹다가 엄마의 유두를 꽉 물으면 엄마가 나를 힘차게 내리쳐서 울어버려요. 나의 성장을 위해서 종합비타민과 같은 여러 가지 다양한 영양분을 필요로 해요. 맛있는 음식을 주세요.

● **열세 번째 외침** : 내가 얼마나 잘 자라고 있는지 아세요. 선생님과 부모님이 나의 발달과정을 잘 알아야 나를 도와 줄 수 있지요. 나와 함께 선생님과 부모님들도 열심히 공부하셔야 합니다. 나의 발달단계를 잘 알아야 나를 올바르게 지도하고 안내할 수 있거든요.

● **열네 번째 외침** : 나에게 편안한 옷을 입혀주세요. 누워있으면 옷 가장자리 때문에 아프기도 하고, 움직이는 데 불편한 옷을 입혀주면 짜증이 나요. 그래서 나는 아주 편한 옷을 좋아합니다. 예쁜 옷보다는 편안하고 위생적인 옷이 더 좋아요.

● **열다섯 번째 외침** : 내가 말을 할 수 있도록 도와 주세요. 말을 못하고 들어도 이해를 할 수 없으니 정말 답답합니다. 말을 할 수 없으니 나의 생각과 알고 싶은 것, 가지고 싶은 것을 표현할 수 없어서 화가 납니다. 나에게 정확하게 말

해 주세요. 한 단어만 말하지 마시고 문장 전체를 말해 주세요. 나는 정확하게 말을 배워서 재미있는 이야기를 하면서 의사소통을 하여야 합니다. 내가 하는 말을 듣고 나의 조국이 어디인지 알 수 있거든요.

● **열여섯 번째 외침** : 나는 문화를 즐기고 좋아해요. 우리 집에는 여러 나라에서 가져온 인형들이 있어요. 독일 인형, 러시아 인형, 미국 인형, 이탈리아의 피노키오가 있어요. 여러 나라의 문화를 알고 싶어요. 책도 읽고, 춤도 추고, 노래도 부르고, 우리나라 역사 이야기도 듣고 모든 것이 문화 이야기입니다. 글자를 모르지만 그림책을 보면서 나름대로 이해하면서 읽는 연습을 합니다.

● **열일곱 번째 외침** : 우리들이 좋아하는 몬테소리 영아전담 어린이집입니다. 집에서 혼자 있으면 친구들도 없고 교구도 많이 없기 때문에 외롭고 재미가 없어요. 나에게 독립심, 질서, 규칙, 사회성, 일상생활 습관을 훈련할 수 있도록 선생님들은 우리 어린이집 친구들을 도와 주세요. 우리들은 아무것도 모르는 말성꾸러기들입니다.

그러나 몬테소리 어린이집에는 엄마처럼 친절하게 보살펴 주시는 선생님이 있기 때문에 어린이집에 가는 것이 즐거워요. 우리들은 어린이집에서 모든 것을 배워야 합니다.

4. 가정 안에서 신생아의 의사소통과 언어발달

신생아들은 임신기간 동안 다양한 방법으로 의사소통을 이미 시작한다. 임신 후 자궁에 착상되는 순간 태아는 생존을 위해서 특수형태로 의사소통을 위한 기능을 창조한다. 태아와 모체가 서로 의사소통 할 수 있도록 연결하는 융모막이 융모를 생산한다. 융모막은 24시간 쉴 사이 없이 활동하면서 생물학적 생존을 위해서 필요한 산소와 영양분을 받아들인다. 태내에서 자기와 의사소통을 하면서 자기를 지탱해 줄 생명의 연결고리를 선물 받은 것이다. 생명의 연결고리는 서로 다른 차원에서 독립적이지만 공생관계에서 의사소통을 지속하고 있다는 것을 알려준다.

신생아들은 자기들을 돌보는 양육자들을 위해서 자신의 몸 전체를 움직인다.

자기 주변 환경에 있는 사람들의 시선을 집중시키기 위해서 자기 몸을 움직임으로써 하나의 의사소통 수단으로 활용한다.

신생아들은 의사소통의 수단과 방법으로 머리, 팔, 손, 다리와 몸 전체를 움직이는 것, 자기 환경과 주변에 있는 사물과 사람을 바라보는 것, 미소 짓는 것, 울어버리는 것이 있다.

영아의 언어 의사소통을 위한 환경은 인간이 말하는 것을 배우기도 전에 이미 언어를 습득할 수 있는 지능을 가지고 태어난다. 다시 말하자면 언어는 유아들의 뇌에 이미 프로그램화되어 있다. 이러한 측면에서 영아들이 미리 구어에 노출되면 언어발달에 도움을 줄 수 있다고 할 수 있다. 생애 첫 일 년 동안은 백 가지의 단어와 백 가지의 언어 그리고 유음을 듣는 경험이 중요한 것이다.

영아기는 계속해서 언어를 준비하는 민감기라고 할 수 있다. 영아기에 언어에 많이 노출된 영아와 그렇지 않은 영아의 발달을 보면 차이점이 있다는 연구결과가 있다. 그러므로 영아들의 환경에 언어발달을 촉진할 수 있는 교구와 교재를 제공하여야 한다. 양육자는 영아들과 같이 눈을 맞추고 직접 바라보면서 이야기를 하거나 책을 읽어 줄 수 있다.

영아들은 자기 주변에서 언어를 구사하는 사람들에게 아주 쉽게 유혹당하면서 입의 움직임과 입술 모양에 관심을 가진다. 양육자가 영아와 언어적 상호작용을 하면 말소리를 듣고 두뇌발달, 언어발달, 사회성 발달, 감정 등이 활성화된다. 예를 들면, 미소를 지으면서 “우리 아기, 착한 아기, 예뻐, 사랑스러워” 등과 같은 언어는 양육자가 직접 영아를 보면서 하는 말이기 때문에 들리는 소리와 소리의 의미를 관련지우는 표정을 한다. 양육자가 먼저 말을 하고 영아가 말할 수 있는 기회를 주면서 잠시 기다리면 몸짓으로 응답할 때 영아들은 이미 의사소통이 된 것이다. 항상 이름을 불러주고, 사물의 명칭을 정확하게 발음해 주고, “어디 있어?, 여기 있구나!” 등과 같은 언어는 이해하지 못할지라도 언어를 발달시키는 기초가 된다.

영아들은 간단한 그림책에 관심을 가진다. 책에 대한 문해능력을 발달하기 전에 영아들이 우선 책을 좋아할 수 있도록 영아들의 감각발달을 고려하여 책 표지가 부드러운 천으로 된 책을 선택하는 것이 좋다. 책이 큰 것보다는 영아들이 손으로 잡을 수 있는 작은 책을 선택하는 것이 좋다. 영아기 때부터 다양한 책을 접하는 것은 언어발달을 촉진시킨다. 영아들을 위한 언어와 의사소통을 위해서 주의할 점은 아래와 같다.

① 항상 마주 대하면서 정확하게 이야기한다.

② 의사소통을 할 수 있는 기제들을 모두 활용한다 : 미소, 몸짓, 바라보기, 스킨십

③ 실제적인 언어를 사용한다.

④ 실제 사물과 함께 언어적 표현을 한다.

⑤ 자기 몸의 명칭을 언어로 표현한다.

8장

영아전담 어린이집의 작업 이론과 실제

영아들의 심리운동과 감각발달을 돕는 교구들

영아들의 심리운동과 감각발달을 돕는 교구들은 8그룹 또는 8단계로 구분하여 제시할 수 있다.

제1그룹 : 시각 자극을 돕는 다양한 모빌이 있다. 검정과 흰색으로 구성되어 있는 무나리(Bruno Munari) 모빌, 색의 점차성을 가진 고비(Gobbi) 모빌, 팔면체와 원모양 모빌 등 여러 가지 모양의 모빌이 있다.

제2그룹 : 시각, 촉각, 청각 자극을 돕는 교구이다. 다리로 치거나 손을 이용해 만질 수 있는 시각발달을 위한 교구로는 천으로 된 구슬 모빌, 방울 달린 리본, 링 고리가 달린 끈, 굴리는 나무 공과 원반, 차는 공, 홈이 있는 공 등이 있다.

촉각발달을 위한 교구로는 촉각구슬, 서로 연결된 여러 개의 링, 치아 발육을 위한 링이 있다.

청각발달을 위한 교구로는 방울 딸랑이, 손잡이가 달린 마라카스, 방울 달린 원기둥, 표주박 등 여러 종류의 딸랑이가 있다.

제3그룹 : 눈과 손의 협응, 손 조작운동, 소근육 · 대근육 발달을 돕는 교구들 또는 컵과 공, 밑받침이 있는 상자와 공, 서랍상자와 공, 누르는 공과 상자, 털실 공과 상자, 밑받침이 있는 상자와 여러 도형 등이 있다.

제4그룹 : 심리운동과 전신운동을 돕는 당기고, 기고, 서고, 걷기를 돕는 교구들이다. 여러 소리가 나는 방울이 든 원기둥, 무거운 탁자, 수평 봉, 삼각거울, 열고 닫기를 할 수 있는 작은 문이 있는 교구 등이 있다.

제5그룹 : 공동으로 작업할 수 있는 눈과 손의 협응과 평형발달을 돕는 교구로 긴 경사로와 공, 내려가는 경사로와 공이 있다.

제6그룹 : 공동작업을 할 수 있는 눈과 손의 협응을 돕는 교구로 밑받침이 있는 상자와 원기둥, 수평 봉과 링, 수직 봉과 정육면체, 3개의 수직 봉과 작은 링, 수직 봉과 점차성을 지닌 링, 실 꿰기, 도형상자, 저금통과 칩, 밀어서 열고 닫는 상자, 서랍상자, 열쇠와 자물쇠, 상자 열기, 빈 통과 상자 열고 닫기 · 꺼내기, 분류하기, 퍼즐, 틀이 있는 나사못 등이 있다.

제7그룹 : 공동작업을 할 수 있는 세련된 손의 조절능력과 운동을 돕는 교구로 붙이기, 자르기, 끈 꿰기, 바나나 자르기, 숟가락으로 옮기기, 고체 따르기, 액체 따르기, 깡통과 쇠사슬, 묶고 풀기 · 잠그고 붙이고 올리기, 잡기와 나르기, 머리 땋기 등이 있다.

제8그룹 : 영아들의 언어발달을 위한 전 단계로 듣기, 말하기, 그리기, 읽기를 위한 훈련을 발달단계에 맞도록 훈련하는 것이다. 이 그룹은 언어발달을 돕는 기초 단계라고 할 수 있다.

1. 제1그룹 : 영아들의 시각을 돕는 다양한 모빌

제1그룹에 속하는 교구들은 여러 종류의 모빌로 구성되어 있으며 재료는 다양한 것으로 이루어져 있다. 모빌은 신생아들의 생애 첫 시기 동안의 시각발달과 협응능력을 도울 수 있는 것으로 구성되어 있다. 환경 속에서 모빌들이 정확한 배치와 적절한 시기에 제공된다면 영아가 심리운동 발달에 에너지를 활성화하는 것과 같은 역할을 하게 될 것이고 목적을 달성하기 위한 심리운동 능력이 발달하고 증가될 것이다.

모빌에는 여러 소재나 모양들이 있다. 영아를 위해서 옛날부터 로마에서 모빌을 사용하였다는 흔적이 있다. 로마에서는 모빌을 '중력의 밸런스'라는 의미로 활용되었다. 이는 중력을 활용하여 서로 밸런스를 유지하면서 영아들의 시각운동 속도에 맞도록 제작된 것이다.

모빌은 중력에 의해 시소와 같이 위, 아래로 흔들리며 움직인다. 균형을 혼란스럽게 하기 위해서는 무게를 다르게 할 수도 있으며, 같은 무게의 것은 중심을 이동한다. 모빌을 만들기 위해서는 수학적인 균형이 이루어질 때 정확한 기능을 할 수 있다.

'모빌(Mobile)은 미국 필라델피아 출신의 조각가인 알렉산더 컬더(Alexander Calder, 1898-1976)에 의해 발명되었다. Calder가 만든 모빌은 금속의 소재를 많이 사용한 미술 작품으로, 밸런스를 잡아가면서 자연스럽게 움직이는 작품이었다. 그의 작품이 영아들의 모빌과 연관되어 활용되었다.

이태리의 부르노 무나리(Bruno Munari, 1907-1998)도 모빌을 제작하였다. 그의 모빌은 가벼운 소재를 사용하여 실내 공간에서 자연스럽게 움직이는 것이 특징이다. Munari는 모빌을 'Macchine inutili', 즉 "활용하지 못하는 기계"라고 부르기도 했지만 우리들은 모빌의 아름다움이 사람들에게 기쁨을 준다는 것만으로도 충분하고 훌륭한 가치를 가진다고 말할 수 있다. Munari는 모빌의 재료로 가는 철사, 가벼운 나무, 얇은 골판지나 유리 등의 소재를 사용하여 공중에서 그 움직임을 즐길 수 있도록 제작하였다.

모빌을 천장으로부터 매달 때는 명주실을 사용하였다. 명주실은 꼬여지기 때문에 모빌이 언제나 자연스럽게 움직일 수 있다. 우리는 모빌을 부착할 때 그 소재를 가장 잘 적절하게 가치화시킬 수 있는 방법을 생각해야 한다. 즉, 소재와 마디 사이에서 조화가 이루어지도록 하는 것이 중요하다. 한편으로 마디의 위치를 생각할 때 신생아가 초점을 잘 맞출 수 있는 이상적인 거리를 유지하여야 효과적이다. 신생아는 모빌을 통해서 흥미로움을 표상하여 나타낼 수 있다. 신생아의 초점거리는 엄마가 수유할 때 엄마의 눈으로부터 아기 눈 사이 거리 정도라고 할 수 있다. 따라서 처음 사용은 모빌은 20~25cm 거리에 부착시키는 것이 가장 이상적이다.

모빌은 현대적이고 기하학적인 모양을 활용할 수 있으며, 공간 안에서 자연스럽게 움직이는 것을 생각해 볼 수도 있다. 모빌은 공중이나 수중에서 항상 움직이고 있는 것이 바람직하다. 예를 들면, 떨어지는 물방울, 바람에 춤추듯 떨어지는 낙엽 등도 좋은 모티브가 될 수 있다.

모빌은 시중에서 판매되는 것도 있지만 특히 영아들을 위해서 직접 제작하여 제공할 수 있다. 가끔 시중에서 판매되고 있는 모빌은 무겁기 때문에 모빌이 돌아가는 속도가 빨라서 영아가 즐겁게 볼 수 있는 것이 불가능하다. 또한 어른이 조작하지 않으면 모빌이 움직이지 않고, 움직이는 시간 또한 제한되어 있다. 하지만 자연적인 모빌은 천천히 움직이며 시간의 제약을 받지 않으며 바람과 어린이의 손에 의해 움직임이 달라지는 장점을 가지고 있다.

모빌을 달아 주었을 때 영아가 흥미를 갖고 있는지에 대한 반응도 관찰할 필요가 있다. 모빌은 신생아에게 매우 중요하다. 신생아들에게 모빌의 움직임은 훌륭한 관찰 대상이 되기 때문이다. 신생아는 나뭇잎의 색깔, 나뭇가지가 바람에 의해 흔들리면서 발생하는 햇빛과 그림자 놀이를 집중해서 보는 것과 같은 원리이다.

신생아에게 다양한 종류의 모빌이 제공되는 것은 시각의 예민성과 시각발달을 훈련하기 위해서이다. 발달에 맞는 적절한 모빌을 경험하는 것은 훗날 어린이의 형태와 색깔에 대한 변별력을 증가시키는 데도 도움을 준다.

실제로 모빌은 영아가 누워서 "지금 나는 무엇인가를 관찰하고 있다."라고 할 수 있는 침묵의 교구가 될 수 있다. 이 시기의 영아들과 말을 하면서 언어적 표현으로 상호작용을 제공하는 것도 중요하지만 집중해서 볼 수 있는 교구를 제공하는 것도 매우 중요하다.

모빌은 정확한 형태를 지니고 있는 것이어야 하며, 간단하면서도 정확한 목적을 지닌 것이어야 한다. 모빌의 목적은 반드시 집중해서 볼 수 있는 영아의 시각적 환경 내에서 제공되어야 한다.

모빌을 제작할 때는 여러 소재를 이용하여 만들 수 있으며 3~5개의 물체가 균형을 잡으면서 공중에서 움직이도록 매달면 된다. 모빌재료는 반짝이는 종이, 일반색지, 골판지, 유리로 된 공 등을 사용할 수 있으며 스티로폼 공과 명주실로 모빌을 만들 수 있다. 가벼운 소재의 물체를 매달기 위해서는 비단 또는 면실, 낚싯줄이 주로 이용된다. 균형을 맞추기 위해서는 철사, 얇은 나무 봉 등을 사용하는 것이 가벼움을 느낄 수 있다. 천장에 매달지 않을 때는 벽에 부착하여 매달아 놓을 수도 있지만 벽에서부터 거리를 충분히 두어 모빌이 부딪치지 않도록 고정시켜야 한다.

모빌은 목적에 맞는 공간에 고정시켜야 한다. 즉, 영아가 다른 작업을 하지 않을 때에 혼자서 자율적으로 기분 좋게 즐길 수 있는 장소여야 한다. 구체적으로는 영아의 침대, 기저귀 교환대 또는 놀이 장소 등이 좋다.

모빌을 부착할 때는 영아의 초점 거리를 맞추어 부착하여야 한다. 처음에는 눈으로부터 25cm 내외 정도로 하고, 점점 거리를 늘려서 50cm 정도까지 달 수 있다. 하지만 만지기 위한 모빌은 10~15cm 정도로 고무를 사용해서 매달면 좋다. 만지기 위한 모빌은 손을 뻗을 수 있게 되었을 무렵에 제공하는 것으로 입속에 넣어 볼 수도 있게 만들어 혀와 입에 자극을 주는 것이 좋다. 또한 모빌을 잡아서 입에 넣는 것은 손가락 빠는 것을 방지할 수도 있다. 모빌의 모양이 상상력을 자극할 수 있는 모양이라면 더 효과적이다.

모빌을 만들기 위해서는 가위, 컴퍼스, 철사가위, 칼, 자, 삼각자, 펀치, 풀, 바늘, 모빌 만드는 실 등이 필요하다. 부착시킬 때는 머리 바로 위에 매달면 보기에 좋지 않기 때문에 모빌 전체의 모습이 영아가 잘 보일 수 있는 머리의 약간 전방으로 매달아야 한다. 그리고 안전한 방법으로 고정하고 정확하게 제작된 고리를 사용하거나, 벽에 안전하게 붙여서 사용하는 것이 좋다.

흰색과 검정색으로 된 무나리 모빌

- **연령** : 출생부터 2개월까지
- **교구** : 기하학적 모양을 가진 흑백 종이, 투명한 유리 공
- **사용** : 영아의 침대 위에 부착하되 영아가 초점을 맞추기에 명확한 거리인 25cm 전후에 매달아 준다.

무나리 모빌 1

무나리 모빌 2

- **목적** : 초점을 맞추는 데 필요한 자극을 주며, 시각발달을 돕는다. 신생아와 영아들에게 흑백 색은 명확한 대조로 초점을 맞추는 데 효과적이다. 특히 무나리 모빌은 유리공이 나머지 기하학적인 도형과 균형을 맞추고 있기 때문에 수학적으로도 정교한 모빌이라 할 수 있다.

고비(Gobbi)모빌

- **연령** : 신생아가 모빌을 잡아당기기 전까지 1~2개월
- **교구** : 스티로폼 공에 점차성이 있는 색깔의 실을 감아서 만든 것으로 하나의 봉에 나란히 매달려 있다. 매달린 공의 간격과 높이는 일정해야 한다. 공은 5~7개를 사용할 수 있고 공의 지름은 4~5㎝이다.
- **사용** : 신생아가 잘 볼 수 있는 위치에 매달아 준다. 가로로 매달아 색깔의 점차성을 볼 수 있도록 한다. 신생아는 아래에서 위쪽으로 차례로 색의 변화를 느끼면서 볼 수 있게 된다.
- **목적** : 초점을 맞추는 데 도움을 주며, 색의 점차성을 느끼게 한다.

고비(Gobbi)모빌 1

고비(Gobbi)모빌 2

대나무 모빌

삼색도형 원모양 모빌

- **연 령** : 2~3개월 : 신생아가 모빌을 잡아당기기 전까지
- **교 구** : 여러 색깔의 반짝이는 종이 또는 순수한 종이로 만들어진 모빌을 실로 연결시켜 나무 봉에 매달아 놓는다. 삼색도형은 크기가 서로 다르지만 서로 균형 있게 매달려 있다.
- **사 용** : 정확한 관찰을 위해 신생아의 시야에 가깝게 매달아 준다.
- **목 적** : 주의를 기울여 초점을 맞추는 데 도움을 주며, 아름다움을 제공한다.

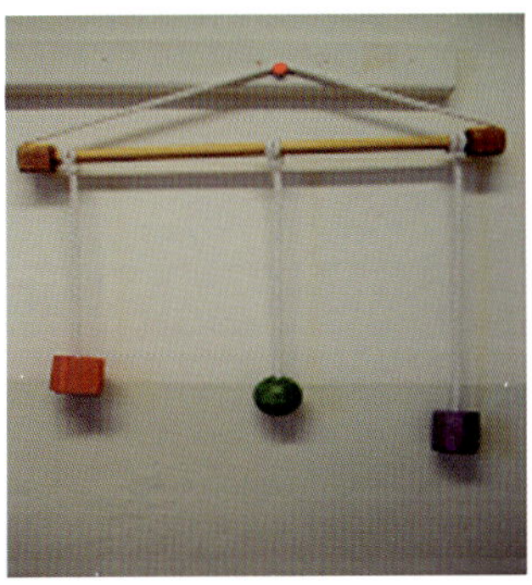
삼색도형 모빌

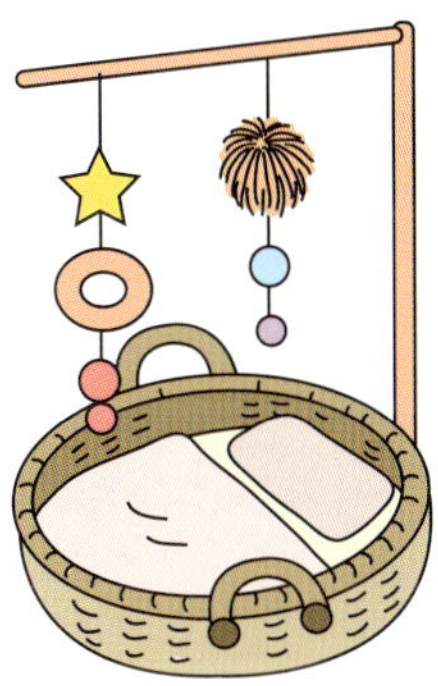
만든 모빌 1

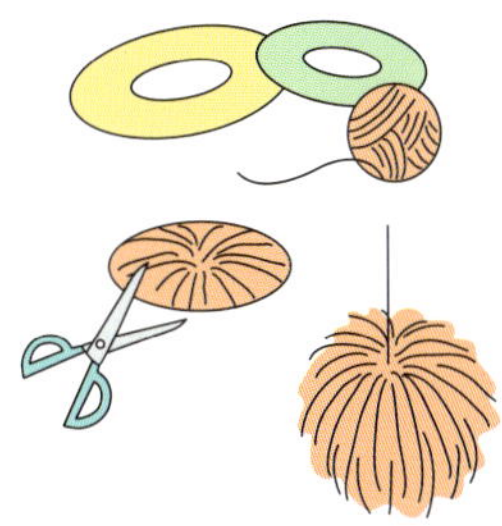
만든 모빌 2

여러 모양의 모빌

- **연 령** : 2개월~3개월 : 신생아가 모빌을 잡아당기기 전까지이다.
- **교 구** : 여러 종류의 종이로 만든 모양의 모빌이다. 예를 들면, 나비, 새, 배 등이다. 대부분 종이로 만들어져 있고 실로 이어 철사나 나무 봉에 연결되어 있다. 크기에 상관없이 서로 균형이 맞아야 한다.
- **사 용** : 영아의 정확한 관찰을 위해 신생아의 시야에 가깝게 제공한다.

- **목 적** : 초점을 맞추는 데 도움을 준다.

나무로 된 모빌

방울 달린 리본모빌과 링이 달린 모빌 끈

- **연 령** : 3개월 ~
- **교 구** : 영아가 입에 넣어도 안전한 큰 방울이 달린 굵은 리본과 안전한 끈
- **자 세** : 위를 향해 누워 있는 자세
- **사 용** : 잡기운동, 영아가 직접 손으로 잡을 수 있도록 매단다.
- **목 적** : 팔을 뻗어서 잡기운동과 시각조정을 촉진한다.

방울 모빌

속에 방울이 들어 있는 모빌

2. 제 2 그룹 : 시각, 촉각, 청각 자극을 돕는 고구

인간은 자기 환경에 가장 훌륭하게 반응하고 적응하는 놀라운 감각과 적응력을 가지고 태어났다. 엄마의 태내에서부터 발달된 이 놀라운 감각능력은 세상에 태어나는 순간 미숙하게나마 주위에서 자극을 느끼고, 받아들이고, 주변의 모든 것을 흡수하며, 정보를 만들어간다.

신생아들의 미각, 후각, 청각, 촉각은 태내에서부터 이미 빠르게 발달되어 온 반면 시각과 운동능력은 다른 감각에 비해 천천히 발달된다.

미각은 임신 7주가 되면서 혀의 미각기관인 미뢰가 나타나는 것으로 능력을 발달시키고 임신 10주에는 태아의 피부에 촉각 전달 신경이 나타나면서 촉각을 느끼기 시작한다.

임신 3개월부터 태내에서 움직임을 시작하는 태아는 14주가 지나면 엄지손가락을 빨고, 자세를 바꾸고, 몸통을 돌리고, 딸꾹질을 한다. 임신 6개월 무렵부터는 외부 세계의 소리를 들을 수 있게 된다. 신생아는 생후 2개월 무렵부터 자신의 몸을 어느 정도 가눌 수 있고, 약 3개월이 되면 팔뚝으로 몸을 지지하면서 머리와 가슴을 들어올린다. 신생아는 이런 과정을 통해서 후에 몸을 뒤집을 때 사용할 근육을 강화시킨다.

후각은 신생아의 감각 중 가장 잘 발달하는 감각기관으로 신선한 냄새와 부패하고 나쁜 냄새를 구별할 수 있다. 또한 자기 엄마의 냄새와 다른 사람의 체취, 엄마의 젖 냄새와 다른 엄마의 젖 냄새를 구분할 수 있는 능력이 발달한다.

영아들은 피부와 입을 통해서 많은 정보를 수집하고 시각을 통해서 재인식한다. 이 시기에 엄마는 신생아의 기준점이 되고 영아가 갖는 모든 경험의 주인공이 되고 생의 안내자가 된다. 엄마의 지속적이고 안정적인 접촉은 영아의 두뇌발달에 영향을 미칠 뿐만 아니라 정서발달에도 큰 영향을 미친다. 접촉이 두뇌발달에 효과적인 것은 피부의 신경세포를 따라 천천히 뇌 조직에 전달되어 두뇌발달이 이루어지기 때문이다. 즉, 피부의 태생이 뇌와 같다. 피부는 태내에서 만들어질 때 뇌와 같은 외배엽에서 발생하여 발달한다. 따라서 피부는 제2의 뇌라고 할 수 있다.

출생 직후의 신생아는 한 물체에 시선을 고정시키거나 초점을 맞추지 못하기 때문에 물체의 섬세한 부분까지는 볼 수 없다. 겨우 전방 20~25cm 안에 있는 물체만 볼 수 있지만 그것마저 희미하게 보인다. 그러나 원과 사각형을 구분할 정도로 발달한다. 무질서하게 그려진 무늬보다는 사람의 얼굴 형태를 지닌 것에 더 민감하게 반응을 보인다. 생후 3개월이 되면 자신을 향해 움직이는 물체를 탐색할 수 있게 되고 6개월이 되면 물체의 색상과 깊이를 느낄 수 있게 된다.

시각은 오감 중 가장 마지막에 발달하는 감각이지만 다른 감각에 비해 발달 속도가 빠르고 감각영역에서 차지하는 비중이 대단히 광범위하다. 영아들이 시각적으로 볼 수 있는 세계의 대부분을 시각에 의지하기 때문이다. 더욱이 인간은 시각에 매우 예민한 동물이어서 유아기의 시각적 경험은 정신발달에도 큰 영향을 미친다고 말한다. 때문에 적절한 시각적 자극은 정상적이고 건강한 시각을 발달시키기 위한 필수조건이다.

천으로 된 구슬 모빌

- **연령**: 3개월
- **교구**: 영아가 잡기 좋은 곳에 부착한다. 길이가 26m인 나무막대에 색의 지름이 3cm인 나무 구가 튼튼한 줄에 매달려 있다.
- **사용**: 영아가 손으로 다를 수 있는 곳에 정확하게 부착시킨다. 영아의 침대 위에 30cm 정도의 거리를 두고 매단다. 처음에는 시각적 자극만 주지만, 시간이 지나면서 팔을 뻗어 잡을 수 있게 된다.
- **목적**: 손을 뻗어서 잡는 것과 시각을 촉진한다. 초점을 맞추기 위한 시각 자극으로 팔을 뻗어서 잡기를 촉진시킨다.

천으로 된 색 모빌

방울이 달린 리본

- **연 령** : 3개월부터
- **교 구** : 영아가 입안에 넣어도 안전한 큰 방울이 달려 있는 굵은 리본 또는 튼튼한 끈
- **사 용** : 잡기 연습을 위해 영아의 손이 닿는 곳에 매달아 둔다.
- **목 적** : 팔을 뻗어서 잡기를 촉진시킨다.

링 고리가 달린 끈

- **연 령** : 3개월부터
- **교 구** : 영아의 손이 들어갈 만큼의 크기의 링이 튼튼한 줄에 매달려 있는 것. 또는 크기가 다른 링 2개를 같이 묶어 놓은 것.
- **사 용** : 잡기 훈련을 위해 영아의 손이 닿는 곳에 매달아 둔다.
- **목 적** : 팔을 뻗어서 잡기를 촉진시킨다.

링이 달린 모빌

굴리는 나무 공과 원반

- **연 령** : 5개월부터 잡기가 가능해 질 때까지
- **교 구** : 두 개의 나무 원반이 십자형으로 교차된 것으로 두께는 3~5cm, 지름은 6.5cm.
- **사 용** : 원반을 영아가 쉽게 잡을 수 있는 곳에 둔다. 영아는 원반을 보고 손을 뻗어 그것을 잡고 만져 보게 한다.
- **목 적** : 잡기 운동과 시각조정을 촉진하고 혼자서 자신의 손이 무엇을 잡을 수 있는 능력이 있음을 깨닫게 해 준다. 독립심을 발달시킨다.

굴리는 나무 공

구슬을 사용하는 촉각운동과 잡는 구슬

: 십자형으로 교차된 원반, 손에 쥘 수 있는 구슬 종류, 울퉁불퉁한 공

- **연령** : 5개월 ~
- **교구** : 구슬 : 지름 2cm , 구멍 : 0.5 cm, 구슬을 2개, 3개, 5개를 사용할 수 있다. 구슬과 구슬 사이에 매듭을 만들어 사이사이에 약간의 여유를 두어 구슬이 자유롭게 움직이도록 한다.
- **자세** : 지지대를 활용하여 앉을 수 있거나 혼자서 앉을 수 있는 자세
- **사용** : 잡기운동, 영아가 직접 손으로 잡을 수 있는 위치에 놓아둔다.
- **목적** : 팔을 뻗어 잡기, 파악반사, 잡기운동, 손, 손가락 운동, 촉각. 시각, 빨기 반사를 촉진한다. 집중력과 반복하기를 즐긴다. 연습이 진행되면 대향성 훈련이 된다.

쥐는 구슬 1

쥐는 구슬 2

방울이 들어 있는 딸랑이

: 원형 딸랑이, 팔자 딸랑이, 나무 딸랑이, 원통 딸랑이, 작은 구슬이 달린 딸랑이

- **연령** : 5개월 ~
- **자세** : 기대어 앉을 수 있는 시기
- **교구** : 방울이 있지만 꺼낼 수 없다. 흔들고 굴려서 소리를 들으며 청각을

발달시킨다.

- **사용** : 영아의 팔이 닿을 수 있는 곳에 놓아둔다. 영아가 손으로 잡으면 자연스럽게 소리가 나고 영아는 소리를 즐기면서 흔드는 운동을 촉진한다.
- **목적** : 파악반사, 빨기 반사, 다양한 손놀림, 잡기. 여러 가지 딸랑이들을 영아의 앞에 놓아두면 자유롭게 선택할 수 있다. 소리 나는 방향으로 머리를 돌린다. 영아들에게 잡을 수 있는 능력이 있음을 인식시킨다. 자율성, 독립심, 만족감을 발달시킨다.

나무 딸랑이

잡고 당기기

잡아당기면서 소리 나는 딸랑이

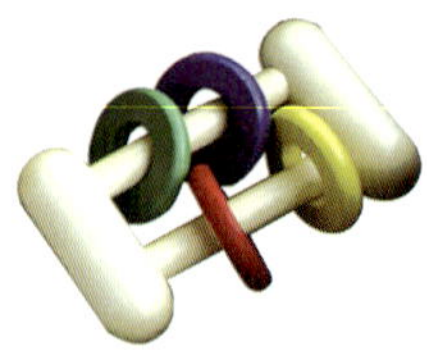

움직이는 딸랑이

사각 딸랑이

잡고 미는 딸랑이

여러 가지 딸랑이

: 소리 나는 손잡이 딸랑이, 원통 딸랑이, 작은 구슬이 달린 딸랑이

- **연령** : 5개월~
- **자세** : 기대어 앉을 수 있는 시기
- **교구** : 방울이 있지만 꺼낼 수 없다. 흔들고 굴려서 소리를 들어 청각을 발달시킨다. 소리 나는 방향을 향해 움직임을 시도한다.
- **사용** : 영아의 팔이 닿을 수 있는 곳에 놓아둔다. 영아가 손으로 잡으면 자연스럽게 소리가 나므로 영아는 소리를 즐기면서 흔드는 운동을 촉진한다.
- **목적** : 파악반사, 빨기 반사, 다양한 손놀림, 잡기. 여러 가지 딸랑이들을 영아의 앞에 놓아두면 자유롭게 선택할 수 있다. 소리 나는 방향으로 머리를 돌린다. 영아들에게 잡을 수 있는 능력이 있음을 인식시킨다. 자율성, 독립심, 만족감을 발달시킨다.

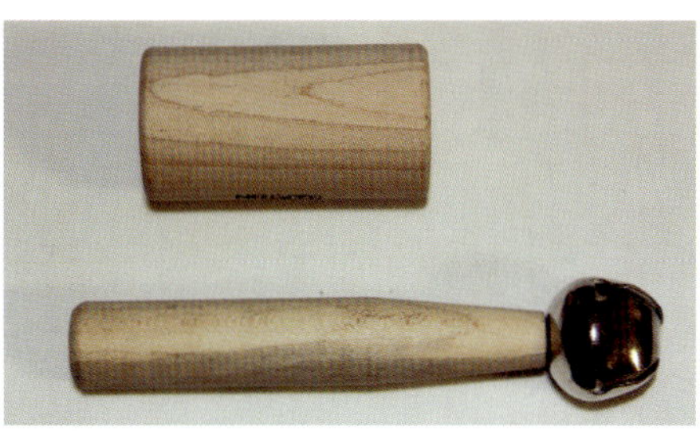

소리 나는 딸랑이

손잡이 딸랑이

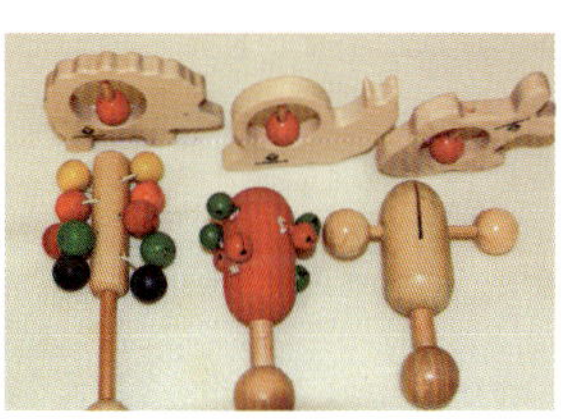

여러 가지 딸랑이

서로 연결된 여러 개의 링

- **연령** : 5개월부터
- **교구** : 3개의 나무(또는 금속) 고리가 서로 연결되어 있는 것 (지름 4~5cm)
- **사용** : 영아가 팔을 뻗어 쥘 수 있는 주변에 둔다. 영아는 손에 쥐거나, 입안에 넣어서 빨거나, 소리를 낼 수도 있다.
- **목적** : 팔을 뻗어서 잡기를 촉진한다. 영아 스스로 자신의 손이 무엇을 잡을 수 있는 능력이 있음을 깨닫게 해 준다. 집중하기, 반복하기를 즐기게 한다.

연결된 링

치아 발육을 위한 링

- **연령** : 5개월부터
- **교구** : 제품으로 나와 있는 치아 발육기 또는 나무 링 또는 단단한 뼈, 유해하지 않은 플라스틱, 은제품 등
- **사용** : 다른 교구들과 마찬가지로 영아가 손을 뻗어 쥘 수 있는 공간에 두

거나, 손에 바로 쥐어 줄 수 있다.

- **목 적** : 팔을 뻗어서 잡기를 촉진시킨다. 영아 스스로 자신의 손이 무엇을 잡을 수 있는 능력이 있음을 깨닫게 해 주는 것과 잇몸에 자극을 주어 잇몸이 부어오를 때의 아픔을 완화시키며 영아가 입에 넣을 수 있는 안전한 것이어야 하고 모두 깨끗하게 씻거나 소독이 가능한 것들이어야 한다.

영아들의 치아발육을 위한 빨기

영아용 손잡이 마라카스

- **연 령** : 3개월부터
- **교 구** : 영아들에게 위생상 해롭지 않은 다양한 마라카스
- **사 용** : 영아가 손으로 잡을 수 있는 공간에 놓아둔다.
- **목 적** : 손으로 잡을 수 있는 운동, 형태와 소리를 동시에 들을 수 있는 협응 능력이 발달한다. 영아가 입에 넣거나 빨아줌으로써 입 근육이 발달한다.

마라카스

소리 나는 대나무 통

- **연령** : 3개월부터 ~
- **교구** : 비어 있는 대나무 통 안에 모래나 콩 등의 듣기 좋은 소리가 나는 자연물을 넣은 것. 지름은 1.5~2cm, 길이는 6cm 정도
- **사용** : 영아가 팔을 뻗어 쥘 수 있는 주변에 둔다.
  영아가 쥐면 자연스럽게 소리가 나게 되고, 이 소리는 영아에게 흔들고자 하는 자극을 주게 된다.
- **목적** : 팔을 뻗어서 잡기를 촉진하고 영아 스스로 자신의 손이 무엇을 잡을 수 있는 능력이 있음을 깨닫게 해 준다. 집중하기, 반복하기를 즐기게 한다. 손의 움직임을 통해서 소리를 들을 수 있게 한다.

나무 마라카스

방울 달린 원기둥

- **연 령** : 3개월부터~
- **교 구** : 자연스러운 색의 나무 원기둥으로 길이는 6cm, 지름은 1.5cm(또는 길이 8cm, 지름 2cm). 양쪽 끝에는 무겁지 않고, 크지 않은 방울이 달렸다.
- **사 용** : 영아가 팔을 뻗어 쥘 수 있는 주변에 둔다. 영아가 쥐면 자연스럽게 소리가 나게 되고, 이 소리는 영아에게 흔들고자 하는 자극을 주게 된다. 방울을 빨면서 금속의 느낌을 혀로 느껴 볼 수 있다.
- **목 적** : 팔을 뻗어서 잡기를 촉진하고 영아 스스로 자신의 손이 무엇을 잡을 수 있는 능력이 있음을 깨닫게 해 준다. 집중하기, 반복하기를 즐기게 한다. 손의 움직임을 통해서 소리를 들을 수 있게 한다.

방울 달린 원기둥

표주박

- **연 령** : 5개월부터 ~
- **교 구** : 마른 표주박. 안에는 돌이나, 콩 등의 듣기 좋은 소리를 내는 물건들

이 들어 있다.

- **사용** : 영아가 팔을 뻗어 쥘 수 있는 주변에 둔다. 영아가 쥐면 자연스럽게 소리가 나게 되고, 이 소리는 영아에게 흔들고자 하는 자극을 주게 된다.
- **목적** : 팔을 뻗어서 잡기를 촉진하고 영아 스스로 자신의 손이 무엇을 잡을 수 있는 능력이 있음을 깨닫게 해 준다. 집중하기, 반복하기를 즐기게 한다. 손의 움직임을 통해서 소리를 들을 수 있게 한다.

마른 표주박

여러 종류의 딸랑이들

- **연령** : 5개월부터~
- **교구** : 제품으로 나와 있는 대부분의 딸랑이들이다. 딸랑이는 영아가 손에 쥘 수 있는 손잡이가 있거나 영아가 쥐기 알맞은 굵기를 지닌 것이어야 한다. 소리가 너무 자극적이지 않고, 소리는 서로 다른 것이어야 한다.
- **사용** : 영아가 팔을 뻗어 쥘 수 있는 주변에 두거나, 영아의 손에 쥐어 준다. 여러 개의 딸랑이를 함께 놓아 주어서 영아가 선택을 해서 쥘 수 있도록 한다. 영아가 딸랑이를 쥘 때 마다 다른 소리가 나면 소

리의 차이와 딸랑이의 모양에 대해 관심을 갖게 된다.

- **목적** : 다른 소리에 관심을 갖고 팔을 뻗어서 잡기를 촉진하고 영아 스스로 자신의 손이 무엇을 잡을 수 있는 능력이 있음을 깨닫게 해 준다. 집중하기, 반복하기를 즐기게 한다.

여러 종류의 딸랑이

다양한 공을 사용하는 소근육 · 대근육 촉각운동

- **연령** : 3개월 이상~
- **교구** : 다양한 여러 종류의 공
- **자세** : 기어 다닐 수 있고 앉는 자세에서 공을 만지고 굴리기
- **사용** : 공의 움직임에 따라서 몸 전체를 움직인다. 공이 굴러가는 것을 보면서 영아들의 몸 전체 운동을 강화하고 소근육과 대근육을 발달시킨다. 영아들은 고무공을 만지면서 엄마의 피부를 접촉하는 느낌을 가진다. 잡기, 튕기기, 멀리 간 공을 다시 뒤쫓아간다.
- **목적** : 소근육 · 대근육 촉각운동을 한다. 영아들은 공의 움직임에 따라서 몸 전체를 움직이고 근육을 발달시킨다. 사물과 눈의 협응능력을 발달시킨다. 목적을 가지고 움직인다. 공간 지각력을 촉진시킨다.

동물 공

잡고 굴리는 공

소리 나는 공

고무 촉감 공

여러 가지 공

펭귄 공

대나무와 나무 공

나무줄기 공

나무열매 공

새털과 곡식으로 만든 공

차는 공

- **연 령** : 3개월 이후~
- **교 구** : 쿠션과 천으로 이어진 공, 공 속에 방울이 달렸다.
- **사 용** : 공속에 방울이 들어 있는 공으로 쿠션이나 천으로 이어져 있다. 영아가 누워서 손과 발이 닿을 수 있도록 매달아 준다.
- **목 적** : 다리를 자유롭게 움직이지 못하는 상황에서 다리의 움직임을 자유롭게 강화한다. 영아가 기어 다닐 때에도 사용할 수 있다. 기어 다니면서 공을 잡으려고 노력한다.

매달아 놓는 공

홈이 있는 공

- **연 령** : 5~7개월부터~
- **교 구** : 울퉁불퉁한 홈이 있거나, 돌출되어 있는 고무 공으로 홈이나, 돌출 부위 때문에 공이 멀리 굴러가지 않도록 제한되어 있다. 또는 속이 비어 있는 나무 공(공 안에는 여러 개의 링들이 있어서 제한적으로 굴러간다), 얼기설기 엮어져 있는 나무 공도 사용 가능하다.

- **사용** : 공들은 천천히 움직이거나 좌우로 움직이므로 영아는 그 공을 따라 움직이면서 운동을 한다.
- **목적** : 영아가 목적을 갖고 움직임을 하도록 촉진하고 시각적 거리감에 대해 조절하고 공간과 물건이라는 특별한 관계에 대해 이해한다.

홈이 있는 공 1

홈이 있는 공 2

서로 연결된 여러 개의 링, 치아 발육을 위한 링

- **연령** : 6개월~
- **교구** : 나무 링
- **자세** : 지지대를 사용하여 앉을 수 있는 자세
- **사용** : 빨면서 촉감을 느끼고 치아발육에 활용한다.
- **목적** : 손 운동, 빨기 운동으로 입에 넣고, 느끼고, 잡고, 볼 수 있는 교구로서 촉각발달을 돕는다.

연결된 링

3. 제3그룹 : 눈과 손의 협응, 손 조작운동, 소근육 · 대근육 발달을 돕는 교구들

눈과 손의 협응능력과 발달을 돕는 교구이다.

대략 4개월이 되면 영아는 팔을 뻗을 때 눈과 손의 협응단계를 보이기 시작한다. 영아가 몸을 움직이는 자신의 행동을 통해 나타나는 외부의 결과에 흥미와 관심을 가지게 되고 이러한 활동을 반복하게 되면 눈과 손의 협응능력이 단계적으로 이루어진다고 할 수 있다. 영아는 앉아 있을 수 있는 능력이 되면서 시야가 더 넓어지고, 손의 움직임이 자유로워지기 시작하여, 혼자 걷게 되면서부터는 양손을 자유롭게 움직일 수 있게 된다. 이 그룹의 교구들은 쥐기와 놓기, 손가락의 움직임 등을 자극하는 교구들로 구성되어 있다.

교구는 가벼우며, 손의 크기에 맞는 것으로 만지는 느낌이 좋은 물건이 적합하고, 쥐는 여러 방법과 잡는 방법을 제시한다. 대상영속성을 갖도록 도와주며, 자립심, 독립심, 자신감을 갖도록 하는 데 목적이 있다.

컵과 공

- **연령** : 8개월부터
- **교구** : 나무로 만든 컵과 공 또는 계란 체 또는 정사각형 상자와 정육면체
- **사용** : 영아는 한 손에 컵을 들고 다른 한 손으로 계란 체를 꺼내 들었다가 계란 체를 컵에 올려놓기를 반복한다. 처음에는 계란 체나 구를 이용하고 정육면체는 11개월 전후에 사용하도록 한다. 육면체는 각이 있으므로 영아가 바르게 집어넣기에 어려움을 느낀다. 올려놓고 꺼내기가 잘 되면 컵을 기울여 다른 손 위에 계란 체를 떨어트려 잡기를 반복한다.
- **목적** : 영아 스스로 손의 능력을 알게 하고 이를 통해 손을 움직이도록 자극한다. 눈과 손의 협응을 위한 의지를 갖는 데 도움을 준다. 집중

력, 반복, 독립심을 즐기게 한다.

계란 공

계란, 원, 사각 공

밑받침이 있는 상자와 공

- **연령** : 7개월부터, 영아가 혼자 앉을 수 있을 때부터
- **교구** : 넓은 나무 쟁반(가로 35cm×세로 18cm×높이 5cm) 위에 16cm 크기의 정육면체 상자가 올려져 있다. 상자의 윗면과 쟁반 쪽으로 나 있는 구멍에는 지름 4cm의 공이 들어갈 수 있는 크기의 구멍이 있고, 상자 안에는 경사가 있어 공이 굴러서 밖으로 나올 수 있도록 되어 있다. 공은 플라스틱이나, 고무, 나무, 탁구 공 등으로 구성할 수 있으며 그 종류를 주기적으로 바꾸어 줄 수 있다.
- **사용** : 교사는 말없이 공을 들어서 천천히 구멍 근처로 가지고 간다. 구멍을 확인시켜 주고 공을 구멍 입구에서 놓는다. 교사는 영아가 공이 굴러나오는 것을 볼 수 있도록 시선을 쟁반 쪽으로 옮긴다. 영아에게 공을 쥐어주고 구멍 가까이 갖고 가게 한다. 공을 놓고 공이 굴러나오는 것을 본다. 영아는 이 활동을 반복한다.

밑받침이 있는 공

- **목적** : 눈과 손의 협응발달을 돕는다.
  대상영속성의 이해를 돕는다.
  집중력을 돕는다.

서랍상자와 공

- **연 령** : 12개월 전후
- **교 구** : 직사각형 상자(가로 25cm×세로 8cm×높이 7cm)와 서랍. 상자 윗부분에는 4.5cm 구멍이 있어서 공이 들어갈 수 있도록 구성되어 있다. 경사가 있어서 서랍을 열었을 때 공이 입구쪽으로 굴러 내려오게 되어 있고 꼭지가 달린 서랍은 상자 끝에 걸려서 완전히 빠지지 않는다. 공은 색이 칠해진 지름 4cm의 고무 또는 플라스틱이다.
- **사 용** : 교사는 한 손으로 상자를 잡고 다른 손으로 서랍을 열어서 공을 보여준다. 공을 꺼낸다. 서랍을 천천히 닫고 공을 한 손에 쥔다. 공을 구멍 근처로 가지고 가서 천천히 구멍 안으로 넣는다. 다시 서랍을 열어서 공을 꺼낸다. 영아에게 공을 쥐어 주고 구멍 가까이 갖고 가게 한다. 공을 구멍에 놓고, 서랍을 열어서 공이 있는 것을 본다. 영아는 이 활동을 반복한다.
- **목 적** : 눈과 손의 협응발달을 돕는다. 인지발달, 대상영속성의 이해를 돕고 집중력을 돕는다.
- **흥미점** : 서랍을 열고 닫을 수 있고 구멍 안으로 들어간 공의 소리를 들을 수 있다.

서랍상자와 공

누르는 공과 상자

- **연 령** : 12개월 전후
- **교 구** : 제품으로 나와 있는 교구. 직사각형의 나무상자 윗부분에 4개의 구멍이 있고, 상자의 정면에는 하나의 구멍이 있다. 구멍과 맞닿아 가로로 좁고 긴 홈이 경사지게 붙어있다. 4개의 공은 네 가지 다른 색으로 이루어져 있고, 상자 윗부분의 구멍 주변에는 같은 4색이 칠해져 있다.
- **사 용** : 교사는 영아에게 구멍의 테두리와 공의 색깔을 보여준다. 영아가 공과 구멍의 색을 꼭 일치시키지 않아도 상관없다. 공 하나를 들고 구멍에 넣는 것처럼 올려놓는다. 공이 들어가지 않음을 확인하고 두 손으로 공을 눌러서 넣는 것을 보여준다. 다시 공을 들고 색깔에 맞추어 올려놓은 다음, 두 손으로 눌러 넣는다. 영아에게 공을 쥐어 주고 구멍 가까이 갖고 가게 한다. 공을 구멍에 놓고 두 손으로 눌러서 넣도록 한다. 영아는 이 활동을 반복한다.
- **목 적** : 눈과 손의 협응발달을 돕는다. 전체 손 또는 손가락을 이용한 누르기 활동이다. 인지발달, 대상영속성의 이해를 돕는다. 반복되는 활동을 통한 집중력을 발달시킨다.
- **흥미점** : 공이 떨어지고, 굴러갈 때의 소리

양손을 활용하여 집어넣기

손으로 쳐서 집어넣기

털실 공과 상자

- **연 령** : 12개월 전후
- **교 구** : 윗부분 중앙에 구멍이 있는 서랍으로 된 나무상자. 꼭지가 있는 서랍은 끝까지 열리지 않도록 되어 있다. 공은 천이나, 털실로 뜨개질한 것으로 구멍보다 조금 더 크며 손으로 밀어 넣도록 되어 있다.
- **사 용** : 교사는 한 손으로 상자를 잡고 다른 손으로 서랍을 열어서 공을 보여준다. 공을 꺼낸다. 서랍을 천천히 닫고 공은 한 손에 잡는다. 공을 구멍 위에 올려놓지만 공이 들어가지 않는다. 손가락을 이용해서 공 집어넣는 것을 천천히 보여준다. 다시 서랍을 열어서 공을 꺼낸다. 영아가 공을 잡고 구멍 위에 올려놓게 한다. 손가락을 이용해서 공을 천천히 밀어 넣도록 한다. 영아는 이 활동을 반복한다.
- **목 적** : 눈과 손의 협응발달을 돕는다. 인지발달, 대상영속성의 이해를 돕는다. 두 손을 이용한 반복적인 동작을 통해 과제를 완성해 내며 집중력을 돕는다.

털실 공 상자

털실 공

밑받침이 있는 상자와 여러 도형

- **연 령** : 12개월 전후
- **교 구** : 제품으로 나와 있는 교구. 직사각형의 나무상자로 구성되어 있다. 상자 윗부분에 직사각형, 정사각형, 삼각형, 원기둥의 서로 다른 모양으로 된 상자의 구멍에 맞는 구체물이 있다.
- **사 용** : 교사는 한 손으로 상자를 잡고 직사각형, 정사각형, 삼각형, 원기둥을 다른 손으로 잡고 구멍에 넣는 시범을 보여준다. 서랍을 열어서 구체물을 보여준 뒤, 구체물을 꺼낸다. 앞부분에 있는 문을 열고 구체물을 꺼낸 다음 다시 구체물을 구멍 위에 올려놓는다. 손가락을 사용해서 구체물을 하나하나 집어넣는 것을 천천히 보여준다. 영아는 구체물을 정확하게 넣는 활동을 반복한다.
- **목 적** : 눈과 손의 협응발달, 사물의 변별 능력, 사물과 구멍의 정확한 일치, 집중력, 독립심을 돕는다.

직사각형

정사각형

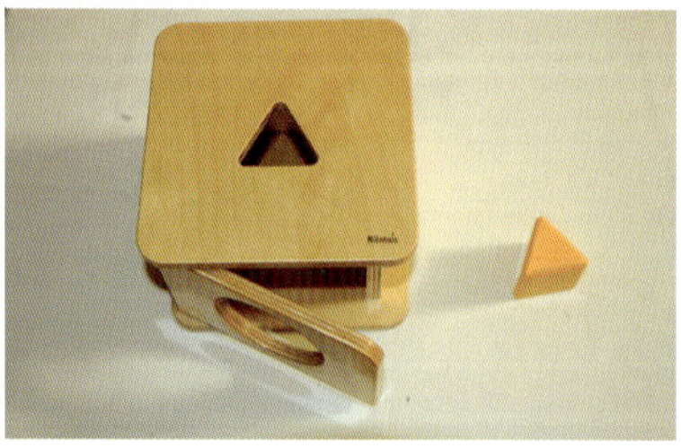

삼각형

원기둥

받침이 있는 수직 봉과 링

- **연 령** : 9개월부터
- **교 구** : 8cm 정도의 높이를 가진 수직 봉이 나무 받침대 위에 세워져 있다. 1~2개의 큰 링.
- **사 용** : 교사는 링을 수직 봉에서 천천히 꺼낸다. 링을 내려놓았다가 다시 손가락으로 들고 수직 봉에 넣는다. 영아가 해 보도록 한다.
- **목 적** : 눈과 손의 협응과 링을 끼웠다가 빼는 동작의 정확성을 학습한다.

수직 봉과 작은 링

- **연 령** : 약 12개월 전후
- **교 구** : 수직 봉이 나무 받침대 위에 세워져 있다. 3개의 작은 색상의 링은 큰 링 절반 정도의 크기이다.
- **사 용** : 교사는 수직 봉에서 링을 세 손가락으로 하나씩 천천히 꺼낸다. 링을 하나씩 내려놓았다가 다시 세 손가락으로 들고 수직 봉으로 가지고 간다. 링을 중앙에서 하나씩 떨어트려 놓거나, 끝까지 잡고 내려놓는다. 영아가 해 보도록 한다.

● **목 적** : 눈과 손의 협응능력, 링을 끼웠다가 빼는 손의 세련됨과 반복, 집중력의 기회를 제공한다.

굴리는 나뭇조각

● **연 령** : 6개월 이상

● **교 구** : 나무로 된 굴리는 나무

● **사 용** : 교사는 모든 색상 막대를 돌려서 떨어질 수 있도록 제자리에 올려놓는다. 바닥으로 떨어지는 색상 막대를 옆자리에 준비한 바구니 속에 놓는다. 옆에 손잡이를 돌려서 아래로 내려오도록 한다.

● **목 적** : 손과 눈의 협응능력과 손 운동의 정교함, 반복활동, 집중력을 강화한다.

굴리는 나뭇조각

대상연속성 고리

- **연 령** : 8개월 이상
- **교 구** : 대상연속성 고리
- **사 용** : 교구를 영아 앞에 놓고 왼손으로 교구 위를 잡고 오른손으로 하나씩 반대편으로 나오도록 구멍에 넣는다. 오른쪽에서 왼쪽으로 완전히 옮겨지면 다시 왼쪽에서 오른쪽으로 밀어 넣는다. 계속해서 반복적으로 옮긴다.
- **목 적** : 손과 손의 협응능력과 손의 정교한 운동, 방향감각 발달, 집중력을 강화한다.

대상연속성 고리

4. 제4그룹 : 영아들이 당기고, 기고, 서고, 걷기를 돕는 교구

영아는 공간 안에서 움직임을 통해서 소근육과 대근육, 신체를 발달시킨다. 영아들에게 움직임은 절대적으로 필요하다. 제4그룹의 교구는 영아가 한 공간에서 다른 공간으로 이동할 수 있도록 돕는 것으로 영아의 발달을 촉진하기 위해 적절한 자극을 주는 것들로 이루어져 있다.

운동의 자유가 주어진 영아는 자기가 만지고 싶은 것을 향해 이동운동을 실행한다. 대부분의 보육자들은 보행기로 스스로 움직이도록 환경구성을 하지만 주변에 있는 장애물로 인해서 만지는 것을 자유롭게 할 수 없다. 예를 들면, 안전울타리가 있을 경우는 영아들의 자유로운 활동을 저해한다. 영아들이 활동하는 곳에는 보행기를 절대적으로 활용하지 말아야 한다.

이 시기부터 영아들이 원하는 운동을 할 수 있는 자유가 주어지면, 즉 자유로운 활동을 충분히 할 수 있다면 다음 작업에 적극적으로 참여하는 것과 스스로 무엇인가를 할 수 있다는 자신감과 만족감 그리고 독립심을 가지도록 격려하는 것이다.

영아는 3개월부터 엉덩이와 무릎 관절이 유연해지면서 발을 힘차게 움직일 수 있으며 4개월에는 몸을 뒤집게 되며 상체와 팔의 힘이 강해진다. 6개월 전후로는 엎드린 상태에서 발로 밀면 전진이 가능해지고 7개월 무렵부터는 혼자 앉기가 가능해진다.

영아는 생후 1년이 가까워지면서 서고, 기대어 걷거나, 혼자 걷기가 가능해진다. 이러한 시기에는 움직일 수 있는 넓은 공간을 제공해 주는 것이 필요하며 환경 내에서 위험한 물건들을 제거해 주어야 한다.

제4그룹의 교구들은 대근육 운동발달을 돕고, 평형감각, 스스로 선택해서 하고자 하는 의지와 자립심과 독립심 발달을 촉진하는 것들로 구성되어 있다.

여러 소리가 나는 방울이 든 원기둥

- **연령** : 6~8개월 이후
- **교구** : 위와 아래는 원반으로, 가로는 막대로 이루어진 원기둥이다. 막대로 인해 안에서 움직이는 방울을 볼 수가 있다.
- **사용** : 교사는 영아 앞에 원기둥을 놓고 굴러가도록 살짝 건드린다. 원기둥은 천천히 굴러가면서 소리를 낸다. 영아는 그것을 잡기 위해서 손과 몸을 뻗는다.
- **목적** : 목적을 가지고 몸을 움직일 수 있도록 자극한다. 시각적 거리감에 대한 조절, 공간과 물건이라는 특별한 관계에 대한 이해를 할 수 있다.

방울이 든 원기둥

여러 가지 모양이 든 원기둥

무거운 탁자

- **연령** : 7개월부터, 영아가 혼자서 걷기 전까지
- **교구** : 높이 30~35cm의 앉을 수 있는 낮은 의자로 무게가 있어서 영아가 잡았을 때 밀리거나 기울어지지 않는 것, 빨기 쉬운 천연 소재의 부드러운 천으로 감싸 놓는다.
- **사용** : 둥근 탁자 주변을 따라서 잡고 천천히 일어나거나, 서고, 걷는다.

- **목 적** : 자발적인 촉진과 조절을 돕는다. 독립심을 갖고, 올바른 자세로 서거나, 걷기를 돕는다. 둥근 앉은 소파, 둥근 책상, 영아용 교구장, 2단용 앉은 서랍장, 둘이 앉을 수 있는 낮은 의자, 앉을 때 기댈 수 있는 둥근 방석으로 된 지지대, 여러 가지 발현적 학습놀이를 할 수 있는 보물 바구니 등이 필요하다. 보행기는 영아들의 소근육과 대근육 발달을 저해하고 의지력을 감소시킨다는 연구결과가 보고된 사례가 있다. 위험을 방지하기 위해서 영아용 침대에 칸막이를 높이 만들어 영아가 침대 밖으로 나가는 것을 예방하지만 이는 그들에게 공포심과 불안감을 확장시킨다는 연구결과도 있다. 그러므로 영아의 건강한 발달을 위해서 피하는 것이 좋다.

짚고 일어서는 탁자

앉는 의자

영아용 서랍장, 짚고 일어나는 놀이장

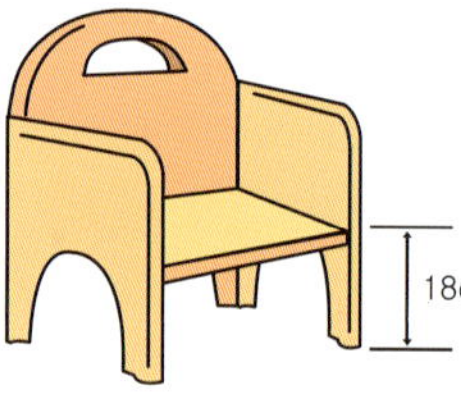

영아용 의자

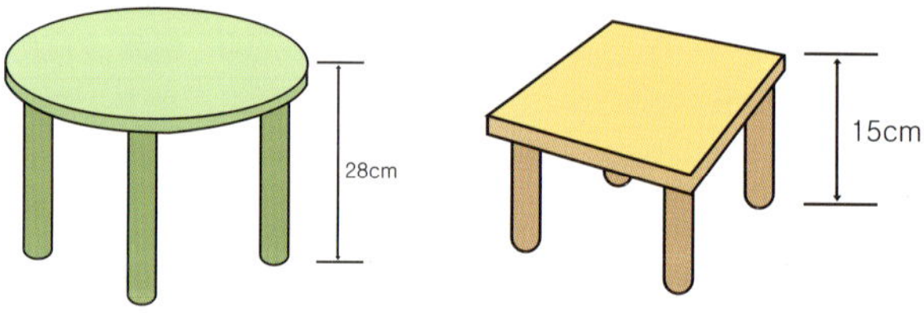

영아용 책상

모든 의자는 영아들이 잡거나 짚고 일어서는 데 불편이 없어야 한다. 24개월까지 사용하기에 편리해야 한다.

수평 봉

- **연령** : 7개월부터, 영아가 혼자서 걷기 전까지
- **교구** : 벽에 고정된 나무 재질의 수평 봉. 가로 길이는 150cm, 봉의 지름은 3.5cm 정도이다. 바닥에서 45cm 정도 높이의 벽에 고정시키고, 벽과의 거리는 10cm를 둔다. 봉은 거울 앞에 고정시켜 영아의 주의를 환기시킬 수도 있다.
- **사용** : 영아가 움직임을 할 수 있는 공간에 고정시켜 둔다. 영아가 원하면 봉을 잡고 서거나, 걷는 등 혼자 여러 번 반복, 연습할 수 있다. 영아가 앉아서 짚고 일어설 수 있는 위치에 둔다.
- **목적** : 독립적으로 서고, 걷게 한다. 스스로 조절하고 촉진하는 것을 돕는다. 수평 봉은 가정에서나 교실에서나 절대적으로 안전해야 한다.
  독립적으로 서기 훈련, 걷기 훈련, 소근육 · 대근육 운동, 영아가 안전하게 잡고 설 수 있는 곳이면 설치할 수 있다. 벽 거울 앞에 달아주면 상호작용을 하면서 자아를 알아간다. 언제든지 보호자가 없이도 혼자서 독립적으로 일어서고 걸을 수 있다.

봉 또는 지지대

롤 베개를 사용할 있다

삼각거울

- **연령** : 7개월부터
- **자세** : 들어가서 자기 모습을 보며 눕고, 앉고, 서서 놀 수 있다.
- **교구** : 삼각거울
- **사용** : 앉고, 눕고, 서기, 돌보는 사람이 없어도 혼자서 독립적으로 거울 속에 비친 대상과 놀이활동을 한다.
- **목적** : 사물과 상호작용, 사람과 상호작용을 할 수 있다. 영아들은 삼각거울 속으로 들어가서 각 면에 비추어진 모습을 보면서 즐거워한다. 자아만족을 할 수 있다. 영아들을 위한 벽 거울이 필요하다. 영아들에게 벽 거울은 자기와 상호작용을 하는 역할을 한다. 벽 거울 앞에 지지대를 만들어 영아들이 짚고 일어설 수 있도록 설치해 주면 더욱 효과적이다.

영아들을 위한 삼각거울

열고 닫기를 할 수 있는 작은 문이 있는 교구

- **연령** : 12개월 전후
- **교구** : 고리가 있는 작은 문이 있는 가구, 안전하게 열고 닫기를 할 수 있는 서랍 또는 가구 중 영아의 높이에 맞는 것으로 열고 닫기를 할 수 있는 것으로 한다, 열쇠는 환경 내의 안전한 곳에 보관을 하거나, 교사가 복사한 다른 열쇠를 가지고 있다. 만약 영아가 열쇠를 잃어버리게 되면 열쇠가 없으므로 문을 열수가 없고 이 가구를 사용할 수 없게 됨을 이야기할 수 있다.
- **사용** : 영아는 가구 앞에서 문의 손잡이를 잡고 열었다 닫았다 할 수 있다. 서랍의 손잡이를 잡고 천천히 열어서 서랍 속의 물건을 꺼낼 수 있다. 열쇠가 있는 가구는 먼저 열쇠를 구멍에 정확하게 끼워 넣는 연습부터 한다. 열쇠를 끼웠으면 돌려서 여는 것을 연습한다. 열쇠로 가구의 문을 열고 내용물을 꺼내는 연습을 반복한다.
- **목적** : 눈과 손의 협응, 열고 닫고, 넣고 빼고, 열쇠를 구멍에 넣고 돌리는 동작에도 균형을 유지해야 함을 알게 된다. 독립심이 발달한다. 영아가 혼자서 가구를 열고 닫는 것은 영아의 독립심을 위해 매우 중요하다. 손잡이를 돌려서 열고 닫는 문일 경우 손잡이를 어떻게 돌리는지 보여준다.

상자 열기

작은 손수레

- **연령** : 10~11개월부터
- **교구** : 나무로 만들어진 작은 손수레로 높이는 영아가 물건을 넣고 꺼내기에 편리한 높이어야 한다. 속도가 너무 빠르지 않고 천천히 굴러가는 것으로 한다.
- **사용** : 어른의 도움 없이 영아 혼자서 끌고 갈 수 있도록 도와준다. 만약 영아가 수레를 조절하지 못하여 충돌을 일으키게 될 상황이면 교사가 개입하여 어떻게 뒤로 돌려서 갈 수 있는지 보여준다. 수레 속에는 영아가 좋아하는 물건들을 올려두어서 그것들을 왔다 갔다 하며 옮겨 놓을 수도 있다.
- **목적** : 영아가 안전하게 의지하면서 걸어 다닐 수 있도록 돕는다. 독립심이 발달한다. 아직 걷기가 불안정한 영아들은 끄는 마차에 의존하여 밀면서 걸어 다닐 수 있다.

밀고 다니는 수레

오르고 내릴 수 있는 계단

- **연령** : 13~16개월부터
- **교구** : 나무로 만들어진 계단으로 필요하다면 위치를 바꿀 수 있는 정도의 무게여야 한다. 계단에는 난간이 있어 영아가 걸을 때 안전하게 잡고 걸을 수 있도록 도와주어야 한다. 오르고 내리는 계단 사이에는 약간의 평면 길이 있어서 영아가 바르게 서서 쉴 수 있도록 되어 있다.
- **사용** : 영아가 걸을 수 있게 되면 계단을 오르내리고 싶어한다.
  개월 수가 더 적은 영아들도 기어서 오르고 내릴 수 있다.
- **목적** : 기댈 수 있는 물건에 의지해서 걷고, 쉴 수 있는 기회를 만들어준다. 독립심이 발달한다. 실외에 오르고 내리는 계단이 있다면 날씨의 변화에 민감하지 않은 재료로 만들어진 것이어야 한다.
  영아들은 계단을 오르고 내리는 것을 좋아한다. 영아들을 위해서 넓은 공간 속에 이동식 계단을 만들어주거나 고정된 계단을 만들어 주는 것이 필요하다.

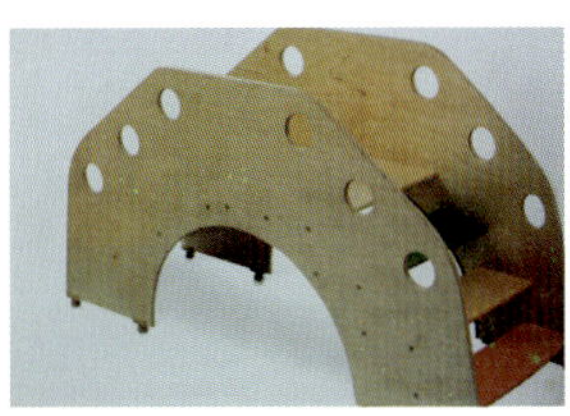

영아용 계단

심리운동을 위한 계단들 : 영아들의 소근육과 대근육 발달을 위해서 필요한 계단들이다.

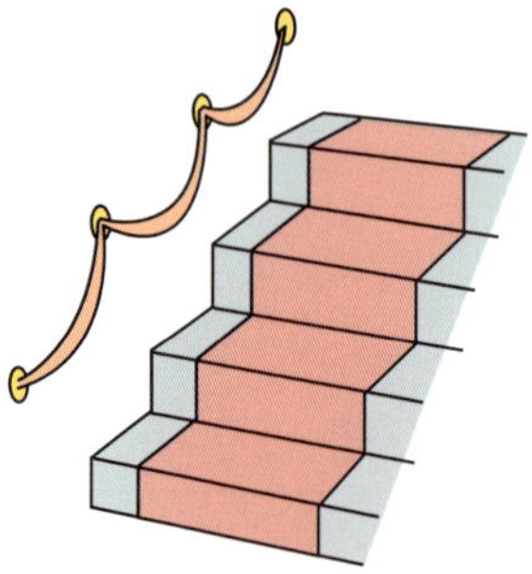
안전한 계단

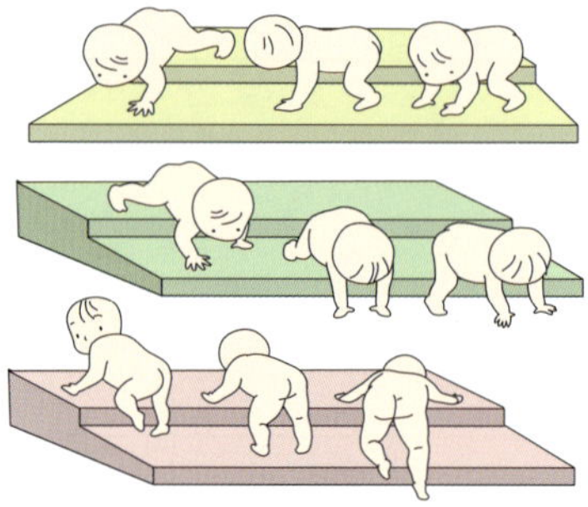
영아들이 쉽게 오르고 내릴 수 있는 계단들

영아들이 계단을 자유롭게 올라갈 수 있도록 안전장치를 해 주어야 한다.

미끄럼틀

- **연 령** : 영아가 자유롭게 걸을 수 있을 때
- **교 구** : 한쪽은 영아가 걸어 오를 수 있는 계단이 있고 다른 한쪽은 미끄럼틀이 있는 것. 미끄럼틀과 계단에는 안전을 위해 난간이 있어야 한다. 미끄럼틀의 모든 모서리는 위험하지 않도록 둥글게 처리되어 있어야 한다.
- **사 용** : 영아는 미끄럼틀에 올라가서 미끄러져 내려오는 것을 즐긴다.
- **목 적** : 독립심의 발달. 몸의 균형을 잡는 데 도움을 준다.

미끄럼틀

영아용 미끄럼틀

돔형 정글짐

- **연령** : 영아가 자유롭게 걸을 수 있을 때
- **교구** : 영아가 팔 힘으로 매달리거나, 잡아당기고, 일어설 수 있도록 여러 개의 나무 막대로 연결되어 있고, 그 각도는 24° 정도이다.
- **사용** : 영아가 기어 오르고, 매달리고, 균형을 잡을 수 있도록 움직이는 공간 근처에 설치해 준다. 실외 공간에 설치해 줄 수도 있다.
- **목적** : 독립심의 발달. 돔형 정글짐은 안전해야 하며, 견고해야 하고, 씻고 관리하기 편해야 한다. 자연적인 나무 색깔이 좋고, 영아가 긁히지 않도록 매끈해야 한다. 돔형 정글짐 대신 삼각형으로 이어진 수평봉에 노끈을 매달아서 사용할 수도 있다.

돔형 정글짐

5. 제5그룹 : 눈과 손의 협응과 평형발달을 돕는 교구

긴 경사로와 공

- **연령** : 12개월부터
- **교구** : 제3그룹의 밑받침이 있는 상자와 공과 같은 형식으로 만들어져 있으나, 받침의 길이가 매우 길게 만들어져 있고 받침 자체에도 약간의 경사와 굴곡이 있어서 공이 천천히 굴러가도록 되어 있다. 공은 지름이 15~18cm인 것으로 영아가 두 팔로 감싸 쥘 수 있는 정도의 크기여야 한다. 실내외에 모두 설치 가능하고, 필요시 이동이 가능해야 한다.
- **사용** : 영아는 공을 들고 천천히 걸어서 구멍에 갖다 넣는다. 공은 상자 안에 들어갔다가 나오고 천천히 굴러서 경사로 끝에 도달한다. 영아는 공을 따라 걸어가서 경사로 끝에서 공을 다시 들고 와서 활동을 반복한다.
- **목적** : 눈과 손의 협응, 평형감각에 도움을 준다. 물건과의 거리감을 인식하는 데 도움을 준다. 대상영속성, 집중력을 발달시킨다.

경사로에 공 넣기

내려가는 경사로와 공

- **연령** : 12개월부터 또는 영아가 물건을 들고 혼자 일어설 수 있을 때
- **교구** : 5개의 경사면이 있는 75cm 정도 높이의 벽에 부착 가능한 나무 장이다. 정면에서 볼 때 첫 번째 경사면이 시작되는 부분에 작은 구조물을 올려놓을 수 있고, 마지막 경사면 왼쪽에는 구조물이 떨어진다. 경사로에서 구조물이 내려가는 것을 볼 수 있게 구성하고 구조물은 작은 기차와 같은 종류이다.
- **사용** : 영아는 구조물(나무 기차)을 손으로 올려놓으면 경사로를 따라서 구조물이 내려가는 것을 볼 수 있다. 아래에서 공이 나오는 것을 본다. 구조물을 가지고 일어서서 다시 윗부분에 올려넣으면 구조물(나무 기차)이 내려가는 것을 반복한다.
  굴러 내리기는 작은 공을 넣으면 공이 굴러서 아랫구멍으로 나오는 것을 영아가 볼 수 있다. 여러 색상의 공을 순차적으로 구멍에 넣으면서 흥미도를 높인다.
- **목적** : 눈과 손의 협응, 평형감각의 발달을 돕는다. 물건과의 거리감을 인식하는 데 도움을 준다. 대상영속성, 집중력을 발달시킨다.

굴러 내리기 1

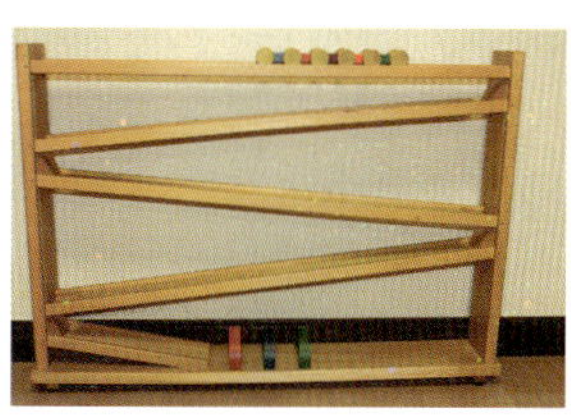
굴러 내리기 2

굴러 내리기 3

6. 제6그룹 : 눈과 손의 협응을 돕는 교구

밑받침이 있는 상자와 원기둥

- **연령** : 12개월 전후
- **교구** : 윗부분에 6개의 구멍이 있고 밑받침(쟁반)이 있는 직사각형 상자와 색이 칠해진 6개의 원기둥이며 색깔은 2개씩 3원색으로 되어 있거나, 각기 다른 색으로 칠해져 있기도 하다.
- **사용** : 세 손가락을 이용해서 원기둥 하나를 잡는다.
  밑받침에 천천히 내려놓는다. 다시 두 번째 원기둥을 잡고 내려놓는다. 6개의 원기둥을 다 내려놓았으면 다시 하나씩 구멍에 넣는다.
- **목적** : 눈과 손의 협응, 집중력, 반복, 세련된 손의 움직임의 기회를 준다. 색깔에 관심을 보이면 같은 색깔을 2개씩 나란히 놓을 수 있으나 반드시 그렇게 제시할 필요는 없다.

밑받침이 있는 상자와 원기둥

닫침이 있는 원기둥 통

수평 봉과 링

- **연령** : 12~18개월부터
- **교구** : 나무받침대 위에 수직 봉이 있고 수직 봉에 수평 봉이 연결되어 있다. 수직 봉은 굵고 짧으나 수평 봉은 좀 더 얇고 길다. 2개의 나무 링과 그것을 담을 바구니
- **사용** : 교사는 세 손가락을 이용해서 링을 잡는다. 수평 봉 가까이 가지고 와서 손목을 돌려 링이 수직이 되게 한다. 링을 천천히 수평 봉 끝까지 가지고 가서 놓는다. 영아가 직접 하도록 허락한다.
- **목적** : 눈과 손의 협응, 손목의 움직임. 가로로 손과 팔을 움직이게 하여 측면감각을 익힌다.

수평 봉과 링

수직 봉과 정육면체

- **연령** : 12개월 이후
- **교구** : 나무받침대 또는 작은 쟁반 위에 수직 봉이 연결되어 있다. 작은 바구니 안에는 가운데 구멍이 있는 3~4개의 정육면체가 있다.
- **사용** : 교사는 세 손가락을 이용해서 육면체를 잡는다. 수직 봉 가까이 가지고 가서 구멍을 잘 맞춘다. 육면체를 봉에 끼운 다음 손을 놓아서 떨어뜨린다. 육면체가 떨어지는 소리를 듣는다. 영아가 해 보게 한다.
- **목적** : 눈과 손의 협응조절, 집중력이 발달한다. 영아는 정육면체를 꺼내는 데도 어려움을 느낄 수 있으므로 꺼내는 모습도 천천히 보여준다.

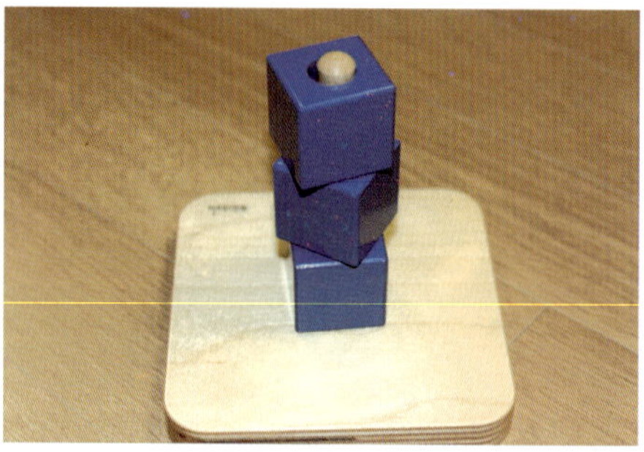

수직 봉과 정육면체

3개의 수직 봉과 작은 링

- **연령** : 18개월부터
- **교구** : 나무받침대 또는 작은 쟁반 위에 3개의 작은 수직 봉이 연결되어 있다. 3개의 봉은 각각 3원색으로 칠해져 있다. 가운데 구멍이 있는 원반 또는 작은 링이 3원색의 색깔로 각각 3~4개씩 바구니 안에 들어 있다.
- **사용** : 교사는 세 손가락을 이용해서 원반 하나를 잡는다. 수직 봉 가까이 가지고 가서 구멍을 잘 맞춘다. 원반을 봉에 끼워서 천천히 끝까지 아래로 내려놓는다. 다른 원반을 가지고 와서 같은 방법으로 계속 반복한다. 영아가 직접 하도록 허락한다.
- **목적** : 눈과 손의 협응조절, 집중력이 발달한다. 교사는 색깔에 맞게 링을 수직 봉에 끼워 넣어 제시하지만 영아는 꼭 색깔을 맞추지 않아도 상관없다. 색깔에 대해 인지하기 시작하면 스스로 같은 색깔의 수직 봉에 끼워 넣게 된다.

3개의 수직 봉과 작은 링

수직 봉과 점차성을 지닌 링

- **연 령** : 12개월부터
- **교 구** : 나무받침대에 11cm 정도 높이의 수직 봉이 부착되어 있다. 8개의 점차성을 지닌 나무 링
- **사 용** : 교사는 세 손가락을 이용해서 링을 꺼내서 차례로 놓는다. 링의 크기가 점차성을 가지고 있음을 보여주기 위함이나 손으로 비교하게 하거나, 말로 설명하지 않는다. 가장 큰 링부터 차례로 넣는다. 영아가 직접 하도록 허락한다.
- **목 적** : 눈과 손의 협응, 크기와 점차성을 인식한다. 집중력, 반복, 손의 세련된 움직임에 도움을 준다.

점차성 수직 봉(쌓은 것과 쌓기 전의 모습)

실 꿰기

- **연 령** : 18개월부터
- **교 구** : 끝에 매듭이 있는 끈, 중앙에 구멍이 있는 4~6개의 구슬(정육면체, 타원체, 구 등의 모양 가능), 구슬과 끈 담을 바구니
- **사 용** : 교사는 끈을 바구니에서 꺼내서 책상 위에 가로로 길게 놓는다. 구슬 하나를 집어서 끈의 시작부분 앞에 내려놓는다. 구슬의 구멍 안으로 끈을 집어넣는다. 구슬을 천천히 움직여서 끝까지 넣는다. 다른 모양의 구슬들도 같은 방법으로 모두 꿴다. 제일 마지막에 넣은 구슬부터 잡고 천천히 빼낸다.
- **목 적** : 영아에게 집중, 반복, 손의 세련된 움직임을 할 수 있는 기회를 제공한다. 눈과 손의 협응, 시각 변별력을 강화한다.

실 꿰기 1

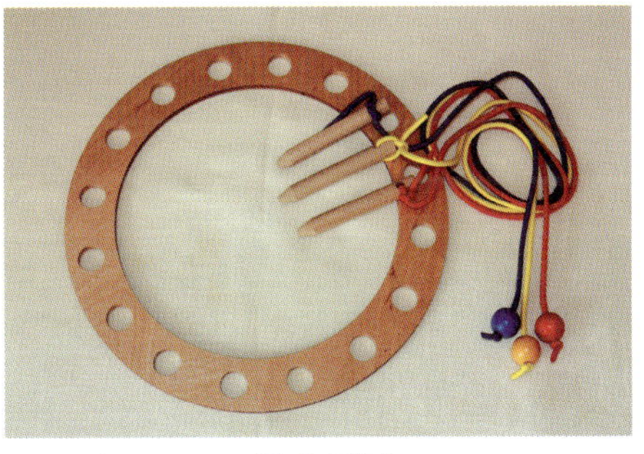

둘레 꿰기

도형을 넣는 상자(퍼즐상자)

- **연령** : 18개월부터
- **교구** : 뚜껑이 있는 나무상자. 뚜껑에는 원, 삼각형, 사각형 등의 도형 모양으로 구멍이 나 있고 상자 안에는 각 구멍에 알맞게 들어가는 구, 육면체, 삼각기둥 등 3~4개의 기하 실체들이 들어 있다.
- **사용** : 교사는 상자의 뚜껑을 천천히 연다. 상자 안의 기하 실체들을 꺼내서 차례대로 놓는다. 뚜껑 위의 도형들을 확인한다. 구를 들어 원 모양 구멍에 가까이 가져간다. 비교, 확인한 후 구를 구멍 안에 넣는다. 같은 방법으로 계속 한다.
- **목적** : 영아에게 집중, 반복, 손의 세련된 움직임을 할 수 있는 기회를 제공한다. 눈과 손의 협응, 시각 변별력을 강화한다.

퍼즐상자 1

퍼즐상자 2

저금통과 칩

- **연 령** : 18개월부터
- **교 구** : 나무로 만들어진 상자, 상자의 뚜껑 한쪽은 몸체와 연결되어 있어 위로 열고 닫을 수 있다. 상자 뚜껑 위 중앙은 동전을 넣을 수 있는 크기의 가로로 긴 구멍이 나 있다. 바구니, 동전 크기의 칩 3~6개
- **사 용** : 교사는 칩 하나를 들어서 살펴본다. 상자 뚜껑의 구멍을 확인한다. 칩의 방향을 손목을 돌려가며 맞춘다. 칩을 구멍 안에 넣는다. 같은 방법으로 계속한다. 뚜껑을 열어서 상자 안의 칩들을 바구니에 꺼내 담는다.
- **목 적** : 영아에게 집중, 반복, 손의 세련된 움직임을 할 수 있는 기회를 제공한다. 눈과 손의 협응, 시각 변별력을 강화한다.

저금통과 칩

밀어서 열고 닫는 상자

- **연령** : 16개월부터
- **교구** : 뚜껑이 있는 직육면체 나무상자. 한쪽 끝에 손잡이가 있는 뚜껑은 상자의 윗부분에 걸려 있어서 밀어서 열 수 있도록 되어 있다. 끝까지 열리지 않는다. 상자 안에는 영아가 흥미로워할 만한 물건을 넣어 둔다.
- **사용** : 교사는 한 손으로 상자를 잡고 다른 한 손으로는 뚜껑의 손잡이 부분을 잡는다. 천천히 손잡이를 당겨서 상자의 뚜껑을 연다. 상자 안을 살펴본다. 상자 안의 물건이 무엇인지 꺼내본다. 다시 상자 안에 물건을 넣는다. 한 손으로 상자를 잡고 다른 한 손으로 뚜껑의 손잡이 부분을 잡는다. 뚜껑을 천천히 밀어넣어 닫는다.
- **목적** : 영아에게 집중, 반복, 손의 세련된 움직임을 할 수 있는 기회를 제공한다. 눈과 손의 협응, 시각 변별력을 강화한다.

모양에 따라서 넣는 상자

서랍상자

- **연령** : 16개월부터
- **교구** : 3개의 서랍이 있는 직육면체 상자. 서랍은 손잡이가 있어서 당기듯이 열 수 있으나, 손잡이를 놓으면 저절로 닫히게 되어 있다. 서랍 안에는 영아가 흥미로워할 물건을 넣어둔다.
- **사용** : 교사는 서랍 하나의 손잡이를 천천히 잡는다. 손목을 기울이면서 서랍을 당겨 연다. 서랍 안에 무엇이 들어 있는지 확인한다. 영아에게도 서랍을 열어보게 한다.
- **목적** : 영아에게 집중, 반복, 손의 세련된 움직임을 할 수 있는 기회를 제공한다. 손목의 움직임을 자극, 시각 변별력을 강화한다.

서랍상자

열쇠와 자물쇠

- **연령** : 12개월 이상
- **교구** : 열쇠와 자물쇠, 열쇠는 자물쇠에 리본 끈으로 연결되어 있다.
- **사용** : 교사는 자물쇠를 들고 살펴본다. 열쇠를 다른 한 손으로 들고 열쇠 구멍을 찾는다. 열쇠 구멍에 열쇠를 꽂는다. 열쇠를 돌려 자물쇠를 연다. 자물쇠가 열렸는지 확인한다. 자물쇠를 세워 놓고 위쪽 고리 부분을 눌러서 자물쇠를 잠근다.
- **목적** : 양손의 협응능력 발달, 눈과 손의 협응, 시각 변별력을 강화한다.

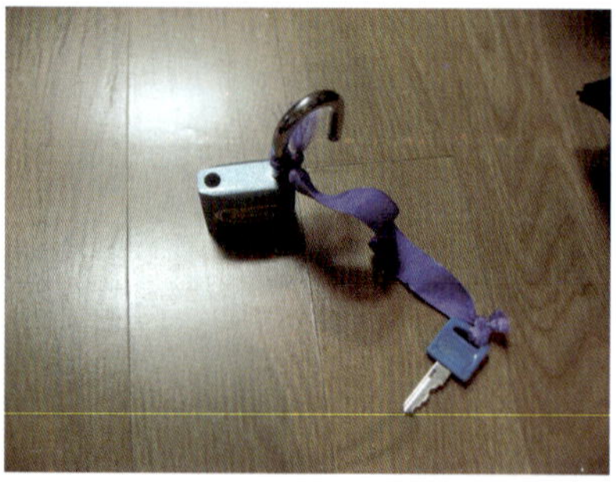

자물쇠 열고 닫기

상자 열기

- **연령** : 걷기가 가능한 연령
- **교구** : 뚜껑이 있는 상자
- **제시** : 영아를 초대해서 활동할 명칭을 알려준 다음 상자를 옮겨 놓도록 한다. 상자를 놓을 수 있는 위치를 말한 다음 두 손으로 바르게 상자를 든다. 상자를 바른 자세로 옮겨서 다른 친구들에게 방해가 되

지 않도록 한다. 책상이나 매트 위에 상자를 소리 나지 않도록 올려 놓는다. 상자의 뚜껑을 열어서 옆에 놓는다. 상자의 내용을 살핀 다음 다시 뚜껑을 닫는다. 상자를 원래 자리에 놓는다.

- **목 적** : 상자를 바르게 옮기는 것, 일상생활의 시작한다.
- **흥미점** : 상자의 뚜껑을 열어서 내용물을 보는 것

상자 열기 1

상자 열기 2

빈 통과 상자 열고 닫기, 꺼내기

- **연 령** : 18개월부터
- **교 구** : 돌려서 열고 닫기를 할 수 있는 여러 종류의 병들, 바구니
- **제 시** : 영아를 초대하여 교구 명칭을 소개하고 함께 병뚜껑을 열어 보자고 한다. 바구니에서 병들을 꺼내서 차례로 내려놓는다. 첫 번째 병을 들어서 중앙으로 가지고 온다. 한 손을 들어 병을 여는 것처럼 손목을 천천히 돌리는 모습을 보여준다. 한 손으로 병을 잡고 다른 한 손으로는 뚜껑을 잡는다. 뚜껑을 잡은 손에 힘을 주면서 천천히 시계 반대 방향으로 돌린다. 손목이 꺾여진 상태 그대로 올려 허공에서 손목을 바르게 푼다. 다시 손을 아래로 내려서 뚜껑을 잡는다.

같은 방법으로 반복하여 뚜껑이 병에서 분리되어 떨어지면 뚜껑을 천천히 내려놓는다. 열린 병의 안쪽, 병의 입구와 병뚜껑의 안쪽 부분을 뒤집어서 살펴본다. 병을 원래 있던 자리에 두고 뚜껑을 그 아래에 나란히 둔다. 다른 병들도 같은 방법으로 뚜껑을 다 열고 차례로 둔다. 열려진 병뚜껑들을 관찰한 후 병뚜껑을 닫아보자고 말한다. 뚜껑을 열 때와 역순으로 천천히 모든 병뚜껑을 닫는다. 바구니에 병들을 소리가 나지 않도록 하나씩 바르게 정리한다.

- **흥미점** : 다양한 병들의 모양과 색깔, 병과 뚜껑 크기의 차이
- **목 적** : 돌려서 열고 닫는 것을 배우는 것

빈통 열기

꺼내기

뚜껑 열고 닫기

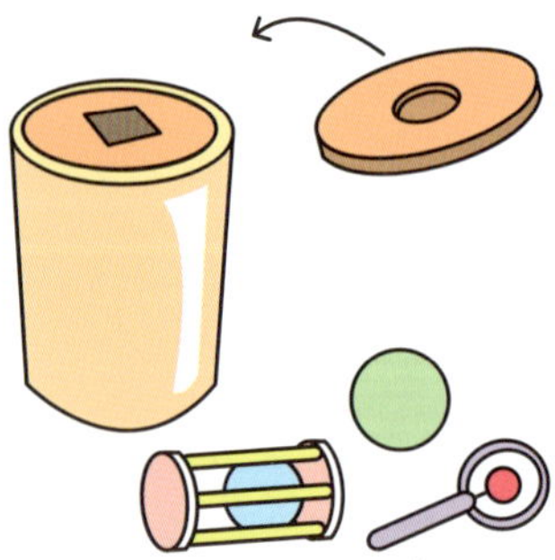

빈 통에 든 물체들을 꺼내기와 넣기

분류하기

- **연령** : 18개월부터
- **교구** : 세 부분으로 나누어진 쟁반 또는 쟁반 하나와 작은 그릇 3개. 그릇 중 하나는 분류해서 담을 내용물이 담겨져 있다. 내용물은 매우 다른 종류의 것들로 각각 3개씩 들어 있다.
- **사용** : 교사는 한 손으로 그릇에 담겨진 동물을 꺼내서 살펴본다. 냄새를 맡아 보거나, 흔들어 보거나, 두 손으로 만져보는 것도 가능하다. 동물을 빈 그릇 하나에 내려놓는다. 그릇에서 직육면체를 꺼내서 살펴본다. 동물과 같은 방법으로 탐색해 보고 그릇에 담았던 동물 옆에 가까이 가져가서 비교해 본다. 같은 것이 아님을 확인하고 다른 빈 그릇에 직육면체를 담는다. 같은 방법으로 나머지 내용물도 비교해서 그릇에 담는다. 분류가 끝이 났으면 다시 내용물들을 제자리에 정리한다.
- **목적** : 영아에게 집중, 반복, 손의 세련된 움직임을 할 수 있는 기회를 제공한다. 시각, 촉각 변별력을 강화한다.

분류하기

퍼즐

- **연령** : 대략 18개월부터(영아의 소근육에 따라 다름)
- **교구** : 나무로 만들어진 간단한 퍼즐이며 모든 조각에는 손잡이가 있다. 퍼즐은 아주 다양한 단계로 이루어져 있으므로 영아의 단계에 맞게 제공하는 것이 중요하다.
- **사용** : 교사는 퍼즐을 살펴본다. 손잡이를 잡고 퍼즐 조각들을 차례로 내려놓는다. 다시 천천히 조각들을 제자리에 넣는다.
- **목적** : 영아에게 집중, 반복, 손의 세련된 움직임을 할 수 있는 기회를 제공한다. 눈과 손의 협응, 시각 변별력을 강화한다. 단계별 퍼즐의 소개, 1개의 조각으로 이루어진 퍼즐, 2~3개의 다른 조각으로 이루어진 퍼즐, 도형이나 동물이 크기가 점차 커지거나, 작아지는 퍼즐, 4조각 이상의 퍼즐, 서로 관련이 있는 퍼즐들, 동물, 과일, 자동차 등, 하나의 그림을 만드는 많은 조각의 퍼즐이다.

기하도형 퍼즐

그림도형 퍼즐

틀이 있는 나사못

- **연령** : 14개월부터
- **교구** : 직사각형의 나무판 중앙에는 홈이 있어서 나사못을 끝까지 돌려넣을 수 있게 만들어져 있다.
- **사용** : 교사는 한 손으로 나무판을 잡는다. 나무판 중앙의 홈을 살펴본다. 나사못을 가지고 와서 홈에 넣는다. 나사못을 천천히 돌려서 나무판에 나사못이 끝까지 들어가게 한다. 다시 나사못을 반대로 돌려서 나사못을 빼낸다.
- **목적** : 양손의 협응능력의 발달, 눈과 손의 협응, 시각 변별력을 강화한다.

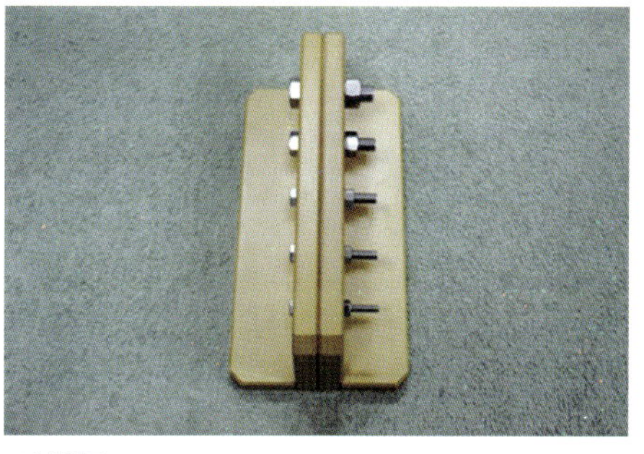

틀이 있는 나사못

꼭지 원기둥

- **연령** : 10개월
- **교구** : 1개의 꼭지 원기둥과 3개로 된 꼭지 원기둥
- **사용** : 영아들이 꼭지 원기둥의 크기를 변별하여 같은 구멍에 넣는다.

영아들은 여러 번의 반복활동을 통해서 꼭지 원기둥에 넣었다가 빼는 것이 숙달된다.

- **목 적** : 손 운동, 소근육 · 대근육 운동, 크기의 변별력, 집중력을 강화한다.

꼭지 원기둥

손으로 튕기는 색 인형

- **연 령** : 6개월 이상
- **교 구** : 나무통에 홈을 파서 긴 나무 인형을 만들어 집어넣도록 되어 있고, 속에 스프링이 들어 있다.
- **사 용** : 색을 맞추어 인형이 나무통 홈에 들어 있다. 영아가 손으로 치면 툭 튀어나온다. 튀어나온 인형을 같은 색상에 맞추어 다시 집어넣는다. 영아들은 처음에 두 가지 색상을 활용하면서 넣었다 튕기어 나오는 것을 연습하다가 다음 단계는 4가지 색상의 인형 통을 활용하여 같은 작업을 반복한다. 손으로 누르는 인형은 영아가 누르면 소리가 들리기 때문에 주의력을 집중시킨다.
- **목 적** : 손 운동, 손과 눈의 협응능력, 색상 차이점의 변별력, 집중력을 강화시킨다.

손으로 튕기는 색 인형

망치로 두들기는 공

- **연 령** : 8개월 이상
- **교 구** : 두들기는 공
- **제 시** : 두들기는 공 교구를 바닥이나 책상 위로 가지고 와서 놓는다. 공의 색깔과 원의 색깔을 맞추어 어린이가 망치로 두들겨서 놓도록 한다. 공이 밖으로 나오면 다시 원에 올려놓고 두들기도록 한다. 작업이 끝나면 다시 제자리에 정리정돈한다.
- **목 적** : 손의 근육운동을 발달시키고, 색상의 일치도를 연습한다. 손과 눈의 협응능력을 발달시킨다.

망치로 두들기는 공

망치를 활용하여 넣기

7. 제7그룹 : 세련된 손의 조절을 돕는 교구

제7그룹부터는 'Casa dei bambini', 즉 어린이집에서 일상생활 영역에서 소개되고 있는 교구활동을 한다. 그러나 제7그룹의 교구들은 이 단계에서 소개하거나 아니면 일상생활 영역활동에서 소개를 할 수 있다.

제7그룹의 교구들은 두 손의 세련된 움직임을 돕는 교구로써 아직 정확하지 않은 영아들 손의 움직임을 지속적으로 돕고, 주의력과 집중력, 의지력을 발달시킨다. 어쨌든 이 그룹의 교구들은 '연습'의 한 방법으로 3~6세의 몬테소리 환경에서 다양한 교구들을 경험하게 된다면 빠른 속도로 활동들을 습득해 나갈 것이다. 오랫동안 정확하고 확실한 동작으로 일상생활 영역 교구들을 사용하게 될 것이다.

붙이기

- **연 령** : 2세 이상
- **교 구** : 몇 개의 칸으로 나누어진 상자. 붙이기를 위한 각각의 색종이 도형들, 흰 종이, 붓, 밀가루 풀, 스펀지
- **제 시** : 영아를 초대하여 교구를 가지고 책상으로 가지고 간다. 다양한 색종이 도형들을 보여주고 풀로 붙여보자고 이야기한다. 영아에게 붙이고 싶은 도형을 선택하게 한다. 흰 종이를 가지고 와서 도형을 그 위에 올려놓는다. 풀 뚜껑을 열게 하고, 풀 냄새를 맡아보게 한다. 붓으로 풀을 아주 조금만 덜어낸다. 색종이 도형을 뒤로 돌려서 붓을 이용해 풀칠하게 한다. 도형을 뒤집어 흰 종이에 올리고 스펀지를 이용해서 누른다. 도형이 잘 붙었는지 살펴본다. 붓은 물에 잘 씻는다. 교구를 제자리에 갖다 놓는다.
- **목 적** : 눈과 손의 협응, 순차성, 세련된 손의 움직임

붙이기

자르기

- **연 령** : 2세~2.5세 이상
- **교 구** : 칸으로 나누어진 상자, 끝이 둥글게 처리된 가위, 한 번에 자를 수 있는 정도의 폭(5mm~1.5cm)을 가진 약간 두꺼운 종이. 자른 종이를 담는 그릇
- **제 시** : 영아를 초대하여 교구를 책상으로 가지고 온다. 가위를 쥐게 될 세 손가락을 구부려 보여준다. 가위는 항상 끝이 바깥쪽을 향하게 됨을 이야기하고 가위를 손에 끼워 잡는다. 손가락을 움직여 가위를 열었다 닫았다 해 보인다. 영아의 손가락에 가위를 바르게 끼워주고 열었다 닫았다 해 보게 한다. 상자에서 종이 하나를 꺼내서 영아가 쥔 가위를 열게 한 다음, 종이를 그 사이에 끼워 가위를 닫게 해서 자르게 한다. 같은 방법으로 반복하게 한다.
- **목 적** : 눈과 손의 협응, 가위 사용의 기술습득, 정확성, 세련된 손의 움직임

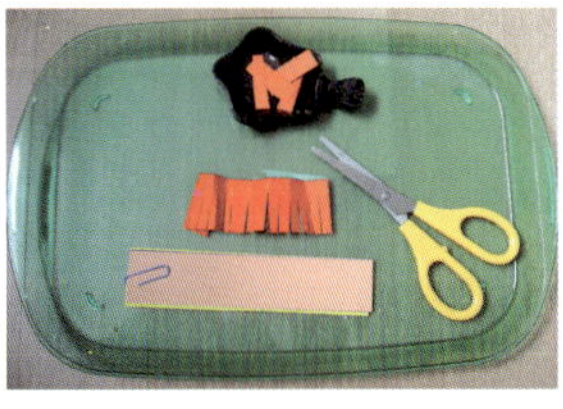
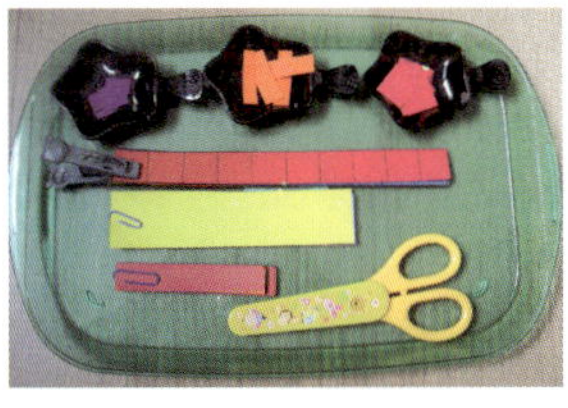

종이 자르기

끈 꿰기

- **연 령** : 2세부터
- **교 구** : 길지 않은 끈(30㎝), 끈 꿰기용 모양판, 쟁반
- **제 시** : 개인 혹은 소집단으로 영아를 초대하여 교구의 명칭을 소개해 주고 함께 해 보자고 한다. 접어져 있는 끈을 꼬이지 않게 잘 펴서 길게 놓는다. 끈 꿰기 모양의 구멍을 손으로 가리킨다. 모양판을 왼손으로 들고, 구멍에 끈을 잘 맞춰서 꿴다. 모양판을 돌려서 뒷면으로 끈이 나오는 것을 확인한다. 뒷부분의 구멍을 확인하고 다시 뒤에서 앞으로 끈을 넣는다. 같은 방법으로 반복해서 끈을 앞뒤로 바느질하듯이 반복해서 꿴다. 끈이 짧아지면 두 손으로 모양판을 쥐고 꿰어진 모습을 본다. "이제 끈을 풀어보도록 하겠습니다."라고 말한다. 끈을 꿸 때와 역순으로 끈을 푼다. 끈이 완전히 풀어졌음을 확인하고 바닥에 내려놓는다. 끈을 손바닥에 말아서 빼낸다. 영아도 해 보게 하고 교구를 바르게 정리한다.
- **흥미점** : 모양판에 가득했던 구멍이 끈으로 매워지는 것을 보는 것, 구불구불하게 여러 모양으로 끈이 꿰지는 것
- **목 적** : 손목을 앞뒤로 움직여 가면서 끈 꿰는 방법을 인식하는 것

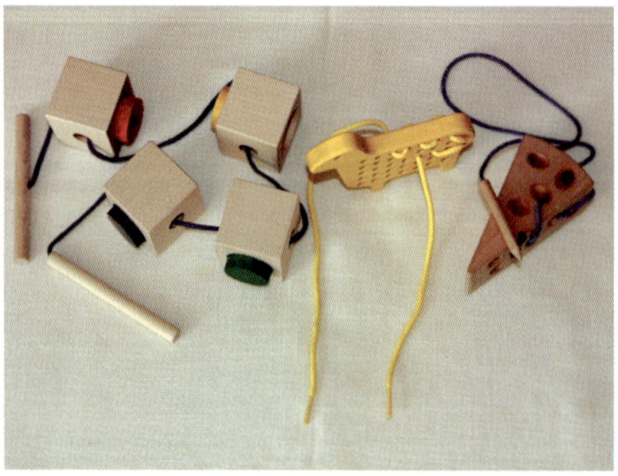
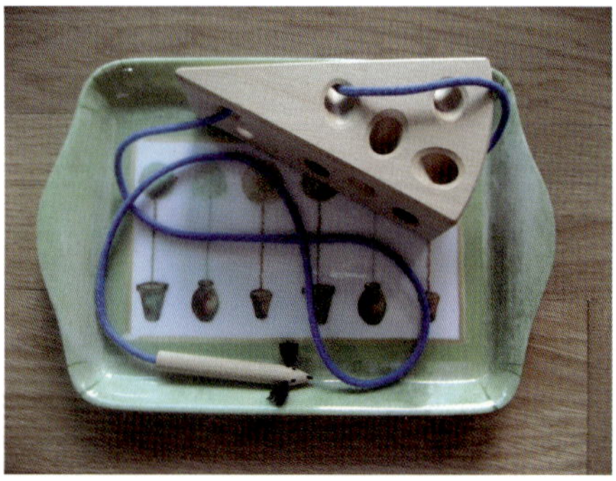

끈 꿰기

바나나 자르기

- **연령** : 2세~ 이상
- **교구** : 바나나, 바나나 자르는 교구, 접시, 작은 쟁반
- **사용** : 영아들에게 바나나를 주고 모양에 맞추어 바나나 자르는 칼로 자르도록 제시한다. 영아는 양손으로 눌러서 바나나를 정확하게 같은 모양으로 자르는 것을 연습한다. 자른 바나나를 친구들과 함께 즐거운 간식으로 제공할 수 있다.
- **목적** : 손 운동, 소근육 운동, 사물을 정확하게 자르기, 손과 눈의 협응능력, 또래 친구들과 사회성 발달, 배려심 기르기

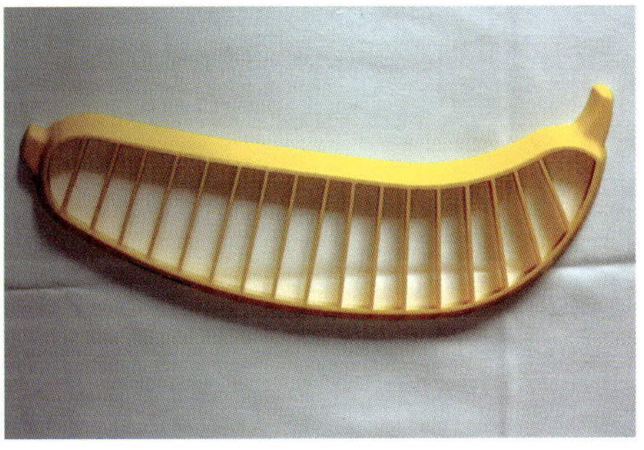

바나나 자르기

숟가락으로 옮기기

- **연령** : 20개월 전후부터
- **교구** : 두 개의 그릇과 쟁반, 숟가락, 한쪽 그릇 안에는 작은 씨앗 종류나 콩, 쌀 등이 들어 있다.
- **제시** : 세 손가락으로 숟가락을 바르게 쥔다. 숟가락으로 왼쪽 그릇의 내

용물을 떠서 오른쪽 그릇으로 옮긴다. 숟가락에 담긴 내용물을 흘리지 않으면서 다른 쪽 그릇으로 반복해서 옮긴다. 한쪽 그릇이 비워질 때까지 끝까지 한다. 쟁반을 돌려 같은 방법으로 반복하게 한다.

- **목 적** : 눈과 손의 협응, 숟가락의 올바른 사용, 세련된 손의 조절

숟가락으로 옮기기

고체 따르기

- **연 령** : 2세부터
- **교 구** : 쟁반, 작은 그릇, 한쪽의 그릇에 들어갈 색 쌀, 콩, 또는 씨앗 종류
- **제 시** : 한 손으로 내용물이 담긴 그릇의 손잡이를 잡는다. 그릇을 비어 있는 그릇 가까이로 가져가 내용물을 따른다. 끝까지 다 따르고 나면 그릇 안이 비어 있음을 확인하고 내려놓는다. 떨어진 내용물이 있으면 주워 담는다. 쟁반을 돌려서 같은 방법으로 반복한다.
- **흥미점** : 내용물이 떨어지면서 나는 소리, 내용물이 떨어지는 모습
- **목 적** : 눈과 손의 협응, 팔과 손목의 세련된 움직임, 집중력, 의지력, 소근육을 조절한다.

고체 따르기

액체 따르기

- **연령** : 2세 반 이상
- **교구** : 쟁반, 작은 컵, 색 물, 스펀지
- **제시** : 한 손으로 색물이 담긴 컵의 손잡이를 잡는다. 컵을 비어 있는 컵 가까이로 가져가 색 물을 따른다. 마지막 한 방울이 떨어질 때까지 기다린다. 컵을 쥔 상태로 스펀지로 주둥이를 닦는다. 컵을 내려놓고, 주변에 떨어진 물방울을 확인하고 닦는다. 쟁반을 돌려서 같은 방법으로 반복한다.
- **흥미점** : 색 물을 따를 때 나는 소리, 색 물이 떨어지는 모습
- **목적** : 눈과 손의 협응, 팔과 손목의 세련된 움직임, 집중력, 주의력, 의지력, 소근육을 조절한다.

액체 따르기

깡통과 쇠사슬

- **연 령** : 8개월 이상
- **교 구** : 빈 우유통과 쇠사슬
- **제 시** : 이미 만들어진 교구를 가지고 와서 영아 앞에 놓는다. 교사는 쇠사슬 당기는 시범을 보여준다. 쇠사슬을 당길 때마다 소리가 나므로 신기해 한다. 한 번은 왼손으로 다른 한 번은 오른손으로 당기도록 해 양손을 사용한다. 영아 혼자 앉아서 흥미롭게 할 수 있는 작업이다.
- **목 적** : 양손의 근육운동, 양손의 교차운동
- **흥미점** : 쇠사슬을 잡아당길 때 나는 소리, 깡통 속에 들어 있는 내용물에 대한 호기심

빈 우유통과 쇠사슬

묶고, 풀기, 잠그고, 붙이고, 올리기

- **연 령** : 1세 이상
- **교 구** : 묶고, 풀고, 내리고, 올리고, 끼울 수 있는 인형, 옷 틀

- **제 시** : 영아 앞에 풀고, 내리고, 올리고, 잠그고, 붙일 수 있는 찍찍이가 달린 인형을 가지고 와서 바닥이나 책상 위에 올려놓는다. 영아에게 인형에 달린 모든 열고 닫을 수 있는 것들을 찾아보라고 말한다. 영아가 인형에 달려 있는 모든 잠금장치를 열어보거나 닫아보도록 한다. 영아가 흥미롭게 작업을 하면 다른 교구화되어 있는 옷 틀을 제공할 수 있다. 인형을 가지고 놀면서 인형 옷에 달린 모든 것을 활용해 본다. 작업이 끝나면 옷 틀 인형을 제자리에 놓도록 한다.
- **목 적** : 옷을 입을 때 사용하여야 할 단추, 지퍼, 운동화 신는 방법 등을 미리 연습한다.

인형 운동화 끈 풀기, 단추 끼우기, 지퍼 올리고 내리기, 찍찍이

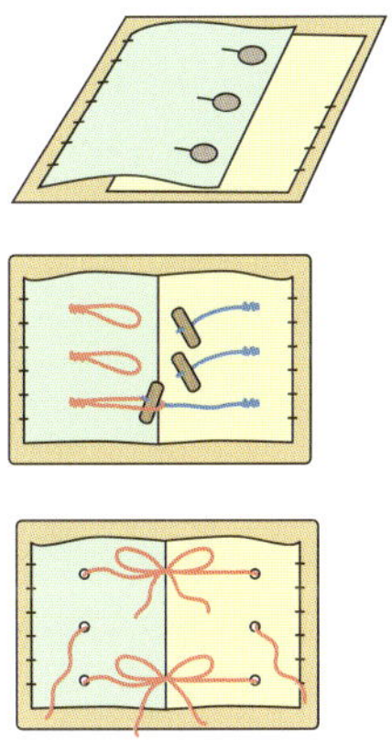

끼우기, 풀기

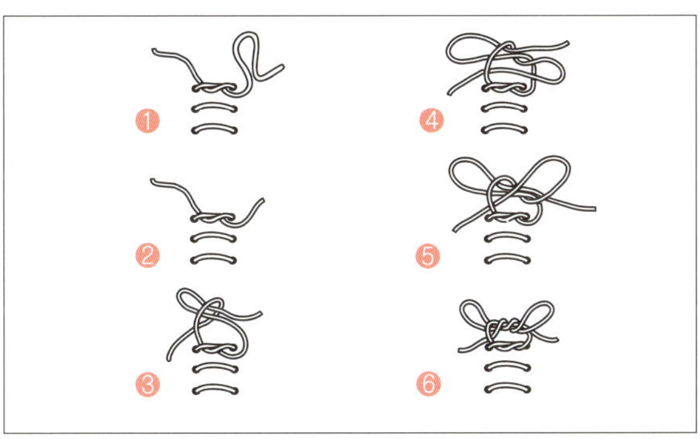

끈 묶기

잡기, 나르기

- **연령** : 2세~2.5세 이상
- **교구** : 잡아서 나를 수 있는 모든 물건
- **사용** : 영아들이 자기 물건을 나르고, 교구를 나르고, 물컵을 나를 때 정확하고 안전하게 나르도록 연습한다. 컵을 정확하게 잡는 방법, 물건을 나를 때 가장 안전한 방법, 손의 소근육 운동, 몸의 균형 잡기를 연습한다.
- **목적** : 몸의 균형운동, 소근육 · 대근육 운동, 인내심, 집중력 강화

잡기, 나르기

머리 땋기

- **연령** : 2세~2.5세 이상
- **교구** : 땋을 수 있는 인형이나 교구
- **사용** : 영아들이 인형 머리를 정확하고 질서 있게 땋을 수 있는 훈련을 한다. 인형과 더불어 완전하게 옷을 입히고 자기 몸 관리하는 것을 훈련한다.

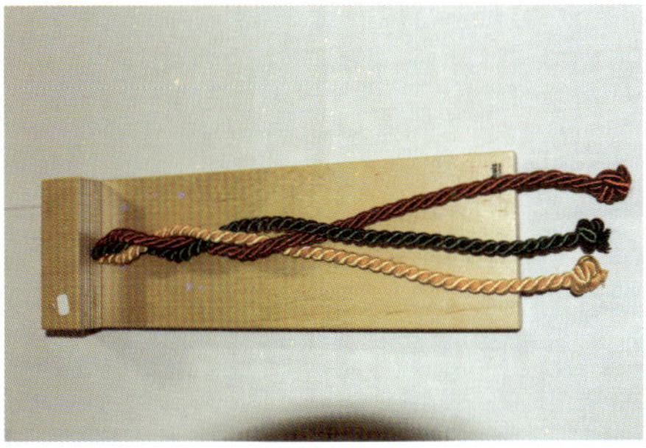

머리 땋기

8. 제8그룹 : 영아의 언어발달을 위한 듣기, 말하기, 그리기, 읽기

인간에게 언어는 자기의 정체성을 밝히는 데 가장 중요한 역할을 한다. 인간이 존재하는 순간부터 어떤 형태로든 언어가 존재하였으며, 언어는 인간의 사회화 과정을 자연스럽게 발달하도록 돕는 역할을 한다. 인간은 태어나는 순간부터 자기와 가장 가까운 사람들과 다른 사람, 다른 사물, 다른 환경과 의사소통을 하면서 관계를 형성한다. 영아들에게 관계는 소극적인 의미에서 상호작용이라고 할 수 있다. 관계와 상호작용을 위해서 어떤 형태든 간에 의사소통을 할 수 있는 매체를 필요로 한다. 언어발달을 준비하기 위해서 신생아들은 미소로, 몸짓으로, 울음으로 그리고 구강구조를 발달시키기 위해서 힘차게 모유를 빨아먹고, 모든 사물을 입으로 가져간다. 시간이 지나면 옹아리를 하면서 입 근육을 더욱 강화시킨다. 다시 말하자면 모든 생명체는 본능적으로 통교의 능력을 가지고 있다.(조성자 역, 2000). 영아는 환경과 사물 그리고 사람들과 관계를 맺어가기 위해서 자기 몸의 모든 부분을 사용한다.

영아는 사람을 쳐다보면서, 사물을 쳐다보며 웃고 울면서 대화를 한다. 이러한 원시적인 행동에 사랑으로 응답하면 만족스러움을 나타내고 다시 환경과 더불어 다른 대화를 하려고 시도하고 해야 한다는 결정을 내리는 데 활용한다. 대부분 영아들은 미소로 응답하면 빠르게 반응하고 부모나 양육자의 눈이 영아와 마주치면 특별한 반응을 일으킨다. 온몸을 움직이면서 통교를 한다. 어머니의 조용하고 사랑스런 목소리는 영아들에게 안정감을 주면서 만족스럽게 만든다. 이러한 과정을 거쳐서 영아들은 언어발달을 시작한다.

영아가 명사, 즉 일어문을 시작할 때 거의 대부분의 영아들은 자기식으로 발음한다. 예를 들면, 밥을 '바', 물을 '무' 라고 발음한다. 영아가 발음을 정확하게 하지 않지만 교사나 부모는 정확하게 수정하여 대화를 하여야 한다. 밥을 줄까? 물을 줄까?라고 완전한 문장으로 발음하여야 한다.

그러므로 몬테소리는 언어란 인간의 논리적 사고를 조직적으로 표현할 수 있도록 구조화된 표현방법이라고 말한다(조성자 역, 1995). 영아기는 아직 언어가 발달하지 못한 상태에서 후에 정상적인 언어발달을 위한 준비기간이라고 말할 수 있다. 언어발달에 필요한 요소들이 발달하도록 준비하는 시기이다.

몬테소리는 어린이들의 자연적인 발달을 돕는 교육학적 개념은 읽기와 쓰기를 통해서 문화적 과업을 이루어가면서 얻어진다고 말한다. 하지만 읽기와 쓰기는 본능에 의해서만 이루어지는 것이 아니라 수양과 인내에 의해서 이루어진다고 말한다(조성자 역, 1995).

그리기

- **연령** : 연필이나 나뭇조각을 잡을 수 있는 연령
- **교구** : 연필, 색연필, 흰 종이
- **사용** : 영아들에게 연필을 잡고 그리는 연습과 선을 긋는 연습, 원과 같은 모양 그리는 연습을 한다.
- **목적** : 그리기, 손 연습

그림 그리기 연필

듣기

- **연 령** : 신생아부터
- **교 구** : 소리가 나는 모든 물건
- **사 용** : 신생아들에게 듣기 훈련을 위해서 자연에서 나는 모든 소리와 학습을 위한 소리를 들려줄 수 있다.
- **목 적** : 모든 악기에는 소리가 있다는 것을 알게 한다.
  모든 생명체는 소리가 있다는 것을 알도록 한다.

듣기 위한 시청각 자료

시각을 위한 시청각 자료

촉각을 위한 시청각 자료

소리 듣기

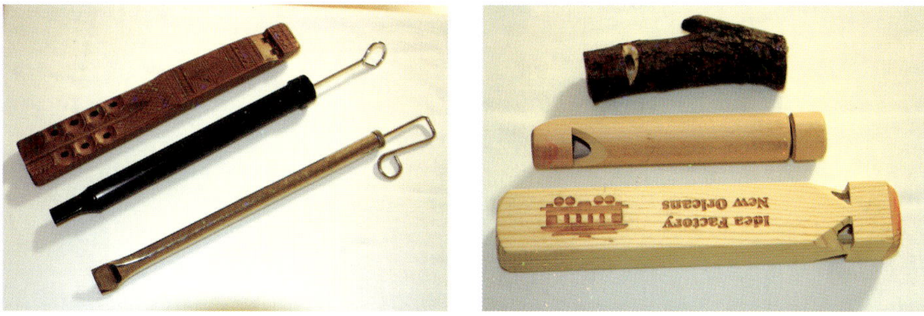

소리를 들을 수 있는 악기

그림책 보기와 읽기

- **연령** : 5개월 이상
- **교구** : 그림책, 표지가 천으로 된 책, 표지가 부드러운 가죽으로 된 책, 그림카드
- **사용** : 교사는 어린이들에게 여러 종류의 책을 제공한다.
- **목적** : 책을 가까이 하는 습관 기르기, 책 읽기, 그림과 사물 매칭하기

촉감으로 느끼는 천으로 된 책

책장

책장 위 그림 액자

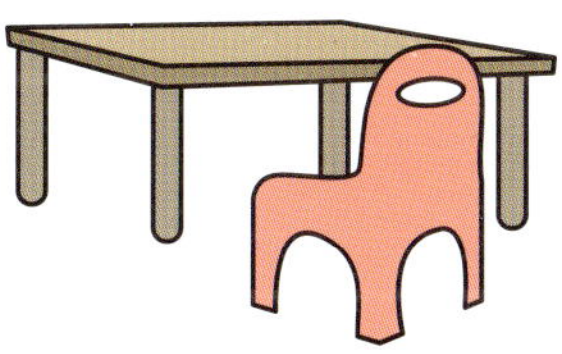

영아용 책상

영아용 책

REFERENCE

참고문헌

곽노의 · 김유미(2001). 유아의 뇌 발달. 서울 : 양서원.

김유미(2007). 위대한 뇌 : 우리 뇌안을 들여다 볼까요. 서울 : 해나.

서유헌(2005). 나는 뇌짱이 되고 싶다. 서울 : 렌덤 하우스.

송길연 외(2000). 발달심리학. 서울 : 시그마 프레스.

이숙정 역(2005). 심리운동이해 : 아동을 위한 심리운동이론과 실천. 서울 : 서울장애인 복지회관.

전인환(2007). 끼리끼리 나누어요. 대구가톨릭대학교 창업센터.

정옥분(2002). 인간발달의 이해. 서울 : 학지사.

조성자 역(1990). 교육과 평화. 서울 : 창지사.

________(1991). 어린이 신비. 서울 : 창지사.

________(1994). 어린이 정신. 서울 : 창지사.

________(1995). 어린이 발견. 서울 : 창지사.

________(2000). 어린이들에게 영성은 존재하는가. 서울 : 창지사.

________(2000). Montessori는 부모들에게 이렇게 권고한다. 서울 : 양서원.

________(2001). 마리아 몬테소리의 어린이를 위한 인격형성. 서울 : 창지사.

________(2004). 사랑의 커리큘럼. 서울 : (주) 한국몬테소리 연구소.

________(2007). 어린이들을 위한 평화교육 지침서 : 몬테소리 평화교육이론 중심으로. 서울 : 신정.

조성자 외(1996). Maria Montessori의 자유개념과 자유작업의 원리. 서울 : 중앙적성출판사.

________(1997). 어린이들의 종교적 잠재능력. 서울 : 중앙적성출판사.

________(2000). 몬테소리 이론에 근거한 인간 존재의 의미. 서울 : 창지사.

________(2000). 어린이는 인간의 어버이다. 서울 : 양서원.

조성자(2007). 몬테소리 자서전. 서울 : 신정.

______(2007). 몬테소리의 과학적 교육학. 서울 : 신정.

______(2007). 보육학 개론. 서울 : 양서원.

채광석 역(1978). 교육의 의식화. 서울 : 새밭.

한국몬테소리총연합회(2008). 몬테소리의 관점에서 본 어린이의 세계. 대구.

홍정순(1999). 지능과 창의성. 서울 : 양서원.

Atonella A.(2005). *Stoffe e colori: Opera Nazionale Montessori.* Roma.

Barnabas, & Kindersly A.(1995). *Children just like me.* London : DK Publissing.

Barron M.(2007). *Recording and Reporting, A. M. S.* New York.

_________(2008). *Sensorial ideas, A. M. S.* New York.

Baskwill J.(2003). *If peace is....* New York : Mondo.

Bernardo O.(2004). *Pace: Riflessini ed esperenze di educazione alla pace in ambito scolastico.* Bologna, EMI.

Berry T.(1989). *The Dream of the Earth.* San Francesco : Sierra Club Books.

_______(1999). *The Greet work: Our way into the future.* New York : Belle Tower.

Bianconi A. M.(2003). *Botanica e Biologia vebetale.* Opera Nazionale Montessori, Roma.

Biercher H., & Speichert H.(1999). *Eltern für Kinder.* Hamburg, Rororo, Rowohlt.

Cambi F.(2004). *Frescezza e verita in metodo montessori.* in Vita dell' infanzia, n. 7/8, Settembre-Ottobre.

Carletti L. S.(1982). *L'educazione alla libertá in Maria Montessori.* Sabatini, Casteferretti(AN).

Catarsi E.(2005). *Maria Montessori e l' osservazione del bambino.* in Vita dell' infanzia, n. 7/8.

Cevenini C.(2007). *Il Micronido Montessori di via Noventano.* in Vita dell' infanzia, n. 9/10.

Comune di reggio emiglia nidi e scuole dell' infanzia(1997). *L' alimentari nei nidi e nelle scuole dell' infanzia.* Reggio emiglia, Reggio children.

Curtis G. B., & Schuler J.(2006). *Il primo anno del tuo bambino.* Roma : Newton.

Damon E.(2004). *I bambini e la pace.* Roma : Tango Books.

Di Pol R. S.(2003). *Scienza e pedagogia nel pensiero nell' Opera Maria Montessori.* in Problema della Pedagogia.

Diamondo L.(2004). *The courge for peace.* Califonia : Conari.

Dompé E., & Tabasso L.(2003). *Carta Nazionale del nido Montessori.* Vita del infanzia. Roma.

____________________(2003). *Il progetto educativo Montessori.* Vita dell' infanzia. Roma.

Drew N.(2000). *Peaceful Parents, Paeceful Kids: Preatical ways to creata calm and happy home.* New York : Kensington Books.

Feratti A. M.(2000). *Nido Montessori e Casa dei bambni a Chiaravale.* Opera Nazionale Montessori. Roma .

Fernard C.(2003). *A Little book of peace.* England, Brandon Suffolk.

Ferraris A. O.(2001). *Saró Padre.* Giunti. Firenze.

Fornaca R.(1989). *Il metodo della pedagogia scientifica.* in Vita dell' infanzia, a XXXVII, n.4, Dicembre.

Fornaca R.(1993). *Per una nuova cultura pedagogia e didattica.* in Vita dell' infanzia, n.7-8, Luglio-Agosta.

Fresco G. H.(2004). *Abbiamo un bambino*, Ed. Red!, Milano.

Fresco G. H., & Chiari S. H.(2005). *Essere Genitori, Red!*, Ed. Milano.

________________________(2005). *Una casa a misura di bambino, Red!*, Ed. Milano.

Furtrell K.(1998). *The Normaliaized Child.* AMI. Wisconsin.

Gallavoti B.(2007). *Il corpo umano: Strategie di una machina vivente.* Firence : Junior.

Gaudrat M. A.(2001). *Le grandi domande dei piccoli.* Vicenza, Istituto San Geatano.

Goldschied E., & Jackson S.(1994). *People under three.* London : Routledge.

________________________(1998). *Persone da zero a tre anni.* Roma : Junior.

Goleman D.(2001). *Schools with Spirit, Nurturing the inner lives of children and teachers.* Linda Lantieri. Boston.

Hellbügge T.(1976). *Die ersten 365 Tege im Leben eines Kinders.* Müchen, Knaur.

Helming H.(1977). *Montessori Pädagogik.* Freiburg, Herder, Kinsbourne.

Holtstiege H.(1994). *Modell Montessori.* Freiburg. Herder.

Isernarda di N.(2002). *La musica e il metodo montessori.* Vita dell' infanzia, Roma.

Kling K.(2006). *Terra d' infanzia*. Francia : Ippocampo.

Leccese M. L.(1968). *Educazione alla libertá*. Laterza, Bari.

Lochi T.(1991). *Maria Montessori: il progetto-scuola nella visione ecologia dell' uome e del bambino costruttori di un mondo mogliore*. Capelli, Bologna.

Lombardi L., & Morresi M.(2006). *Il tempo della pazienza*. Ancona, Per Quod.

Luchenta J. K.(2005). *Nutrition for Learning*. AMI. Arizona.

Ludwig H., & Fischer R.(2004). *Montessori Pädagogik und frühe Kinderheit-Eine Revolution in der Erziehung*. Lit, Münster.

Maensono K.(2005). *Sulla ricerca della comoditá attuale e suoi riflessi sui bambini*. in vita dell' infanzia, n.7/8, p.24.

Maviglia M.(2003). *La scuola dell' infanzia tra riforma e controriforma*. in Vita dell' infanzia, n.7.

Mazzetti R.(1971). *La donna, la casa e il bambino nella ricerca della montessori*. Beta, Salerno.

Michael & Duffy D' Neil.(2002). *Children of the universe: Cosmic education in the montessori elemantary school*. Hollydaysburg, PA, Parent and child

Miller J. K.(1999). *Montessori Music*: Sensorial Exploration and Notation with Bell. Niederland : Nienhuis Montessori.

Minett P.(2001). *Children care & Development*. London, Jhon Murry.

Montessori M.(1909) *Il metodo della pedagogia scientific applicano all' educazione nella casa dei bambini*. Cittá di Castello, Lapi.

__________(1970). *Educazione per un nuovo mondo*. Firence, Garzanti.

__________(1971). *Antropoco filisofica*. Firence, Garzanti.

__________(1971). *Psicoaritmetica, Garzanti*. Firenze.

__________(1973). *L' autoeducazione nelle scuole elementari*. Firence, Garzanti.

__________(1991). *Il bambino in famiglia*. Firenze, Garzanti.

__________(2006). *Formazione dell' uomo e educazione cosmica*. Ancona, Quaderni del consiglio regionale delle marche.

Opera Nazionale Montessori.(1997). *Viaggio intorno ad un Nido Montessori.* Roma Istituto superiore Montessori di ricerca e formazione

____________________(2003). *Il progetto educativo montessori.* Opera Nazionale Montessori. Roma.

____________________(2003). *Maria Montessori sulla scrittura.* Opera Nazionale Montessori. Roma.

Opera Nazionale Montessori.(2004). *Carta Nazionale di NIdo Montessori*, Ed. Vita dell' infanzia, Roma.

____________________(2004). *Il canto delle aste e delle spolette.* Opera Nazionale Montessori. Roma.

____________________(2007). *Roma 1907: La prima casa dei bambini di Maria Montessori.* Roma : Opera Nazionale Montessori.

Padellano N.(1935). *Manualer di Pedagogia Scientifica.* Alberto Morano, Napoli.

Palumbo D.(2004). *Dalla parte dei bembini, La rivoluzione di Maria Montessori.* Trieste, EL.

Pesci F.(1989). *L' insegnato di Maria Montessori al Magistero di Roma.* in Educazione e scuola, Aprile-Settembre.

Pesci F., & Trabalzini P.(2007). *Laboratorio Montessori di teoriae storia dell' educazione.* Roma : Nuova Cultura.

Pignatori M.(1967). *Maria Montessori: Citta dinanza del mondo.* Roma, comitato Italiano dell' OMEP(Organizzazione Mondiale Educazione Prescolastica).

________(1970). *Maria Montessori, Oggi.* Giunti, Firenze.

Prott R., & Peissing C.(2007). *Integrare le diversitá un curriculum per l' educazione dell' infanzia.* Azzaro San Paolo, Das Netz.

Quartieri F.(2006). *Tina e I diritti dei bambini.* Roma, Sinnos.

Sarti P.(1999). *Gravidanza e puericultura.* Firence-Milano, Giunti.

Scholes K.(1989). *Peace Begings with You.* Little. New York.

Scocchera A.(1997). *Maria Montessori una storia per il nostro tempo.* Roma, Opera

Nazionele Montessori.

______(2002). *Il metodo del bambino e la formazione dell' uomo*. Roma, Opera Nazionele Montessori.

Seldin T.(2007). *I bambini hanno bisogno di Fiducia: Il metodo Montessori oggi per crescere figli felici*, Ed. Fabbri, Milano.

Seldin T., & Epstein P.(2006). *The Montessori Way*. The Montessori Foundation, Florida.

Shephard M. Y.(1996). *Maria Montessori: Teascher of Teachers*. Minneapolis, Lerner.

Trabalzini P.(2003). *Maria Montessori da metodo a la scoperta del bambino*. Aracne, Roma.

Trisciuzzi L.(1999). *Mito dell' infanzia dal immagnario collettivo all' immaginario scientifica*. Napoli, Ligupri.

Vaghi M. L.(1984). *Maria Montessori e la scienza pedagogia*. in vita dell' infanzia, Maggiuo-Giugno.

Valante L. M.(2004). *Favoiando: Concorso itinerante per bambini*. Premio Montessori, Centro studi Casa Natale Maria Montessori Chiaravale(Ancona).

Valena M., & Beatrice T.(1984). *Bambini*. Milano, White Star.

Wolf A. D.(1978). *Look at the cild*. Hollidaysburg, Pa. 16648.

______(1994). *Andy and his Daddy*. Hollydaysburg, PA, Parent and child.

조성자

- Rome Antonianum 대학교 철학 및 교육학과 졸업
- Rome Antonianum 대학교 교육학 석사
- Rome Antonianum 대학교 철학박사(교육철학 전공)
- 1995년 1월~1996년 2월까지 독일 Münster 대학 교환교수 역임
- 2000~2004년 한국 몬테소리 학회 회장 역임
- 현재 대구 가톨릭대학교 사회과학부 아동학과 교수
- 현 (사) 한국몬테소리교육총연합회 회장

저서

- 유아교육개론(공저, 양서원, 2005)
- L' educazione morale degli adolescenti nella famiglia coreana, Roma Montessori 교육학(중앙적성출판사, 1996)
- 자유 직업과 열린 교실을 위한 Maria Montessori의 교사론(창지사, 1998)
- 마리아 몬테소리 자서전(신정, 2007)
- 몬테소리의 과학적 교육학(신정, 2007)
- 몬테소리 우주교육의 철학적 관점(공동체, 2010)

편저

- Maria Montessori의 자유 개념과 자유 직업의 원리(중앙적성출판사, 1996)
- 나는 착한 목자다 Ⅰ, Ⅱ(중앙적성출판사, 1997)
- 신 Montessori 학파의 새로운 교육운동 : 교육학에 대한 이론(양서원, 2000)

편역

- 세계 어린이의 어머니 Montessori : 그녀는 누구인가?(양서원, 2000)

역서

- 사랑의 커리큘럼(한국 Montessori 연구소, (주) 한국몬테소리, 2004)
- 신이란 무엇인가(한국 Montessori 연구소, (주) 한국몬테소리, 2004)
- 나는 친구들과 함께 평화를 나누려고 해요(한국 Montessori 연구소, (주) 한국몬테소리, 2005)
- 나는 우주에 살아요, 나는 지구라는 행성을 여행하고 있어요(한국 Montessori 연구소, (주) 한국몬테소리, 2005)
- 지구를 위한 나의 맹세, 나는 해님을 알아요(한국 Montessori 연구소, (주) 한국몬테소리, 2005)
- 나는 고요함을 듣고 싶어요(한국 Montessori 연구소, (주) 한국몬테소리, 2005)
- 중력이 무엇인지 난 알아요(한국 Montessori 연구소, (주) 한국몬테소리, 2005)
- 여러분 은하수가 얼마나 큰지 아세요(한국 Montessori 연구소, (주) 한국몬테소리, 2005)
- 어떻게 씨앗이 싹트는지 난 알고 있어요(한국 Montessori 연구소, (주) 한국몬테소리, 2005)
- 나는 밤하늘에 무수히 흩어져 있는 아름다운 별들을 바라봅니다(한국 Montessori연구소, (주) 한국몬테소리, 2005)
- 어린이들에게 영성은 존재하는가?(창지사, 2000)
- 유아기를 위한 성교육(창지사, 1987)
- 아동기를 위한 성교육(창지사, 1987)
- 청소년기를 위한 성교육(창지사, 1987)
- Montessori의 교육과 평화(창지사, 1990)
- Montessori의 어린이 신비(창지사, 1991)
- Montessori의 어린이 정신(창지사, 1995)
- Montessori의 어린이 발견(창지사, 1995)
- Montessori의 어린이를 위한 종교교육(미루나무, 1993)
- 어린이의 종교적 잠재능력(중앙적성출판사, 1997)
- Montessori의 새로운 세계를 위한 어린이 교육(중앙적성출판사, 1996)
- Montessori의 우주교육 : 인간의 잠재 능력을 어떻게 개발할 것인가?(중앙적성출판사, 1998)
- Montessori의 우주교육 : 유아기에서 청소년기까지(중앙적성출판사, 1998)
- Montessori의 어린이를 위한 인격 형성(창지사, 2001)
- Montessori는 부모님들에게 이렇게 권고합니다(양서원, 2000)
- 어린이는 인간의 어버이다(양서원, 1999)
- 어린이들을 위한 관찰기록과 보고(공역, 창지사, 2009)

몬테소리 영아전담 어린이집
교육 프로그램의 이론과 실제

초판 1쇄 인쇄 2010년 12월 11일
1쇄 발행 2010년 12월 17일

지 은 이 | 조성자
펴 낸 이 | 김기섭
책임편집 | 박연순
펴 낸 곳 | 창지사 www.changjisa.com
121-809 서울시 마포구 대흥동 161
전화 (02)719-2211~3
팩스 (02)701-9386
등 록 | 1977년 4월 28일 · 제1-421호

ISBN 978-89-426-0602-3 (93370)

값 20,000원